장일순 평전

본문의 모든 그림과 사진들은
'(사)무위당사람들'과 유족들로부터 제공받은 것임을 밝힙니다.

장일순 평전

2024년 5월 22일 초판 1쇄 펴냄
2024년 6월 5일 초판 2쇄 펴냄

지은이 한상봉
편집 이수미
펴낸이 신길순

펴낸곳 (주)도서출판 삼인
전화 02-322-1845
팩스 02-322-1846
이메일 saminbooks@naver.com
등록 1996년 9월 16일 제25100-2012-000046호
주소 (03716) 서울시 서대문구 성산로 312 북산빌딩 1층

디자인 끄레디자인
인쇄 수이북스
제책 은정

ISBN 978-89-6436-269-3 93990

값 30,000원

장일순 평전

걸어 다니는 동학, 장일순의 삶과 사상

한상봉

'장일순'은 누구인가?

도종환 시인은 "화엄을 나섰으나 아직 해인에 이르지 못하였다"고 했습니다. "지난 몇십 년 화엄의 마당에서 나무들과 함께 숲을 이루며 한 세월 벅차고 즐거웠으나 심신에 병이 들어 쫓기듯 해인을 찾아간다"고 했습니다. "애초에 해인에서 출발하였으니 돌아가는 길이 낯설지 않다"고 안심합니다. 그리고 "해인에서 거두어주시어 풍랑이 가라앉고 경계에 걸리지 않아 무장무애하게 되면 다시 화엄의 숲으로 올 것"이라고 합니다. 「해인으로 가는 길」이라는 이 시를 접하며 우리 모든 존재가 "애초에 해인에서 출발"하였다는 전갈이 속 깊이 젖어옵니다.

장일순 선생님은 해인海印을 두고 '하느님'이라고 읽기도 하고, '한울님'이라고 읽기도 합니다. 서학西學과 동학東學이 가리키는 지점은 "사람이 곧 하늘"이라는 것이겠지요. 그 본디 마음을 읽으면 문득 자유로워지고, 하심下心으로 낮은 바닥에 있어도 기쁠 테지요. 산다는 것은 사랑하는 것이고, 사랑한다는 것은 공경한다는 것이겠지요. 눈앞에 앉아 있는 그이를 공경하고, 산천초목과 바람까지도 귀하게 여긴다는 것이겠지요. 그게 사람의 길(道)이고, 그게 생명의 길이겠지요.

"선생님께서는 내 짧은 인생에서, 초등학교에 처음 등교하는 막내의 손을 잡아 교실 문 앞까지 데려다주는 부모 없는 집안의 맏형 같은 그런 분이셨다"고 고백하는 이현주 목사님은 『무위당 장일순의 노자 이야기』에서 이렇게 말합니다.

> 중국에서는 노자를 제대로 읽은 사람 가운데 장자莊子와 장자방張子房을 꼽는다고 한다. 장자는 자기가 읽은 노자를 글로 표현했고, 장자방은 삶으로 표현했다. 그 결과, 한 사람은 『장자莊子』라는 책을 후세에 남겼고, 다른 한 사람은 유방劉邦을 도와 천하를 통일한 뒤 흔적도 없이 사라졌다는 '전설과 같은 이야기'를 남겼다. 장일순은 굳이 말하자면 장자방에 가까운 분이셨다. 그분은 노자의 가르침을 당신의 삶으로 실현하고자 애쓰셨다.

생전에 단 한 권의 책도 남기지 않으신 분이 장일순 선생님입니다. 〈녹색평론〉 편집자였던 김종철 선생님은 장일순 선생님이 글을 쓰시는 분이었다면 제 마음과 시간을 그렇게 사람들에게 맡겨놓고 살지는 못했을 것으로 추측합니다. 어차피 우리는 제 몫의 삶을 감당하면서 '선한 영향력'을 끼칠 수 있다면 그로 족할 따름입니다. 장일순 선생님은 글보다 행적이 아름다운 분입니다. 사람들과 관계 맺는 방식으로 말씀하시는 분입니다. 그래서 이미 많은 모음집에서 다루었지만, 이 책에서 다시금 선생님과 얽힌 사람들 이야기를 더듬어 풀어 넣었습니다. 그 많은 이야기 가운데 오래 기억에 남아 삼삼하게 그려지는 광경이 있습니다.

장일순 선생님은 이런저런 이유로 불가피하게 생애의 대부분을 '백수白手'로 살았습니다. 그러니 형편이 그다지 여유롭지 못했습니다. 그러던 어느 날 작품이 팔리지 않아 담배도 못 사 피울 정도로 생활이 곤궁했던 젊은 화가 후배를 만났는데, 줄 게 없으니 제 주머니에 있던 담뱃갑을 통째로 손에 쥐여주고 헤어졌습니다. 그이가 멀어져 가는 장일순의 뒷모습을 한참 바라보고 있었는데, 저만치 가던 장일순 선생님이 땅바닥을 두리번거리더니 길가에 버려진 담배꽁초 하나를 집어 드는 것입니다. 그 담배에 불을 붙이곤 한 모금 길게 내뿜으며 원주천을 바라보는 것이었습니다. 순간 이 후배는 눈물이 핑 돌았다고 합니다. 이처럼 말할 수 없는 먹먹함을 자아내시는 분이 장일순 선생님입니다. 사실상 '평전'이란 이런 선생님에 대한 주석에 불과합니다.

그래서 저는 누군가 "장일순 선생님은 어떤 분이신가?" 물으면 "그분은 참 착한 사람"이라고 단순하게 답하고 싶습니다. 그 착함이 지혜가 된 사람이라고 생각합니다. 성경에서 하느님은 이 세상과 인간을 창조하시고 "참 보기 좋다!"(it was good)고 하셨습니다. 참 착하다는 것이지요. 그렇게 착한 것은 아름답고, 아름다운 것은 거룩한 것입니다. 하느님이 창조한 세계의 착함이 장일순 선생님에게 옮겨 붙어 이런 그릇을 빚었구나, 싶습니다. 그 착함 때문에 많은 이들이 그분을 찾아 원주 봉산동 집으로 모여들었다고 생각합니다. 그분의 착함이 그분의 지혜였고, 그분의 착함이 품어주고, 투쟁하고, 푸른 강처럼 맑아지고[靑江], 마음을 비우고[无爲堂], 조 한 알[一粟子]처럼 작고 낮은 곳에 머물게 하였습니다.

장일순 선생님이 처음 사회대중당 후보로 정치를 해보자고 나섰던 것도, 대성학교를 설립한 것도, 강원도 지역 재해대책사업에 나선 것도, 협동조합 운동을 하게 된 것도, 민주화운동에 동참한 것도, 한살림운동을 시작한 것도 그분이 착하기 때문입니다. 그 착함 때문에 천하 만물을 공경하고, 타인의 고통에 눈감지 못하고, 천지부모인 자연이 파괴되는 것을 두고 볼 수 없었던 것입니다. 그들이 모두 하늘이고 또 다른 의미의 '나'였기 때문입니다. 그래서 선생님은 원통한 이들의 마음을 헤아리고 함께 울 수 있었습니다.

한편 김성동 작가는 장일순 선생님을 "유가儒家인가 하면 불가佛家요 불가인가 하면 노장老莊이며 노장인가 하면 또 야소耶蘇(예수)의 참얼을 온몸으로 받아 실천하여온 독가督家요, 무엇보다 진인眞人"이었던 분으로 소개합니다. 그만큼 장일순 선생님은 종교의 경계를 넘어서, 종교를 아우르는 영성을 지닌 분이라는 뜻입니다. 체코의 신학자 토마시 할리크(Tomas Halik)는 『상처 입은 신앙』(분도, 2018)에서 이렇게 말합니다.

> "나는 사람들을 삶의 궁극적 신비로 이끄는 다양한 길을 존중해야 한다는 것을 배웠다. 어떤 '절대 신비'는 우리가 인간과 연관지어 놓은 모든 개념과 이름을 무한히 능가한다. 그렇다. 나는 모든 인간의 아버지, 한 분 하느님을 믿는다. 그는 한 인간도 아니며 '종교기관'이나 그들이 대표자들이 '독점'하는 존재도 아니다. 그분은 여기저기서 휘돌고 있는 강물이 최종적으로 만나는 강어귀다."

장일순 선생님은 그 강어귀에 앉아계셨던 분 같습니다. 선생님에게서 어떤 종교적, 정치적 경계와 배제와 차별을 느낄 수 없기 때문입니다. 그분의 세례명이 '요한'인데, 사도 요한이라면 '사랑의 사람'이고, 세례자 요한이라면 '마지막 예언자'이며 요르단 강변에서 하늘의 뜻을 읽어낸 사람이니 참으로 적절한 이름이라고 생각합니다. 그분은 천주교 신앙을 지녔지만, 동학사상에서 자신의 언어를 찾았으며, 노자와 장자, 붓다와 공자에게서 지혜를 얻었습니다. 그리고 특별히 고향인 원주를 평생 떠나지 않은 것처럼, 겨레의 스승 가운데 한 사람인 해월 최시형에게 친밀감을 느끼셨던 분입니다.

한편 장일순 선생님을 이해하려면 장일순 그분만으로 부족하다는 생각이 들었습니다. 원주라는 토양과 원주그룹이라고 불리는 사람들을 통하여 드러난 장일순을 보아야 한다는 것이지요. 한살림운동을 하셨던 김기섭 선생님은 '무위당无爲堂 장일순'을 떠올리며 "당堂은 당黨에서 나온다"고 말합니다. '장일순'을 집단적인 인격으로 보아야 한다는 것입니다. "원주가 민주화운동의 성지聖地일 수 있었던 것은, 그 안에 자신을 드러내지 않고 낮추어 아무 일도 하지 않은 것처럼 보이지만, 실은 돌보고 기르는 일에 매진해 온 수많은 분들과 그분들 사이의 관계가 있고, 이를 토대로 하나의 공간이 형성되었기 때문"이라는 것입니다. 이를 두고 장일순 선생님은 "아우들이 날 무등 태워가는 거지. 난 아무것도 아냐"라고 말한 적이 있습니다.

김기섭 선생님은 생명사상 역시 "켜켜이 쌓여온 민중의 생명적 세계관과 이를 표현해 온 언어가 현대와 만나 표출된 것"이며, 그런 사상이 '장일순'의 삶과 언어를 통해 우리에게 온 것이라고 합니다. 그러니 생명운동도 장일순 선생님 개인의 업적으로 본다면 오히려 "그분의 의도와 벗어난 것이고, 그분에 대한 예의도 아니다"라고 말합니다. 김지하 시인 역시 장일순 선생님은 "민중 속에 살아 있는 한 사람의 운동가"였으며, "그분을 둘러싼 운동 역량들과 또 대중과의 관계를 전제하지 않으면 잡히지 않는 바람 같은 분"이라고 말합니다. 결국 장일순 선생님의 삶과 사상은 그분과 함께 일한 많은 이들이 민중과 더불어 시대적 과제에 응답하는 과정에서 이루어졌다고 보는 게 옳다는 것이지요.

그러니, 장일순 선생님이 이승을 떠난 뒤에도 그분이 씨앗을 뿌린 토양 위에서 생명사상과 생명운동이 시들지 않고 다양한 방식으로 거듭 새삼 진화하고 있는 것이라고 생각합니다. 도드라진 사례는 물론 협동조합운동과 한살림운동이겠지만, 정호경 신부님을 통해 생명공동체운동으로도 발전했고, 이현주, 김종철, 이철수, 이병철 선생님 등 많은 이들 안에서 새로운 방식으로 구현되고 있다고 믿습니다. 모두가 자신의 고유한 길을 걸어온 생명에 화답하고 있는 것입니다. 장일순 선생님을 둘러싼 이들을 통상 '원주그룹'이라고 하는데, '원주캠프'라는 말을 쓰기도 합니다. 여기서 '캠프'는 일시적으로 거치는 터널 같은 공간입니다. 스스로를 조직하지 않으며, 캠프에서 얻은 지혜를 자신의 현장에서 실현합니다. 『장일순 평전』역시 그런 터널 같은 역할을 할 수 있으면 좋겠습니다. 잠시 책에 머물러 그분을 만나고, 만나서 얻은 지혜를 일상에서 풀어낼 수 있으면 좋겠습니다.

『장일순 평전』은 삼인출판사의 홍승권 대표의 끈질긴 요청이 아니었다면 마무리하지 못했을 것입니다. 처음 의뢰를 받은 것은 십여 년 전이었고, 당시 저는 장일순 선생님의 그릇이 너무 크고 가늠하기 어려워서 아주 오래 물러나 앉아 있었습니다. 다행히 그동안 〈무위당사람들〉을 통해 필자 개인이 수습하기 어려울 만큼 많은 구술 자료들이 모이고, 김삼웅 선생님의 『장일순 평전』도 이미 나왔기 때문에, 염치없이 그 모든 결과물을 발판 삼아 용기를 내어 부끄러운 '평전' 한 권을 다시 내어놓습니다. 그러니, 이 평전은 제 개인의 성과물이 아니라, '무위당사람들'과 그동안 장일순 선생님과 호흡을 나누었던 많은 분들이 함께 지어낸 공동 저작이라 말해야 옳습니다.

장일순 선생님이 자주 말씀하시던 '개문유하開門流下'란 말이 있습니다. "문을 열고 아래로 흘러라." 하는 뜻입니다. 기왕에 쓴 글이니, 이 이야기가 사람들의 마을로 흘러가 '착한' 결실을 맺을 수 있다면 좋겠습니다. 누구에게나 열려 있어서 아름답고, 그래서 거룩한 마음이 발생하면 더 바랄 나위가 없겠습니다.

2024년 5월
파주 당하리에서
한상봉 드림

차례

10부 이승을 떠나다

1부

공경하는 마음

원주

1950년대 원주의 풍경. 장일순은 '원주사람'이라는 도장을 사용할 정도로 원주에 대한 남다른 애정을 품고 있었다.

무위당 장일순은 강원도 원주原州를 떠나서 생각할 수 없다. '나락 한 알 속에 우주가 있다'고 생각했던 장일순은 공간적으로는 원주 안에 온 세계를 담고 살았고, 시간적으로는 "천년도 하루같이, 하루도 천년같이" 살았던 사람이다. 내가 지금 마주하고 있는 그 한 사람 안에서 인간을 지어내신 하느님을 만나고, 그 하느님 안에서 미물들에게까지 손길이 닿았던 사람이다. 자기 안에 있는 부끄러움을 감추지 않고, 그 부끄러움조차 끌어안았던 사랑으로 흠결 많은 다른 인생들을 바라보고 만져주었던 사람이다.

> 원주는 강원도 서남방에 자리 잡고 있는 중소도시로, 영동과 영서의 분계령을 이루는, 태백산맥의 주봉인 오대산에서 기맥한 차령산맥이 평창, 정선, 영월과 같은 고원지대를 형성하며 내려오다가 치악산(1,288미터)과 백운산(1,087미터)을 솟구쳐 동남을 막고 있는 분지에 위치해 있다. 북쪽은 횡성군, 서쪽은 경기도 여주군, 동쪽은 충북 제천시, 남쪽은 충북 충주시와 각각 인접하여 경계를 이루고 있다.[1]

2021년 2월 18일에 있었던 '한국지방자치학회 동계학술대회'에서 발표된 김기섭의 논문[2]에 따르면, 원주가 경계와 전환의 땅이며 동시에 분지형 지역의 특성을 지닌다고 말한다. 이중환의 『택리지』에서는 경작할 땅이 많지 않은 강원도 영서지방에서 그나마 사람이 살만한 곳으로 묘사되어 있다. 한편 동쪽으로는 태백산맥이 내려와 앉아 있고, 서쪽으로는 강줄기가 서울과 경

---

1 정인재, 『길 위에서 원주를 말하다』, 반석회, 2022, 10쪽.
2 김기섭, 무위당 장일순의 생명의 사상과 공생의 사회운동, 『공동체문화와 민속 연구』 1권 1호, 안동대학교 민속학연구소.

기를 향하며, 남북으로는 황해도와 영남을 이웃하고 있어 "유사시에는 숨어 피하기 쉽고"[有事易以隱避] "무사시에는 세상에 나갈 수 있어"[無事可以進取] 한양 사대부들이 다수 이곳에서 살기를 좋아했다고 한다.

> 산골짜기와 평야가 맞닿은 곳이고, 유사시와 무사시가 교차하는 때다. 학문적으로는 기존의 서로 다른 견해가 융합해 무언가 새로운 것을 만들어 낼 징후이고, 사회적으로는 지금의 사회모순을 송두리째 껴안으며 새로운 사회를 열어갈 혁명의 진원지임을 암시한다. 해월 최시형이 단양, 영월, 정선 등 강원도 서남부 지역에 숨어들어 동학 재건운동을 펼치다가 원주에서 피체된 것도 이런 지리적 특성과 무관하지 않다.[3]

그리고 원주가 분지盆地라는 점은 원주의 운동이 지역에 토대를 두게 하였다고 말한다. 예나 지금이나 우리 사회는 서울을 중심으로 이데올로기가 충돌해 왔는데, 해방 이후에는 좌익과 우익, 민주화 이후에는 진보와 보수로 나뉘어 갈등을 되풀이해 왔다. 하지만 지역에서는 좌익과 우익, 진보와 보수보다는 삶 자체가 중요하다고 김기섭은 말한다. 오히려 원주의 운동은 지역에서 이웃과 함께 벌이는 자치운동의 성격을 갖게 된다고 설명하고 있다.[4] 이런 점에서 원주는 혼돈의 가장자리에서 새로운 질서를 만들고, 서울을 넘보는 것이 아니라 지역의 일상적 삶 안에서 새로운 질서를 실현하고자 했다고 평가했다. 이러한 원주의 운동이 장일순을 통하여 '생존'을 향한 협동운동과 '자유'를 향한 민주화운동으로 발현되었다는 것이다.

3 〈무위당사람들〉, 2021년 6월 호, 89쪽.
4 〈무위당사람들〉, 2021년 6월 호, 89~90쪽 참조.

실제로 장일순은 '원주사람'이라는 도장圖章을 사용할 정도로 원주에 대한 남다른 애정을 품고 있었다. 서울에서 배재중학교와 서울대를 다니던 학창 시절과 군 시절을 제외하고는 자의 반 타의 반으로 원주를 떠난 적이 없었다. 장일순은 자신이 그토록 원주에 특별한 애정을 가진 이유를 이렇게 설명했다.

> 임진왜란 때 이곳 원주에서 전사하신 13대조 할아버지 이래로 우리 가족은 원주 토박이가 되었지요. 제 위로 형님이 계셨지만 열다섯의 나이로 세상을 뜨셨으니 차남이었던 제가 장남이 되었지요. 그런데 무엇보다 제가 재주가 없어요. 무능해요. 다른 이유는 자기 고향을 무시하고 자기 겨레를 무시하는 것은 어려서부터 마뜩찮더군요. 원주는 치악산이 막혀서 사람이 나지 않는다는 옛이야기가 도무지 내 마음에 맞지 않았죠. 착하고 진실하고 성실하게 사는 게 가장 보배로운 삶이 아니겠냐? 그렇게 생각하다 보니 그냥 고향에 남게 되데요.[5]

장일순은 〈녹색평론〉 편집인이었던 김종철을 처음 만났을 때도 치악산 이야기를 하였다. 원주는 산이 험해서 왕후장상이 나오지 않는다는 속설이 불편했기 때문이다. "사람들이 말이야, 저 치악산이 산이 흉해서 여기서 인물이 안 나온다고 그래." 하면서 "인물이란 게 뭐냐. 우리나라에서 인물이란 게 결국 남 괴롭히는 놈을 인물이라고 하지 않냐?"고 말한다. 중요한 것은 산이 문제가 아니라 사람이 문제라는 것인데, 흉한 왕후장상을 낳는 것보다 선한 사람들이 모여 사는 것이 제일 낫다는 것이다.

5 이창언, 좁쌀 한 알 장일순 선생의 삶과 사상, 〈진보정치〉 64호, 223쪽.

대성중고등학교 제자였던 이기원에게 장일순은 이렇게 말하기도 했다.

"원주는 치악산이 막혀서 인물이 안 나온다고들 하지. 하지만 이완용이 같은 사람이 나와도 인물 났다고 할 수 있겠어. 이 동네는 이 동네에서 최선을 다하는 사람들이 모여 살면 거룩해지는 것 아니여?"[6]

장일순이 생각하는 좋은 땅은 꿈을 꾸다가 그 꿈이 꺾인 사람들의 땅이기도 했다. 언젠가 장일순이 충주에 살던 이현주를 만나 임경업 장군의 사당이 있는 충렬사 뜰에서 "자네는 참 좋은 땅에서 살고 있네." 하였다. 왜 여기가 좋은 땅이냐고 묻자, 장일순은 "이곳이 큰 뜻을 품고 출세했다가[7] 좌절한 장부들의 땅이 아닌가?" 하였다. 난세에 간신 모리배의 쇠도리깨에 맞아 숨진 임경업, 탄금대에서 배수진을 쳤다가 왜군에게 죽임을 당한 신립, 공산주의 혁명을 꿈꾸다가 역시 사형당한 김삼룡이 태어난 땅이 충주였다. 김삼룡의 경우엔 일본에서 공부하고 와서 자기 집안의 소작인들을 모두 불러 모아 "여러 어르신네 덕분에 제가 다른 나라에 나가 공부를 하고 올 수 있었습니다. 감사합니다"라며 큰절을 했다는 사람이다. 장일순은 '좌절당하는 것은 수치요, 좌절당한 이들의 땅은 좋지 못한 땅'이라는 상식적인 생각을 거스르는 시선을 가졌다. 이현주는 장일순의 이야기를 듣고서 "이루어진 꿈보다 꺾여진 꿈이 얼마나 더 아름답고 절실한 것인지 생각하게 되었다"고 고백한다.[8]

알려진 바에 따르면, 서예가이기도 했던 장일순은 평생 세 사람의 비문을 썼다. 강원도 원주시 행구동의 돌갱이마을에 위치한 운곡耘谷 원천석元天錫

---

6 최성현, 『좁쌀 한 알 장일순』, 도솔, 2004, 44쪽.
7 출세出世란 "칩거하다 세상 한복판으로 나왔다"는 뜻으로 읽힌다.
8 이현주, 무위당 선생님께, 『너를 보고 나는 부끄러웠네』, 무위당을 기리는 모임 엮음, 녹색평론사, 2013, 11쪽 참조.

(1330~?)의 묘에 있는 제실 앞에 '운곡 원천석 선생 시비'가 세워져 있는데, 그 글씨를 썼다. 시비에는 고려가 망하자 이성계에게 반기를 들고 백이伯夷와 숙제叔齊처럼 은둔하여 세상으로 나아가지 않았던 원천석이 지은 회고가懷古歌로 잘 알려진 운곡의 시조 4수가 새겨져 있다.[9]

흥망興亡이 유수有數하니
만월대滿月臺도 추초秋草로다.
오백년五百年 왕업王業이 목적牧笛에 부쳐시니
석양夕陽에 지나는 객客이 눈물겨워 하노라.

장일순은 '최보따리'라는 별명이 붙을 만큼 평생 이곳저곳 도망 다니며 동학을 포교했던 해월 최시형의 추모비 건립을 추진해 1990년에 추모비를 세우면서 글씨를 썼다. 이 추모비는 해월이 관군에게 붙잡힌 원주시 호조면 고산리 송골마을 입구에 세워졌다. 그리고 원주에 있는 것은 아니지만, 경기도 성남의 모란공원묘지 민주 열사 묘역에 있는 전태일 열사 추모비에도 장일순이 쓴 글씨가 새겨져 있다. 원천석과 최시형과 전태일 모두 일신의 안녕을 도모했던 사람들이 아니다. 시대의 불운을 딛고 가시덤불 속에서 희망을 보았던 사람들이다. 그들의 꿈은 당대에 꺾인 것처럼 보였지만 후대에 그 정신이 살아남아 뜻있는 사람들에게 영감을 주었다. 게다가 허균의 스승이었던 손곡蓀谷 이달李達(1539~1612)이 머물렀던 곳이 원주 부론면 손곡리였다. 그

---

9 '耘谷 元天錫 先生 詩碑'는 장일순의 글씨로 확인되었으나, 운곡의 회고가를 적은 글씨는 장일순의 글씨인지 분명하지 않다는 견해가 있다. 정인재, 『길 위에서 원주를 말하다』, 반석회, 2022, 134쪽 참조.

곳에 있는 이달의 시비詩碑에는 「예맥요刈麥謠」가 적혀 있다.

시골 밭집 젊은 아낙네
저녁거리 떨어져서
비 맞으며 보리 베어
숲속으로 돌아오네
생나무에 습기 짙어
불길마저 꺼지도다
문에 들자 어린애들은
옷자락을 잡아당기며 울부짖네

장일순은 원주에서 정치적인 절망으로 주저앉았고, 그 주저앉은 땅에서 새로운 세상을 꿈꾸던 이들을 흠모하며, 결국 목소리 없는 자들을 일으켜 세워 다시 살게 하는 희망을 낳았다. 정치적으로 유폐된 땅에서 감옥 안에서도 싹이 돋는 잡초처럼 가냘프지만 끈질긴 생명력을 보았던 사람이 장일순이다. 장일순은 갇히지 않았다면 해방되는 기쁨도 누리지 못했을 것이다. 그가 원주에 남아 있었기 때문에 생명에 대한 예민한 감성과 변방으로, 바닥으로 가려는 깊은 사상적 토대를 얻을 수 있었는지도 모른다. 김종철은 이렇게 말한다.

[선생님께서는] 원주에 사셨기 때문에 문명의 근본을 생각하신 거 아닌가 싶어요. 밑바닥에서 생각하시고 늘 농민들하고 사시고 … 시골에서 소외됐기 때문에 근본을 볼 수 있는 것이지요. 바닥부터 엮어 나가야 된다 이거지요.[10]

장일순은 인물이 나지 않는다는 "시골에 살다 보니 서울이 보였다"고 한다. 인물들이 사방팔방에서 튀어 오르는 "저 엉터리 서울, 전체적 문제 덩어리 서울이 보인다"고 했다. 그러나 서울에서는 시골이 안 보인다.

가족

할아버지 장경호

장일순은 1928년 10월 16일(음력 9월 3일), 강원도 원주시 평원동 406번지에서 아버지 장복흥張福興과 어머니 김복희金福姬 사이의 6남매 가운데 차남으로 태어났다. 장남 장철순張喆淳이 열다섯에 사망하면서 장일순은 사실상 장남이 되었다.

장일순의 할아버지 여운旅雲 장경호張慶浩는 포목상을 하면서 집안 살림을 크게 일으켰다. 본점은 원주에 두고 서울까지 다니면서 장사를 했다. 그리고 원주 시내 곳곳에서 농지를 사들여 지주가 되었고, 교육사업에 관심이 많아서 원주초등학교와 원주농업고등학교를 설립할 때 토지를 기증하기도 했다.

당시 장일순이 태어난 집은 500평 정도의 부지에 안채로 기와집을 들이고, 바깥채는 초가집을 지었다. 사랑채에는 늘 손님들이 북적였는데, 사람이

---

10 김종철 대담, 『달이 나이고 해가 나이거늘』, (사)무위당사람들 엮음, 2020, 133쪽.

드나들지 않는 집을 폐가廢家라고 한다면, 장일순의 집 안은 반가운 생명의 기운으로 가득했다고 말할 수 있다. 그 집에 사는 이가 환대의 기풍이 있으니, 사람들이 발길을 그치지 않았다. 그때부터 이미 장일순은 찾아오는 사람들을 맞아들이는 법을 배우고 있었는지도 모른다.

> 사랑채는 큰 방이 2개 있었고 가운데 마루가 길게 있었고, 방 하나는 할아버지가 쓰셨고, 하나는 외지에서 온 손님, 말하자면 식객들이 묵어가는 방이었어요. 식객들이 묵어가는 방은 내 기억으로 거의 비는 날이 없었어요. 어떤 분들은 이틀 사흘 묵어가기도 했어요. 손님들이 주무시는 방이 굉장히 컸어요. 벽장도 있었고, 방 두 배 크기의 마루가 있었고, 마루 반대편에 할아버지 방이 있었지요. 어머니가 부엌일을 하셨지만 어머니 밑에 밥을 하시는 분이 두 분 계셨어요. 이분들이 밥을 해서 손님 대접을 했어요. 사랑채로 들어오는 문은 늘 열려 있었어요. 오전 10시부터 오후 5시까지는 사랑손님이 끊이지 않았어요.[11]

할아버지는 서울 오가며 신식 문물을 익히고, 독립운동가들과 교우했다.

> 조부님은 그 시절에 한살림운동을 벌써 행하신 분이지. 나는 그분 발밑에도 못 가. 학교를 세운다면 땅을 주고, 동네에 물이 마르면 우물을 고쳐주고, 보릿고개에 양식을 나누어주고, 가난하고 불쌍한 것을 못 보셨어. 내가 그분한테서 인간적인 영향을 많이 받았네.

11 김찬수, 「무위당 선생 동생 장화순 선생 인터뷰」, 2017년 9월 6일, 무위당사람들 제공.

아홉 살 때였지. 열다섯 살 먹은 형님이 한 분 가셨어. 그 형님의 상여가 나갈 때였어. 조부님이 길바닥에 엎드려 상여를 향해 넙죽 절을 하셔. 그러니까 노제지. 그래서 "할아버지, 왜 손주에게 절을 하세요?" 하고 물었더니 할아버지가 이렇게 말씀하시더군. "네 형이 이 세상에서는 내 손자였지만 저승에서는 저분이 선생이야. 먼저 가시지 않았니." 하시는 거야. 나이 삼십이 넘어서야 그 뜻을 이해할 수 있었지. 굳이 서양식으로 말하면 민주주의적 평등이랄까, 뭐 그런 거 아니겠어. 인간을 공경하는 마음을 심어주려 하셨던 게야.[12]

장일순의 할아버지는 유교적인 예의범절과 한학, 그리고 붓글씨뿐 아니라 사람이 마땅히 지녀야 할 품성을 가르쳐 주신 분이다. 그 당시 할아버지가 가훈으로 삼았던 것은 "하늘과 사람에게 부끄럼이 없어야 한다"였다.[13]

장일순의 조부 장경호 선생. 선생은 늘 가족들에게 "하늘과 사람에게 부끄럼이 없어야 한다"고 말했다.

어려서 나는 학교에 다닐 때 1등을 해본 적이 없습니다. 한껏 해야 3등, 그렇지 않으면 5~8등 정도에 맴돌았습니다. 그런데 옛날에 돌아가신 형님과 누님은 매번 1등만 하셨습니다. 우리 집안에서의 별명은, 특히 아버지로부

12 최성현, 『좁쌀 한 알 장일순』, 도솔, 2004, 92~93쪽.
13 최성현, 『좁쌀 한 알 장일순』, 도솔, 2004, 208~209쪽 참조.

공경하는 마음

터 얻은 내 별명은 '먹통'이었습니다. 그러나 조부님께 성적표를 보이면 "잘했다. 앞으로 더 잘해라" 하시면서 격려해 주셨습니다. … 아마도 내가 다섯 살 때인 것 같습니다. 조부님께서 나에게 한문과 붓글씨 쓰는 것을 가르쳐주셨습니다. 조부님 앞에서 천자문의 한 구절을 외우는데 수십 번을 가르쳐주셔도 단 석 자를 외우지 못하니까 이렇게 말씀하셨습니다. "옛날에 아주 머리가 둔한 아이가 있었는데 천지현황天地玄黃을 삼년독三年讀하니 언재호야焉哉乎也는 하시독何時讀일꼬, 라고 했단다. 너도 그러면 된다. 책 덮고 나가 놀아라." 지금도 잊을 수 없는 말씀입니다. 아이들이 밖에서 놀자고 부르는 소리를 조부님도 알고 계셨기에 사정을 보아서 해방시켜주신 거라고 지금에서야 생각합니다.[14]

바깥에서 놀자고 부르는 동무들의 소리에 마음이 빼앗겨 버린 손주의 마음을 헤아려 주던 할아버지였다. 한편 할아버지가 언급한 "머리 둔한 아이"는 조선시대의 으뜸가는 학자 가운데 하나였던 고봉高峰 기대승奇大升을 두고 한 말이었다.

기대승이 다섯 살에 서당에서 천자문을 배우기 시작하였는데, 맨 첫 문장인 '천지현황天地玄黃'을 일곱 살까지 배웠지만 몰랐다고 한다. 화가 난 서당 선생은 소를 끌어다 기대승 앞에 세워놓고 고삐를 세게 잡아 위로 쳐들며 "하늘 천." 하고, 아래로 세게 잡아 내리며 "따 지." 하기를 몇 번이나 되풀이 하였다. 이번엔 고삐에서 손을 떼고서 "하늘 천." 하였는데, 소가 머리를 위로 올리고, "따 지." 하니까 머리를 아래로 내리더란다.

훈장이 기대승에게 말하기를 "이것 보아라! 소 같은 짐승도 몇 번 가르치

---

14 무위당 장일순 이야기 모음, 『나락 한 알 속의 우주』, 녹색평론사, 1997, 11~12쪽.

1960년 장일순 부친 장복흥 회갑 사진. 장일순 일가는 삼대가 한집에 살기도 하고, 분가 후에는 봉산동 일대에 모여 살았다.

지 않아서 '하늘 천.' 하면 머리를 하늘로 올리고 '따 지.' 하면 머리를 땅으로 내리지 않느냐. 그런데 너는 사람이면서 '천지현황'을 삼 년이나 가르쳤는데도 모르니 소만도 못하구나"라며 꾸짖었다. 그러자 기대승이 "천지현황天地玄黃을 삼년독三年讀하니, 언재호야焉哉乎也를 하시독何時讀고"라고 말하는 것이 아닌가. 즉 천자문의 첫 번째 줄 '천지현황'을 삼 년 읽었으니 맨 끝의 '언재호야'는 어느 때나 읽을지 모르겠다는 말을 줄줄이 읊고 있는 것이다. 이미 기대승은 천자문을 다 외우고 있었던 것이다. 그런데도 3년 동안 천지현황을 읊은 것은 그 안에 담긴 뜻을 알고자 함이었다. 무조건 외우는 것보다 이치를 깨달아 아는 게 중요하다는 것이겠다. 할아버지 장경호는 천자문을 다 외는 것보다 장일순에게 중요한 게 따로 있음을 간파한 것이다. 공부보다 사람이 우선이라 여겼기 때문이다.

아버지 장복흥

아버지는 할아버지의 땅과 가게를 경영하셨어요. 할아버지가 가게를 그만두신 뒤로는 소작인들에게 준 토지를 경영하였어요. 아버지는 착하신 분이셨어요. 돈을 꿔주고 이자를 받기도 하셨는데 돈을 갚지 못하면 절대 독촉을 하지 않으시고, 형편상 갚지 못하면 그냥 내버려 두셨다고 해요. 소작인들이 도지 가져오는 것도 독촉하지 않으셨어요. 가져오는 대로 받고. 옛날에는 지주가 소작인들이 벼 심고, 밭을 부칠 때 자주 가서 봤거든요. 벼가 여물 때 가서 낱알을 세어보고 이 논에서 얼마가 수확되겠다고 짐작을 하는 거죠. 내가 어려서 보니까 소작인들이 아버지에게 농사짓기 전이나 추수하기 전에 땅을 보러 오라고 하면, 절대 가지 않으셨어요. 그냥 소작인들에게 맡겨서 수확하게 하고 가져오는 대로 도지를 받으셨어요. 그저 지적도를 보고 우리 땅이 어디 어디 있다는 정도만 알고 계셨어요.[15]

관대함은 장일순 집안의 가풍이다. 한번은 장일순·화순 형제가 학교에 다녀왔는데 배가 몹시 고팠던 모양이다. 어머니가 서둘러 밥을 차려주었는데, 찬밥이었다. 그러나 손님에게는, 그것이 장일순 집안의 논밭을 부쳐먹는 소

---

15 최성현, 『좁쌀 한 알 장일순』, 도솔, 2004, 102쪽.

작인이더라도 꼭 새로 밥을 지어드렸다. 이런 걸 늘 지켜보았던 장화순이 하루는 심통이 나서 어머니께 따졌다.

"어머니, 왜 저분들에게는 더운밥을 주고, 저희에게는 찬밥을 주시는 거예요?" 어머니가 웃는 얼굴로 대답했다. "툴툴거리지 말고 그냥 먹거라." 그 까닭은 어머니가 굳이 자세히 설명하지 않아도 됐다. 훗날 장사하는 제자들에게 손님을 가리켜 "저 사람이 하느님이여!" 하던 장일순의 이야기가 허투루 나온 게 아니었다. 소작인들이 일하지 않고서야 장일순 집안이 먹을 수 없으니, 그들이 오히려 자비를 베푸는 하느님이라는 발상이 나온 것이다. 중요한 것은 땅의 '소유권'이 아니라 누가 '일'을 하는가였다.

하루는 거지가 동냥을 얻으러 왔다. 장화순이 돈 주는 일을 맡게 됐는데, 남루한 옷차림의 거지가 더러워 돈을 던져 주었다. 그 모습을 아버지가 보고서 불호령이 떨어졌다. 다시 두 손으로 공손히 드려야 했다.[16] 아직 서학도 동학도 접하지 않았던 집안 어른들이지만 천성적으로 사람을 가리지 않았던 것으로 보인다.

장일순은 어린 시절 별명이 '애어른'이었다. 진중하면서도 아는 것이 많고, 친구들을 배려하는 마음이 깊어서 붙여진 별명이었다. 특히 할아버지를 존경하고 형제자매들 사이에 우애가 깊었다. 어머니 김복희의 행동 역시 할아버지에게서 배운 가풍이었다.

> 할아버지가 앉은 곳 바로 곁에는 문이 있고, 거기 밖이 내다보이는 유리가 붙어 있었다. 할아버지는 그곳으로 바깥을 내다보고 밥을 얻으러 온 사람이 있으면 윗목에 앉아 밥을 먹는 며느리를 불렀다.

16 최성현, 『좁쌀 한 알 장일순』, 도솔, 2004, 84~85쪽.

"얘, 어멈아, 손님 오셨다."

그러면 어머니는 바로 숟가락을 놓고 일어나 동냥 그릇을 들고 온 이에게는 밥과 찬을 담아주었고, 빈손으로 온 이에게는 윗방에 따로 상을 차려 대접했다.[17]

이런 모습을 보고 자란 탓일까. 어른이 된 뒤로도 장일순·화순 형제는 집에 손님이 오면 밥부터 먼저 챙겼다. 결코 끼니를 거르게 하는 일이 없었다.

학교

배재중학교

장일순은 원주봉산심상소학교原州鳳山尋常小學校(지금 원주초등학교)에 들어가기 전부터 할아버지의 친구이자 독립운동가인 차강此江 박기정朴基正 (1874~1949) 선생에게 글을 배웠다. 소학교를 함께 다녔던 동창생 원영택은 장일순을 이렇게 기억한다.

무위당은 당시 평원동에 살았으니까 1학년부터 다니고 있었고 나는 편입시험을 보고 1937년 3학년에 들어가 1941년 3월 졸업할 때까지 4년

---

17 최성현, 『좁쌀 한 알 장일순』, 도솔, 2004, 86쪽.

동안 무위당과 송조松組 한 반에서 공부를 한 것이죠. … 내가 무위당과 짝은 아니었지만 바로 가까운 이웃자리에서 공부를 해서 생각이 나요. 학교 댕길 땐 더러 좀 싸우고 뭐 치고받고 그러지 않아요. 그런데 무위당은 전혀 그런 걸 못 봤어요. 한 마디 욕하는 것도 전혀 못 봤어요. 누구하고 말다툼하는 것도 못 보고 그래서 내가 어린 나이지만 하여튼 이 사람은 이상한 사람이다, 또 보통사람이 아니로구나 하는 생각을 했죠. 같이 공부하며 놀고 그랬는데 험한 장난을 하거나 욕설을 하거나 그런 일도 전혀 없었어요. 어린 나이에 흐트러짐이 없었지요.[18]

당시만 해도 지역 유지였던 할아버지 때문에 넉넉한 형편에 학교를 다녔던 장일순은 비슷한 처지의 또래들이 값비싼 양복을 입고 학교에 다녔던 것과 다르게 늘 한복 차림이었다. 원영택의 기억에 따르면, 성적은 늘 상위권이었고, 특별히 붓글씨를 잘 써서 돋보였다. 일주일에 2시간씩 들어 있는 습자習字 시간에 한문을 붓글씨로 쓰는 걸 보면 집에서 배운 서예 실력이 어려서부터 드러나곤 했다.

독립운동가였던 차강 박기정에게 붓글씨만 배운 게 아니어서 장일순은 학교생활이 그리 만만치 않았다. 장일순이 소학교 3학년일 때는 있었던 조선어 수업이 4학년이 된 1938년부터는 아예 사라지고 일본어 수업만 해야 했기 때문이다. 당시 제7대 조선총독이었던 미나미 지로(南次郎)는 '황국신민화'를 보다 철저하게 추진하려고 법령을 다시 개정하여 제3차 「조선교육령」을 공포하였다. 신교육령에 따라서 일본인이 사립학교의 교장이나 교무주임

18 원영택 대담, 『달이 나이고 해가 나이거늘』, (사)무위당사람들 엮음, 2020, 342~343쪽.

을 맡게 하였으며, 일본어와 일본사, 수신, 체육 등의 과목이 강화되었다. 일본어가 국어가 되면서, 학교에서 조선말을 하다 들키면 매를 맞곤 하였다. 그리고 창씨개명을 강요하여 장일순은 학교에서 '하리타 타츠오(張田起男)'라고 불렸다.[19] 장일순은 본래 성품이 유순하여 학교 방침에 불만이 있었지만 속으로 삭이고 항의를 하지는 않았던 것으로 보인다.

1940년 봄에 원주봉산심상소학교를 졸업한 장일순은 아버지를 따라 천주교 원동성당에서 세례를 받고 천주교 신자가 되었다. 세례명은 '요한'이었다. 할아버지는 큰 사찰의 시주施主이기도 했는데, 집안이 천주교로 개종하게 된 것은 열다섯 살에 죽은 맏손주 장철순 때문이었다. 그 손주가 죽으면서 자신을 천주교 묘지에 묻어달라고 부탁했던 것이다. 할아버지는 당시 조상제사를 금하던 천주교의 사제를 만나 제사는 지낼 수 있도록 관면받는 조건으로 세례를 받았다.

장일순은 1940년 서울로 유학하여 배재중고등학교에 입학했다. 배재중고등학교의 모태는 배재학당이다. 배재학당은 1885년(고종 22) 8월 5일에 미국 감리교 선교사 아펜젤러가 서울에 세운 한국 최초의 근대식 중·고등 교육 기관이었다. 배재학당은 교회와 나라의 인재를 양성한다는 의미로 일반 학과를 가르치는 것 말고도, 연설회와 토론회 등을 열어 사상과 체육 훈련에 힘을 쏟았다. 배재학당은 별도의 인쇄 시설을 갖추고 있었는데, 이는 한국의 근대식 인쇄 시설의 시초였다. 이 시설 덕분에 학생들은 '협성회'를 조직하고 학보를 발간하는 등 민중계몽운동에 나설 수 있는 실력을 쌓을 수 있었다.

장일순이 배재중학교에 들어간 것은 원주봉산심상소학교 출신 선배 몇 명

---

19 원영택 대담, 『달이 나이고 해가 나이거늘』, (사)무위당사람들 엮음, 2020, 345쪽 참조.

이 먼저 이 학교에 다니고 있었기 때문이다. 장일순은 서울 명륜동에서 지냈는데, 이 집은 본래 할아버지가 똑똑했던 맏손자 장철순을 경성제국대학에 보낼 생각으로 서울에서 공부시키려고 지은 집이다. 당시에는 작은아버지 가족이 그 집에 살고 있었다. 장일순의 소학교 2년 후배인 김홍렬은 이렇게 장일순을 기억한다.

> 일순 형님은 1940년에 소학교를 졸업하고 서울로 유학 가서 배재중학교를 다녔어요. 여름방학 때 원주에 오면 우리 형님과 정지뜰 소나무밭에서 온종일 얘기를 나누기도 하고, 원주천에서 천렵도 했어요. 나는 주로 형님들 심부름을 했죠. 집에서 풍로와 냄비와 양념을 가져오면 형님들이 어죽탕을 맛있게 끓였어요. 배가 불러 셋이 솔밭에 누워 있으면 일순 형님이 서울 얘기를 들려주고, 만주에 있는 독립투사들의 활약상을 들려주었는데 너무 재미있는 거예요. 우리 시조가 단군이라는 것을 일순 형님에게 처음 들었어요. 을지문덕, 강감찬, 이순신 장군 얘기도 처음 들었어요. 학교에서 일본어만 쓰게 하고 일본 역사만 배웠으니 우리 역사에 대해선 완전히 깜깜이었던 거죠. 중학교 2학년 때 해방되었는데 태극기를 이때 처음 봤어요. 부끄러운 이야기죠.[20]

---

20 김홍렬, 「일순 형님의 어릴 적 별명은 '애어른'이었어요」, 〈무위당사람들〉 65호, 73쪽.

국대안 반대 학생운동

일제의 식민 통치에서 해방되기 한 해 전인 1944년 봄에 장일순은 배재고 등학교를 졸업하고 징병을 피하려고 경성공업전문학교에 입학했다. 이듬해인 1945년 해방을 맞이했을 때 장일순은 2학년이었는데, 당시 열일곱 살이었다. 해방이 되고서 경성공업전문학교가 서울대학교 공과대학으로 바뀌었는데 학교생활이 순탄치 않았다.

미군정청은 1946년 8월 23일 군정법령 제102호를 통해 경성제국대학, 경성의전醫專, 경성치전齒專, 경성법전法專, 경성고공高工, 경성고상高商, 경성고농高農을 통합하여 국립 서울대학교를 신설하고, 총장에 미군 대령 출신의 해리 비드웰 앤스테드Harry Bidwell Ansted(1893~1955)를 임명한다는 실시령을 발표했다. 그러자 '식민지 교육 반대', '학원의 자유와 민주화' 등을 주장하는 교수, 교직원, 학생들의 반대운동이 거세게 일어났다. 장일순도 이 시위에 참여했다.

12월 초에 서울대학교 9개 단과대학에서 일제히 반대운동이 일어나자 미군정장관이었던 러치(Archer L. Lerch) 소장은 상대, 공대, 문리대에 3개월 동안 휴교령을 내렸다. 이에 앞서 11월 1일부터 서울 각 대학에서 등록 거부와 동정 맹휴가 시작되었는데, 1947년 5월까지 전체 학생의 절반이나 되는 4,956명이 제적되고, 전체 교수의 3분의 2인 380여 명이 해임되었다. 하지만 거센 항의에 밀려 미군정청은 수정법령을 공포하여 국대안 반대 투쟁은 가라앉게 된다.

이 국대안반대운동 과정에서 학교에서 제적된 장일순은 잠시 원주에 내려와 있었는데, 그 시기에 장일순은 처음으로 동학과 해월 최시형에게 관심을 갖기 시작했다고 훗날 고백하고 있다. 이는 나중에 장일순이 왜 혁신정당인

사회대중당 후보로 활동했는지 가늠하게 해준다.

> 이 땅에서 우리 겨레가 어떻게 살아가야 하고, 또 온 세계 인류가 어떻
> 게 살아가야 하는가를 정확하게 일러주신 분이 해월이지요. 우리 겨레
> 로서는 가장 자주적으로 사는 길이 무엇이며, 또 그 자주적인 것은 일
> 체와 평등한 관계에 있어야 한다는 것을 그는 설명해 주셨지요. 눌리고
> 억압받던 이 한반도 100년의 역사 속에서 그 이상 거룩한 모범이 어디
> 있겠어요? 그래서 저는 해월에 대한 향심向心이 많지요. 물론 예수님이
> 나 석가모니나 다 거룩한 모범이지만, 해월 선생은 바로 우리 지척에서
> 삶의 가장 거룩한 모범을 보여주시고 가셨죠.[21]

이때까지 장일순에게 가톨릭 신앙은 그다지 영향을 주지 않았던 것으로
보인다. 처음부터 가톨릭교회에 대한 매력을 느껴서 입교한 것이 아니었고,
집안 분위기를 따라간 것에 불과했기 때문이다. 청년기에 나름대로 세계관과
인간관을 형성하는데, 오히려 일제강점기와 해방공간에서 저항적이고 혁신적
인 태도를 보여주었던 동학 또는 천도교가 더 매력적으로 보였을 것이다.

한편 1947년 8월 14일, 서울대 제적 학생 3,518명이 복적復籍 되었는데,
그 대상자 가운데 장일순도 끼어 있었다. 그러나 장일순은 공과대학을 자퇴
하고, 서울대학교 미학과에 입학한다. 이를 두고 동생 장화순은 "형님이 워
낙 책을 많이 읽으시고 철학적 사유를 하시다 보니, 그 과를 선택하신 것 같
아요. 당시 미학과에서는 철학을 가르쳤어요. 형님은 진정한 학문은 철학이
라고 생각하셨어요"라고 전한다.

---

21 최성현, 『좁쌀 한 알 장일순』, 도솔, 2004, 23~24쪽.

장일순이 다시 공과대에서 서울대 미학과로 옮긴 뒤에 아직 면발치에서 장일순을 지켜보았던 사람이 있었다. 나중에 장일순이 지학순 주교를 만나 설계하였던 천주교 원주교구의 살림을 도맡았고, 재해대책사업위원회에서 집행위원장을 맡았던 김영주였다. 당시 김영주는 장일순과 마찬가지로 서울에서 유학하고 있던 경기중학교 학생이었다. 이 두 사람은 토요일이면 수업이 끝나자마자 청량리역으로 가서 원주행 기차에 올랐다. 그때 김영주가 만났던 장일순은 이랬다.

> 나는 어느 토요일 오후 원주행 열차에 올라 기차가 출발하기를 기다리고 있었다. 그때 내가 타고 있는 객실 복도로 대학생복을 입은 청년이 뚜벅뚜벅 걸어와 내 옆을 스쳐 지나갔다. 숱이 많은 머리에 부리부리한 눈, 오똑한 콧날의 대학생. 나는 이 사람이 서울대 다니는 장일순이라는 이름의 고향 선배임을 직감적으로 알아챘다. 한 달 전쯤 기차가 원주역에서 정차했을 때 그가 옆 칸에서 내리는 것을 본 적이 있었기 때문이다.[22]

원주에서 서울까지 통학하는 사람도 많지 않았고, 대학생들은 더욱 드물었던 시절이었다. 그러니 서울에서, 그것도 서울대학교에 다니고 있던 장일순은 원주 사람들의 자랑거리 중 하나였다. 김영주는 예전에 장일순을 개인적으로 만나본 적은 없었지만 "공부 잘하고 똑똑한 수재 장일순"이란 말을 어른들에게 자주 들어서, '장일순'이란 이름이 귀에 익숙해 있었다. 어쩌다 장일순과 같은 열차 칸에 타게 되면, 그것만으로도 기분이 좋았다고 김영주

---

22 김영주 편, (사)무위당사람들 엮음, 『대장부 거기에 그들이 있었다』, 이야기담, 2022 개정판, 20쪽.

는 말한다. 한번은 장일순이 김영주 뒷좌석에 앉아 있었는데, 열차가 덕소를 지나 남한강 변을 달릴 때 '대학생 형은 무얼 하고 있나' 궁금해 살짝 고개를 돌려 장일순을 훔쳐본 적도 있었다. 장일순은 무릎 위에 책을 올려놓고 창밖으로 펼쳐지는 경치를 바라보며 깊은 생각에 잠겨 있었다.[23]

전쟁

한국전쟁

조선 후기에 지주들은 수확량의 절반이 넘는 소작료를 거두어들였는데, 일제강점기에는 아예 소작료가 수확량의 80퍼센트를 넘기는 경우가 많았다. 하지만 해방 이후 미군정은 1945년 11월 군정법령 제33호 '조선 내에 있는 일본인 재산의 취득에 관한 건'을 공포하여 일본인의 개인 재산 및 동양척식회사 등이 소유한 일본계 회사의 재산은 미군정 산하의 신한공사로 몰수 이관 하고, 신한공사는 소작료를 기존의 3분의 1 수준으로 부과하였다.

1948년 3월 미군정은 군정법령 제173호 '귀속농지매각령' 및 제174호 '신한공사해산령'을 공포하면서 2정보 미만으로 소유상한을 두고, 해당 귀속농

---

23   김영주 편, (사)무위당사람들 엮음, 『대장부 거기에 그들이 있었다』, 이야기담, 2022 개정판, 21~22쪽 참조.

지를 신한공사의 소작농에게 우선적으로 불하하는 조치를 취하였다. 당시 경제에서 농업이 차지하는 비중이 대단히 컸고, 농민들이 대부분 소작농인 상태에서 농지개혁 문제는 농민들에게 절대적인 관심사였다. 하지만 미군정은 소작료만 예전의 3분의 1로 낮추었을 뿐, 농지개혁에는 소극적이었다. 반면, 삼팔선 이북에서는 북조선 임시 인민위원회가 1946년에 토지상한선 5정보로 무상몰수, 무상분배를 실시하였기 때문에 미군정의 토지정책은 남한 농민들에게 불만 요인으로 작용하고 있었다. 급기야 대한민국 정부가 1948년에 수립되면서 이승만 정권은 1949년에 농지개혁법을 제정하였다. 1949년 6월 21일에 제헌국회에서 제정된 농지개혁법은 농지를 농민에게 '유상'분배하도록 규정하였다.

당시 장일순의 집안은 대지주는 아니었지만, 중농 수준으로 원주 지역에 제법 많은 농토를 소유하고 있었다. 장일순의 아버지 장복흥은 유상분배 방식의 농지개혁법이 시행되기 전에 이미 소작인들에게 무상으로 토지를 나누어 주면서, 등기 이전까지 다 해주었다. 이때 소작인들의 집을 일일이 찾아다니며 토지 문서를 전달하는 심부름을 한 사람이 장일순의 동생 장화순이었다. 굳이 말하자면 부모가 이런 일을 맡기기에 선비 같은 장일순보다 매사에 빈틈이 없는 동생 장화순이 믿음직스러웠을 것이다. 이것은 농토를 거저 받은 소작인들 입장에서 기쁜 소식이 아닐 수 없었다.[24]

이듬해 한국전쟁이 터지면서 학교는 문을 닫았고, 사람들은 저마다 살길을 찾아 피난을 떠나거나 대책을 마련하기에 분주했다. 그중에서 지주들은 더욱 위험하였다. 그들 가운데 인민군에 붙잡혀 처형된 이도 있었고, 북으로 끌려간 이도 많았다. 장일순의 집안도 원주에서 알아주는 지주였기 때문에

---

24 강원민주재단, 『바위 위에 핀 꽃』, 2023, 91쪽 참조.

신변에 위험이 닥치기 쉬웠다. 하지만 장일순 집안은 지역사회에서 민심을 잃지 않아서 살아남을 수 있었다. 장일순 집안이 소작인들에게 베푼 선의의 결과였다. 당시 상황을 장화순은 이렇게 말한다.

> "소작인들이 할아버지와 아버지를 엄청 존경했어요. 6·25 때 원주 평원 동이 폭격을 당하여 우리 집이 잿더미가 되었어요. 다행히 가족들 피해는 없었지만 우리 가족들은 피난을 못 갔어요. 인공치하에 있을 때 소작인들이 서로 자기 집에 와서 숨어 있으라고 해서 우리는 피난생활을 소작인들 집을 옮겨 다니면서 했어요. 귀래, 만종, 소초면의 소작인 집에 할아버지부터 손주까지 온 가족이 떼거리로 가서 신세를 졌고, 한 달씩 소작인들 집을 옮겨 다니면서 피난생활을 했어요. 공산치하에서 지주 가족이 무사한 집은 우리 집뿐이었어요."[25]

장일순의 가족들은 처음엔 원주에서 충주로 가는 길목에 있는 흥업면 만 닥골로 피난을 갔는데 왠지 불안하던 차에 원주시 소초면 갯바위골에서 살 던 소작인들에게서 연락이 왔다. 자기 마을이 더 안전할 것 같으니 그리로 옮겨와서 숨어 있으라는 것이었다. 그때는 1950년 9월 15일에 국군이 인천 상륙작전을 성공하고 9월 28일에 서울을 탈환한 이후였다. 그 후 국군은 강 원도 지역을 수복한 뒤에 계속 북쪽으로 진격해 들어가고 있었다.

장일순은 가족들을 소초면 갯바위골로 먼저 보내고서 본인은 다음 날 뒤 따라가기로 하였다. 그런데 이튿날 소초면으로 가는 도중에 장일순은 검문 소에서 국군에 걸려 체포되었다. 피난 생활을 하면서 물을 구하기 어려워 머

---

25 최성현, 『좁쌀 한 알 장일순』, 도솔, 2004, 102쪽.

리를 자주 감을 수 없었던 장일순은 당시 머리를 박박 밀고 있었기 때문이다. 국군들은 머리를 깎은 장일순을 보고 민간인의 옷을 입고 북으로 달아나던 인민군으로 오해했던 것이다. 한국전쟁 당시 국군과 인민군을 구별할 수 있는 방법은 머리를 길렀는지 밀었는지 확인하는 것뿐이었다.

적군이다 싶으면 절차를 생략하고 바로 총을 들어 처형하기도 했던 무서운 시절이었다. 하지만 장일순은 자신이 인민군이 아니라는 사실을 증명할 아무런 방법이 없었다. 결국 국군 장교가 부하들에게 그 자리에서 총살하라고 명령했다. 구덩이를 파게 하고, 그 앞에 여러 명을 한 줄로 세워놓고 한 사람씩 쏴 죽이는 방식이었다. 장일순 차례가 되었을 때, "마지막으로 할 말이 있는가?"라고 군인이 물었다. 천주교 신자였던 장일순은 그저 말없이 눈을 감고 성호를 긋고는 죽음을 기다렸다. 그런데 갑자기 앞에서 다급하게 "중지!" 하는 소리가 들려왔다.

이날 사형을 집행하던 국군 장교가 천주교 신자였던 모양이다. 그는 장일순이 십자성호를 긋는 것을 보고는 순간적으로 '종교를 믿는 사람이 공산당일 리가 없다'고 판단해 사형을 중지시켰다. 그의 신앙 행위가 그의 목숨을 구했다. 하지만 장일순은 전쟁터에서 빠져나올 수 없었다. 일손이 부족했던 군인들이 장일순에게 부역을 요구하며 횡성에서 홍천까지 끌고 다녔기 때문이다.

그런데 전쟁 전에 잘 알고 지내던 연대장급 국군 장교를 홍천에서 만나면서 사정이 바뀌었다. 권영국 중령이었다. 일제 식민지에서 해방된 이후 어느 날 원주로 배속받은 권영국이라는 국군 소위가 방을 얻으러 장일순의 평원동 집으로 찾아왔다. 할아버지 장경호는 "36년간 일본군 지배를 받다가 해방이 되고 드디어 우리 군대가 생겼으니 당연히 방을 내드려야지요." 하면서 선뜻 자신이 쓰던 방을 내주었다. 당시 대학을 다니던 장일순과 권영국 소위는 나이가 엇비슷해서 쉽게 친구가 될 수 있었다. 장일순은 주말에 원주로 내려오면 권영국 소위와 자주 어울렸다. 그 사람을 전쟁터 한복판에서 만난 것이다. 소위였던 권영국은 계급이 중령으로 바뀌어 있었다. 그 사람 덕분에 장일순은 군인들 틈바구니에서 풀려나 가족들에게 돌아갈 수 있었다.[26]

장일순은 1·4후퇴 시기에 군 입대 적령기여서 군속으로 징집되었다. 영어를 잘해서 미군들이 있는 거제도 포로수용소에 배치되었다. 포로로 잡혀 온 인민군들을 미군이 심사할 때 영어 통역을 하였다. 이곳에서 젊은이들이 시대를 잘못 만나 징집되어 동족끼리 전투를 하고, 다수가 죽거나, 더러는 포로가 되는 모습을 보았다. 자기 또래의 인민군 포로들이 겁에 질려 미군 앞에서 진술하는 모습을 지켜보면서, 장일순은 다시는 어떤 명분이나 이데올로기로도 전쟁이 벌어져서는 안 된다는 생각을 뼛속 깊이 새겨 넣었다. 이 시기에 훗날 운명적인 만남을 이루었던 지학순 주교 역시 1952년 12월 15일 부산에서 노기남 주교에게 사제서품을 받고 첫 부임지인 거제도 포로수용소에서 종군 신부로 일했다. 하지만 두 사람은 당시 포로수용소에서 서로 알아보지 못했다. 이들은 지학순 주교가 1956년에 로마의 교황청립 우르바노 대학에 유학하여 교회법 박사학위를 받고 귀국한 뒤에 1965년에 원주교구 초대 교구장으로 오면서 만나게 된다.

아인슈타인의 편지

한국전쟁 직후에 장일순은 원-월드 운동을 주창했던 알베르트 아인슈타

---

26 김영주 편, (사)무위당사람들 엮음, 『대장부 거기에 그들이 있었다』, 이야기담, 2022 개정판, 23~25쪽 참조.

서재에 앉아 있는 장일순. 장일순은 젊은 시절부터 영어와 일본어에 능통하여 해외 정세에 밝았다.

인Albert Einstein(1879~1955)과 편지 교환을 통해 교감하고 있었다. 알베르트 아인슈타인은 히로시마와 나가사키에 원자폭탄이 투하된 이후에, 이런 전쟁을 통제할 수 있는 '세계연방정부'의 필요성을 제기했다. 상대성 이론을 발견한 물리학자였던 자신은 무기 개발에서 아무런 역할을 할 수 없었고, 많은 인터뷰와 편지, 연설을 통해 후회를 표명하였다.

1939년 8월 2일 알베르트 아인슈타인이 자기 명의로 당시 미국 대통령이 었던 프랭클린 루스벨트에게 편지를 보낸 적이 있다. 나치 독일이 원자폭탄을 개발하고 있으니 "독일보다 늦지 않도록 서둘러 핵무기 개발에 착수해야 한다"는 내용이었다. 미국이 핵무기 개발에 나선 '맨해튼 프로젝트'의 계기가 된 것으로 알려진 이 편지는 사실 아인슈타인이 직접 쓴 것이 아니다. 레오 실라르드를 비롯해 동료 과학자들이 작성한 편지에 아인슈타인이 발신인으로 서명만 한 것이다. 훗날 아인슈타인은 이 편지에 서명한 일을 내내 후회했다. 인류를 멸망으로 이끌 수 있는 핵무기 개발로 이어진 점 때문이다. 아인슈타인은 자신이 발견한 공식 $E=mc^2$이 핵폭탄 개발의 원리가 된 사실을 모르고 있었다. 그 후 아인슈타인은 반전반핵反戰反核 운동에 앞장섰다.

아인슈타인은 1947년 유엔 총회에 보낸 공개서한에서 "(제2차 세계대전) 승리 이후 … 전쟁 예방이나 원자력 통제와 경제협력 등 특정 분야에서 합의를 향한 어떠한 뚜렷한 진전도 이루어지지 않았다"고 한탄했다. 원자력과 무기가 국가안보의 중요한 부분으로 간주되는 한, 어느 나라도 사실상 국제 조약에 따르지 않을 것이며, 그렇기 때문에 군사 안보는 더 이상 한 국가의 문제가 아니라고 보았다. 아인슈타인은 전쟁을 준비하는 것과 법과 질서에 기초한 세계사회를 준비하는 것 사이에는 타협의 여지가 없다고 말했다.

이러한 문제들을 조율할 세계연방정부는 '단일한 세계 경찰국가'를 만들자는 게 아니다. 아인슈타인은 1945년에 발간된 미국의 진보적인 월간지 〈디 애틀랜틱The Atlantic〉에 게재한 칼럼에서 '세계적 전체주의'를 막기 위해 민간에서 조율하는 세계정부가 필요하다고 말했다. 그가 말하는 세계연방정부는 정부가 주도하는 유엔과 달리 연방정부 의원들을 각 회원국 국민에 의한 비밀투표를 통해 선출하여야 하며, 이러한 의원들은 정부가 아닌 국민을 대표해야 한다고 규정한다. 아인슈타인은 이러한 이슈에 대한 문건을 작성하여 전 세계를 향해 편지를 띄웠다. 아인슈타인은 자신의 견해가 마하트마 간디에게서 영감을 받았다면서, "각 국가가 자신이 선택한 경제, 정치, 문화 제도를 발전시킬 수 있는 자유가 처음부터 보장되어야 한다"고 했다. 또한 1949년에는 사회주의를 "자본주의의 심각한 해악"에 대한 필요한 해독제라고 말했다. 아인슈타인이 볼 때 인류에게 가장 위험한 것은 "민주적으

로 조직된 조직에 의해서도 그 엄청난 힘을 효과적으로 제지할 수 없는 민간자본의 과두제"라고 했다.[27]

　이른바 아인슈타인이 시도한 이 운동을 원-월드One-World라고 부른다. 장일순은 세계연방정부운동(One-World)의 한국지부 상임이사 자격으로 생면부지의 아인슈타인에게 편지를 썼다. 남아 있는 아인슈타인의 답신을 보면, 이 세계적인 운동이 정부의 방해로 원활하게 진행되지 못하고 있다는 사실을 밝히고 있다. 한편 장일순이 아인슈타인을 통해 받은 자료를 통하여 한국전쟁 이후 냉전 상황에서 여전히 '북진통일'을 주장하는 이승만 우익 독재로 점철된 국내 정치 상황을 개선해 보려고 애썼다는 것을 엿보게 해준다. 하지만 좀 더 실제적인 실행 과정은 자료 부족으로 알 수 없다. 다만 여기서 확인할 수 있는 것은 아직 대학생 신분인데도, 청년 장일순이 어떤 방식으로든 해방 이후 좌우익 갈등에서 비롯된 전쟁과 평화의 문제로 고민해 왔다는 것을 알 수 있다.

　　1월 8일 자 편지, 감사히 받았습니다. 세계 연방주의자들을 비롯하여 세계의 안전 문제를 초국가적인 차원에서 해결하려고 노력하는 사람들은 지금 전 세계를 풍미하는 국수주의자들의 거센 열기에 부딪혀 느린 걸음으로 앞으로 나아가며 힘든 상황을 견뎌가고 있습니다. 저는 미국 주재의 세계 연방주의자 본부에 편지를 써서 원하시는 정보를 당신에게 보내라고 촉구하겠습니다. (아인슈타인의 첫 번째 편지)

27 "When Albert Einstein Championed the Creation of a One World Government(1945)", www.openculture.com, Josh Jones, September 6th, 2017 참조.

당신의 편지를 받고 저는 세계연방정부작가연맹에 연락을 취했습니다. 이 자료들이 너무 늦게 처리되어 죄송하다는 말씀을 드려야겠군요. 자료는 별도의 봉투에 넣어 보내겠습니다. 솔직히 고백하자면, 저는 이렇게 중차대한 문제를 두고 사람들이 취하는 무관심한 태도가 못마땅합니다. 6·25전쟁이나 일본의 원자폭탄 투하와 같은 위험한 상황이 아닌 그 나머지 문제들에 대해서 사람들은 관심이 없습니다. 그들은 그런 문제들을 중요하게 보지 않는 듯합니다. 만약 당신의 나라에 여전히 거센 정치적인 열기가 남아 있다면, 저는 이 자료가 참혹한 상황을 겪고 있는 한국에 유용하게 쓰일 수 있다고 보며, 또 그렇게 쓰이기를 바랍니다.(아인슈타인의 두 번째 편지)[28]

그 후 원-월드 운동은 아인슈타인과 마하트마 간디의 영향을 받아 세계 민주주의와 세계 연방주의를 장려하기 위해 일하는 비정부, 비영리 조직으로 발전했다. 이들은 좀 더 민주적인 세계 정치의 필요성에 대해 교육하고 이러한 인식을 높이려는 데 목표를 갖고 있다. 이것은 당시 미국과 소련으로 양극화되어 있는 패권국가의 영향력이 강한 유엔의 활동을 보완하는 것이라고 볼 수도 있다. 원-월드 홈페이지(oneworld.network)에는 원-월드의 비전을 이렇게 찾고 있다.

우리의 비전은 진정으로 민주적인 세상입니다. 오늘날 세계에는 엄청난 민주주의적 결함이 있습니다. 많은 국가가 완전히 민주적이지 않을 뿐만 아니라 더욱 중요한 것은 세계 정치 공간이 완전히 비민주적이라

---

28 최성현, 『좁쌀 한 알 장일순』, 도솔, 2004, 168쪽.

는 것입니다. UN은 세계 여러 나라를 하나로 모아 글로벌 문제를 공동으로 결정하기 위해 설립되었지만, 악명 높고 불투명하고 비민주적인 기관이 되었습니다. 그리고 자금이 너무 부족하여 오늘날 세계에서 실제 권력이 거의 없으며 결의안을 시행할 능력도 없습니다. 대신 G20, IMF, OECD 등 훨씬 덜 민주적인 포럼에서 국제적인 결정이 점점 더 많이 이루어지고 있습니다. 여기에는 소수의 부유한 국가만 포함되고 세계 인구 대다수의 대표는 제외됩니다. 이는 빈곤, 불평등, 안보, 기후 변화 등 우리 모두에게 영향을 미치는 글로벌 문제에 대한 결정이 인류 전체를 위한 최선이 아닌 자신의 이익을 추구하는 소수의 국가 그룹에 의해 내려진다는 것을 의미합니다.

우리는 지역 및 국가 권리에서 글로벌 권리에 이르기까지 모든 수준에서 민주적인 정치 과정을 만들어 이러한 상황을 해결하는 것이 중요하다고 믿습니다. 우리의 비전은 세계 모든 국가의 민주연방을 형성하는 것입니다. 이 세계적 연방체제에서는 모든 국가와 모든 사람이 세계 의회에서 세계 수준으로 대표되고, 세계정당이 형성되며, 세계정부가 민주적으로 선출될 것입니다. 이러한 방식으로 모든 사람에게 영향을 미치는 문제에 대한 결정은 모든 사람이 민주적으로 내릴 것입니다. 우리는 이것이 훨씬 더 나은 결정, 보다 공평한 자원 공유, 환경을 보호하는 지속 가능한 정책 개발, 전쟁과 폭력 감소, 훨씬 더 공정한 글로벌 사회로 이어질 것이라고 믿습니다.[29]

---

29 https://oneworld.network/ 참조.

그런데 더 중요한 것은 장일순이 하필이면 알베르트 아인슈타인과 교제하게 되었는가, 하는 점이다. 사실상 장일순과 아인슈타인은 "인간 존재는 전체 우주와 일체이며 유기적으로 연결된 존재"라는 각성을 공유했다는 점에서 영적으로 운명적인 관계로 보인다. 아인슈타인은 과학기술의 발달이 원폭이라는 참혹한 결과를 낳게 된 사실을 성찰하면서 "인간이 자기의 부분적이고 피상적인 지식을 가지고 마치 전지전능한 존재라도 되는 것처럼 행세해온 교만이 이 모든 위기의 진정한 원인"이라고 생각했기 때문이다.

아인슈타인은 인간이 경험할 수 있는 가장 아름다운 감정은 신비적인 것이며, 그것이야말로 참다운 예술과 과학의 원천이 된다고 믿었다.

> 신비의 감정에 낯선 인간은 죽은 것이나 다름없다. 우리가 이해할 수 없는 것이 존재하고, 그것은 가장 높은 지혜와 가장 찬란한 아름다움으로 그 모습을 나타내며, 우리의 둔한 능력으로는 그것을 가장 원시적인 형태로만 알 수 있다고 느끼는 것이 모든 종교성의 중심을 이룬다. 이런 의미에서만이 나는 경건하게 종교적인 인간에 속하고 있다. 인간 존재는 전체의 일부이다. 자기 자신을 분리된 존재로서 생각하고 느끼는 경험은 일종의 광학적 착각이라고 할 수 있다. 이 착각은 일종의 감옥인데, 거기서 우리는 개인적 욕망의 세계만으로 제한되며, 우리 주변의 가장 가까운 몇 사람에게만 애정을 갖게 될 수 있을 뿐이다. 우리의 과제는 우리 자신을 이 감옥에서 해방하는 것이라야 한다. 우리는 우리의 자비심의 권역을 넓혀서 살아 있는 모든 것, 모든 자연을 그 아름다움 속에 포용해야 한다. 누구도 이것을 완전히 성취하기는 어려울 것이다. 그러나 그러한 성취를 위한 노력은 그 자체로 해방의 일부가 되며, 내면적인 안전의 토대가 된다.[30]

교육사업

폭격 맞은 평원동 집

전쟁이 끝나자 사람들은 저마다 고향을 찾아 집으로 돌아왔다. 하지만 원주 시내였던 중앙동, 원동, 평원동 일대는 폭격으로 완전히 잿더미가 된 상태였다. 목조건물들은 모두 불탔으며, 초가로 지어진 살림집들은 무너졌다. 남아 있는 건물이라곤 강원감영과 일제 때 지어진 조선식산은행 건물(지금 제일은행), 학성동 철교 정도였다.

원주는 피난에서 돌아온 주민들뿐 아니라 북한에서 내려온 피난민이 넘쳐났다. 피난민들은 원주천 변과 남산 주변에 상자 갑 같은 방이 다닥다닥 붙어 있는 판잣집을 짓고 살았다. 아침이면 공동 우물 주변이 물을 길어 가려는 사람으로 북새통을 이루었고, 재래식 화장실 앞에는 사람들이 발을 동동거리며 길게 줄을 지어가며 자기 차례를 기다렸다. 원동 남산 언덕배기 비탈진 기슭부터 산을 넘어 명륜동 일대까지 피난민들의 판잣집으로 가득찼다.

장일순 일가가 대대로 살았던 번듯했던 평원동 집 역시 잿더미로 변해버렸다. 그래서 식구들은 봉산동의 원주초등학교 근처에 있는 집에 세를 얻어 살다가 인근 채마밭을 사들여 집을 짓기로 했다. 처음엔 땅임자가 "제가 이 밭을 부쳐 먹고 있어서 팔 수가 없다"고 했다. 그이는 이 밭에서 길러낸 채소를 시장에 내다 팔아 생계를 돕고 있었던 까닭이다. 나중에야 더 이상 농사

---

30 김종철, 『시적 인간과 생태적 인간』, 삼인, 1999, 87~88쪽 참조.

를 지을 수 없게 되었다며 땅을 내놓았고, 장일순과 장화순 등 동생들이 직접 흙과 돌을 날라 토담집을 지었다. 동생들이 분가할 때까지 한동안 이 집에 3대에 걸쳐 열 명의 대가족이 살았다. 그리고 1957년 장일순이 결혼하자 안방에 부모, 옆방에 동생들이 살고, 장일순 부부는 문간방에서 신혼 생활을 시작했다. 나중에 결혼해서 분가한 형제들도 늘 정권의 감시를 받던 장일순을 염려하여 봉산동 본가 주변에 모여 살았다.

성육고등공민학교 교사

서울대 미학과 3학년 때 전쟁이 터져서 학업이 중단되었던 장일순은 전쟁이 끝나고서도 복학하지 않고 원주에 남았다. 생각이 많았던 장일순은 고향 사람들에게 필요한 일을 하고 싶었다. 그때 떠오른 것이 교육사업이었다. 전쟁을 치르면서 먹고살기에 급급했던 가정들은 어느 집이나 아이들을 제대로 공부시킬 수 없었다. 특히 원주에는 피난민들이 많이 몰려들었기 때문에 배움의 기회를 얻을 수 있는 청소년이 별로 없었다. 장일순은 사람을 제대로 교육해 사람을 키우는 것이 무엇보다 중요하다고 여겼다.

당시 25세이던 장일순은 "내가 [대학을] 졸업할 때까지 내는 등록금이면 60명이 넘는 가난한 아이들을 무상으로 교육할 수 있다"고 부모를 설득하였다. 그러고서 초등학교만 겨우 졸업하고 중학교에 진학하지 못한 청소년들에게 중등 과정을 가르치는 성육聖育고등공민학교 교사로 들어갔다. 월급도 받지 않는 자원봉사였다. 성육고등공민학교는 조태식 교장과 조한규 교감 등이 1·4후퇴 후 원주가 다시 수복되자 1951년 7월에 명륜동 향교 건물을 빌려 개교한 작은 학교였다. 장일순은 이 학교에서 학생들에게 영어를 가르치기로 했는데, 당시 학교 상황은 너무 열악했다.

> 무너진 향교 건물에서 책걸상은 물론 없었고, 무릎에 노트를 올려놓고
> 필기하고, 그나마도 향교의 일부 유림들이 한때 건물을 비우라고 하여
> 판부면 구 통신단 뒷산이나 봉산동 들판에 칠판을 들고 나가서 야외수
> 업을 했어요. 나중에 향교에서 건물 사용을 다시 허락했지만 아무튼 모
> 든 게 열악했어요. 당시 향교도 폭격을 맞아 유림들이 모일 장소가 부
> 족했으니까 그럴 수밖에 없었죠. 그래도 학생이나 선생이나 열심히 가
> 르치고 배웠어요.[31]

여기서 교사 생활을 시작한 지 일 년쯤 지났을 때, 이사장을 겸하던 조태
식 교장이 강원도교육위원회로부터 원주중학교 교장으로 발령을 받아 그
학교를 떠나게 되었다. 그러자 장일순과 김재옥, 김영구, 이만수 등 남아 있던
교사들이 "우리가 학교를 민주적으로 운영해 보자"며 돈을 모아 학교 운영
권을 넘겨받았다. 이참에 김재옥과 다른 교사들이 장일순더러 교장을 맡아
달라고 부탁했다. 하지만 당시 26세에 불과했던 장일순은 아직 어리다는 이
유로 극구 사양하였다. 그래서 김재옥 선생은 봉산동에서 제재소를 운영하
던 오형선 사장에게 책걸상 50개 정도를 만들어 달라고 부탁하면서 교장직
까지 떠맡겼다.[32] 하지만 몇 달 지나지 않아 오형선 교장이 "나는 학생들을
가르칠 능력도 없고 별 도움이 되지 않는다"며 사퇴하자, 할 수 없이 장일순
이 교장을 맡게 되었다.

31 김재옥 대담, 『달이 나이고 해가 나이거늘』, (사)무위당사람들 엮음, 2020, 296쪽.
32 김재옥 대담, 『달이 나이고 해가 나이거늘』, (사)무위당사람들 엮음, 2020, 296쪽
    참조.

장일순은 교장실에 머물러 있지 않았다. 교사가 태부족이었기 때문에 장일순도 교실에서 학생들에게 영어와 수학을 가르쳤다. 그런데 아이들이 공부를 너무 하지 않았다. 장일순과 다른 교사들이 아무리 열정적으로 가르쳐도 소용이 없었다. 어느 날 장일순이 지게 작대기를 하나 들고 수업 시간에 들어왔다. 그러고는 "너희들이 공부를 하지 않는 것은 선생인 내가 너희들을 잘못 가르쳤기 때문이다. 제대로 못 가르친 내가 매를 맞아야 한다"면서 학생들에게 자신을 때리도록 명령하고는 교탁에 서서 바지를 걷어 올렸다. 학생들이 머뭇거리자 학생 대표를 불러 자기를 때리도록 지시했다. 학생 대표가 때리는 시늉만 내자 세게 때리도록 하고, 결국 학생들이 돌아가면서 선생님을 때렸다. 마지막 학생이 때릴 때까지 장일순은 자세를 꼿꼿하게 유지하였고, 결국 나중에는 주저앉아 엎드린 채 기어서 교실을 빠져나갔다고 한다.

학생 때 이 일을 겪었던 이기춘 목사는 "저에게는 그날 밤 집에서 한참 깨달음이 온 거예요. 세상에 이런 선생님이 다 있나? 제자들에게 얻어맞으면서 공부를 가르치는 선생님, 이런 선생님을 만났을 때 공부해야겠다고 결심을 했습니다. 그리고 열심히 했죠. 제 인생에서 가장 큰 전환점을 맞은 것입니다. 저에게는 어린 나이에 정말 훌륭하신 선생님을 만난 것입니다."[33]

장일순이 교장이면서 특별히 '영어' 과목을 가르친 것은 이유가 있었다. 이기춘이 영어에 능통했던 것도 이때 장일순에게 배운 바가 크기 때문이다. 이 학교에서는 '영 교시 수업'이 있었다. 오전 9시에 시작하는 1교시 전에 7시부터 영 교시를 시작했다. 물론 원하는 학생만 나오는 자율 수업이었는데, 처음에 열 명 가까이 나오던 학생들이 나중에는 한 사람만 남기도 했다. 이렇게 학생이 줄어들어도 장일순은 일 년 동안 하루도 수업을 빼먹지 않았다고

---

33 한영희 대담, 『달이 나이고 해가 나이거늘』, (사)무위당사람들 엮음, 2020, 280쪽.

한다. 영 교시 수업은 무조건 영어 과목을 배웠는데, 당시 장일순이 이렇게 말했다고 이기춘은 기억한다.

"너희들이 커서 어른이 될 때는 영어가 세계어가 될 것이다. 미리 거기에 대비해야 한다. 가난한 우리나라는 그래야 살아남을 수 있다. 초콜릿이나 얻어먹으라고 하는 얘기가 아니다."

이게 1950년대의 일인데, 과연 얼마 후 영어는 세계의 중심 언어가 되었다.[34]

대성학원 설립

한국전쟁이 종료된 1953년 당시 원주에는 원주농업고등학교 하나밖에 정규 고등학교가 없었다. 그래서 고교 진학을 희망하는 학생들을 모두 받아들이기 힘들었으며, 성육고등공민학교는 그마저도 정규 중학교가 아닌 전수專修학교라서 졸업생들이 고등학교에 진학하기란 더욱 어려웠다.

1954년에는 성육고등공민학교에서 중학교 과정을 우등으로 마친 졸업생이 춘천고등학교에 가려고 응시 원서를 썼는데, 그 학교 측에서 입학 자격이 안 된다며 원서 접수를 거부한 일이 발생했다. 한기호라는 학생이었다. 이 소식을 듣고 장일순은 춘천고등학교 교장에게 전화를 걸어 "이 학생이 얼마나 우수한지 테스트를 해보면 알 것"이라며 선처를 구했다. 결국 한기호는 교장 앞에서 시험을 보고 만점에 가까운 성적을 거두어 주변에 있던 교사들을 놀라게 하였다. 이런 우여곡절 끝에 춘천고등학교에 입학하게 된 한기호는 나중에 서울대를 졸업하고 〈한국일보〉와 〈동양방송(TBC)〉에서 이름을 날린

---

34 최성현, 『좁쌀 한 알 장일순』, 도솔, 2004, 24쪽 참조.

언론인이 되었다.[35]

한편 이 일을 겪으면서 장일순은 공민학교 졸업생들도 마음껏 고등학교 진학을 하도록 원주에 정규 사립고등학교를 하나 더 설립해야겠다고 마음먹었다. 처음에 십여 명의 지역 유지들을 설득해 설립준비위원회를 구성하였고, 이 사람들이 대부분 대성학원 법인 첫 재단 이사로 등재되었다. 하지만 실제 학교 설립에 발 벗고 나선 이는 장일순과 장윤, 김재옥, 그리고 한영희였다.[36]

장일순과 장윤, 김재옥 등은 비교적 넉넉한 집안에서 공부할 수 있었지만, 당시 한영희는 집안 형편이 어려워 보통학교를 졸업하고 곧바로 일본인 학생들이 다니던 남산소학교를 관리하는 일본조합의 출납 담당 경리로 취직했다. 그 후 중앙선 철도가 개통되면서 철도원 임용고시에 응시해, 18세부터 원주역 역무원 생활을 하면서 16년 동안 철도국 공무원으로 지냈다. 그러다 대성고등학교 설립이 추진되면서 장일순과 함께 일을 하기 시작했다. 한영희는 1953년경 직장에 일시 휴직 허가를 받았는데, 교육부를 드나들며 학교 설립 인가를 받아내는 데 한영희의 공직 생활 경험이 크게 도움이 되었다.

당시 학교 설립 과정에서 원주 부론면 출신 한기준의 도움도 컸다. 그는 경성제대 출신으로 나중에 풍문여고 교장도 역임한 사람인데, 그의 동문들 가운데 문교부의 고위 공직자들이 많았다. 장일순과 한영희가 서류를 준비해 찾아가면 한기준이 즉시 문교부의 담당 국장에게 전화를 해주곤 하였다.

---

35 김영주 편, (사)무위당사람들 엮음, 『대장부 거기에 그들이 있었다』, 이야기담, 2022 개정판, 29쪽 참조.

36 한영희 대담, 『달이 나이고 해가 나이거늘』, (사)무위당사람들 엮음, 2020, 280쪽.

1957년경 대성학교 교
정에 세운 장일순 자필
교훈비.

대성학교 시절 학생들과 포즈를 취하고 있는 장일순.

한편 자신이 소유한 부론면 농지 수만 평을 대성학교에 기부하기로 보증을 서주기도 했다.[37]

국가기록원에 보존된 공식 문서에 따르면, 문교부는 1954년 3월 24일부로 원주시 평원동 406번지 장일순에게 대성학원 설립을 인가하였다. 같은 날 장일순은 임기 4년의 재단 이사장으로 취임했다. 재단 이사 8명은 정연수, 함재훈, 김종호, 조한규, 온병헌, 염수완, 김영준, 이종덕이었으며, 감사에 김재우, 한영희가 등재되었다. 초대 교장은 장윤이 맡고, 한영희는 서무과장을, 김재옥은 교사가 되고, 장일순은 이사장을 맡았다. 그리고 이듬해인 1955년 4월에 대성중학교가 설립되었다.[38]

하지만 학교 건물이 아직 들어서지 못한 상태여서 교실이 완성될 때까지 명륜동 원주향교의 건물을 빌려서 열댓 명을 학생으로 받아 학급을 꾸렸다. 그 후 학교는 향교 뒤편 야산을 깎아 지었는데, 미군 부대에서 구한 아스팔트 루핑으로 지붕을 씌운 건물을 지어 3학급 150명 학생들을 향교와 신축 교사에 나누어 가르쳤다.

학교 운동장은 원주에 주둔하고 있는 1군사령부에서 장비를 지원받아 조성하였다. 당시 원주에 주둔해 있던 38사단장 문중섭 장군의 도움을 많이 받았다. 그는 문학을 하는 군인으로 소설도 썼는데, 천주교 신자였다. 장일순과 김재옥은 문 장군과 가까이 지냈는데, 예전에 합참의장을 하던 김종환 대장 등 대성고등학교 졸업생들이 처음으로 네 명이나 육군사관학교에 원서를 냈을 때 문중섭 장군이 흔쾌히 추천서를 써주기도 했다.[39]

37 한영희 대담, 『달이 나이고 해가 나이거늘』, (사)무위당사람들 엮음, 2020, 284~285쪽 참조.
38 최성현, 『좁쌀 한 알 장일순』, 도솔, 2004, 24쪽 참조.

한편 장일순은 새로 사립고등학교를 설립하면서 예전 '성육고등공민학교'에서 '대성학원'으로 이름을 고쳤는데, 도산 안창호가 평양에 설립했던 민족학교인 '대성학원'의 정신을 계승한다는 뜻이었다. 그리고 학생들의 인성교육에 특히 신경을 쓴다는 의미로 교훈을 '참되자'로 정하고 장일순이 대성학원 교가도 직접 지었다.

대성고등학교 졸업생이면서 나중에 장일순과 더불어 원주그룹의 한 사람이 되었던 김상범은 학창 시절을 이렇게 기억한다. 버트런드 러셀과 톨스토이와 도스토옙스키를 좋아했던 김상범은 어느 날 장준하가 펴내던 잡지 〈사상계〉를 읽다가 교사에게 걸렸던 모양이다. 건방지게 고등학생이 이런 책을 읽는다는 눈치였지만, 이 사실을 전해 들은 당시 교감 장화순의 답변은 이랬다. "못 본 척하세요. 우리 학생들 어리다고 보면 안 돼요. 예전 같으면 장가갈 나이잖아요." 한번은 담임선생이 김일성종합대학을 나온 사람이었는데, 가정방문을 왔다가 김상범의 책상 위에 있는 『톨스토이 인생독본』과 서양 철학책, 그리고 종교 서적 등을 쭉 둘러보더니 "이 책들 네가 읽은 게 맞냐?" 묻더니, 나중에 가정통신란에 이렇게 적었다. '이 학생은 수준 이상의 것을 구하고 있음.'[40]

처음 학교 건물을 지을 때는 등교할 때마다 학생들이 원주천에서 돌을 하나씩 들고 왔다고 하는데, 그 어려운 상황에서도 대성학교는 한 달에 한 번씩 함석헌 선생, 오세창 선생, 유달영 박사 같은 이들을 초청해 강연을 들었다. 그래서 학교는 가난했지만 학생들의 자부심이 매우 높았다. 그리고 형편

39 김재옥 대담, 『달이 나이고 해가 나이거늘』, (사)무위당사람들 엮음, 2020, 302~303쪽 참조.
40 김상범 편, (사)무위당사람들 엮음, 『대장부 거기에 그들이 있었다』, 이야기담, 2022 개정판, 316~317쪽 참조.

이 어려운 학생들을 위해 스무 명씩 장학생을 뽑아 입학금을 면제해 주었다. 그래서 가난하지만 똑똑한 학생들이 많이 들어와 강원도에서 실시하는 학력고사를 춘천에 가서 치르면 1등을 하곤 했다.[41]

결혼

장일순은 1957년, 서울에 사는 이인숙과 결혼했다. 장일순을 잘 이해하려면 평생 그의 곁에서 동반했던 부인 이인숙을 잘 알아야 한다. 장일순은 혼자서 '원주그룹'이라고 불리는 사람들과 길을 걸어간 것이 아니다. 장일순과 원주그룹 사람들 곁에는 보이지 않게 그들을 품어주고 울타리를 만들어 주었던 이인숙이 있었다.

이인숙은 1929년 7월 30일 서울 아현동에서 아버지 이상철과 어머니 한학순 사이에서 장녀로 태어났다. 고성군 현내면에서 아연광산을 운영하고 서울에서 해산물 도매상을 하던 아버지 때문에 부족함 없이 자란 상류층의 맏딸이었다. 어머니는 대궐에서 왕실의 조리를 맡았던 대령숙수待令熟手에게 요리법을 배운 강인한 여성이었다.

> 나는 서울 토박이예요. 우리 어머니가 열 명을 낳았는데 다섯이 죽었어요. 내가 맏이였는데 얼마나 나를 애지중지하셨겠어. 집안은 살만했고

---

41 〈무위당사람들〉, 2019년 8월 호, 64쪽 참조.

서울대 예과 재학 시절의 이인숙.(1947년경)

부자 친척들도 많았어. 우리 집도 잘사는 편이었지. 사촌 오빠들이 경성제국대학 의대를 졸업해서 의사하다 6·25 때 돌아가셨어. 집도 괜찮게 살아서 어렸을 때 몸이 약해 조금만 아프면 아버지가 파인애플 통조림을 사다 주셔서 파인애플과 군만두를 아주 좋아했지. 집안이 넉넉하니까 호강을 하고 살았는데 동생들은 6·25 전쟁을 겪게 되면서 나처럼 못 먹고 살았지. 그것도 내 복이지. 나는 발 씻을 물도 안 떠다 썼었어요. 일하는 사람이 다 떠다 주고 다 씻으면 갖다 버려줬어.[42]

42 (사)무위당사람들, 『묻혀서 사는 이의 고운 마음을 아는 이 있을까』, 2019, 21~22쪽.

어머니가 교육열이 높아서 이인숙을 이씨 왕가의 후손이나 당대 세력가들의 자식들이 다니던 덕수국민학교에 보냈다. 총명했던 이인숙은 경기중학교를 거쳐 1946년 경기고등여학교를 졸업했다. 여고 시절엔 조지훈 시인에게 국어를 배웠는데, 그의 「낙화」라는 시를 무척 좋아했다. 우연처럼 이 시는 문학소녀였던 이인숙이 장일순을 만나 평생 부엌을 벗어나지 못했던 삶을 예감하고 있는 듯했다.

꽃이 지기로소니
바람을 탓하랴

주렴 밖에 성긴 별이
하나둘 스러지고

귀촉도 울음 뒤에
머언 산이 닥아서다.

촛불을 꺼야하리
꽃이 지는데

꽃 지는 그림자
뜰에 어리어

하이얀 미닫이가
우련 붉어라.

묻혀서 사는 이의
고운 마음을

아는 이 있을까
저어하노니

꽃이 지는 아침은
울고 싶어라.

이인숙은 1947년 서울대 사범대에 입학하고 1948년 예과를 졸업했다. 한국전쟁이 끝나고 서울대 사범대 문학부 역사교육과에 복학해 1955년 9월에 졸업했다. 대학 시절, 그러니까 한국전쟁 이후 아버지가 사업에 실패하는 바람에 집안 형편이 어려워졌다. 결국 이참에 대학 진학을 포기했던 동생 이경숙은 살림을 도우려고 밤새 뜨개질을 하던 이인숙을 이렇게 기억한다.

> 언니는 맏딸이라는 점 때문에 무척 힘들어했고요. 그때는 아르바이트가 활성화되지 않았을 때라 별로 할 일이 없었어요. 어느 날 자다가 새벽에 일어나 보니까 언니가 부잣집 사촌오빠 스웨터를 밤새워 뜨고 있더라고요. 방학 때는 아버지 몰래 당구장에서 일하기도 했어요.[43]

이인숙은 사범학교를 졸업하고 교사가 되어 학생들을 가르치고 싶어 했다.

---

43 (사)무위당사람들, 『묻혀서 사는 이의 고운 마음을 아는 이 있을까』, 2019, 31쪽 참조.

그 무렵에 지인의 소개로 장일순을 만났다. 당시 장일순이 세운 대성학교에서 교편을 잡고 있던 친구 김영애(경기고등여학교 동창)가 이인숙을 원주로 데려오고 싶은 마음에 장일순을 "원주의 만석꾼 아들"이라고 부추기고, 경기고등여학교 1년 선배(대성학교 전 이사장 장윤의 부인)가 맞선을 주선해서 서울 덕수궁 근처 찻집에서 이인숙은 처음 장일순을 만났다. 처음 만났을 때 이인숙은 너무나 순진한 나머지 장일순의 코 위로는 쳐다보지도 못했다고 한다. 학창 시절엔 미국 여배우 조안 폰테인Joan Fontaine(1917~2013)을 닮았다고 해서 별명이 '폰테인'이었다. 이인숙은 "따뜻하고 순수한 사람인데 겉으로 보기엔 냉정하고 쌀쌀맞게 보여서 남자들이 쉽게 다가오지 못했다"고 동생 이경숙은 기억한다.[44]

> 처음 만나 차를 마시고 밥집으로 가는 길이었어. 둘이 나란히 인도를 걷는데 이 양반이 "내가 오른쪽에서 걸으면 안 되겠냐?"고 하는 거야. 왜 그러냐고 물으니까 갓난아기 때 왼쪽 귀가 망가져 잘 안 들려서 그렇다고 하시더라고. 그 말을 듣자 처음 선을 본 여자에게 자기 신체의 결함을 말하는 이 양반에게 믿음이 가기 시작하는 거야. 자신을 숨기지 않는 솔직함이 좋았어. 마음속으로 '참 정직한 사람이구나. 이런 사람이라면 믿어도 되겠구나'라는 생각이 들었고, 그 뒤로 몇 번 더 만났는데 하루는 덕수궁 벤치에 앉아 원주에 중·고등학교를 세웠고 앞으로 대학까지 만들어 인재를 양성시킬 것이라고 말씀하시면서 자신의 이상을 말씀하시더라고. 내가 교사가 되고 싶어서 사범학교를 나왔는데 이

---

44 (사)무위당사람들, 『묻혀서 사는 이의 고운 마음을 아는 이 있을까』, 2019, 151~152쪽 참조.

런 말씀을 하시니 서로 통하는 데가 있잖아. 남편은 학교를 운영하고 나는 학생들을 가르치면 되겠다는 부푼 꿈을 갖게 되더라고. 앞으로 원주를 교육도시로 만들어 대학도 세우겠다는 교육자로서의 포부를 말씀하시더라고. 나도 사범대학 갈 때는 좋은 교육자 되려고 갔는데 그 말씀을 들으니까 마음이 끌리더라고.[45]

창경원에서 만났을 때부터는 장일순이 이인숙에게 "빨리 회답을 달라"고 채근하기 시작했다. 당시 서울대 문리대 학생이었던 동생 장화순을 통해 편지를 전해 주고는 그 자리에서 회답을 받아 가곤 했다. 장일순이 적극적으로 나서는 바람에 결혼을 서두르게 되었다. 그 당시 사채업자들에게 시달리던 이인숙의 집안 사정도 빨리 결혼하게 만든 원인이었다. 서울 가회동성당에서 혼인미사를 하고 신혼여행은 충무로의 사보이호텔에서 보냈다.[46]

이인숙이 원주에 내려와서 마주한 현실은 예상과 많이 달랐다. 지주였던 장일순 집안의 형편은 토지개혁과 한국전쟁을 겪는 과정에서 많이 기울어져 있었다. 시부모와 장화순, 상순, 예순 등 시동생들, 그리고 결혼 이듬해에 태어난 장남 동한東漢까지 10여 명의 식구들이 함께 복닥거리는 삶이 기다리고 있었다. 동네 아낙네들은 저녁이면 이 집에 찾아와 서울에서 시집온 새색시가 밥을 어떻게 짓고 부엌살림은 어떻게 하는지 보려고 난리법석이었다. 시집와서 처음 식사 준비를 할 때는 김치를 어떻게 썰어야 하는지도 몰라서 썰지도 않은 김치를 포기째 밥상에 올려놓기도 했다. 게다가 이 집엔 아들 형제가 많아서 시동생들의 먹어대는 기세를 따라가기 어려웠다. 밥 먹다가

45 (사)무위당사람들, 『묻혀서 사는 이의 고운 마음을 아는 이 있을까』, 2019, 33~34쪽.
46 (사)무위당사람들, 『묻혀서 사는 이의 고운 마음을 아는 이 있을까』, 2019, 35쪽 참조.

잠시 물 뜨러 간 사이에 김치 그릇이 비어 있곤 했다. 전쟁으로 폭격에 날아
간 평원동 집에서는 건져낼 게 없었다. 장일순은 평생 책밖에 몰랐고, 돈벌
이를 하려고 장사한 것도 아니었다. 이인숙은 "처음 만날 때는 진짜 구름에
뜬 소리만 해서 그거에 홀딱 넘어갔어"라고 말하곤 했다.[47]

　게다가 장일순 일가는 '거지에게도 예의를 차리는' 집안이었다. 거지들이
집에 찾아오면 조부 때처럼 밥상을 내주진 못했지만, 거지가 들고 온 깡통이
나 밥그릇에 밥과 반찬을 담아주었다. 이인숙은 시집와서야 보리밥도 처음
먹어보았고, 밥 짓고 밥상 차리는 것도 서툴렀다.

　　우리는 서울에서 부자로도 살아봤고 못살아도 봤지만 보리밥은 먹고
　　살지 않았어. 시골 부자가 서울 가난뱅이보다 못 먹고 살았어. 이 집에
　　시집와서 고생한 생각을 하면 말도 말아요. 집에 폭탄이 떨어져서 아무
　　것도 못 건졌다고 하는데, 어름어름 여기에다 토담집을 짓고 이사한 거
　　니까. 누가 보리밥에 도토리밥 먹고 살았다면 곧이듣겠어. 부잣집이라
　　고 해서 시집왔더니 부자는커녕, 형제들만 득실거리는 거야. 6·25 전쟁
　　으로 집이 홀라당 타버렸으니 남은 게 있었겠어. 아니, 그런데 나는 부
　　자 망하는 걸 여럿 봤거든. 우리 어머니 외삼촌 어른이 중석 광산을 해
　　서 서울의 갑부였는데 하루아침에 망하더라고. 우리 큰고모네도 엄청
　　부자였거든. 그런데 망하려 드니까 어쩔 수가 없어, 배운 사람이나 못
　　배운 사람이나. 우리 친정아버지가 팥밥을 좋아하셔서 쌀에다가 팥을
　　맷돌에 갈아서 그걸 섞어서 밥을 해 먹었어. 어쨌든 시집와서 밥을 하

47　(사)무위당사람들, 『묻혀서 사는 이의 고운 마음을 아는 이 있을까』, 2019, 36~37쪽
　　참조.

면 어른 진지 먼저 푸고, 시동생들 밥 푸고 나면 맨 밑에 눋은 보리만 남는데, 어떤 날은 솥뚜껑을 열면 구역질이 나. 나는 지금도 보리밥을 싫어해. 성당 사람들이 별식으로 보리밥 잘 하는 식당에 가자고 하면 다른 것 먹으면 안 되냐고 물어봐.[48]

장일순과 이인숙의 혼인미사.
(1957년 11월 18일)

48 (사)무위당사람들, 『묻혀서 사는 이의 고운 마음을 아는 이 있을까』, 2019, 40쪽.

2부

혁신 정치

정치

아인슈타인의 편지

대성학원 이사장이었던 장일순은 정치를 통해 세상을 직접 개혁하고 싶어 했다. 아인슈타인의 원-월드 운동에 공감하며 편지를 보낼 만큼 적극적으로 행동했던 장일순은 한반도 평화를 위한 정치적 행동에 참여하기로 결심했다. 한국전쟁이 끝나갈 무렵 북진통일을 주장하며 휴전협상에 지속적으로 반대했던 이승만은 전쟁 이후에도 각종 관변단체와 헌병대, 특무대, 경찰 조직을 동원하여 북진통일론과 반일주의를 주장하는 관제 시위를 벌였다. 한편 이승만이 노골적으로 영구집권을 꾀하면서 1954년에 이른바 '사사오입 개헌'이 이루어지고, 이렇게 개정된 헌법으로 치러진 1956년 대통령 선거에서 이승만은 세 번째로 대통령에 취임하였다. 그러나 1956년 선거에서 경쟁자였던 조봉암이 상당한 득표를 하고, 대통령 유고 시 그 직책을 승계하는 부통령에는 여당 후보인 이기붕이 낙선하고 1955년에 자유당에 반발해 창당한 민주당 소속의 장면이 당선되는 등 정치 상황이 복잡해졌다.

장일순은 통일정책과 경제정책에서 자유당과 민주당의 차이를 발견할 수 없었다. 장일순은 처음부터 혁신정당에 기대를 걸었다. 이전부터 친분이 있던 윤길중과 어울리며 죽산 조봉암이 추진하던 진보당에 관심을 가졌다. 진보당은 결당식에서 "책임 있는 혁신 정치, 수탈 없는 계획 경제, 민주적 평화통일"이라는 3대 정강을 채택하고, 특히 이승만의 북진통일론에 맞서 평화통일론을 주장하며, 구체적인 방안으로 '유엔 감시하의 총선거'를 제시하였다.

1958년 5월 2일로 제4대 민의원 총선거 날짜가 잡히자, 이승만 정권은 위협적인 정치적 경쟁자였던 조봉암과 진보당 간부 7명을 간첩 혐의로 구속하는 등 진보당 사건을 날조했다. 이런 정치파동으로 진보당 공천이 불가능해지자, 장일순은 무소속으로 총선에 입후보했다. 선거운동을 하면서 27세의 장일순은 이승만 대통령의 독재정치를 비판하고 자유당의 횡포를 고발했다. 선거 유세에서는 '중립화 평화통일'을 줄기차게 주장했다. 원주보통학교에서 열린 후보자 합동연설회에서는 이렇게 말했다.

"여러분, 지금 자유당 정권은 북진통일을 주장하는데, 남·북한은 평화통일을 해야 합니다. 북진통일을 하면 또다시 동족 간에 엄청난 피를 흘리게 됩니다. 남·북한이 서로 도우며 평화적으로 사는 것만이 우리 민족의 살길입니다."[1]

한국전쟁을 경험하고, 특히 거제도 포로수용소에서 전쟁에 동원된 포로들의 참혹한 모습을 보았던 장일순에게 전쟁은 무조건 막아야 할 악이었다. 하지만 장일순의 선거운동을 도와줄 사람이 별로 없었다. 불행하게도 한국전쟁은 남한사회에서 좌파 세력들을 궤멸하는 좋은 빌미를 제공해 주었다. 실제로 급진적 견해를 지닌 이들은 전쟁 과정에서 대부분 죽임을 당하거나 월북하였다. 게다가 원주 등 강원도 지역에는 북한에서 월남한 이들이 많아서 웬만한 진보적 견해는 공산주의자로 몰리기 십상이었다. 그러니 자유당의 광기가 난무하는 가운데 자칫 진보당 계열의 장일순을 돕다가는 무슨 화를 당할지 모르는 형국이었다.

장일순은 연탄 나르는 수레에 마이크를 달고 이승만 대통령의 독재와 자유당의 횡포를 고발하고, 진보당 사건의 내막을 알리고, 민주주의 원리를 호소하며 마을을 돌았다. 그러나 장일순의 연설회장은 언제나 텅 비어 있었는

---

1 『대장부 거기에 그들이 있었다』, 무위당사람들, 2021, 194쪽.

데, 유권자들은 경찰의 감시가 두려워 연설회장에 나타날 엄두도 내지 못했다. 한편 자유당 후보의 연설회장에는 일선 행정조직이 동원되어 유권자들이 학교 운동장을 가득 메웠다. 장일순의 선거 결과는 참패였다. 총선 결과 자유당 126석, 민주당 79석, 무소속 27석이었다.

장일순에게 조봉암은 정치적 스승이라고 불러도 좋을 것이다. 조봉암曺奉岩(1898~1959)은 1948년 7월 국회 헌법기초위원장으로 헌법 제정에 참여한 뒤 대한민국 정부 수립에 참여하였으며 대한민국 제1대 농림부 장관과 제2대 국회 부의장을 역임하였다. 농림부 장관 재직 당시 지주에게 예속된 농지들을 농민들에게 분배하는 농지개혁을 주관하며 무상몰수 무상분배를 추진하려 했으나 지주들과 한민당 세력의 극심한 반대로 절반만 성사시켰다. 1948년 이후 윤치영 등과 '이정회'를 결성하고, 대한국민당에서도 활동하였다. 1952년 8월 5일에 치러진 제2대 대통령 선거에는 무소속으로 출마하였다. 당시 조봉암은 선거 과정에서 유엔 감시하 총선거를 통한 평화통일, 국민의료제도, 국가보장교육제도, 노동자들의 경영 참여, 농촌 고리채 지불유예 등을 공약으로 내걸고 유세하였으나 낙선하였다.

조봉암은 1954년 5월 국회 민의원 후보자로 출마하였으나 정치 깡패들의 방해로 후보로 등록조차 못 했다. 그 후 도정궁都正宮에 들어가 은거하면서 동료인 최희규의 아버지로부터 서예를 배웠다. 또한 그가 붓글씨를 즐기게 된 데에는 윤길중, 조규희, 전세룡 등 서예를 즐기던 정치적 동지들이 있었기 때문이다. 조봉암과 윤길중으로 이어진 정치 인맥이었던 장일순 역시 서예를 즐긴다는 점에서 그들과 친밀감을 느낄 수 있었을 것이다. 한편 조봉암은 1956년 5월 15일에 치러진 제3대 대통령 선거에 다시 무소속으로 출마하여 무려 30%의 지지율을 얻을 만큼 선전하였다.

1955년 6월 〈한국일보〉를 통해 "한국인은 강도 일본의 침략을 받아서

40년 동안 신음하면서 일본식 독점자본주의의 잔인성과 무도無道와 비인간성을 보았고 또 그 해독을 보아왔으며, 그 독점자본주의가 우리 농민이나 노동자의 노력을 착취하여 우리 민족 전체가 고혈을 빨렸다는 것을 몸소 체험하였다"[2]고 지적했던 조봉암은 1956년 11월 진보당을 결성하였다. 발기 선언문에서 조봉암은 '민주수호와 조국통일'을 강조하며, "우리는 진정한 혁신은 오로지 피해를 받고 있는 대중 자신의 자각과 단결 위에서만 실현될 수 있다는 것을 깊이 인식하고, 관료적 특권정치의 배격과 대중 본위의 균형 있는 경제체제를 확립할 것을 기약하고, 국민 대중의 토대 위에 선 신당을 발기하고자 한다"고 밝혔다.

그러나 조봉암에게 위협을 느낀 이승만 정권은 1956년 대통령 선거 기간에 조봉암이 양명산을 통해서 조선민주주의인민공화국으로부터 정치자금을 제공받았다는 혐의로 진보당 사건을 일으켰다. 그해 치러진 민의원 선거를 4개월 앞두고 발생한 일이었다. 경찰은 1958년 1월 12일 진보당 간부들을 일제히 검거하기 시작했다. 윤길중과 조규택 등은 서울에서, 진보당 부위원장 박기출은 부산에서 각각 체포되었다. 조봉암은 일단 피신하였으나 나중에 다른 진보당 인사들을 염려하여 경찰에 자진 출두 하였다.

결국 조봉암은 사형선고를 받고, 1959년 7월 31일 아침 서대문형무소에서 사형이 집행되었다. 사형되기 직전에 조봉암은 목사에게 성경에서 예수가 빌라도의 법정에 섰던 이야기가 담겨 있는 구절을 지적하며 "이 사람이 무슨 악한 일을 했느냐, 나는 그의 죽을죄를 찾지 못하였나니 내려서 놓아라 한데 … 저희가 큰 소리로 재촉하여 십자가에 못 박기를 구하니 저희의 소

---

2 서중석, 『조봉암과 1950년대: 역비한국학연구총서 15』(상), 역사비평사, 1999, 365쪽 참조.

리가 이긴지라." 하는 대목을 읽어달라고 부탁하고는 교수형으로 죽었다. 그의 나이 61세였다.

훗날 이현주는 판화가 이철수와 함께 있는 자리에서 장일순이 억울하게 죽은 죽산 조봉암 이야기가 나오자 대성통곡을 하였다고 전한다.

선생님이 죽산 조봉암 선생 이야기를 꺼내셨습니다. 죽산 선생이 억울하게 감옥에 갇히고 사형당한 얘기를 하시는데 선생님 눈가에 눈물이 촉촉하게 맺혀 있었습니다. 선생님의 눈물은 금세 우리에게 전염이 되어 나와 철수의 눈에도 눈물이 맺히기 시작했습니다. 누가 시작했는지 모르지만 "흑!" 하는 소리가 들렸습니다. 그 소리는 점점 증폭되기 시작하더니 울음으로 터졌습니다. 아마도 선생님은 죽산 선생의 억울한 죽음을 생각하시면서 우시는 것이겠지만, 철수와 나는 우리 눈에서 왜 그렇게 눈물이 철철 쏟아져 내리는지 알 수가 없었습니다. 왜 우는지 알려고 하지도 않았습니다. 조금 뒤 선생님이 소리 내어 울기 시작하셨습니다. 참으로 서러운 울음이었습니다. 선생님 울음소리에 또 전염이 된 우리도 소리 높여 울기 시작했습니다. 그렇게 서럽게 울었던 일은 죽을 때까지 잊지 못할 것입니다.[3]

3 이현주, '무위당 23주기 추모행사' 강연, 2017년 5월 21일.

사회대중당 후보로 다시 한번

장일순이 마음에 두었던 진보당이 무너지자, 장일순은 4·19혁명 이후에 열린 공간에서 다시 혁신정당 운동에 참여하였다. 1960년 3·15부정선거에 항의하는 대규모 시위가 마산에서 발생하였다. 경찰이 이들을 강경 진압 하였는데, 4월 11일 김주열 학생의 시신이 마산 중앙부두 앞바다에서 발견되었고, 시위는 전국으로 번졌다. 이승만 정권은 계엄령을 선포하고 시위대를 무차별 진압하였지만, 결국 4월 26일 이승만 대통령이 하야 성명을 발표하고 5월 29일 하와이로 망명하였다. 이렇게 자유당 정권이 막을 내리고. 제2공화국 장면 정부가 출범하였다.

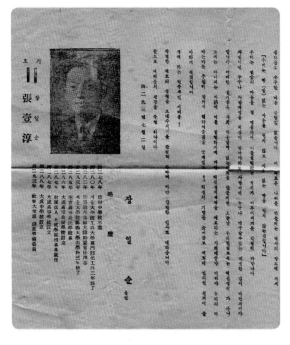

1960년 장일순이
사회대중당 후보로 출마할 때
만든 선거 홍보물.

혁신 정치

이승만 정권에서 탄압을 받고, 조봉암이 간첩 혐의로 사형당하면서 침묵을 강요당했던 혁신계 인사들이 다시 모여 1960년 5월 12일 '사회대중당 발기 취지문'을 발표하였다.

> 자유와 인권을 유린하면서 국민대중을 도탄에 빠뜨리고 있던 이승만-자유당 정권이 타도되었다. … 4월 민주혁명의 정신인 완전한 민주국가의 확립과 참다운 복지사회의 실현이라는 역사적 대과업을 완수할 수 있는 주체는 광범한 근로 민중을 기반으로 하는 우리나라의 혁신적인 민주세력이어야 하고, 이들 혁신적 민주세력의 견고한 집결체인 민주적 혁신정당이어야 한다.[4]

이어 1960년 6월 17일 (구)진보당, 노동당, 민주혁신당 등이 연합해 '사회대중당 창당준비위원회'를 조직하고, 서상일과 윤길중을 간부로 선출하고 준비 기간을 거쳐 1960년 11월 24일 창당하였다. 여기에 장일순은 발기인으로 참여하였고, 창당준비 중앙위원으로 활동하였다. 이 와중에 사회대중당은 7·29 민·참의원 선거에 후보를 내보냈는데, 장일순은 원주에서 사회대중당 후보로 출마했다.

원주 시내 평원동에 마련된 장일순의 선거 사무실은 김영주가 맡아서 운영하고, 평소에 장일순을 흠모하여 자발적으로 선거운동에 나섰던 이경국은 "장일순을 국회로 보냅시다. 기호는 2번입니다." 하고 외치며 다녔다. 이경국은 원주농업고등학교를 졸업하고 중앙대학교에 입학한 뒤 2학년 때 4·19혁명의 격랑 속으로 뛰어들었다. 그때 동기생 6명이 4·19혁명 당시 길거리에서

---

4 이정식, 『해방30년사 3』, 성문각, 1975.

경찰들의 총탄에 희생되는 것을 목격하고서 학업을 중단한 채 고향인 원주로 내려와 줄곧 장일순을 따라다니고 있었다.

　이경국은 자동차도 없이 손수레에 앰프를 싣고 다니면서 선거운동을 하고, 산골 마을에 갈 때는 앰프를 지게에 지고 올라가며 선거운동을 하였다. 이경국이 워낙 몸집과 목소리가 커서 다행이었다. 선거운동원은 이경국 등 대부분 장일순의 대성학교 제자들이었고, 봉산동 집에서 숙식을 해결하며 한 달 동안 내내 선거운동에만 매달렸다. 밤늦게 돌아온 운동원들에게 이인숙은 어렵게 준비한 날계란을 내놓기도 하였다. 둘째 동호를 임신한 상태여서 몸이 무거울 때였다.[5] 항시 선거자금에 쪼들리던 이들에게 당시에 중앙로에 있던 태평양반점의 조수곤은 언제든 짜장면과 우동을 공짜로 제공해 주었다.

　당시 장일순은 이전 선거 때와 마찬가지로 '중립화 통일론'을 줄기차게 주장하였다. 장일순은 이승만 정권 때부터 보수 진영에서 주장해 왔던 북진통일론에 반대하고, 국가안보 문제를 정권 유지의 전략으로 악용해 온 남북 두 체제를 동시에 비판하면서, 스위스나 오스트리아처럼 영세중립국이 되어야 한반도가 전쟁을 피하고 민주주의가 발전할 수 있다고 보았다. 이 점에서 장일순의 정치적 입장은 사회대중당의 정강 정책에 잘 맞아떨어졌다. 당시 사회대중당은 '영세중립화를 위한 통일 안보' 방안을 이렇게 제시하였다.

> 1. 외국 군대를 한반도로부터 철퇴시키고, 영세중립이 보장되는 조국 통일을 기본으로 한다.

5　(사)무위당사람들, 『묻혀서 사는 이의 고운 마음을 아는 이 있을까』, 2019, 43쪽 참조.

2. 본 당의 통일방안과 현 정부의 통일방안 및 공산 측이 주장한 연방 제 위에서 민족최고위원회를 설치한다.

3. 미·소를 중심으로 유관 국가 국제회의를 설치해서 남북 대표의 참석 하에 영세중립 보장에 필요한 각서를 상호 교환한다.

4. 통일총선거의 준비와 실시를 위해 정치적, 군사적 이해관계를 갖지 아니한 중립국으로 구성된 감시위원단을 설치한다.

5. 영세중립에 대한 확고한 보장하에 남북 군대의 무장을 해제한다.

6. 총선거 후 2개월 내에 모든 외국군은 철수한다.

7. 총선거로 수립된 전국회의와 통일정부는 기존 군사관계 조약을 폐기 한다.

8. 통일의 전제 절차로서 남북한의 정치적, 경제적 체제를 개편한다.

9. 서신교환, 남북시찰단 교섭, 과잉생산품을 교환하여 경제교류를 한 다.[6]

4·19혁명 이후 봇물처럼 터져 나온 통일운동에 영감을 주었던 견해 중 하나는 김용중이 〈한국의 소리〉 1961년 3월 호에 게재한 「유엔 총회와 한국의 통일방안」이었다. 장일순 역시 이 보고서를 구해서 읽었다. 여기서 김용중은 "한국 문제의 해결은 궁극적으로 한국민에게 달린 것"이라며 남북 간의 화해를 위해서는 "선의까지는 아닐지라도 어떤 타협이 있어야 할 것"이라고 했다. 이런 통일에 대한 열기 속에서 1961년 3월 6일에 통일사회당, 광복동지회, 대종교 등이 중심이 되어 '중립화 조국통일총연맹 발기준비위원회'를 열었다. 이날 발표된 발기문은 평화통일론과 중립화 통일론이 잘 드러나 있었다.

---

6   노중선, 『민족과 통일(1): 자료 편』, 사계절, 1985, 398쪽.

4월혁명의 거센 물결은 '북진통일'이라고 하는 허구를 무너뜨리고 혁명을 일으킨 젊은 세대의 가슴속에 '평화통일에의 불같은 염원'을 불러일으켰다. … 우리들에게 시급히 요청되는 것은 이와 같은 민족의 통일의욕을 선도하고 평화통일 과업을 완수할 수 있는 정확하고 합리적인 지도이념의 확립과 고무적인 영도력의 형성이다. … 조국의 통일독립은 민족 주권의 불가침이 보장되고 관계 제국의 이익이 또한 조정되는 방향에서만 추구되어야 한다는 것이며 그리고 그것은 미·소 양국의 세력권에서 벗어나는 정치적 군사적 완충지대, 즉 '영세중립 통일한국'에 있어서 비로소 가능하다는 것 … 독립을 획득한 아세아·아프리카 국가들 … 조국의 통일독립을 달성하는 길이 '중립화'를 떠나서 있을 수 없기 때문이며 통일된 조국의 '중립화'를 떠나서 그 영토의 보존과 주권의 안전을 보장받을 수 없기 때문이다.

이승만 정권이 무너졌지만, 여전히 북진통일론을 반대하고 중립화 통일론을 주장하는 것은 사상적으로 불온하게 받아들여지고 있었다. 그러다보니 선거운동을 하러 다니던 이경국도 '빨갱이' 소리를 자주 들었다. 이경국이 잠자리에 들면서 한번은 "선생님, 이런 말씀은 이렇게 하면 어때요? 사상적으로 좀 약하게요." 그러면 장일순은 쓱 웃으면서 "이놈아, 지금 내가 아니면 그 이야기를 누가 하냐? 어차피 우리나라는 그 길로 가야 해." 하였다.[7]

장일순의 선거운동을 돕느라 장일순 집에서 숙식을 함께했던 이경국은 바쁘디바쁜 선거운동 중에도 장일순이 아침 6시면 일어나 부모님 방 앞에 앉

---

7   강원민주재단, 『바위 위에 핀 꽃』, 2023, 101쪽 참조.

아 인사를 드리고 요강을 받아 깨끗하게 씻어 엎어놓는 게 매일의 일상인 것을 보고 놀랐다. 그리고 틈틈이 장일순과 이야기를 나누면서 자기 인생관이 바뀌었다고 밝혔다. 그 뒤로는 평생 장일순을 선생님으로 모시자고 결심했다고 한다.[8]

하지만 장일순의 두 번째 정치적 도전도 실패했다. 전국적으로 사회대중당은 민의원에 129명과 참의원에 6명의 후보를 공천하여 민의원에 4명, 참의원에 1명만 당선되었다. 강원도 지역에서는 춘천에 김충극, 원주에 장일순, 원성에 윤길중이 출마했는데, 윤길중 한 사람만 당선되었다.[9] 윤길중은 5·16 군사쿠데타 이후 군사정권의 혁신계 정치인 탄압 과정에서 투옥되어 7년간 복역하고 삼선개헌 반대운동을 전개하기도 했지만, 결국 여당 정치인으로 변신해 국회 부의장까지 지냈다.[10] 그러나 장일순은 3년 복역 후 박정희 정권의 탄압에 맞서 민주화운동에 동참했으며, 전두환 정권의 갖은 회유에도 불구하고 자신의 신념을 지켰다.

---

8 『대장부 거기에 그들이 있었다』, 무위당사람들, 2021, 194쪽 참조.

9 강원민주재단, 『강원도민주화운동사』, 단비, 2022, 78쪽 참조.

10 윤길중은 박정희 정권의 삼선개헌 반대운동을 전개하고, 1971년 제8대 국회의원(신민당)으로 당선되었으나, 1980년 전두환이 정권을 장악하자 국가보위입법회의 위원이 된 것을 계기로 여당 정치인으로 변신하여 민주정의당 창당 발기인이 되고, 제11, 12, 13대 국회의원으로 당선되었으며 1983년에는 국회 부의장을 지내기도 했다. 그리고 2008년 민족문제연구소에서 정리한 『친일인명사전』 수록 예정자 명단에 올랐다. 윤길중은 일제하 전남 강진군과 무안군 군수를 지냈으며 조선총독부 상무국 사무관을 지냈기 때문이다.(《무위당사람들》, 2018년 11월 호, 75쪽 참조)

구속

박정희가 1961년에 5·16 군사쿠데타를 일으키면서, 군부 세력이 장악한 국가재건최고회의는 1961년 5월 22일 포고 제6호를 통해 사회대중당을 포함해 모든 정당을 해산하였다. 박정희 쿠데타 세력이 가장 먼저 한 일은 '용공분자'로 의심되는 사람들을 색출해 감옥에 집어넣는 일이었다. 쿠데타에 반대한 사람은 물론이고 '반공임시특별법'과 '데모규제법' 등 2대 악법 반대 투쟁과 평화통일 또는 중립화 통일을 주장하는 이들을 모두 용공으로 몰아서 일제히 구속했다. 박정희가 이른바 '빨갱이 소탕령'을 내린 것이다. 당시에 강원도 지역에서는 용공분자로 체포된 사람이 거의 없었다. 그러자 쿠데타 지휘부는 "현미경을 들이대서라도 강원도에서 빨갱이를 단 한 명이라도 잡아들여라." 하고 서슬 푸른 명령을 내렸다고 한다. 이때 걸려든 사람이 장일순이었다.

정치적으로 진보성향을 보이던 장일순은 다른 사회대중당 혁신계 인사들과 마찬가지로 이승만 정권 시절부터 줄곧 북진통일을 반대하고 평화통일을 주장했다. 쿠데타 직후인 5월 18일 장일순은 다른 혁신계 인사들과 함께 경찰에 검거되었다. 아울러 민주당 정부 각료와 정치인들과 교수, 학생 등 7만 6,000여 명이 체포되었다. 이것은 이승만 정권이 혁신계 인사들을 공산주의자로 몰아 탄압했을 때와 다를 바 없었다. 사회대중당이 창당 선언문에서 우려했던 사태가 벌어진 것이다.

이승만 독재·폭압정권은 12년간에 걸친 그의 악정惡政 기간 중 농민, 노동자, 근로인텔리, 중소상공업자 및 양심적 자본가 등 국민대중을 대변하고자 하는 혁신적 정치세력의 대두에 대하여 야만적, 살인적 탄압을 가하여 왔다. 그것은 혁명적 정치세력만이 광범한 근로민중의 기본적 제 요구를 가장 솔직하고 가장 강렬하게 표백·대변할 수 있음을 이승만 일당의 우둔한 머리로서도 넉넉히 짐작할 수 있었기 때문이다. 추악 파렴치한 이승만 일당은 우리 혁신진영에 대하여 '빨갛다'는 누명을 씌워 중상 음해하고 혁신진영의 투사들을 날조 구죄하여 고문·투옥·치사하는 등 온갖 간악한 죄과를 저질렀던 것이다.(사회대중당 창당 선언문)

박정희는 일본군 장교 출신으로 해방 후에는 남로당 군부 책임자였다가 전향한 인물이다. 자신의 전력과 관련, 미국이 쿠데타를 용인하지 않고 의심의 시선을 거두려 하지 않자 혁신계 인사들을 제물로 삼았다. 국가재건최고회의는 "반국가적 반민족적 또는 반혁명적 행위를 한 자를 처벌"한다는 명분을 앞세워 1961년 6월 21일 '혁명재판소 및 혁명검찰부 조직법'을 제정하였고, 22일에는 통일운동과 피학살자유족회 활동 등을 '특수 반국가 행위'로 규정하고 소급법으로 '특수범죄 처벌에 관한 특별법'을 공포했다. 7월 말부터 진행된 이른바 '혁명재판'은 3·15부정선거 관련자나 부정 축재 관련자들, 그리고 혁신정당 관련자들과 민주화운동에 적극적으로 나섰던 사람들을 처벌하였다. 이 가운데는 통일사회당, 혁신당, 사회당뿐 아니라 장일순이 속했던 사회대중당 관련자도 포함되었다. 혁명검찰부에 따르면 혁신정당과 민자통, 교원노조, 민통련, 유족회 활동자가 주 대상인 특수 반국가 행위 사건은 225건, 608명으로 혁명검찰부에 수리된 사건 전체 인원의 41.3%나 차지하였다.

장일순이 구속될 당시 상황을 아내 이인숙은 이렇게 기억한다.

5·16 쿠데타가 나고 나서 박정희라는 사람이 누구야? 누구야? 하는데 5월 18일에 친척 아주머니 한 분이 마당으로 헐레벌떡 들어오더니 애들 아버지가 시내에서 경찰에 붙들려 갔다고 하는 거예요. 무슨 영문인지 몰랐죠. 다음 날 형사들이 들이닥치더니 가택 수색한다고 집 안을 뒤져 아수라장으로 만들고, 책이며 편지며 심지어 쓰레기통까지 뒤져서 글씨를 쓴 쪽지를 전부 찾아내서 가져가더라고요.[11]

장일순은 경찰에서 혹독한 수사를 받고서, 10월 26일 혁명검찰부 검찰관 최민근에게 기소되었다. 소급법인 '특수범죄 처벌에 관한 특별법' 위반 혐의였다. 검찰은 장일순에게 징역 7년을 구형하고, 혁명재판소 재판장 김홍규는 검찰 기소장과 다를 바 없는 판결문으로 장일순에게 징역 8년을 선고하였다. 김영주도 쿠데타가 일어나기 바로 한 해 전에 치러진 7·29 민·참의원 선거에 출마했던 장일순의 선거운동을 도왔다는 이유로 경찰서에 끌려가 조사를 받았다. 하지만 다행히 김영주는 이틀 만에 경찰서에서 풀려났다.

장일순과 1960년 이후 일찍부터 인연을 맺어온 김영주는 사실 박정희와 1956년부터 친분이 있던 사이였다. 당시 〈세계일보〉 강원도 주재기자로 일했던 김영주는 취재 과정에서 당시 원주에 주둔한 1군사령부를 드나들며 참모장이던 박정희를 알게 되었다. 한 주일에 두어 번은 박정희와 술을 마실 만큼 가까운 사이였다고 한다. 이를 두고 김영주는 "술자리에서 호기를 부리는 박정희의 술버릇은 만주군관학교 시절부터 몸에 밴 습관"이라고 지적하고 있다. 김영주는 쿠데타를 경험하면서 "나는 군인들이 정권을 장악한 것에

---

11 (사)무위당사람들, 『묻혀서 사는 이의 고운 마음을 아는 이 있을까』, 2019, 40~41쪽 참조.

대해 민주주의가 능멸당하는 모욕감을 느꼈다"고 표현하였다.[12] 결국 김영주는 박정희라는 패를 버리고 줄곧 혁신계였던 장일순을 선택해 왔다. 장일순의 선거라는 현실 정치에도 동반하였고, 그 후 원주교구를 중심으로 재해대책사업과 민주화운동 전반에 걸쳐 장일순의 또 다른 의미의 파트너로 일했다. 한편 선거운동원으로 뛰었던 이경국은 보안대에 붙잡혀 들어간 뒤 고초를 겪고, 석방 후 입대하였다. 병기사령부에서 두어 달 근무하다가 관계 기관에 끌려가 다시 고초를 겪으면서 경주 18 육군병원에 후송되어 치료받고 7개월 만에 의병제대依病除隊 하였다.[13]

한편 당시 검찰이 제시한 장일순에 대한 공소장은 이렇게 적시하고 있다.

> 피고인 장일순은 서울 배재중학을 거쳐 서기 1947년 서울대학 공과대학 화공과 2년을 수료하고 동 1950년 5월 동교 미술대학으로 전학하여 동교 3년 수료 후 교육사업에 종사하여 오다가 4·19 이후에 급격히 대두한 혁신세력에 가담하여 동 1960년 6월 사회대중당 창당준비중앙위원으로서 동 1960년 7월 29일 실시되는 민의원 의원 총선거에 동당 공천으로 강원도 원주에서 입후보하여 낙선된 후 동 1961년 3월경 통사당 주관의 소위 2대악법 및 한미경제협정반대 공동투쟁위원회 강원도 대변인 및 동년 3월 민족자립운동발기준비회 대표로 활약하여 오던 중인바,
>
> 피고인은 북한공산괴뢰집단이 대한민국을 궁극적으로 공산화할 의도

---

12 김영주 편, (사)무위당사람들 엮음, 『대장부 거기에 그들이 있었다』, 이야기담, 2022 개정판, 33~35쪽 참조.

13 이경국 편, (사)무위당사람들 엮음, 『대장부 거기에 그들이 있었다』, 이야기담, 2022 개정판, 202~205쪽 참조.

하에 남침의 기회를 노려 호시탐탐하면서도 무력적화 기도를 은폐하는 술책으로서 4·19 이후 장면 정부의 부패 무능으로 인한 민심의 불안정, 실업자의 증가, 무제한으로 허용된 언론 출판 집회 결사의 방종적인 자유, 반공체제의 이완 등에 편승하여 소위 평화통일론을 내세워 마치 그들이 진실로 평화통일을 희원하고 있는 것같이 가장하고 남북협상, 남북 간의 서신 문화 경제교류를 제의하는 한편,

민족자주적인 감정에 편승하고 반미사상을 조장하여 반공체제를 약화시키고 난동적인 데모를 선동하여 정치 경제 사회문화의 모든 분야에 있어서 질서를 교란하는 등 간접침략을 획책하고 있음을 충분히 지실함에도 불구하고, 모두에서 적시한 정당 및 사회단체의 운영 전반에 참여하는 주요 간부로서,

동 1961년 2월 8일 대한민국의 경제적 안정 및 자립경제 수립을 목표로 체결된 한미경제협정과 동년 3월 하순경 반공체제를 강화하고 난동적인 데모를 통제하기 위하여 입법을 추진하게 된 반공임시특별법안 및 데모 규제법안 등 2대 특별법의 입법안에 반대하여,

동 입법을 반대하여 입법을 저지시키면 간접침략을 획책하고 있는 북한공산괴뢰집단의 이익이 된다는 점을 알면서,

제1, (一) 서기 1961년 2월 24일 원주시 일산동 소재 기독청년회관에서 원주시 유학생 주최로 개최된 한미 경제협정 성토대회에 혁신계 대표로서 참석하여 동소에 참집한 학생 10여 명에게 "미국의 경제 원조 방식은 피원조국의 주권침해와 굴욕적인 것임에 반하여 소련의 원조 방식은 피원조국의 주권침해나 협박적인 것이 아니고 무이자의 원조다"라는 내용의 연설을 하여 소련과 북한괴뢰집단의 활동을 적극적으로 찬양함과 동시에 반미사상을 고취하고,

제1, (二) 동년 2월 28일 모두 전기 피고인 자가에서 전시 제1과 동지同
旨로 한미경제협정을 반대하는 내용의 벽보 30매가량을 작성한
다음 이를 원주 시내 각 요처에 착부하여 동 시민에게 경제협정의
진정한 의의를 왜곡선전하고,

제1, (三) 동년 3월 1일 원주 시내 공설운동장에서 개최된 3·1절 기념식
장에서 한미경제협정 자체를 반대하고 마치 동 협정을 미국이 한
국을 경제적 식민지화하였다, 라는 내용의 연설로서 동 식전에 참
가한 2,000여 군중에게 동 한미협정의 내용을 왜곡선전함과 아울
러 반미사상을 고취하고,

제2, 서기 1961년 3월 12일 전시 피고인 자가에서 "자유마저 뺏으려는
반민족적 보수정객들의 언동을 결사반대하여야 한다. 따로 데모
규제법과 반공임시특별법을 제정하려는 것은 우리의 진정한 손과
발을 묶고 말을 막자는 것이다"라는 내용을 기재한 삐라를 작성하
여 원주 시내 각 요소에 첨부하여 동 시민에게 전시, 2대 특별법의
진정한 입법취지를 왜곡선전하고,

제3, 서기 1961년 3월 하순경 통일사회당 국회대책위원장 공소 외 윤
길중과 소위 강원도 2대악법반대투쟁위를 결성하여 강원 원주시
에서 동 반대대회를 개최하기로 상호 공모한 후 김상범 등의 협조
를 얻어 동년 4월 1일 오후 2시경 전시 공소 외 윤길중 동 고정훈
동 김기철 동 이동화를 원주시로 초청하고, 2시경 원주시 공설운
동장에서 소위 2대 악법 반대 대회를 개최하여 피고인은 동 대회
개회사를 담당하고 전시 윤길중은 「우리는 왜 보안법마저 반대하
여야 하나」, 동 고정훈은 「국제정세에 관하여」, 동 김기철은 「한국
중립화 통일에 관하여」, 동 이동화는 「민주사회주의는 사회주의

실현으로 간다」는 각 연제로서 동 대회에 참집한 약 2,000여 명 군중에게 마치 전시 2대 특별법이 야당 탄압을 위한 불순한 동기에서 입안된 것처럼 그 입법취지를 왜곡선전하고,

국헌에 위배되는 영세중립화 통일안이 정치적 특수성과 지리적 특수성에 비추어 비현실적이고 무원칙한 통일안임에도 불구하고 동 방안이 대한민국의 진정한 통일방안인 것처럼 왜곡선전하여서 북한공산괴뢰집단의 목적사항과 동일한 또는 그 기본방향이 동일한 사항을 선전또는 선동하고 반국가단체의 활동을 찬양 또는 이에 동조하는 등 각기목적수행을 위한 것이다.

장일순은 혁명검찰부에 '특수범죄 처벌에 관한 특별법' 위반 혐의로 기소되어 혁명재판소에서 8년 징역을 선고받았다.

혁신 정치

당시 구속된 사람들은 대부분 각 경찰서와 서대문형무소에 갇힌 채 혁명검찰부에 의해 혁명재판소에서 재판을 받았다. 혁신계 인사였던 고정훈은 서대문형무소에서 혁명검찰부로 끌려가던 정황을 이렇게 기록하고 있는데, 장일순 역시 비슷했을 것이다.

"혁명검찰부로 처음 끌려 나가던 날. 50명이 타면 고작일 버스에 한 80명을 실어놓고, 바닥이고 무릎이고 심지어는 사람의 어깨고 간에 덮어놓고 깔고 앉으라는 따위의 처사가 무리에게 강요되었다. 서 있으면 길거리의 행인들이 호송버스 안의 유명 인사들을 인지하고 떠들썩하기 때문에 얼굴을 보이지 않게 하기 위해서 덮어놓고 앉으라는 성화였다. 무시무시한 염라대왕으로 널리 인식되기 시작한 박창암 혁검부장의 서릿발 같은 명령이고 보면, 형무관들이 쩔쩔매는 것도 지극히 당연한 일이었을 것이다. 나는 버스 안을 휘둘러보았다. 자유당 거물급 인사, 민주당 거물급 인사, 군 출신의 거성, 언론계의 거목, 그리고 혁신계의 유명·무명 인사들이 군데군데 찢어진 인명록의 내버려진 휴지조각처럼 끼어 있었다. 암만 둘러보아도 저항적 인간은 눈에 띄질 않았다. 모두 도덕군자 아니면 지쳐빠진 사람 같았고 몇몇은 어리둥절해 있기도 했다."[14]

14 (사)무위당사람들, 『묻혀서 사는 이의 고운 마음을 아는 이 있을까』, 2019, 40~41쪽 참조.

옥바라지

1961년 장일순이 사상범으로 몰려 서대문형무소에 수감되었을 때 나이는 33세였다. 3년 전에 결혼한 아내 이인숙과 1958년에 태어난 맏이 동한, 그리고 1960년에 태어난 둘째 동호東祜는 아직 젖먹이였다. 장일순이 갇힌 서대문형무소는 그동안 많은 항일 독립운동가들이 수감되거나 처형된 장소였으며, 해방 후에는 평화통일론자와 민주화운동 인사들이 수감되었던 곳이다. 조봉암, 조용수를 비롯하여 인혁당 사건 관련자 8명도 이곳에서 사형되었다. 형무소에서 가장 열악한 것은 식사였다.

> 교도소의 주식은 콩을 섞은 보리밥이다. 쌀도 섞여 있기는 하지만 잘 보이지 않고 씹히지도 않는다. 형틀로 꽉 찍힌 것을 한 덩어리씩 주는데, 밥 덩어리의 크기가 1등부터 4등까지 있다. 1등이 제일 크고 4등이 제일 작은데, 1등부터 3등까지는 기결수 중에서 작업 종별에 따라 주는 것이고, 미결수는 모두 4등이다. 이 밖에 환자용은 쌀밥으로 찍은 5등(4등보다 더 작다)이 있고 역시 쌀로 쑨 죽이 있었는데 지금은 5등 밥이 없어졌고, 죽도 보리쌀로 쑨 죽이다. 젊은 사람들은 4등 밥으로는 양이 안 차서, 밤낮 먹는 타령만 한다.[15]

이인숙은 남편이 구속되어 8년 형 선고를 받게 되자 직업을 찾았다. 시부모와 두 아들을 먹여 살릴 길이 막막했기 때문이다. 서울대 사범대를 나왔

---

15 원충현, 『옥중 회고록, 이 줄을 잡아라』, 선우사, 1981, 103~104쪽.

장남 동한을 안고 있는 장일순.
(1960년)

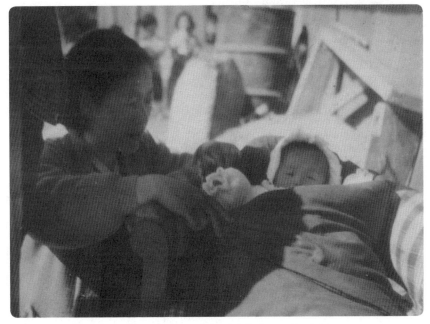

장일순을 옥바라지하던 중 서울 친정집에서 둘째 아들 동호를 돌보고 있는 이인숙.

기에 중고등학교 교사 자격증이 있었고, 학창 시절의 꿈이 좋은 교사가 되어서 아이들을 가르치는 일이었지만, 남편의 '연좌제'에 걸려 이 꿈도 무산되고 말았다.

> 5·16이 나고 남편이 유치장에 계실 때 원주에 있는 학교에 이력서를 내면 안 될 줄 알고, 춘천여고에 이력서를 냈는데, 교장, 교감이 좋다고 하면서 숙소는 어디로 정할 거냐고까지 물어보는 거야. 나는 속으로 합격했다고 생각했지. 그런데 신원조회를 해보더니 안 되겠다고 하는 거야. 일종의 연좌제였던 거지. 그때 돌아가신 양반[장일순]을 시기하는 사람들이 좀 많았나. 그때 생각을 하면 … 결혼할 때 신으려고 명동의 일류 양화점에서 맞춘 구두를 신고 갔는데, 돌아오면서 화가 나서 새 구두로 돌부리를 차면서 돌아왔어. 그 구두 아끼느라고 버선에 고무신 신고 짧은 다후다 치마 입고 다녔어. 그때 둘째가 갓난아이였는데 젖이 나오지 않아서 잘 먹이질 못했어. 내가 교사가 되면 애는 어떻게 돌보나, 하는 불안함이 있었는데 남편 때문에 교사가 안 된다는 소리를 듣고 속이 상하면서도 한편으로는 애나 잘 돌보자는 생각을 하고 바로 단념했지. 내가 자존심이 강해서 바로 단념할 수 있었어.[16]

이인숙은 그 당시 친정집도 어려운 형편이어서 도움을 받을 수 없었다. 처음에는 양재를 배울까 하는 생각도 했다. 그러나 학원에서 배워야 하는 기간이 너무 길었다. 당장 돈이 급했던 이인숙은 속성으로 한 달 반이면 된다는 미싱자수를 배웠다. 바로 아래 시동생 장화순이 미싱을 사서 보내주었

---

16 (사)무위당사람들, 『묻혀서 사는 이의 고운 마음을 아는 이 있을까』, 2019, 46쪽.

고, 그것으로 동창생들의 주문을 받아 일을 시작했다. 베갯잇이나 침대 시트, 소파 커버 등을 만드는 일이었다. 하지만 그 일도 쉽지 않았다. 친구들이 불러서 가보면 실컷 수다만 떨고 일감을 주지 않는 경우도 많았다. 은근히 설교하려 드는 친구도 있었다. 이인숙은 속이 뒤집어지는 걸 참느라 힘들었다고 고백한다. 그런데 마침 외국에서 의상 공부를 하고 돌아와 YWCA 사업부에서 일하던 윤희선이란 동창과 연락이 닿았다. 그 친구 소개로 친정집에 둘째 아이 동호를 맡겨놓고 바느질을 시작했다. 일본말로 '시다' 같은 일이었는데 하루 종일 지퍼를 달거나 했다. 한 주일에 한 번 받는 주급은 액수가 적어서 죽을 만큼 비참한 느낌이 들었다. 이인숙은 이건 착취다, 싶은 마음마저 들었다고 한다.[17]

일이 없는 날에는 서대문형무소로 면회를 갔다. 하지만 간수가 옆에서 지키고 앉아서 대화 내용을 적기 때문에 마음대로 이야기할 수도 없었다. 그저 다 잘 있다고, 걱정 말라고, 당신이나 잘 지내시라는 식의 이야기만 했다. 면회 시간이 다 끝날 무렵 자리에서 일어서면서 빠르게 몇 마디 하고 싶은 말을 건넸을 뿐이었다. 이 시기를 돌이켜 보며 이인숙은 말한다.

"그 시절을 통해 성숙했어. 자존심을 있는 대로 구겨야 하는 속에서, 비참함 속에서 성숙했어."

눈물겨운 시간이었다. 당시 시중에서 유행하던 노래가 손시향이 부른 「검은 장갑」이었다. 이인숙은 작업장에서 다른 일꾼들과 함께 스피커에서 흘러나오는 그 노래를 따라 부르며 일했다. 이 노래는 면회를 간 이인숙에게나 감옥에 있는 장일순에게나 자기 마음을 대변하는 특별한 노래였다.

---

17 (사)무위당사람들, 『묻혀서 사는 이의 고운 마음을 아는 이 있을까』, 2019, 47~48쪽 참조.

헤어지기 섭섭하여 망설이는 나에게
굿바이 하며 내미는 손 검은 장갑 낀 손
할 말은 많아도 아무 말 못하고
돌아서는 내 모양을 저 달은 웃으리

장일순은 면회를 마치고 감방으로 돌아오면 작은 소리로 이 노래를 읊조리곤 했는데, 석방된 나중에도 장일순은 약주 한잔하면 서툰 솜씨로 「검은 장갑」을 부르곤 했다.[18]

장일순이 서대문형무소에 갇혀 있었기 때문에 이인숙은 먼발치나마 남편의 얼굴을 한 번이라도 더 보려고 자주 서울에 올라왔다. 옥바라지를 하려고 서울에 머물 때는 경희대 앞 회기동에 있는 친정집에 둘째 아이를 맡기고 길을 나섰지만 면회가 쉽게 허락되지 않았다. 그래서 아침부터 서대문형무소가 내려다보이는 영천 언덕바지에 서서 하루 종일 있기도 했다. 이따금 죄수들이 재판을 받으러 혁명검찰부로 가는 버스에 오를 때라도 먼발치에서나마 얼굴을 보고 싶었다. 그렇게 어렵사리 장일순의 얼굴을 보는 것으로 만족하면서도, 한편 저러다 사형당하는 것은 아닐까, 여간 마음을 졸인 것이 아니었다.

형무소 바깥쪽에 '가족 대기실'로 쓰는 천막이 있었는데, 교도관들은 이인숙이 버선발로 고무신을 신고 온 모습을 보고 시골에서 올라온 모양이라며 업신여기는 것 같았다고 이인숙은 전한다. 그러던 어느 날 장일순과 마찬가지로 감옥에 갇힌 장도영 장군을 면회하러 온 부인을 만났다. 그이는 이

---

18 (사)무위당사람들, 『묻혀서 사는 이의 고운 마음을 아는 이 있을까』, 2019, 49~52쪽 참조.

인숙과 경기고등여학교 같은 반 동기였는데, 그이가 이인숙을 보고 "너 여기 어쩐 일이냐?" 하고 아는 체하는 바람에 이후로 이인숙을 대하는 교도관들의 태도가 달라졌다고 한다.

옥살이

춘천형무소로 가다

장일순은 재판이 끝나자 서대문형무소에서 수감 생활을 하였는데, 노역이 없을 때는 열심히 책을 읽었다. 동서양의 고전을 주로 읽었다. 그 밖에 진보적인 사상이 담긴 영어 원서들을 탐독했다. 교도관들은 영어를 잘 몰랐기 때문에 반입되는 영어 원서를 검열할 수 없었고, 때로는 묵인해 주는 분위기였다.

아내 이인숙이 면회를 오면 장일순은 읽고 싶은 책 목록을 적은 쪽지를 건네주었다. 그런데 이 책들은 일반 서점에서 구할 수 없는 것이어서 난감했는데, 마침 종로에서 외국 서적만 전문으로 취급하는 서점을 알게 되어 겨우 구할 수 있었다. 이런 책들이 한글로 써 있었다면 불온서적으로 분류되어 반입이 어려웠을 것이다. 그래서 장일순은 감옥살이를 '인생대학'이라 불렀다. 이제 더 이상 사회적 활동을 할 수 없었던 장일순은 감옥에서 오히려 차분하게 깊이 숙고하며 책을 읽을 수 있었다. 피정과 같았을 이 시간 동안 장일순의 의식은 더 깊은 곳에 닿을 수 있었고, 또 다른 사회적 비전을 얻을 기회가 되지 않았을까 짐작한다.

　한편 장일순이 옥고를 치르고 있는 사이에 박정희가 군복을 벗고 정치인으로 변신하였다. 1962년 3월 24일 윤보선 대통령이 물러났다. 그해 박정희는 12월에 개헌안을 국민투표로 통과시켜 대통령중심제 헌법을 만들고, 이듬해 2월 민주공화당을 사전 조직 하여 정치적 기반을 마련했다. 1963년 10월 15일 실시한 대통령 선거에서 박정희는 야당의 윤보선 후보를 15만여 표 차로 누르고 제5대 대통령에 당선되었다.

　이후 교정 당국은 다수의 양심수들을 한 형무소에 두는 것이 위험하다고 판단하여 사상범이나 정치범들을 지방의 여러 형무소로 분산 수용 하였다.

장일순은
춘천형무소에서
인쇄소와 식물원에서
일했다.(1963년)

그래서 장일순은 비교적 원주와 가까운 거리에 있는 춘천형무소로 이감되었다. 여기서는 장일순의 영어 실력을 알아본 간수가 있어서 인쇄소에서 일하게 되었다. 나중엔 온실에서 화초에 물을 주는 일을 하기도 했다. 한편 춘천형무소로 오면서 가족들의 면회가 한결 쉬워졌다. 장화순이 들려준 이야기는 이랬다.

> 서대문형무소에 계실 때도 갔었고 춘천형무소로 옮기신 후에도 면회를 여러 차례 다녀왔죠. "형님, 밖에 걱정하지 마시고 마음 편안하게 가지시고 건강 잘 챙기시라"고 했지요. "세상 사람들은 형님이 훌륭한 분이라는 걸 다 알고 있고, 현 정권이 한번 해보겠다고 저러는 것이니 그렇게 이해하시"라고 말씀드렸어요. 그랬더니 "알고 있어." 하고 말씀하셨어요. 형님은 맑은 물 중에 가장 맑은 물이었어요. 정권에 욕심 품은 군인들이 맑은 사람을 못마땅하게 생각한 것이라 생각했어요. 장일순이란 사람을 잡아넣어야 우리가 편안하다고 생각한 거지요.[19]

대성학교 제자였던 김상범은 군 복무 중에 일등병으로 첫 휴가를 나와서 장일순이 감옥에 있다는 소식을 들었다. 동무들에게 물어보고 "박정희 정권에 밉보여 그런 것 같다"는 말을 들었다. 며칠 뒤 춘천형무소로 장일순에게 면회를 갔다. 주어진 시간이 10분밖에 되지 않았는데, 장일순은 김상범을 보자마자 "자당慈堂은 안녕하시냐?", "집안 식구들은 다 무고하냐?", "네 친구 누구는 요즘 뭐 하고 지내냐?" 이런 질문만 연거푸 하였다. 김상범도 나름대로 왜 감옥에 들어가셨는지 묻고 싶었고, 다른 질문거리도 여럿 생각하

---

19 무위당 선생 둘째 동생 장화순 선생 인터뷰, 무위당사람들 제공.

고 갔는데, 장일순은 김상범이 말할 틈을 주지 않았다. 그렇게 면회가 끝났다. 원주로 돌아와 왜 그랬을까, 생각하다가 김상범은 무릎을 쳤다.

"내가 엉뚱한 질문을 해서 정치적인 얘기를 하게 되면, 군인인 내 신상에 좋지 않은 일이 생길까 봐 딴 이야기를 꺼내지 못하게 하려고 그러신 거라는 걸 알았지요. 둘이서 주고받은 이야기를 간수가 다 기록하니까 가족이나 친구들 안부를 물으시면서 내 입을 막으신 거구나, 그런 생각이 들더라고요. 군인 제자에게 피해를 주지 않게 하려는 선생님의 지혜에 감탄했어요."[20]

군사정권의 제안을 거절하다

장화순이 장일순에게 들은 이야기에 따르면, 감옥에서 지낼 때 정부 관료 가운데 한 사람이 장일순을 찾아왔다고 한다. "우리와 함께 일하자"는 제안이었다. 하지만 장일순은 고민해 볼 필요도 없다는 듯 단호히 거절했다. "한번 생각해 보자"는 식으로 뜸 들이는 일은 없었다. 당시 박정희는 1963년 2월에 민주공화당을 창당하면서 각계의 유망한 인물들을 포섭하였다. 청정한 법조인으로 알려졌던 정구영 변호사도 이때 정권에 참여하고, 대구의 이효상이 공화당에 입당한 것도 이때였다. 강원도 지역의 유력한 인물로 알려진 장일순에게도 그런 요청이 따라온 것이다. 만일 그때 제안을 받아들였다면 장일순은 그날로 옥살이를 마감할 수 있었는지도 모른다.

장일순은 3년 동안 교도소에서 생활하면서, 이곳을 수행의 자리로 여겼

---

20 김상범 편, (사)무위당사람들 엮음, 『대장부 거기에 그들이 있었다』, 이야기담, 2022 개정판, 321~322쪽 참조.

다. 이와 관련해 1987년 치악산에서 열린 한살림 연수회 강연에서 장일순은 감옥 생활에 대한 일화 한 자락을 들려준 적이 있었다.

> 철창 나뭇가지에 새가 앉아 있으면 남은 밥을 내놓는단 말이에요. 그러면 새들이 와서 이걸 먹어요. 또 감방에 구멍이 뚫려 드나드는 쥐가 있잖아요. 그런 기색이 있으면 쥐를 위해 밥을 남겨놓는다구. 그러면 나중에는 어떻게 되느냐. 그 새와 그 쥐가 친구가 돼버려 갈 생각을 않는단 말이야. 항상 밥을 놔두니까. 그러니까 입으로 '쮜쮜쮜쮜' 하면 쥐가 가까이 오고 또 이렇게 바투 오라고 하면 손에도 타고 몸에 와서 놀기도 하고 이런다고. 쥐가 그렇게 가까이 올 수 있다고 하는 것은 쥐에 대해서 무심하게 해줄 수 있으니까, 따뜻하게 해줄 수 있으니까, 말하자면 '바로 내가 너다' 하는 거나 다름없거든. 그런데 '저 배라먹을 짐승!' 이렇게 되면 쥐가 가까이 안 온다 이거야. 그러니까 생명의 만남이라고 하는 것은 추운 티가 없어야 돼. 장벽이 없어야 돼.[21]

함세웅 신부는 2019년 5월 9일 열린 무위당학교 강연에서 장일순이 감옥살이를 하면서 생명사상에 관심을 갖기 시작한 것이 아닌가, 생각한다고 말했다.

> 이 세상은 자기 뜻대로 안 됩니다. 내가 아무리 좋은 뜻이 있어도 사람들이 받아주지 않고, 세상이 받아주지 않으면 안 되는 거예요. 원주에서 태어나서 원주를 사랑하시고, 원주를 통해서 남한과 북한, 세계를

---

21 『바위 위에 핀 꽃』, 강원민주재단, 2023, 104쪽.

바꾸고자 하는 꿈이 있었지만 그게 전달이 안 됐어요. 정치적 꿈을 지녔던 두 번의 좌절이라는 아픔을 가져다주었고, 특히 그 이후의 감옥 생활은 절망과 절벽이 되었겠죠. 그 속에서 헤쳐 나가야 할 길이 무언가를 고심하면서, 그게 싹이 되어 나중에 생명운동으로 진전된 게 아닐까 해석을 하고 추정해봤습니다.

어머니가 돌아가시다

1963년 아직 장일순이 춘천형무소에 있을 때, 어머니 김복희가 세상을 떠났다. 아버지 장복흥은 장일순이 충격을 받을 걸 염려하여 가족들에게 장일순에게는 어머니의 죽음을 알리지 말라고 당부했다. 하지만 초상을 치르고서 면회를 갔던 누나 장정순이 동생을 보자마자 울음을 터뜨리는 바람에 장일순은 어머니의 부재를 알게 되었다. 장일순이 옥살이를 하는 동안 어머니는 아들의 고초를 생각하여 요를 깔지 않고 주무셨다고 하니, 장일순에게는 큰 슬픔이 아닐 수 없었다.[22]

어머니에 대해 장일순은 이렇게 회고하고 있다.

> 어머니는 매우 잔약한 분이지만 아주 슬기로우셨어요. 내가 밖에 나가서 이런저런 일을 하느라고 돈 한 푼 벌어오지 않아도 언제나 따뜻한 밥상을 차려주시고 잘 먹으라고, 잘 되라고 하셨어요. 조건 없는 사랑

---

22 (사)무위당사람들, 『묻혀서 사는 이의 고운 마음을 아는 이 있을까』, 2019, 143쪽 참조.

이셨지요. 영악스럽지 말라고, 영악스러우면 반드시 앙화殃禍가 찾아온다고, 그런 걸 어머니는 가르쳐주셨지요. 어머니는 밤에 우리가 누워 잘 때 우리 발치로 다니셨지, 머리맡으로 다니시는 법이 없었어요. 신문배달원이 오면 그냥 보내지 않고 불러들여 설탕을 탄 물 한 사발이라도 대접해서 보내곤 했어요.[23]

장일순은 어머니 살아계실 때 늘 아침마다 문안 인사를 드리고 안방의 요강을 비우고 저녁이면 다시 깨끗이 씻어놓은 요강을 방에 들이곤 하였다. 그런데 정작 어머니가 돌아가셨을 때는 임종을 지키기는커녕 장례미사에도 참석할 수 없었다. 장일순은 비통한 마음으로 어머께 자신의 불효를 탓하며 사죄의 편지를 쓰고 날마다 연도를 바쳤다.

어머니 영전에 올립니다.
저는 전혀 모르고 있다가 지난 6월 14일 누님이 면회를 오셔서 알려 주심으로 알았습니다. 어머님이 천당에 가시었다는 소식이 믿기지 않습니다. 어머니, 어찌 그렇게 가십니까! 우리 남매는 면회장에서 한참 울었습니다. 대상까지 나가도록 모르고 있었으니!
어머님 살아계실 때 제가 걱정 끼친 일을 생각하니, 이루 말할 수 없는 벅찬 마음뿐입니다. 어머니 가시기 약 보름 전에 저에게 보내주신 간곡한 글월을 읽고 눈물집니다. 어머님이 가신 소식 듣고 그때부터 제 가슴에는 그늘이 졌습니다. 계시거니 할 때에는 든든하고 무엇 하나 걱정이 없더니, 정녕 가시었다는 말씀 듣고 적막해졌습니다.

23 (사)무위당사람들 엮음, 『무위보감 누가 알랴』, 무위당사람들, 2022, 383쪽.

옛 말씀에 "수욕정樹欲靜이나 풍부지風不止하고, 자욕양子欲養이나 친부대親不待라(나무가 가만히 있고자 하나 바람이 그치지 아니하고, 자식이 부모를 모시려 하나 부모는 떠나고 계시지 않네)"하옵더니, 계실 제 공경 못 한 제가 설 땅을 잃었으니 이 한을 어찌합니까?

어머니, 불효한 저를 그래도 웃음으로 받아주실 줄 압니다. 그러나 저는 마음이 허전합니다. 어머니, 참 무어라 말씀 올릴까요? 어머님을 위해서 연도하고 있습니다. 어머님 평화롭게 쉬시옵소서. [묵주]신공중神工中에 어머님을 대하겠습니다.

노경에 계신 아버님을 위해서 어머니, 천당에서 기구하여 주십시오. 쓸쓸하실 아버님을 생각하니 무어라 아뢸 바를 모르겠습니다.

어머님, 주님의 복 많이 입으시기 바랍니다.

1963년 6월 19일
불효자 일순 올림[24]

   장일순은 그 어머니를 그리워하며 '母心是海모심시해', "어머니 마음은 바다"라는 글씨를 남겼다.

---

24 최성현, 『좁쌀 한 알 장일순』, 도솔, 2004, 111~112쪽 재인용.

석방

1963년 10월 15일 제5대 대통령을 선출하는 선거가 있었다. 이 선거에서 박정희 후보가 2위 윤보선 후보를 득표율 1.5%, 15만 6,026표의 차이라는 초박빙 접전 끝에 당선되었다. 이 선거는 쿠데타로 실권을 잡았던 박정희 등 국가재건최고회의가 민정 이양을 위해 실시한 선거였는데, 박정희가 다시 정권을 장악할 수 있게 된 것이다.

박정희는 대통령 당선 후 양심수들을 풀어주었다. 장일순도 이때 3년여 만에 춘천형무소에서 석방되었다. '막걸리법'이라고 하여 술 한잔 걸치고 홧김에 정부를 욕하기만 해도 잡아 가두는 시절이었기 때문에, 장일순은 석방되었지만 '보안관찰' 대상자로 분류되어 바깥에서 감옥살이를 하는 것과 다를 바 없었다. 공직 취임은 물론이고 해외여행도 불허했으며, 거처를 떠날 때는 당국에 일일이 신고해야 한다. 게다가 박정희는 1975년 7월 16일 법률 제2769호로 '사회안전법'을 제정하여 출감자들을 더욱 옥죄었다. 그래서 사복경찰이 시도 때도 없이 집으로 찾아와 장일순의 일거수일투족을 감시했고, 전두환이 집권한 1981년경에는 아예 봉산동 장일순의 집으로 들어가는 골목 입구에 파출소까지 만들어 놓고 드나드는 사람들을 감시하였다. 실상 장일순 집에서 그리 멀지 않은 곳에 원주경찰서가 있었기 때문에 다른 이유라도 파출소가 들어설 자리가 아니었다.

실제로 장일순을 만나거나 이야기를 나눈 사람들도 사정 당국의 감시 대상이 되거나 조사를 받는 등 봉변을 당할 수 있었기 때문에, 장일순은 친구들을 만나는 것조차 불편했다. 원주소학교 동기였던 원영택은 당시 상황을 이렇게 기억한다.

짧은 머리로 보아
1963년 출옥 직후로 추정
(뒷줄 장예순과 이경국)

내가 교육청 계장을 하고 있을 때인데, 아시겠지만 군사정부에서 무위
당을 혁신계라는 이유로 구속해서 감옥에 3년간 가 있었잖아요. 참 지
금도 후회스럽고 무위당에게 죄의식을 가지고 있는 것은 무위당이 춘
천 감옥에 있을 때 내가 한 번은 찾아가 얼굴을 봤어야 하는데 그것을
못 했어요. 당시 공직자였지만 미관말직인데 용단을 내리지 못하고 면
회 한번 못 간 것이 지금도 늘 미안하고 죄스럽고 마음에 짐이 되고 그
래요. 그리고 무위당이 출옥하여 1960년대 중반쯤 소학교 동창회 모임
이 있어 꽤 많은 동창생들이 모인 일이 있었는데 무위당이 참석했지만

무위당에게 말을 거는 사람이 하나도 없었어요. 오랜만에 만나 아무 말
도 안 하고 말았죠. 당시 혁신계라고 하여 좌익 딱지가 붙은 인사에 대
해 색안경으로 보던 시절이었으니까 그랬겠지만 참 매정하다고 할까,
그런 걸 느꼈어요. [25]

대성학원에서 물러나다

장일순이 가산을 정리해 설립한 대성중고등학교는 이사장이었던 장일순
의 구속으로 사람들에게 기피 대상이 되었고, 갈수록 학교 운영에 어려움이
많아졌다. 장일순은 학교의 재건을 위해 발 벗고 나섰으나 쉽지 않았다. 게
다가 대성고등학교 학생들이 한일회담 반대 투쟁에 연루되면서 입장은 더
곤란해졌다.

박정희는 '반공'을 국시로 내걸고 정권 안정을 위한 방책으로, 국민 대다
수가 겪고 있는 빈곤 문제를 해결하기 위해 '선건설 후통일'을 주장하며 자
립경제를 위한 경제개발계획을 발표하였다. 하지만 경제개발을 하려면 우선
재원이 마련되어야 했고, 이를 위해 한일관계 정상화를 꾀하였다. 당시에 미
국 역시 소련의 팽창을 견제하려고 한일관계 정상화를 한국 정부에 요구하
던 상황이었다. 중앙정보부장 김종필을 일본에 밀사로 파견하여 이른바 '김·
오히라 메모'를 통해 굴욕적인 회담을 밀실에서 진행하고 있었다. 회담 과정
에서 일본 측 대표였던 쿠보타는 "일본의 통치가 한국의 근대화를 이끌었
다"는 망언을 하기도 했다. 이 소식이 국내에 전해지고, 1964년 봄부터 정부

25 『달이 나이고 해가 나이거늘』, (사)무위당사람들 엮음, 2020, 348쪽.

가 한일 교섭을 조속히 타결하려고 하자 전국 각지에서 반대 시위가 벌어졌다. 6월 3일에는 서울에서 1만 명이 넘는 군중이 경찰 저지선을 뚫고 "박정희 퇴진!"을 요구하면서 광화문까지 진출하여 청와대 외곽의 경찰 방어선을 돌파해 시위가 절정으로 치달았다.

1965년 3월에는 '대일굴욕외교반대 범국민투쟁위원회'가 전국을 돌면서 강연회를 개최했는데, 강원도에서는 27일 춘천, 28일 속초, 29일 강릉, 30일 묵호, 31일 삼척, 4월 1일에는 원주에서 강연회와 거리 시위가 잇달았다. 4월 2일에는 고등학교 단위로는 전국 최초로 대성고등학교 학생들이 거리 시위를 벌였다. 이날 오후 3시 30분 원주 대성고 학생 300여 명은 최정옥이 교무실 앞에 있는 종을 치자 삽시간에 미리 알고 운동장에 집합했다. 이들은 "한일굴욕외교 반대"라고 쓴 현수막을 앞세우고 스크럼을 짠 뒤 교문을 나와 "배고픈 우리 살림 6억 원으로 잘살 수 없다", "이완용 2세들아 각오하라"는 구호를 외치며 원동성당 앞을 지나 평원로를 거쳐 원주시청까지 진출했다.

당시 대성학교 학생들은 시위에 나서면서 장일순이 가사를 붙인 교가를 부르며 교문을 나섰다고 한다.

뜻 높고 사랑 많은 대성의 교시는
천하를 포용하며 비리를 광정하는 의리의 근원이다
힘차라 대성의 명랑한 건아야
희망이여 크거라 세계를 위하여

옛부터 내려오는 대성의 학사는
유구한 문화 배경 안연히 향기롭다

이것이 우리들의 전당이다

모여라 대성의 학당에

이상을 닦아라 인류를 위하여

시위대는 원주시청 앞 광장에 모여 "굴욕외교를 즉시 중단하라"는 결의문을 채택한 다음 다시 시위를 벌이려다 출동한 경찰의 제지를 받고 30분간 연좌데모를 하고 학교로 돌아왔다.[26] 그런데 교문에 들어서자마자 뒤따라온 경찰에 의해 순식간에 시위에 앞장선 일곱 명이 체포되어 원주경찰서로 연행되었다.

장일순의 대성고등학교 제자였던 최정옥은 당시 상황을 이렇게 증언한다.

시위를 마치고 교문에 들어서려는 순간 주동자 7명을 순식간에 체포한 거예요. 제가 제일 먼저 잡혔죠. 제가 주동자인 줄 알고 저부터 딱 찍어 놨겠죠. 귀신같이 알더라고요. [학생]회장까지 7명이 원주경찰서로 바로 잡혀갔어요. 밤새 취조를 받았어요. 배후가 누구며 플랭카드 만드는 돈은 어디서 났는지 집요하게 묻고 추궁하더라고요.

특히 무위당 선생님이 배후가 아니냐며 다그치는 거예요. 이미 경찰들은 무위당 선생님을 시위의 배후 조종자로 만들려고 각본을 짜놓고 있었던 거 같았어요. 저희들은 학생들이 자발적으로 모여 시위를 한 거지, 누구의 조종을 받아서 한 게 아니라고 주장했죠.

원주경찰서장이 해병대 중령 출신이었는데 저희가 배후를 불지 않는다고 생각하고는 7명을 한 사람씩 독방에 가둬놓고 취조를 했어요. 취

26 〈조선일보〉, 1965. 4. 6.

조원들이 배후를 밝혀내지 못하자 경찰서장이 제가 있는 방에 들어오더니 "이 빨갱이 같은 새끼!"라면서 연탄집게로 내 등을 후려치는 거예요. 눈이 번쩍하더라고요.

더 맞기 전에 배후가 누군지 순순히 말하라는 거예요. 내가 "배후는 없습니다. 학생들이 순수한 마음에서 데모한 겁니다. 우리는 장일순 선생님을 만난 적도 없다"고 악을 썼죠. "플랭카드도 우리끼리 돈을 모아서 만든 거다"라고 말했어요. 다른 학생들도 저와 똑같은 얘기를 했어요.[27]

원주경찰서에 연행된 학생들 가운데 학생회장만 남고 나머지는 몇 시간 뒤에 기소유예로 풀려났다. 학생회장도 다음 날 선고유예로 풀려났다. 그리고 주모자로 알려진 정교성, 최정옥, 장연현, 김창순, 김명길, 박춘린 등 6명은 교칙 위반으로 퇴학 처분을 받았다. 한편 대성학교 이사장이었던 장일순은 이 사태에 대한 도의적 책임을 지고 이사회에 사표를 냈다. 뒤이어 교장인 김재옥도 학교에 사표를 냈다. 이들이 학교에서 물러난 이유는 명분상으로는 '도의적 책임'이었지만 사실상 학교를 살리기 위한 불가피한 선택이었다. 경찰이 시위를 주도한 학생들에게 "배후가 장일순 이사장 아니냐?"고 집요하게 닦달했기 때문이다.

한편 박정희 정권은 6월 3일 시위대가 청와대 앞까지 이르자 극도의 위기감을 느껴 이날 저녁 비상계엄을 선포하고 학생들을 구속하면서 휴교령을 내리고, 굴욕회담의 협상 내용을 국회에서 공화당 의원만으로 비준했다.

---

27 〈무위당사람들〉, 2019년 8월 호, 65~67쪽 참조.

난초

장일순은 1964년부터 아버지가 해오던 300평가량의 포도 농사에 마음을 쏟았다. 보안관찰 대상자였던 장일순은 더 이상 정치적 활동에 참여할 수 없었고, 이제 교육사업에서도 손을 떼어야 하였고, 이처럼 사회활동이 완전히 차단된 상태에서 다른 길을 찾아야 했다. 그 사이에 1965년 셋째 아들 동천東天이 태어났다.

당시 박정희는 1962년부터 제1차 경제개발 5개년계획을 시작하면서 농업 부문의 주요 목표를 식량 증산과 생산과정의 근대화에 두었다. 이때부터 농사에 비료와 농약이 대량으로 살포되기 시작하였다. 이때 장일순은 포도 농사를 지으면서 무분별한 농약 살포로 흙이 죽어가는 것을 심각하게 고민하였다. 흙이 죽으면 그곳에서 자란 농산물을 먹는 사람도 죽을 수밖에 없다는 게 장일순의 생각이었다. 그렇게 사람이 죽으면 죽음의 세상이 될 수밖에 없다는 자각이 뒷날 유기농과 흙살림, 그리고 생명사상을 발전시키는 구체적 경험으로 작용하였다.

1991년 2월 가톨릭농민회 대의원총회에서 장일순은 "생명의 포도밭에 와서 일하는 일꾼에게 아침에 오는 사람에게도 한 데나리온, 저녁에 마지막에 온 사람한테도 한 데나리온, 그렇게 되는 거야. 이건 생명의 계산법이야. 입 가지고, 육체 가지고 살아가는 물건에게는 천지지간天地之間에 살아야 할 권리가 있다, 이 말이에요."[28] 하고 말한 적이 있다. 하느님 나라의 계산법은 이윤을 위한 것이 아니라 사람의 생존 조건을 먼저 헤아린다는 뜻이다. 그러니

28 『나락 한 알 속의 우주』, 녹색평론사, 1997, 103쪽 참조.

양곡 증산을 위해 사람의 소용에 닿지 않는 목숨들을 제초제와 농약으로 죽여버리는 농업은 발상 자체가 문제라는 지적이었다. 장일순은 공업화를 위해, 기업가들에게 무역수지를 맞추어 주려고 농약과 비료를 살포하고 저곡가정책을 추진하는 것은 농민들을 볼모로 하는 죽음의 공동체라고 보았다. "생명에는 작고 크고, 높고 낮고, 이런 것이 없이 생사고하生死高下, 귀천대소貴賤大小, 이런 개념에서 벗어나야 한다"는 것이다.

4년 동안 포도 농사를 지으면서 장일순은 나락 한 알에도, 아주 작디작은 터럭 하나에도 우주가 존재한다는 이치를 알아갔다. 한편 장일순은 농사를 짓는 틈틈이 먹을 갈고 붓을 들었다. 한번 붓을 잡으면 한나절가량 방바닥

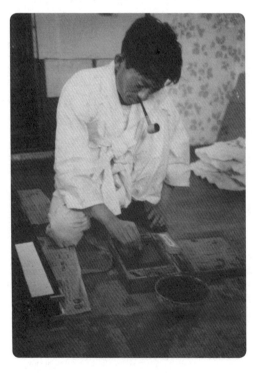

장일순은 석방된 이후
다시 붓을 잡고 글씨를 쓰거나
난을 치기 시작했다.

에 앉아 있곤 하였다.

　장일순이 다시 글씨를 시작한 것은 고립무원의 상태에서 그저 "책만 보고 있을 수 없었기 때문"이다. 여전히 들끓고 있는 마음을 다독거릴 무엇이 필요했고, 그때 떠오른 것이 원주를 떠나 서울로 공부하러 가면서 그만두었던 붓글씨였다. 결국 장일순이 직면한 부당한 정치 현실이 그에게 새로운 길을 열어준 것이다. 하늘은 그렇게 한쪽 문이 닫히자 다른 쪽 문을 열어주었다. 하느님은 악인을 통해서도 당신이 바라던 일을 시작하신다는 말이 거짓이 아닌 셈이다.

> 가끔 혼자서 이런 생각을 해보곤 하는데 말이지, 박정희 씨가 아니었으면 내가 먹장난을 다시 시작하지 않았을 게야. 그런데 그 박정희 씨 덕에 먹장난을 하게 되니까 뭐냐 하면 난초가 나왔단 말이야. 난초란 무아無我 상태에서 처리가 되는 건데, 그것을 일컬어 미美라 한다면, 박정희라고 하는 탄압이 없었으면 그놈의 난초가 생길 수가 없잖은가? 그래서 내 난초는 박정희 씨 덕이다, 그런 생각을 가끔 한다고.[29]

　장일순은 붓글씨를 '먹장난'이라고 불렀다. 그 후로 붓글씨는 장일순이 다른 이들과 관계를 맺는 가장 효과적인 수단이 되어 주었다. 장일순은 어려서부터 할아버지와 차강 선생에게 글씨와 그림을 배우고, 사물과 현상, 역사와 현실을 읽어내는 안목을 기르게 되었다. 장일순은 다섯 살 때부터 열다섯 살까지 한학을 하며 매일 신문지가 온통 까매지도록 글씨를 썼다. 당시 할아버지는 "먹은 새[鳥]의 힘으로 갈고, 붓은 황소 힘으로 쥐라"고 가르쳤다.

29　황종렬, 「모심母心: 깨진놈들의 감感」, 〈무위당사람들〉 33호, 2010년 11월.

장일순은 어려서부터 차강 박기정 선생에게 글씨를 배웠다.

이런 장일순에게 그 필체와 깊이를 더해 준 사람은 독립운동가였던 차강此江 박기정朴基正(1874~1949)이었다. 차강이란 "가까이 있는 이 강江"이란 뜻이다. 차강 박기정朴基正은 본관이 강릉이며, 순조에서 철종 때까지 영의정을 지낸 권돈인의 문인에게 글씨를 배웠다고 한다. 박기정은 18세 되던 1893년에 양양 낙산사에서 열린 전국 한시 백일장 휘호 경시대회에서 장원을 차지하여 당시 "동대문 밖에서는 박기정을 따를 사람이 없다"는 칭찬을 들을 정도의 실력가로 인정받았다. 그는 행서가 특히 뛰어나며 예서와 초서에도 능했다. 그리고 그의 글씨는 '기운생동氣韻生動', 기운이 살아 움직인다는 평을 받았다. 박기정은 사군자를 주로 그렸는데, 특별히 난을 치는 솜씨가 뛰어났다고 하며, 꼿꼿하고 엄격한 선비 기질을 타고난 사람이었다. 일제강점기 일본인 지방 관리 한 사람이 박기정의 글씨를 보고 "조선에도 이와 같은 명필이 있느냐"며 탄복하면서도 거드름을 피우면서 글씨 한 폭을 청한 적이 있다. 그 태도에 분노한 박기정이 소리치며 채찍을 들자 일본인 관리가 혼비백산해 줄행랑을 쳤다는 이야기도 전해 내려온다.

한편 차강 박기정은 당대에 뛰어난 서화가였을 뿐 아니라 애국자며 독립 지사였다. 21세였던 1895년 의병 운동이 일어나자 영월, 평창, 정선 지역에서 활동했던 의암 유인석의 의병 부대에 가담해 싸웠다. 그의 지사적 측면을 가늠할 수 있는 자료로, 박기정의 서궤에는 김구, 이승만, 여운형 등에게서 온 서찰이 수백 통씩 보존돼 있었다고 한다. 박기정은 조선 말기에 태어나 일제강점기에 살았기 때문에 학문과 뜻을 펴보지도 못한 채 시주詩酒와 서화書畵로 울분을 달래며 일생을 보냈으며, 1945년 광복 후에도 혼란한 시대에 뜻을 펼 겨를도 없이 1949년에 세상을 떠났다.[30]

차강 박기정의 제자로 가장 유명한 이가 바로 청강靑江 장일순과 화강化江 박영기였다. 화강 박영기는 박기정의 손자로 나중에 추사 김정희와 대원군의 난법蘭法을 터득했다고 한다. 한편 박기정은 통감부 시절에 일제에 부역하기 싫어서 강원도 평창군 도암에 낙향하여 강원, 충북, 경기도 등지를 떠돌며 묵객으로 살았다. 영동에서는 강릉의 선교장과 열화당에서, 영서에서는 원주 장일순의 집에서 많이 묵었다.[31] 이 과정에서 장일순에게 서화를 가르쳤다.

한편 장일순은 출옥 이후에 자신이 붓글씨를 다시 하게 된 실제적인 이유가 있었다고 고백한 적이 있다. 1991년 3월 〈시사저널〉 여운연 기자와 가진 인터뷰에서 한 말이다.

쑥스러운 얘기입니다만 도회韜晦[32]였어요. 들어앉아서 책만 보면 공산주의 사상만 깊게 들어간다고 오해하잖아요. 그러니 붓장난이라도 하고 있어야 '저 사람 서예 하며 지낸다'고 하지 않겠습니까. 그것은 한 면이고, 서예는 서예 나름대로 '기氣'의 예술이거든요. 마음을 가라앉히는 데 도움이 많이 돼요. 감옥에 오래 있다 나온 이들은 대개 한자리에 오래 앉지 못해요. 감옥에선 오래 견뎠는데 출옥 후에는 이상하게 착심

---

30 의병운동 앞장선 불세출 書畫家 박기정, 〈경남도민일보〉, 2003. 08. 01. 참조.
31 강원민주재단, 『바위 위에 핀 꽃』, 2023, 88쪽.
32 도회韜晦: 자신의 재주나 재능을 감춤. 종적을 감춘다는 뜻이다.

着心이 잘 안 되지요. 난蘭 같은 걸 치면 시간 가는 줄 몰라요. 기를 한 군데로 모으니까.[33]

---

33 『나락 한 알 속의 우주』, 녹색평론사, 1997, 187~188쪽.

3부

교회로 우회하라

지학순 주교와 장일순

지학순 주교, 원주교구 초대 교구장

1993년에 전북대 명예교수이며 〈남민〉 편집위원이었던 최준석과 가진 대담에서, 장일순은 그동안 살면서 가장 기억에 남는 사람이 누구인지 묻는 질문에 지학순 주교를 꼽았다.

> 한 종교인으로서는 그 유신 독재하에서 지학순 주교 같은 분도 아주 귀한 분이라고 생각을 하죠. 개인으로 봐서는 굉장히 생활을 검소하게 하고 옳은 거에 대해서는 쉽게 긍정하고 잘못된 거에 대해서는 분명히 이야기하고, 그러한 것이 일상적인 생활이 되어 있어요. 그러니까 한 시기에 두려움을 모르고 그래도 자기 소신을 말씀하시고 쓰시고, 그 30년 동안의 독재 과정에서도 독재에 대해서 크게 항거하는 힘이 돼준 그러한 분이라고 생각하죠. 그분이 안 계셨다면 그 버거웠던 상황 속에서 민청학련사건에 연루됐던 많은 분들이 희생됐겠죠.[1]

옥살이를 하고 나와서 보안관찰 대상으로 모든 사회활동이 제약받고 있던 상황에서 장일순이 재발견한 것이 '천주교회'였고, 때마침 천주교 원주교구 초대 교구장으로 온 지학순 주교를 만나면서 그 뜻을 이루게 되었다.

1 최준석, 「민주의 길에서 생명의 길로」, 『너를 보고 나는 부끄러웠네』, (사)무위당사람들 엮음, 2020, 39쪽.

60년대 중반이 좀 넘어 옥살이를 하고 나와서, 군사정권의 횡포를 상대해서 그것을 대적할 힘을 어떻게 구축해내야 하나 가만히 생각해 보니까, 불교는 회중이 자주 모이지 못하고, 천주교나 개신교나 이런 예수를 믿는 교파들은 일주일에 한 번씩 모이니까 예수의 건전한 말씀의 뜻을 따르는 생활 유도를 하면 삶의 에너지가 되지 않겠는가 하는 생각이 들었어요. 물론 그것이 삶 자체나 믿음의 기초가 되는 것은 말할 것도 없지만 그것뿐만이 아니라 사회생활 전반에서, 처처에 그 뜻에 의해서 새겨진다고 할 것 같으면 이것이 힘이 되지 않겠는가 하고 말이죠. 그런 생각을 하고 있는데 마침 그 무렵에 천주교 원주교구가 준비 중이었고, 지학순 주교가 사람을 만나고 싶어 하던 와중에 물색하고 물색하다가 나를 만나게 된 거죠.[2]

1962년부터 1965년까지 이어진 제2차 바티칸공의회는 가톨릭교회에 자못 혁명적인 테제를 내놓았다. 즉 교회는 현대 세계에 적응하여 이에 걸맞게 쇄신되어야 한다는 것이었다. 그리고 이런 테제의 핵심에는 성직자 중심의 교회에서 벗어나 평신도 사도직을 강조하는 '하느님 백성으로서의 교회론'이 자리 잡고 있었다. 그리고 교회는 현대 세계의 인간이 겪고 있는 아픔과 고통, 기쁨과 희망에 주목하고 사회문제에 적극 참여해야 한다는 취지를 담고 있었다. 이로부터 가톨릭교회는 큰 변화의 소용돌이에 휩싸이게 되는데, 그 과정에서 탄생한 것이 한국 천주교 원주교구였다. 항상 변화는 폭풍의 핵에 해당하는 중심이 필요하듯이, 원주교구는 제2차 바티칸공의회 정신의 실험

2 최준석, 「민주의 길에서 생명의 길로」, 『너를 보고 나는 부끄러웠네』, (사)무위당사람들 엮음, 2020, 19쪽.

장이 될 것이었다. 바오로 6세 교종[3]은 1965년 3월 22일 춘천교구에서 원주시, 원성군, 영월군, 삼척군, 정선군, 울진군을 분리해 한국의 14번째 교구로 원주교구를 설정하는 칙서를 반포하였다.

교종은 부산 초장동성당에서 일하던 지학순 신부를 주교로 임명하고, 같은 날 원주교구 초대 교구장으로 임명하였다. 주교 임명 칙서에서 교종 바오로 6세는 이렇게 적시하였다.

> 오늘 나는 교종 칙서로써 이 나라에 새 교구를 설정하였고, 거기 적재의 주교를 주어야 할 것이므로, 사랑하는 아들이여, 그대는 천주께 대한 숭고한 열성과 탁월한 성덕과 교회의 제반사를 현명하게 행정하고 관리함으로써 가장 고귀한 백성을 다스림에 있어서 뛰어나며, 또 높이 든 횃불과도 같이 그리스도의 지극히 성스러운 종교를 잘 전파할 것이라는 확실한 희망을 가지고 나는 그대를 이 직분에 부르기로 생각하였노라.[4]

원주교구 설정과 지학순 신부의 주교 임명은 바티칸공의회가 마감되기 전에 이루어진 것이어서 지학순 주교는 공의회의 마지막 회기에 참여하여 새로운 사목적 전망을 가늠할 수 있는 기회를 얻을 수 있었다.

주교 성성식과 교구장 착좌식은 1965년 6월 29일 원주교구 주교좌성당인 원동성당에서 있었다. 이 자리에서 원주시장이 정일권 국무총리의 축사를

---

3 교종教宗은 교황教皇이라고도 부른다. 하지만 교황이 군주제적 교회의 이미지가 강해서, 이 글에서는 영적 지도자의 이미지가 배어 있는 '교종'이라는 용어를 사용한다.
4 지학순정의평화기금, 『그이는 나무를 심었다』, 공동선, 2000, 71쪽.

대독하였다. 정일권 총리는 "원주교구의 신설과 지 주교를 임명한 천주교회는 악에서 인류를 구원하는 사명을 더욱 공고히 수행하는 것으로 안다"고 하면서 "이것은 또한 한국 천주교회의 발전이며, 조국 번영에 이바지할 것을 믿어 마지 않는다"고 하였다. 이 대목은 참으로 역설적인 데가 있다. 지학순 주교가 향후 그 악의 세력을 박정희 정권으로 규정하고 저항운동을 전개하게 될 줄 아무도 예감하지 못하였을 것이다. 박정희가 쿠데타를 통해 무력으로 정권을 잡고 경제발전을 최고의 덕목으로 삼아 군사독재를 개막한 장본인이라는 점에서, 「신설 원주교구장의 중책을 맡으며」라는 지학순 주교의 교구장 취임사는 박정희 정권과 원주교구의 불가피한 갈등을 예상케 했다.

우리나라가 건전하고 좋은 나라로 건설되지 못한다면 여러분이 바치는 피땀과 그 생명은 헛되이 버려지고 말 것입니다. 국가가 일어서고 향상되기 위하여 무력이 필요한 것이지만 무력만으로 국가 건설은 불가능합니다. 국민에게 행복을 줄 수 있는 올바른 국가가 건설되기 위해서는 윤리도덕의 확립이 물질과 무력과 권위에 선행되어야 합니다. 윤리도덕의 확립 없이 참다운 복지 국가가 이룩될 수 없다는 것은 역사가 증명하는 사실입니다. 그러니 우리가 진정한 의미의 민주국가를 건설하기 위하여, 또 여러분의 고귀한 피와 땀이 헛되지 않기 위하여 다 같이 손을 잡고 협력해 나갑시다. 군기와 호령만으로 윤리도덕이 확립되지 않으며, 여기에는 메마른 마음에 단물을 부어 주는 종교의 부드러운 손길이 필요합니다.[5]

---

5 지학순정의평화기금, 『그이는 나무를 심었다』, 공동선, 2000, 72쪽.

지학순 주교의 관심은 지상을 천상으로 이끌고자 하는 항구한 관심으로 요약할 수 있다. 그는 교구장이 되면서 주교 문장紋章의 표어를 "빛이 되라"(Fiat Lux)라고 정했는데, 1968년 성탄 메시지를 보면 그 의미를 잘 알 수 있다. "믿음의 생활이 교회 안에서는 물론 교회 밖으로 흘러 나아가 세상의 빛이 되어야 한다"는 것이다. 이는 안으로부터 세상을 변화시키는 교회를 만들자는 것이다. 그래서 같은 성탄 메시지에서 이렇게 말한다.

> 교회 안에는 무한한 진리가 있습니다. 배우십시오. 연구하십시오. 그리고 배워서 안 것을 실천하십시오. 실행이 없는 믿음은 죽은 믿음입니다. … 참다운 믿음은 남을 위하여 조금이라도 좋은 일을 하지 않고서는 견딜 수가 없는 것입니다.

지학순 주교가 맡은 원주교구 자체가 그러한 도움이 절실한 땅이었다. 원주교구의 관할 지역은 교통이 불편한 산간벽지와 경제·문화적으로 뒤떨어진 소도시, 그리고 농촌과 광산촌, 어촌이 대부분이어서 처음부터 재정적 어려움 속에서 시작할 수밖에 없었다. 처음에는 주교관으로 쓸만한 건물도 없어서 부산교구 최재선 주교가 마련해 준 돈으로 원동성당 근처의 낙원여관을 매입하여 주교관 겸 교구청으로 사용하였다. 원주교구는 두 해가 지나고 나서야 1967년에 학성동 언덕에 주교관을 마련할 수 있었다.[6]

---

6 지학순정의평화기금, 『그이는 나무를 심었다』, 공동선, 2000, 74쪽 참조.

장일순을 만나다

원주교구 초대 교구장인 지학순 주교는 제2차 바티칸공의회의 정신에 따라 새롭게 교회를 운영할 마음을 먹고 있었다. 특히 원주교구 안에 살고 있는 가난하고 소외된 주민들에게 특별한 관심을 지니고 있었다. 제2차 바티칸공의회 문헌인 『현대 세계의 교회에 관한 사목헌장(Gaudium et spes)』 (1965) 1항은 지학순 주교가 이루고 싶은 사목적 입장을 간추려 놓은 선언이기도 했다.

> 기쁨과 희망, 슬픔과 고뇌, 현대인들 특히 가난하고 고통받는 모든 사람의 그것은 바로 그리스도 제자들의 기쁨과 희망이며 슬픔과 고뇌이다. 참으로 인간적인 것은 무엇이든 신자들의 심금을 울리지 않는 것이 없다. 그리스도 제자들의 공동체가 인간들로 이루어져 있기 때문이다. 그리스도 안에 모인 그들은 하느님 아버지의 나라를 향한 여정에서 성령의 인도를 받으며, 모든 사람에게 선포하여야 할 구원의 소식을 받아들였다. 따라서 그리스도 제자들의 공동체는 인류와 인류 역사에 긴밀하게 결합되어 있음을 체험한다.

지학순 주교는 제2차 바티칸공의회의 정신에 따라 교회를 어떻게 현대화할 것인지 고심했다. 공의회 폐막 직후인 1966년 정초에 지학순 주교는 〈가톨릭시보〉에 '교회 현대화 대열에 어떻게 참여할 것인가?'라는 글을 기고했다. 지 주교는 무엇보다 먼저 교회가 새로워져야 한다는 공의회의 주장에 공감하였다. 독선적 태도를 버리고 만민을 교회의 품에 끌어안아야 한다는 것이다. 이 글에서 지학순 주교는 교회가 "천주를 온전한 마음과 모든 힘으로 공경하고 남을 자기같이 사랑하라"는 진리에 충실해야 하며, 이 진리를 세상에 가르치되 항상 새롭게 가르쳐야 한다고 말하였다. 항상 시대와 환경에 따라 새로운 방법으로 가르쳐야 한다는 것이다.

여기서 지학순 주교는 시대적 징표에 민감한 교회를 떠올렸다. 바티칸공의회의 정신에 따르면, "이제 교회는 과거와 같이 하느님의 백성(신자)을 다스리는 성직자들의 교회가 아니라 하느님의 백성에게 봉사하는 교회라는 것"이다. 신자들 역시 교회 안에서 성직자들의 지배를 받는 집단이 아니라 자기들이 바로 교회 구성의 중요한 요소라는 것을 깨닫고 교회에서 봉사해야 한다는 것이었다. 즉 "신자들은 먼저 하느님을 진실히 깨달아 이 깨달음이 힘찬 생명으로 밖으로 솟아 나와 하느님을 공경하며 남을 자기같이 사랑하는 봉사의 행위로써 사회생활에 나타나야 한다"고 했다.

이처럼 지학순 주교는 원주교구가 평신도 중심의 교회로 자리 잡기를 희망했다. 지학순 주교는 공의회 기간에 거론된 사제 독신제 문제에도 관심을 보였는데, 단순히 사제들도 결혼 생활을 하며 행복하게 살아야 한다는 뜻이 아니라, 당장 원주교구처럼 사제성소가 부족한 상황에서 현실적 해결책의 하나가 되지 않을까, 생각한 것이다. 당시 원주교구에는 골롬반외방선교회 소속 선교사 등 외국인 성직자 11명을 빼면 한국인 성직자가 9명밖에 되지 않았다. 지학순 주교가 다른 방책으로 평신도 지도자 양성을 고민한 이유가 여기에 있다.[7]

지학순 주교는 자신과 뜻을 함께할 사람들이 필요했다. 그 당시 장일순은 중립화 통일론을 주장했다는 이유로 소급법인 '특수범죄 처벌에 관한 특별법' 위반으로 감옥에 다녀와서 '정치활동정화법'으로 사회활동에 제약이 걸

7　지학순정의평화기금,『그이는 나무를 심었다』, 공동선, 2000, 76~77쪽 참조.

려 있던 때였다. 자신이 설립한 대성고등학교 학생들의 굴욕적 한일외교 반대운동에 대한 책임을 지고 대성학원 이사장직도 그만두고 포도 농사를 짓고 있었다. 지학순 주교가 장일순을 만나게 된 경위를 최기식은 다음과 같이 짐작하고 있다.

> 주교님이 원주교구 첫 교구장으로 임명되었을 때 누가 있었겠어요. 로마로 가서 유학을 함께했던 이영섭 신부, 비슷한 연배의 최창규 신부, 양대석 신부, 그리고 몇몇 골롬반 외국 신부님들이었겠죠. 당연히 신부님들을 믿고 의지하며 시작하고자 하셨겠지요. 최창규, 양대석 신부님, 이분들을 통해 자연스럽게 신자들을 만나지 않았을까요. 장일순 선생님을 포함해 신학교 생활을 함께했던 신균섭(신현만 신부 부친) 선생, 풍수원 출신의 최승섭 교장 등 많은 분들을 만나셨겠지요. 그러나 장일순 선생을 꼭 잡고 일할 것을 결심한 것은 그분이 신실한 신자였기 때문만은 아니었을 거라 봐요. 진보적 정치인, 교도소를 드나들던 저항운동가, 학교를 세우면서 지역에 교육 문화에 힘쓰던 인물, 지역 유명인사로 알려져 있었으니 특별히 소개도 받았겠지요. 그러나 '꼭 이분이어야 겠다' 한 것은 개별로 직접 만나서 이야기를 나누면서부터가 아닐까요? 교회의 쇄신이나 사회변화에 대한 시국 정세 이야기까지 나누면서 장 선생님의 인품, 철학, 사상, 그분 역량에 반했을 거예요.[8]

장일순은 시대정신과 정의감에 넘치는 지학순 주교의 강론을 듣고 반하였다. 한편 지학순 주교는 장일순에게서 사회개혁 사상과 동서양의 고전에 관해

8 〈무위당사람들〉, 2022년 4월 호, 13쪽.

1970년대 가톨릭센터.

속 깊은 대화를 나누게 되면서 서로를 신뢰하고 존경하는 마음을 넓혀 갔다.[9] 처음 지학순 주교와 장일순이 만났을 때 주교가 45세, 장일순은 38세이 었다. 지학순 주교가 보기에 장일순은 자신보다 아래 연배였지만 동양 고전 뿐 아니라 서양의 진보적인 사상까지 두루 섭렵하고 있다는 사실에 놀랐다.

"언제 이렇게 공부를 많이 했나?"

장일순은 빙그레 웃으며

"제가 이래 봬도 국립대학[감옥]에 갔다 온 사람 아닙니까?"

형무소에서 나랏밥 먹으면서 골방에 갇혀 공부만 했다는 뜻이겠다.

9 강원민주재단, 『바위 위에 핀 꽃』, 117쪽 참조.

훗날 지학순 주교는 1993년에, 장일순은 1994년에 세상을 떠났으니, 두 사람은 한 번 만나서 영원한 사랑과 신뢰를 나누었던 동반자였던 셈이다.

처음 만났을 때, 지학순 주교는 "한국가톨릭교회는 1950년까지는 토지 지주로서 땅에서 나는 소득으로 교회를 운영했는데, 그 이후는 전란 국가라는 것 때문에 바티칸에서 원조가 다소 있었고, 또 미국 등지에서 준 원조 같은 것에 의존해서 운영되었는데, 그것만 가지고는 앞으로 교회를 운영할 수 없으니, 어떻게 하면 이 교회를 제대로 이끌어 갈 수 있는지요?" 하고 장일순에게 물었다. 이때 장일순은 지 주교에게 "다들 이 교회가 주교의 교회라고 생각해 왔는데, 이제는 교회가 하느님을 믿는, 예수를 믿는 사람 모두의 교회가 되어야 하지 않겠느냐, 그러려면 교육이 선행되어야 할 것이고, 또 하나는 교회 자체가 자치의 틀로 질서가 바뀌어야 할 것"이라고 대답했다. 그리고 "교회가 이 사회에 존재해야 하는 이유가 뭔지 알게 만들어야 한다"고 말했다.[10] 그 후로 장일순은 매주 몇 차례씩 지학순 주교를 만나 깊은 대화를 나누기 시작했다.

원주교구를 제2차 바티칸공의회의 사목지침에 따라 구성하고자 했던 지학순 주교가 장일순을 만난 것은 그 자체로 천운이었다. 한편 이런 지학순 주교를 만나면서 장일순은 정치판과 학교를 통해 이루지 못했던 일을 다시 한번 펼칠 수 있는 기회를 얻었다. 사찰 당국 역시 장일순의 종교 활동을 통제할 수는 없는 노릇이었다.

10 최준석, 「민주의 길에서 생명의 길로」, 『너를 보고 나는 부끄러웠네』, 무위당을 기리는 모임 엮음, 녹색평론사, 2013, 114~115쪽 참조.

김영주, 시청에서 교구청으로

지학순 주교는 아마도 장일순이 직접 나서서 브레인 역할도 해주고, 손발이 되어 주기를 기대했을지도 모른다. 하지만 장일순은 직접 앞에 나서는 것을 삼갔다. 지학순 주교가 교구청 직원이 되어 '내 손발이 되어 함께 일하고 돕는 사람이 필요한데'라고 하니 즉시 장일순은 "제가 한 번 찾아보지요" 하였다. 그렇게 해서 원주교구로 들어온 이가 바로 김영주다. 하지만 이는 파격적인 조치였다. 천주교 신자가 아니었던 김영주를 지학순 주교의 측근에 두어 교구 행정의 중추적 역할을 하도록 맡겼기 때문이다. 김영주를 영입하는 과정 자체가 독특했다.

지학순 주교에게 장일순이 "춘천시청에 김영주라는 후배가 있는데 이 사람을 데려오면 참으로 유용하게 쓸 수 있겠습니다." 하고 말하자, 이때부터 지학순 주교는 김영주와 만나려고 일부러 일을 만들어 춘천에 가곤 했다. 당시 김영주는 원성군 공보실장을 거쳐 춘천시 공보실장으로 일하고 있었다. 당시 춘천시장은 군 출신으로 원주시장을 역임했던 사람이었기 때문에 지학순 주교는 그이를 알고 있었고, 서울 갈 일이 있으면 으레 춘천을 경유하였다. 출발하기 전에 춘천시장에게 전화를 걸어 "내가 오늘 춘천에 들러서 점심 먹고 서울로 가려고 하는데 시장님 시간 괜찮으시지요?" 물었다. 김영주가 지학순 주교를 처음 만난 것도 춘천시장과 지 주교의 점심 식사 자리였다. 지 주교가 먼저 춘천시장에게 식사 자리에 원주 출신 공보실장도 합석하면 좋겠다고 제안하였기 때문이다. 그때 지학순 주교는 김영주더러 원주에 사는 어머니 뵈러 올 때마다 주교관에 들러달라고 부탁했다. "내가 교회 안에만 있다 보니까 세상 물정에 어두우니 원주에 내려오면 가끔 주교관에 와서 세상 돌아가는 얘기를 전해달라"는 것이었다.

얼마 뒤에 원주에서 김영주는 장일순과 지학순 주교를 만나 저녁 식사를 하게 되었는데, 지 주교가 말했다. "나와 장일순 선생과 손발을 착착 맞춰 동지처럼 함께 일할 사람을 찾기 힘들다"며 운을 떼었다. 김영주는 천주교 신자도 아니고, 다른 생각이 있어 이 말을 외면했는데, 말미에 지학순 주교는 "학성동에 주교관을 만들려고 원주시청에 건축허가를 신청했는데 석 달이 지났는데도 허가가 나지 않는다"고 말했다. 이것 때문에 날 부른 것이구나, 생각한 김영주는 다음 날 아침 일찍 원주시장을 만나 "주교관 건축허가가 나지 않아 주교님이 몹시 언짢아하신다"는 말을 전했다. 원주시장은 그 소리를 듣고 즉시 그 자리에서 15분 만에 건축 허가증을 만들어 주었다. 이 허가증을 받아들고 주교관에 갔는데 마침 장일순도 와 있었다. 지학순 주교에게 허가증을 보여주니, 주교가 놀란 표정이었다. 그때 장일순이 "제가 뭐라고 그랬습니까? 이 사람이면 뭐든지 할 수 있다고 하지 않았습니까"라며 호쾌하게 웃었다.

그러나 거기까지였다. 서울시장 김현옥이 김영주를 서울시청 공보실장으로 데려오려고 했기 때문이다. 춘천시장도 "공무원으로 출세하려면 중앙으로 가야 한다"며 축하해 주었다. 주말에 원주에 갔던 김영주가 장일순에게 들러 서울시청으로 전출 간다는 소식을 전하자, 장일순은 축하는커녕 분위기가 싸늘한 표정을 지었다. 어색한 침묵 뒤에 장일순이 한 이야기는 이렇다.

"지학순 주교님이 교회와 지역사회를 개혁하려고 여러 가지 계획을 세워 놓고 있는데 함께 일할 사람이 없어서 애를 먹고 있네. 내가 보다 못해 춘천에 있는 김영주를 데려와 함께 일하면 큰 힘이 될 거라고 말했다네."

갑자기 김영주의 머릿속이 하얘졌다. 공무원을 그만두라는 말인데, 섭섭하고 야속한 마음으로 자리를 물러났지만, 다음 날 춘천시청에 출근해서도 하루 종일 일이 손에 잡히지 않았다. 주말엔 원주에 가서 서울로 가기로 결심을 굳혔다고 말할 참이었다. 그런데 다음 날 오전에 이경국이 화물차를 끌고 와서 춘천에 있는 김영주의 세간살이를 실었다. "어젯밤에 선생님이 저를 부르시더니 '경국아, 너 내일 아침에 묻지도 따지지도 말고 춘천에 가서 영주네 이삿짐을 모조리 싣고 오거라'라는 명령을 받고 왔습니다." 하였다. 이경국은 선거운동 할 때 김영주와 더불어 장일순을 곁에서 도왔던 후배였다. 김영주는 그 말을 듣고 순식간에 마음을 고쳐먹고 장일순에게 전화를 걸어 "선생님 뜻에 따르겠습니다"라고 말하니 수화기를 타고 장일순의 나직한 음성이 들려왔다. "고맙고 미안하네. 특히 제수씨께서 많이 놀라셨고 서운하실 텐데, 내가 따로 만나서 미안하다는 말씀을 전하겠네. 공직 생활 마무리 잘하고 원주에서 만나세." 김영주는 다음 날 바로 사직서를 춘천시장에게 제출하고 원주로 갔다. 1966년 5월이었다. 며칠 뒤에 원주교구 기획실장 겸 지학순 주교 비서실장으로 임명되어 주교관으로 첫 출근을 시작했다.[11] 하지만 지학순 주교가 천주교 신자도 아닌 사람을 기획실장으로 임명한 것에 대해서 교구 내부에서는 문제를 제기하는 사람들이 제법 있었다. 사제들은 물론이고 신자들 사이에서도 말이 새어 나왔다. "천주교 신자가 교구청에서 일을 해야지, 가톨릭을 믿지도 않는 사람이 교구청 일을 제대로 처리할 수 있겠어? 주교님이 너무하시는 거 아니야." 하는 말이었다. 그럴 때마다 지학순 주교의 입장은 단호했다. "내가 믿고 일을 함께할 수 있는 적임자라고 생각해 공들여 발탁한 사람이니, 그리 알라"는 것이다. 장일순과 김영주에 대한 신뢰가 그만큼 컸다. 당시 분위기를 최기식 신부는 이렇게 가늠한다.

신부님들과 주교님 사이가 벌어지기 시작한 이유가 그것 때문이라고

---

11 김영주 편, (사)무위당사람들 엮음,『대장부 거기에 그들이 있었다』, 이야기담, 2022 개정판, 51~58쪽 참조.

들었어요. 주교님이 교구장으로 취임한 후 일 년도 안 되었는데, 교구청 사무국에 기획실장, 비서실장을 뽑으면서, 더구나 신자도 아닌 사람을 등용해요. 상식적으로 신부들뿐 아니라 신자들이 봐도 이해될 일이 아니지요. … 주교님은 사회사목(신협, 학교, 병원, 문화센터, 복지, 사회참여운동 등)은 성직자들보다 신자이든 비신자이든 능력 있고 뜻만 맞으면 함께하겠다고 생각하신 것 같아요. 이 일들을 신부들을 통해서 하지 않고 직접 당신이 그들과 함께 하겠다는 거죠. 이건 주교님의 독특한 성격이고 욕심으로 보는 이들도 있지만, 공의회 정신대로 살겠다는 굳은 신념에서 나온 것일 수도 있어요. 그래서 나는 김영주 씨도 두 분과 함께 20년 넘도록 원주 민주화운동, 협동운동 야전사령관으로 사신 것이 아닌가 생각해요.[12]

원주교구를 설계하다

장일순은 일주일에 한두 번 지학순 주교를 원주 시내에서 만나 깊은 얘기를 나누면서 마음속에 품고 있던 생각을 나누었다. 지학순 주교와 장일순이 만나면 보통 두어 시간 남짓 이야기가 계속되었는데, 메모를 남기면 정권의 감시를 받던 장일순에게 피해를 줄지 몰라 김영주 실장은 두 사람의 대화를 새겨들었다가 교구청에 돌아오자마자 책상에 앉아 기억해 둔 내용을 옮겨 적는 방식으로 일을 처리했다. 당시 그 자리에서 장일순이 자주 했던 말을 김영주는 기억하고 있다.

12 〈무위당사람들〉, 2022년 4월 호, 14쪽 참조.

주교관에서 지학순 주교와 환담을 나누고 있는 장일순.(1972년)

"종교는 이 세상만사 잡다한 일로부터 뚝 떨어져서 초연하게 평정심을 유지하며 사는 것이라고 생각하는 사람이 많은 것 같아요. 그런데 그런 생각은 오해입니다. 세상에서 무슨 일이 일어나든지 상관없이 나 혼자 구름 위에 앉아 있는 것은 개인적인 종교 심성에 불과하다고 생각합니다. 제가 생각하는 진정한 종교의 역할은 세상에서 핍박받고 고통받는 사람을 일으켜 세우고 이 세상에서 살아가는 여러 존재들이 제자리에 올바로 서서 잘 작동할 수 있도록 돕는 것이라고 생각합니다."[13]

한편 김영주 기획실장은 교구에서 가장 시급한 일이 주교관 건립이라고 여겼다. 곧바로 학성동 언덕에 주교관 신축공사를 시작해서 1년 만인 1967년

13 김영주 편, (사)무위당사람들 엮음, 『대장부 거기에 그들이 있었다』, 이야기담, 2022 개정판, 68~69쪽.

에 주교관을 완공했다. 한편 원주 시내에서 이 주교관으로 가려면 피난민들이 밀집해 살던 희망촌 사이에 '희매촌'이라고 불리는 사창가 골목을 지나야만 했는데, 밤이 되면 주교관을 오르는 언덕길에 매춘 여성들이 줄지어 서 있곤 하였다. 그들은 지나가는 행인을 꼬드겨 하루의 밥을 벌어야 했다. 천주교 신부들이 밤에 주교를 만나러 언덕길을 오르다 곤욕을 치르기도 했다. 지학순 주교도 이들에게 무안을 당하기는 마찬가지였다. 여인들은 늘 이곳을 지나다니는 지학순 주교를 모를 리 없건만 공연히 말을 걸고, 짓궂은 장난을 하곤 했다. 낮에 그녀들은 이따금 주교관 옆 뜰이나 숲에서 놀기도 했는데, 그때마다 지 주교는 그녀들을 손녀딸처럼 편안한 마음으로 응대해 주었다.[14]

당시 지학순 주교 나이가 40대였는데, 이미 머리는 하얗게 세어서 더 나이가 들어 보였다. 그래서 김지하는 지 주교를 '백부白父'라 부르며, 「축복」이라는 시를 지은 적이 있다.

원주역 바로 앞엔 해방촌
해방촌 바로 뒤엔 법원
법원 바로 옆엔 주교관

어느 그믐밤
은발의 주교님이 길을 가셨다
'할아버지 놀다 가세요'
'놀 틈 없다'

---

14 김영주 편, (사)무위당사람들 엮음, 『대장부 거기에 그들이 있었다』, 이야기담, 2022 개정판, 63~64쪽 참조.

'틈 없으면 짬을 내세요'

'짬도 없다'

'짬 없으면 새를 내세요'

'새도 없다'

'새도 없으면 탈나세요'

'탈나도 할 수 없지

옛다 과자나 사 먹어라'

어느 보름밤

은발의 주교님이 말씀하셨다

'일하라고 악쓰는 세상

놀다 가라니 이 무슨 축복!'

한편 매춘 여성들에 대한 장일순의 생각을 엿볼 수 있는 일화가 있다. 장일순의 동생 장화순이 한국전쟁이 한창이던 1·4후퇴 때 친구 소개로 2군단 소속 군속으로 일하다 장교시험을 보고 6사단 병기학교 교관으로 일한 적이 있다. 이때 거제포로수용소에서 통역관으로 일하던 장일순이 동생에게 편지를 보내 "양갈보는 우리의 누이고 동생이다. 따뜻하게 대해 줘라." 하고 당부했다고 한다. 이를 두고 장화순은 "군인이라고 오입하지 말라는 뜻일 텐데, 나는 군용차를 타고 가다가 그네들이 길을 막고 서서 '놀다 가라'고 하면, 차를 세우고 돈을 집어준 뒤에 보내고 다시 출발했다. 혹간 종로를 걸어갈 때도 그네들이 길을 막으면 '미안해 단골이 있어'라고 둘러대고 자리를 뜨곤 했다"고 말했다.[15]

15 한상봉, 「장화순 '형님은 마음이 대해大海같아요'」, 〈가톨릭뉴스 지금여기〉, 2010. 04. 20. 기사 참조.

평신도 중심 자립교회

평신도 중심 교회

원주교구의 가장 큰 특이점은 초창기부터 평신도들의 리더십을 강조했다는 점이다. 이는 제2차 바티칸공의회의 정신에 부합한 것이었다고 최기식 신부는 말한다.

> 공의회 문헌에 보면 주교의 권한을 확실하게 탄탄히 하면서, 평신도의 사명이나 역할과 의무를 교회 안팎에서도 넓히고 높인 것이에요. 사제들은 낮춘 편이고요. 처음부터 지 주교님은 사제들하고도 교회 발전을 도모하지만, 시대적 변화에 따른 교회의 쇄신운동도 정치, 경제, 사회, 교육, 문화 모든 분야에서 공동선 함양이나 복음의 빛을 전함에 있어서도 평신도들에게 비중을 둔 것이 확실하지요. 평신도들이 직접 일한다 해도 공의회 정신에 맞다 해야지요.[16]

지학순 주교와 장일순은 제2차 바티칸공의회의 정신에 따라서 평신도들이 교회 안에서 주인의식을 갖는 게 무엇보다 중요하다고 판단했다. 일단 1966년 12월에 주교좌인 원동성당에 '자치위원회'를 만들어 평신도 중심으로 교회 운영을 시작하였다. 3년 후에는 전교 활동을 더 강화한다는 취지에서 '사목위원회'로 확대 개편 하고, 교구 차원에서는 '교구 사목위원회'를 구

---

16 〈무위당사람들〉, 2022년 4월 호, 18쪽.

성하였다. 교구 사목위원회에서는 사목위원회 지도반을 운영하였는데, 이영섭 신부가 지도신부를 맡고, 장화순 회장을 중심으로 김영주, 장일순 등이 강사가 되어 본당별로 순회하면서 새로운 신앙 의식을 고취하였다. 그 후 사목위원회를 다시 '사도회'로 바꾸어 본당 운영에 대한 전반적인 내용을 사제와 평신도들이 함께 협의하여 실행하도록 독려하였다.[17]

한편 제2차 바티칸공의회의 정신을 평신도들에게 고취하기 위해 다양한 교육 프로그램을 개발하였다. 장일순은 바티칸공의회 문헌인 「평신도사도직에 관한 교령」, 「현대세계의 사목헌장」과 요한 23세 교종의 회칙인 「어머니와 교사」, 「지상의 평화」 등을 교재로 성당을 순회하면서 강연을 거듭했고, 이를 통해 평신도 지도자들을 양성하는 데 심혈을 기울였다. 이때 강사진으로는 장일순의 동생인 장화순과 다른 대성학교 출신의 제자들이 중심이 되었다.

하지만 그때까지만 해도 신자 교육에 쓸만한 마땅한 교재도 없었고, 바티칸공의회 문헌도 아직 우리말로 번역되지 못한 상태였다. 장일순은 지학순 주교가 일본에서 가져온 공의회 문헌을 두 권 얻어 한 권은 자신이 읽고, 다른 한 권은 김영주에게 주면서 "자네가 일본어를 잘하니 공부하라"고 권했다. 장일순은 일본어로 된 문헌을 틈틈이 우리말로 번역하여, 일목요연하게 정리해서 교재로 만들었다. 강사들은 이 교재를 중심으로 신자들을 가르치고, 장일순 역시 신자들에게 알기 쉽게 공의회 정신을 설명해 주었다. 사제도 신학자도 아닌 사람이 교회 문헌을 번역한다는 것 자체가 쉽지 않은 일이었지만 지학순 주교의 지지와 신자들의 호응이 있어서 다행이었다.

장일순은 제2차 바티칸공의회는 "한마디로 요약해서 불쌍한 사람, 불쌍한 아이들을 차별하지 않고 다 따뜻하게 품어주자는 거야. 교회가 그렇다는

---

17 지학순정의평화기금, 『그이는 나무를 심었다』, 공동선, 2000, 81쪽 참조.

거야. 교회가 그렇게 해야 된다는 거야"라고 명쾌하게 말했다. 제2차 바티칸 공의회를 처음 소집했던 요한 23세에 대해서도 이렇게 극찬했다.

> "요한 23세가 걸물이야, 거물이란 말이야. 교회가 폐쇄되어 질식상태가 되었으니 숨이 막혀 못 살겠다. 창문을 활짝 열라고 했거든. 종전에 사람들은 교회 울타리 안에 들어와야만 구원된다고 고집했지만 이젠 문을 열어 헤어졌던 개신교와도 만나고, 다른 종교인들도 만나고, 나아가 교회의 토착화까지 말함으로써 전 세계의 민중들이 자기 지역의 거룩한 민족지도자들, 의인들, 현인들까지 만나게 해주었거든. 이것은 그분들을 예수님의 형제로서 당연한 자리로 모시게끔 선언한 것이라 믿어."[18]

요한 23세 교종이 교회일치와 타 종교에 대한 열린 자세를 강조한 것은 장일순의 마음을 흡족하게 하였다. 사실상 한국 천주교 주교회의는 1968년에 교회일치 기도주간을 설정했는데, 원주교구의 경우에는 이미 1966년부터 교회일치운동을 시작했다. 1966년 3월에 지학순 주교는 원주 지역의 개신교 목사회의에 참석해 "우리 원주지구에서 서로의 일치를 위해 노력하자"고 호소했다. 그 후 지학순 주교는 한 해에 한 차례씩 원주 지역 개신교 목사들을 주교관으로 초청하여 함께 식사도 하고 이야기도 나누었다. 그러다 보니 개신교 목사들이 성당에서 설교도 하고, 천주교 신부가 개신교회에서 강론하는 모습이 자연스럽게 받아들여졌다. 훗날 지학순 주교가 민청학련 사건으로 구속되었을 때 원주제일감리교회에서 '지학순 주교 석방을 위한 기도회'를 열게 된 것도 이런 분위기에서 나온 것이다.[19]

18 『바위 위에 핀 꽃』, 강원민주재단, 2023, 119~120쪽 참조.

교회자립운동

지학순 주교와 장일순이 가장 먼저 시도한 것은 교회자립운동이었다. 지학순 주교는 1966년 대림절에 발표한 사목교서를 통해 교구의 경제 실정을 솔직히 밝히고 본당 운영의 자립을 촉구하였다. 당시 원주교구 재정은 대부분 외국 원조에 의존하고 있었다. 교구가 설정된 뒤 그때까지 사용된 총경비가 무려 2천6백39만 원이었는데, 그 가운데 신자들이 부담한 액수는 6만 3천 원에 불과했다. 나머지는 외국 원조에 의존해 왔다. 예를 들면 병인박해 순교 100주년 기념 성당인 황지성당을 짓는 데 신자들은 한 사람당 평균 10원도 안 되는 금액을 부담한 셈이었다. 그래서 나온 실천 방안이 1967년 1월부터 원동성당의 경우에 신부 한 사람의 생활비를 자체 부담하도록 하고, 7월부터 원동, 학성동, 단구동, 영월, 삼척 성내리성당은 수녀 2인의 생활비를 부담하라고 당부하였다. 그 결과 5년 뒤인 1972년에는 교구의 보조 없이 운영할 수 있는 성당이 21개 성당 중 절반이 넘는 12군데나 되었다.[20]

꾸르실료: 평신도운동

지학순 주교와 장일순은 교회의 체질을 바꾸기 위해 가장 먼저 할 일이 평신도의 의식 변화라고 믿었다. 아울러 평신도 사도직 운동을 발전시키려면 평신도 지도자 양성이 시급했다. 장일순은 원주교구 설립 당시부터 지학

19 김영주 편, (사)무위당사람들 엮음,『대장부 거기에 그들이 있었다』, 이야기담, 2022 개정판, 71쪽 참조.
20 지학순정의평화기금,『그이는 나무를 심었다』, 공동선, 2000, 80쪽 참조.

서울 꾸르실료 교육.(1967년)

장일순이 원주교구 가톨릭노동청년회(JOC) 회원들과 송년회를 지내며 즐거운 한때를 보내고 있
다.(1970년경)

교회로 우회하라

순 주교와 손발을 맞추어 온 최창규, 양대석 신부, 1960년대 후반에 사제가 된 이학근, 노세현 신부 등과 더불어 꾸르실료에 기반한 평신도 중심의 교회 개혁운동에 참여하였다.

꾸르실료cursillo는 '복음화를 위한 단기 교육'이란 뜻으로 그리스도인으로서 신앙생활을 쇄신하고, 세상을 복음화하는 능력을 키우는 집중적인 지도자 양성 코스였다. 꾸르실료는 1940년대 스페인의 주교인 후안 에르바스Juan Hervas(1905~1982)가 시작한 운동인데, 목적을 달성하기 위해 성장환경이 다른 사람들과 교제할 수 있는 기회를 마련하고, 이들의 삶을 하느님의 자비와 일치시키고, 꾸르실료에 참가한 사람들을 팀으로 묶어서 활동하도록 도왔다. 한국의 꾸르실료운동은 1967년 꾸르실리스타cursillista인 주한 미 평화봉사단장 케빈 오노넬에 의해 처음 소개되어 서울교구 혜화동성당 신자들을 중심으로 시작되었다.

지학순 주교는 탁월한 '사람 낚는 어부'였던 장일순을 꾸르실료 교육에 보냈다. 1967년 8월 서울에서 개최된 제2차 꾸르실료를 수료한 뒤에, 장일순은 전국에서 최초로 원주에 꾸르실료 교육과정을 개설하여 평신도 22명을 선발해 원주교구 남성 제1차 꾸르실료를 개최하였다. 3박 4일 동안 진행되는 꾸르실료 교육에서 처음엔 장일순이 공의회 문헌을 중심으로 강의를 많이 했고, 교육 마지막 날엔 지학순 주교가 와서 파견미사를 봉헌하며 마무리 강론을 해주었다.

한편 여성 꾸르실료의 경우에는 장일순의 아내인 이인숙이 큰 몫을 하였다. 1969년 원동성당에서 초대 부녀회장으로 활동하기도 했던 이인숙은 1977년부터 여성 꾸르실료 회장을 맡았다. 꾸르실료 회장은 2개의 강좌를 맡아서 강의하게 되어 있는데, 강의 중에 이인숙은 "주부들이 누구누구 엄마로 불리기보다는 자기 이름으로 불리도록 노력해야 합니다. 우리 꾸르실료 여성들은 누구보다 먼저 자신의 이름을 찾도록 애를 써야 합니다." 하고 여성의 주체성을 강조하기도 하였다.[21] 이 당시 꾸르실료 교육을 할 때 아코디언으로 노래를 반주했던 김정하는 장일순과 이인숙의 꾸르실료 활동을 이렇게 평가했다.

> 이인숙 사모님이 강연하시는 모습을 많이 봤어요. 차분하시면서도 교육을 받는 사람들의 마음을 이끌어내는 말씀을 어떻게 그렇게 잘하시는지, 이분이 사범대학을 나오시고, 교육자가 꿈이었다고 들었는데 선생님을 하셨으면 정말 훌륭한 교육자가 됐을 거라고 생각합니다. 당시 교회 활동은 본당 신부 중심으로 권위적이면서도 보수적이었어요. 그리고 재정도 거의 외국의 원조에 의존하고 있었고요. 평신도 중에는 소위 미국에서 주는 '구호물자 신자'가 많았어요. 무위당 선생님은 평신도 중심의 자립하는 교회를 강조하셨는데 꾸르실료 활동을 통해서 평신도의 위상이 굉장히 높아졌어요. 평신도 교육을 통해 신자들이 능동적으로 교회의 신앙 실천에 적극적으로 참여할 수 있는 길을 열었고, 교회의 자립뿐만 아니라 신도들에게 사회에 대한 책임감 있는 시민의식을 고취하는 데 크게 기여했다고 생각합니다.[22]

꾸르실료를 기반으로 한 평신도운동은 먼저 본당 지도자 교육, 전 신자 교육에 이어, 그다음에는 청년과 부녀자, 농민과 노동자들이 참여하는 '계층별

---

21 (사)무위당사람들, 『묻혀서 사는 이의 고운 마음을 아는 이 있을까』, 2019, 183~184쪽 참조.
22 (사)무위당사람들, 『묻혀서 사는 이의 고운 마음을 아는 이 있을까』, 2019, 61~62쪽.

교육'을 실시하였다. 각 본당에 조직된 청년회와 부녀회는 향후 교구 내 가톨릭노동청년회와 가톨릭농민회 등이 활동할 수 있는 인적 기반이 되었다.[23] 이 과정을 통하여 원주교구의 열성적인 젊은이들이 교회로 몰려들기 시작하면서 원주교구에서 일할 평신도 지도자들이 대거 양성되었다.

평소 종교에 관해 일언반구도 없던 장일순이 이경국 등 가까이 지내던 청년들에게 어느 날부터 불러 세워서 "자네, 신앙을 가지고 있냐?"고 묻기 시작했다. 지학순 주교의 사목방침에 따라서 장일순과 손발을 맞추어 일할 청년들이 필요했기 때문이다. 이즈음에 이경국은 원동성당에서 세례를 받고 교구 청년회장을 맡았다. 최규택은 원동성당 청년회장이었다. 장일순의 대성학교 제자였던 김상범은 "너 웬만하면 성당 좀 다녀라. 앞으로 지역에서 일을 하기 위해서는 교회와 관계를 갖는 게 좋겠어." 하는 말을 듣자마자 즉시 단구동성당에서 세례를 받았다. 김정하와 장상순 등은 본래 천주교 신자였다. 1971년에 김지하와 박재일이 합류하면서 세례를 받았고, 1973년에는 정인재 등이 이 무리에 합류하였다.

특히 장일순을 존경하고 평생 장일순의 뒷바라지를 했던 둘째 동생 장화순 등이 중요한 역할을 하였다. 장화순은 원동성당 자치위원회와 사목위원회 회장을 맡기도 했다. 이 시기에 장일순과 함께 활동했던 사람들은 대성학교 설립 등 교육사업에 함께 했던 사람들과 장일순의 국회의원 출마에 도움을 주었던 사람들, 그리고 천주교 원주교구 설정 이후 평신도운동과 신협운동 등을 통해 결합된 사람들이다. 이들은 원주 지역사회 안에서 다양한 네트워크를 구축하면서 실행력을 갖추어 나갔다.[24] 김영주 원주교구 기획실장

---

23 천주교원주교구, 『원주교구 30년사』, 1995, 155쪽.
24 안재성, 용정순, 『바위 위에 핀 꽃』, 강원민주재단, 2023, 123쪽 참조.

을 포함해서 흔히 이때 장일순을 중심으로 한데 모였던 사람들을 '원주그룹'
이라고 부를 수 있다.

교회와 세상의 교차로

신용협동조합

장일순은 바티칸공의회 문헌을 공부하는 모임을 계속하면서 신용협동조
합에 대한 강의를 병행하였다. 장일순은 협동조합운동이야말로 힘으로 저항
하기 어려운 군사독재에 맞설 수 있는 유일한 대안으로 여겼다. 직접적 정치
활동은 아니었지만 생활 속에서 삶의 정치를 구현할 수 있는 길이었다. 이를
두고 장일순은 '밑으로 기어가는 운동'이라고 불렀다. 또한 이러한 경제적 진
보운동은 지역자치운동의 시작이기도 했는데, 장일순은 "협동조합은 민주
주의를 교육하고 훈련하는 과정"이라고 입버릇처럼 말했다.

지학순 주교는 김영주 실장과 원주교구가 관할하고 있는 농촌과 광산, 어촌
지역을 두루 다니며 민중들의 가슴 아픈 현실을 목격하였다. 당시 농민들과
광부들을 가장 괴롭힌 것 가운데 하나는 '고리채高利債'였다. 농민들은 6월
보릿고개를 넘기기 힘들어 지주에게 장리쌀을 빌려다 먹고 가을에 5할의 이
자를 붙여 갚았다. 농사를 지어 추수를 해봐야 수확물의 대부분을 지주에게
착취당하고 다시 보릿고개가 오면 장리쌀을 얻어먹는 악순환이 반복되었다.

영월과 정선 등지의 광산촌 상황은 더욱 나빴다. 지학순 주교는 탄광의 막

장까지 들어가 보고는 그 참혹한 모습에 할 말을 잃었다. 광부들의 사택을 방문해서 살펴본 광부 가족들의 공동 수도, 공동 화장실, 공동 빨래터 등 생활시설도 마찬가지였다. 게다가 소주 한 병이 도시보다 3배 이상 높은 가격에 팔릴 정도로 물가가 비쌌고, 광부들은 고리채 이자를 감당하지 못해 야반도주하거나 자살하는 경우도 있었다. 침통한 표정으로 원주로 돌아오는 차 안에서 지학순 주교는 창밖으로 시커멓게 탄가루를 뒤집어쓴 탄광촌의 모습과 시커먼 개울물에 발을 담그고 놀고 있는 아이들을 보며 하염없이 눈물을 흘렸다.

이렇게 지역을 살피고 원주로 돌아온 날이면 주교관 집무실은 새벽까지 불이 꺼지지 않았다. 다음 날 지학순 주교는 덕수칼국수에서 장일순을 만나 밤새 정리한 메모를 보여주곤 하였다. 원주 지역에 문화시설도 만들고, 학교와 병원, 장애인 복지시설, 보육원 등을 세워야겠다는 구상을 장일순에게 피력하고 의견을 들었다. 조용히 듣고 있던 장일순은 간간이 고개를 끄덕이며 공감을 표하곤 했다. 지 주교가 말을 마치면 장일순의 대답은 딱 한 마디였다. "주교님, 뜻이 참 좋습니다. 하느님도 크게 찬성하시리라 생각합니다. 시작해 보시죠."[25]

지학순 주교는 부산 초장동 신부로 있을 때부터 협동조합운동에 관심이 많았다. 이걸 원주에서 해보자는 것이다. 1966년 11월 13일 원동성당에서 신자 38명이 6만 4,190원을 출자하여 '원주신용협동조합'을 창립하였다. 감사로 참여했던 장일순은 얼마 뒤에 초대 이사장을 맡게 되었는데, 6개월도 되지 않아 낭패를 겪었다. 실무를 맡았던 사람이 회원들의 출자금을 갖고

---

25 김영주 편, (사)무위당사람들 엮음, 『대장부 거기에 그들이 있었다』, 이야기담, 2022 개정판, 73~74쪽 참조.

자취를 감추었기 때문이다. 장일순은 남은 가산을 털고 친지와 주변 사람들에게 돈을 꿔서 출자금 전액을 변제하였다. 장일순은 이때 꾼 돈을 갚느라 여러 해 동안 고생을 해야 했지만, 조합원들에게는 하나도 피해를 입히지 않았다. 이런 과정에서 조합원들은 그를 더욱 신뢰하게 되고, 강원도 지역의 신협운동이 크게 확산되는 계기가 되었다.

한편 장일순은 이번 일을 계기로 조합원 교육의 중요성을 절감하였다. "협동조합운동은 지속적인 교육과 지도가 뒷받침되어야만 성공할 수 있다"고 결론을 내린 것이다. 그래서 이때부터 조합원 강습회와 임원 강습회를 정례화하였다. 장일순이 연극 활동에 전념하던 동생 장상순을 설득해 신협 교육과 조직 및 경영관리 지도자가 되게 한 것도 이 때문이다.

당시 다른 50여 명의 조합원들과 함께 신협 강습회에 참여했던 이경국은 이렇게 말한다.

협동조합의 역사적 전개과정에 대해 교육을 받으면서 생소하기는 했지만 신선한 점을 발견할 수 있었습니다. 특히 150여 년 전에 영국에서 로치데일 공장개척자 28명의 노동자가 협동운동을 시작하던 시절, 그리고 프랑스, 독일에서 시작된 협동조합운동이 기업의 착취에서 벗어나 자본주의의 모순을 헤쳐 나가며 함께 잘살아 가는 길을 제시했다는 점에 감명받을 수 있었습니다. 특히 독일에서는 농촌운동을 겸한 라이파이젠 신용조합, 도시의 슐체 델리취 신용조합, 그리고 20세기 캐나다, 미국의 신용조합 성공 사례를 듣고 우리가 해야 할 일이라고 여기게 되었습니다. 우리나라에도 캐나다에서 교육을 받고 오신 메리 가별 수녀님이 1960년 5월 부산에서 33명의 조합원과 함께 3,400환을 모아 성가신협을 시작한 후 전국에 50개 조합이 설립된 상태라고 하였습니다.

무위당 선생님도 강의를 하셨습니다. 선생님은 우리 조상들의 전통문화인 두레, 계, 품앗이 등 다양한 협동의 문화를 소개하시고 돈이 중심이 되는 자본주의 모순을 해결하고 더불어 함께 사람답게 살려면 협동운동을 펴나가야 한다. 더구나 이농현상이 점점 가속화되고 은행 문턱이 높아 돈을 필요로 하는 사람들이 많아지다 보니, 일수놀이나 사채시장에 매달려 허덕이는 중소상인을 위해서도 신용협동조합 조직을 키워내어 땀 흘려 노력하는 민중이 대접받는 사회를 만들어 가자고 말씀하셨습니다.[26]

1966년 원주신협을 시작으로 황지신협, 문막신협, 단구동신협이 설립되고 1969년 말에는 삼옥신협이 잇달아 설립되었다.

원주 가톨릭센터

'어둠이 있는 곳에 빛이 되라고 하느님께서 나를 원주교구로 보내셨다'는 것은 지학순 주교의 믿음이었다. 그리고 지 주교가 생각한 어둠은 가난과 무지, 병고와 사회적 불의였다. 당시 지학순 주교가 생각하는 교육문화사업의 규모는 사실상 재정 상태가 좋지 않았던 원주시의 사업 규모보다 훨씬 컸다. 지학순 주교는 단순히 교회 내 사업에 집착하는 사람이 아니었다. 장일순의 생각도 마찬가지였지만 교회는 지역사회를 위해 존재하는 것이라 믿었기 때

26 이경국, 「무위당의 사상과 협동운동의 기억」, 무위당을 가리는 사람들 엮음, 『너를 보고 나는 부끄러웠네』, 녹색평론사, 2004, 50~51쪽.

문이다. 그들이 전하고자 했던 복음은 교회에서 시작이 되지만 세상에서 열매를 맺어야 했다.

지학순 주교는 원주 시내에 변변한 문화시설이 하나도 없는 걸 매우 안타까워했다. 지금은 어느 도시나 있을 법한 문화예술회관조차 없던 시절이었다. 지학순 주교는 원동성당 앞에 있는 천주교 소유 부지에 3층짜리 가톨릭센터를 건립하기로 결정했다. 서울 명동성당 앞에 있지만 개신교 건물이었던 YMCA처럼 시민들이 자유롭게 누릴 수 있는 문화공간을 지으려는 것이다. 지학순 주교의 추진력과 장일순의 문화적 안목과 김영주의 행정 능력이 빛을 발하는 순간이었다.

하지만 전국에서 가장 가난한 강원도의 원주교구에 3층짜리 건물을 지을 만한 건축비가 있을 턱이 없었다. 지 주교는 로마에서 공부할 때 인연을 맺은 유럽과 미국의 종교 단체와 원조단체에 호소했다. 김영주가 퇴근할 무렵이면 영어로 정성껏 쓴 지학순 주교의 편지를 받을 수 있었고, 이튿날 아침 김영주는 우체국에 들러 국제우편으로 편지를 부치고 교구청에 출근했다. 마침내 오스트리아 가톨릭부인회와 미국 뉴욕대교구에서 연락이 왔다. 그 덕에 1967년 착공하여 1년 만인 1968년 7월 12일에 가톨릭센터 준공식을 열 수 있었다. 이날 서울대교구장인 김수환 추기경을 비롯해 이효상 국회의장 등 각계 인사들이 참석했다. 가톨릭센터의 3층 건물 안에는 사무실과 여섯 개의 회의실, 전시실, 영사실, 1층 식당과 지하다방, 그 밖에 숙박 시설이 들어섰다.

상가를 제외하면 원주 시내에서 한국전쟁 이후 3층짜리 건물이 들어선 것은 처음 있는 일이었다. 지하다방과 1층 식당은 특히 젊은이들에게 인기가 퍽 좋았다. 선남선녀들이 1층 식당에서 돈가스를 먹고 지하다방에 앉아서 데이트를 즐겼다. 다방에서는 커피와 음료수를 마시면서 영화 〈이유 없는 반항〉에 나오는 제임스 딘처럼 빨강 점퍼에 청바지 차림의 DJ가 틀어주는

원주 가톨릭센터가 설립되어 원주 지역 문화운동의 중심지가 되었다.

팝송이나 클래식 음악을 감상하는 사람이 끊이지 않고 찾아왔다. 이 다방에 있는 음반은 원주KBS방송국 PD가 음반을 빌리러 올 정도로 많은 양이었다. 그리고 원주 지역 문화 예술인들의 아지트가 되어 음악 공연이나 그림 전시회가 다방에서 열리기도 했다. 그리고 무대와 조명 시설을 갖춘 2층 메인 홀에서는 1968년 12월 크리스마스에 장상순이 연출한 연극 〈갈멜의 종소리〉가 공연되었다.[27]

27 김영주 편, (사)무위당사람들 엮음, 『대장부 거기에 그들이 있었다』, 이야기담, 2022 개정판, 76~80쪽 참조.

진광중고등학교

지학순 주교는 원주교구장으로 취임하자마자 가톨릭 재단의 중고등학교를 세울 생각을 갖고 있었다. 박정희 정권의 압박으로 대성학교 이사장에서 물러나야 했던 장일순으로서는 이런 지 주교의 생각이 아주 만족스러웠다. 마침 원주 단구동 종축장 근처에 있는 육민관중학교가 재정난으로 어려워졌다. 원주교구는 학교를 새로 짓는 것보다 지역에 있는 학교를 살리는 것이 좋다고 판단해서 육민관중학교를 인수하기로 결정했다. 이렇게 육민관중학교를 '진광중학교'로 교명을 바꿔서 새로 시작했다. '진광眞光'이란 이름은 지학순 주교가 '참된 빛'이라는 뜻으로 지은 것이다. 그리고 학교 교훈은 교종 요한 23세가 말한 진眞, 의義, 애愛를 풀어 "참을 찾자, 옳게 살자, 사랑하자"로 지었다.[28]

1967년 인수한 옛 육민관중학교 시절에 쓰던 목조건물은 낡아서 비가 줄줄 샜다. 그 옆에 새 건물이 이미 완공된 상태였지만 아직 낙성식을 하지 못했다는 이유로 학생들은 아직 그곳에서 공부를 하고 있었다. 이를 보고 지학순 주교는 "낙성식이 뭐 그리 중요하냐?"며 학생들이 새 건물에서 공부할 수 있도록 하라고 지시했다. 그해 9월에 4학급을 인수하고, 11월에 교명을 변경하면서 16교실을 증축하는 낙성식을 가졌다. 정식 개교는 1968년 3월에 했다. 대성고등학교 교감으로 있던 장화순이 초대 교장이 되었다. 장화순은 장일순의 바로 아래 동생이었고, 골목 하나를 사이에 두고 장일순의 봉산동 집 앞에 살고 있었기 때문에 언제든 장일순과 학교 문제를 의논할 수 있는 적절한 선택이었다. 그리고 천주교 신자는 아니었지만 김용연이 교감으

---

28 지학순정의평화기금, 『그이는 나무를 심었다』, 공동선, 2000, 85~86쪽 참조.

로 취임했다. 진광중학교는 천주교에서 세운 학교지만 교직원 채용 과정에서 종교를 따지지 않았다. 그때 장일순이 세운 대성학교 서무과에서 촉탁 근무를 했던 김상범이 진광중학교 서무과 직원으로 채용되었다. 한편 1973년에는 진광고등학교를 뒤이어 개교하였다.

새로운 학교가 시작되면서 신입 교사들도 더 필요하였다. 이때 교사로 채용되어 원주로 온 사람이 박재일이다. 박재일은 김지하가 가장 신뢰하던 대학 동창 중 하나였다. 1965년에 한일협정 반대 시위로 구속되기도 했고, 결혼은 일찍 했지만 반정부 인사로 낙인찍혀 취직도 못 하고 고향인 경북 영덕에 내려가 농사를 짓고 있었다. 한때 어묵 공장에서 일하며 영덕 지역구 출신 국회의원의 참모로 활동하기도 했다. 김지하는 박재일에게 원주로 오라고 설득하면서, 한편으론 장일순을 찾아가 가장 친한 동기 하나가 놀고 있는데 원주에서 살 수 있도록 도와달라고 부탁했다. 박재일은 한일회담 반대운동이 한창일 때 김지하의 소개로 장일순을 잠시 본 적이 있었다. "참 편안하고 인자하다"는 느낌을 받았다고 했다. 결국 박재일은 진광학교에 가서 장화순 교장을 만나 면담을 하고 교사로 채용되었다. 그때 장일순은 박재일에게 "잘 왔다, 우리 같이 살아보자." 하며 기쁘게 맞이했다.[29]

"낮은 곳으로 기어라" 하던 장일순의 말처럼 지학순 주교의 행동에는 장일순의 태도와 통하는 구석이 많았다. 어느 날씨가 몹시 추운 날 가톨릭센터를 빌려 졸업식을 거행한 적이 있었다. 그날 지학순 주교는 내내 매우 언짢은 표정이었다. 졸업식이 끝난 다음에 장화순 교장이 "주교님, 어디 몸이 불편하십니까?" 하고 묻자, 대번에 지 주교는 "다른 손님들은 아래 앉게 하

29 김상범 편, (사)무위당사람들 엮음, 『대장부 거기에 그들이 있었다』, 이야기담, 2022 개정판, 335쪽 참조.

고 나에게만 좋은 의자를 줘서야 되겠습니까?" 하면서 앞으로는 손님들과 똑같은 의자로 준비했으면 좋겠다고 못을 박아 두었다. 그때부터 진광중학교에서 여는 행사에서는 의자의 크기로 자리를 구별하는 관례가 없어졌다.[30]

한편 지학순 주교는 가난해서 학업을 중단하는 청소년들을 돕기 위해 '직업훈련원'을 세워보자는 생각을 했다. 마침 네덜란드의 세베모Cebemo라는 교육 원조단체에서 반응이 왔다. 50만 달러를 주겠다는 것이었다. 그런데 하필 당시 정부 차원에서 원주에 큰 직업훈련소를 세울 계획이라는 말이 들려왔다. 그러자 지학순 주교는 50만 달러를 당장 세베모에 다시 돌려주라고 말했다. 어렵게 마련한 돈이었지만 쓸 데가 없어졌기 때문이다. 그런데 얼마 후 세베모에서 원주에 파견된 그란드만이란 사람이 지학순 주교의 뜻을 전해 듣고 매우 놀랐다. 원조 과정에서 돈을 돌려주겠다는 경우는 별로 없었기 때문이다. "다른 좋은 일에 쓸만한 방법을 찾아보라"는 권유를 받아 진광고등학교 안에 '직업 과정'을 만들게 되었다. 1978년에 이 학교에 정원 20명으로 구성된 자동차 정비과, 배관과, 용접과, 전기과 과정이 생겼다. 인문계 고등학교에서는 처음 있는 기능사 양성 과정이었다.

진광학교에서는 초기부터 여러 가지 새로운 교육 방법이 개발되었다. 이를테면 수업 전에 2~3분간 묵상을 시킨다든지, 매 수업이 끝나면 긴장을 풀기 위해 노래를 부르게 한다든지 하는 따위였다. 또한 진광학교에서는 학급마다 재미있는 책 70권씩을 사 줘서 한글을 모르는 학생들이 한글을 깨우치도록 도와주었다. 그리고 월요일부터 금요일까지 하루 1시간씩 독서 시간을 배당하였다. 이 시간에는 교장이든 선생이든 교직원이든 모두 책을 읽어

---

30 지학순정의평화기금, 『그이는 나무를 심었다』, 공동선, 2000, 86쪽 참조.

야 했다. 이 시간에는 전화를 받지 않아도 좋고, 다른 사무는 일체 중지시켰다.[31]

풍수원에 있는 광동국민학교 이야기는 지학순 주교와 장일순이 추구하던 교육사업이 얼마나 사심 없는 것이었는지 잘 알게 한다. 풍수원은 교우촌이었고, 광동국민학교는 교회에서 운영하는 우리나라 최초의 사립 국민학교였다. 학교 운영이 어려워진 광동국민학교에 감사로 나갔던 장화순이 실태를 파악하고 돌아와 이렇게 말했다. "학교가 너무 외져서 선생을 모시기가 어렵고, 수녀님들과 선생님들이 서로 생각이 달라서 힘들겠습니다. 결론은 공립에 맡겨야 할 것 같습니다." 학교를 나라에 넘겨 공립화하기로 결정되었다. 그때 장화순 교장이 지 주교에게 "그 학교를 돈을 받고 넘겨주시겠습니까? 그냥 넘겨주시겠습니까?" 하고 물었다.

"자네 생각은 어떤가?"

"우리가 진광학교를 만들 때는 응분의 보상을 예전 학교에 치렀지만, 이번 것은 우리의 신앙형제들을 잘 가르쳐 달라고 맡기는 것인데… 학교는 본래 사고파는 것이 아니지 않습니까? 원칙으로 하면 그냥 넘겨주어야 하겠지요."

"원칙대로 합시다."

장화순 교장은 교육청 학무국장 등 담당 직원들을 만나서 지학순 주교의 뜻을 전했다. "주교님은 학교를 팔지 않습니다. 그냥 인수하시되, 현 직원들을 그대로 써 주시고, 그분들 대다수가 천주교 신자이니 그분들이 천주교 행사에 지장 없이 다닐 수 있도록만 해주십시오."[32]

---

31 (사)무위당사람들 엮음, 『무위보감 누가 알랴』, 무위당사람들, 2022, 59쪽 참조.
32 지학순정의평화기금, 『그이는 나무를 심었다』, 공동선, 2000, 88~89쪽 참조.

장일순 같은 교장 선생님, 장화순

장화순은 성육고등공민학교 시절과 마찬가지로 장일순이 세운 대성학교에서도 수학과 과학 과목을 가르쳤고, 1967년에 원주교구가 진광중학교를 설립하자 초대 교장이 되었으며, 1973년 진광고등학교가 개교하면서 서른일곱 살에 초대 교장이 되어 1997년까지 일했다. 사실상 평생을 교육자로 산 것이다.

장화순은 장일순의 세 살 아래 동생이었고, 미학을 전공한 장일순과 달리 수학을 좋아하고 대학에선 지질학을 전공하였다. 장일순과 기질이 사뭇 달라서, 어려서도 잡힌 물고기를 보면 불쌍해서 어쩔 줄 모르던 장일순과 달리 "고기는 내가 잡아 올 테니 형님은 들어가 공부나 하세요." 하고 말할 만큼 활달한 성격이었다. 어릴 적에 장일순과 장화순은 함께 붓글씨를 배운 모양이다. 어려서 장일순은 잡기에 능하지 않아 딱지치기며 구슬치기, 울타리 나무 박는 일도 제대로 못 했다. 그런데 유난히 붓글씨만은 진득하게 앉아서 잘했다. 이를 두고 장화순은 "나는 세 살 아래인 것도 생각 안 하고, 형님처럼 안 되니까 화가 나서 붓글씨 쓰는 것을 집어치웠다. 아버지는 유난히 그런 형님을 아끼셨기 때문에 늘 차별을 당한다고 생각했던 시절이 있었다"고 말한다.[33]

한편 장일순이 5·16 군사쿠데타 이후에 중립화 평화통일을 주장한 죄로 옥살이를 하고, 대성학원 이사장 자리마저 빼앗긴 채 정치활동정화법과 사회안전법 등으로 사회생활이 가로막혔을 때 장화순은 늘 집안의 든든한 버

---

33 한상봉, 「장화순 '형님은 마음이 대해大海같아요'」, 〈가톨릭뉴스 지금여기〉, 2010. 04. 20. 기사 참조.

팀목이 되어 주었다. 장화순은 그런 형을 곁에서 지켜야겠다는 생각 때문에 바로 앞집에 터를 잡았고, 오랫동안 집안의 파수꾼이자 집안 살림을 책임지는 일이 그의 몫이었다. 사실상 장화순의 조력이 없었다면 장일순이 '평생 백수'로 살면서 자신의 뜻을 펼칠 수는 없었을 것이다. 이런 점에서 장일순의 삶에는 장화순의 삶이 녹아들어 있다고 봐야 한다.

장화순 교장이 출근하면 제일 먼저 하는 게 학교 주위의 쓰레기를 줍는 일이었다. 그러나 그것은 인위적인 게 아니라 장화순에겐 자연스러운 일이었다.

"지금도 정말 신기하게 여겨지는 게 아침마다 쓰레기를 담을 비닐봉지 하나가 꼭 내 앞에 나타나더란 말이에요. 하늘이 시켜서 그런 것처럼 말이야. … 내가 인위적으로 남에게 보이려고 하는 일은 못 해요. 여름에는 교실 천장이나 복도에 거미줄이 있잖아. 난 그것도 못 치우게 했어요."

장화순은 장일순의 또 다른 분신처럼 보였다. 학교에 늦게 오는 아이가 있으면 "어디 아프냐?"고 묻지 "왜 늦었냐?"고 묻지 않았다. 아픈 학생에게 조퇴를 못 하게 막으며 참으라고 말하는 선생들을 나무라는 편이었다. 중요한 것은 '바로 그 사람'이지 인위적으로 정해둔 규칙이 아니라고 믿었기 때문이다.

장화순의 '중용지도中庸之道'를 잘 드러낸 이야기가 있다. 진광고등학교에 장학사가 찾아와서 보니, 유신체제를 찬양하는 교육 실적이 전무했다. 장학사가 "선생님, 해도 너무하십니다. 그래도 [정부 시책대로] 하셔야 하지 않습니까?" 하고 하소연하였다. 그는 후배 격인 장학사를 이렇게 달랬다고 한다.

"그건 사람으로 할 도리는 아니야. 그렇게 알아. 자네가 지금은 장학사지만 이 시대가 지나가면 내가 왜 그랬던가 생각하게 될지도 몰라. 내가 미리 자네한테 그런 부담을 안 주는 거야."

나중에 유신체제가 무너지고 그 장학사가 장화순 교장의 눈길을 피하는 기색이 보이자 먼저 다가가 이렇게 다독였다.

"다 잊어. 그동안 고생 많았어. 옛날 일은 다 지나간 거야. 마음에 둘 필요 없어."

관료들이 상부 지시만 따르다 보면, 한나 아렌트가 지적한 '악의 평범성'(banality of evil)처럼, 자기가 하는 일이 옳은지 그른지 판단하지 못한 채 결과적으로 나쁜 일에 부역하게 되는 법이라는 사실을 장화순은 잘 알고 있었다. 장화순은 교육 현장에서 상부의 지시를 잘 따르는 편이 아니었지만, 그렇다고 학생들 보는 앞에서 대놓고 유신체제를 비난하지는 않았다.

"유신체제 때문에 밥 먹고 사는 집 아이들도 많잖아. 걔들이 제 아버지를 어떻게 생각하겠어. 그냥 정직해라, 성실하게 살아야 한다, 그러면 되는 거야."

장화순은 학생들이 부모의 잘못 때문에 고민하지 않도록 돕고, 그 가족들마저 보듬고 가야 하는 게 선생의 도리라고 생각했다. 선생은 학생과 학부모가 밥을 먹여주는 사람들이기 때문에 그들을 모시고 받드는 것이 마땅하다고 생각했다. 밥집을 하는 후배와 제자들에게 "자네 집에 밥 자시러 오는 사람이 자네한테는 하느님이여"라고 했던 장일순을 장화순은 꼭 빼닮았다. 장화순이 사람을 대하는 태도 역시 장일순을 닮았다. 젊은 시절 충주로 선을 보러 갔을 때 이야기다. 장인 되실 분이 혼인이 성사될지 몰라 처자가 마음에 드는지 묻자, 장화순은 이렇게 답했다고 한다. "어찌 사람이 사람을 고르겠습니까?"

한번은 장화순 교장이 학교 재단 이사장인 지학순 주교에게 이런 건의도 했다고 한다.

"학교가 전부 우수한 학생만 떠받드는데 주교님이 하시는 학교만큼은 달라야 하지 않겠어요. 입학시험을 치러 위에서부터 뽑지 말고 성적이 낮은 애부터 뽑는 학교를 만드시면 어떻겠습니까?"

당시 고교 입시 부활을 공약으로 내걸었던 교육감이 당선되어 원주 시내 고교평준화가 해제되었을 때 이야기다. 지학순 주교의 대답은 "학교 운영은 교장한테 맡겼으니 교장 마음대로 하라"는 것이었다. 교직원 회의에서 이 문제로 한 달 동안 토론을 했다고 한다. 교사들이 앞으로 성적만 좇는 교육을 지양할 테니 그 제안은 거두어 달라고 통사정했다. 장화순 교장은 결국 교사들의 뜻을 받아들이면서, 대신 사회에서 제대로 대우받지 못하는 아이들을 학교가 품어서 함께 가르치자고 말했다.[34]

김선미 작가가 이런 장화순에게 가장 존경하는 '선생님'이 누구인지 물었던 적이 있었다. 장화순은 "가깝게는 형님이지." 하였다. 장일순에 이어 "할아버지 존경하고 아버지 존경하고 할머니 어머니를 존경하지. 먼 데서 찾을 거 없어." 하고 대답했다. 장일순은 붓글씨 작품을 누구든 써달라고 하면 흔쾌히 응해주었다고 하는데 가족들에게 써 준 글씨는 드물었다. 장화순 역시 장일순에게 글씨를 써달라는 부탁을 하지 못했다. 그런데 1991년 장일순이 위암 판정을 받고 잠시 회복된 터에 손수 아우 장화순에게 써 준 작품이 '수칙십계守則十戒'였다. 장화순은 "형님은 기본적으로 존경할 만한 사람들은 그 언동이 십계를 벗어나지 않는다고 생각하신 것 같아요. 성경의 십계명뿐 아니라 모든 종교와 집단에서 만든 법은 '최소'한 지켜야 하는 것입니다. 그 밖에도 알아서 지켜야 하는 것이 많은데, 남을 돕는다거나 위로한다거나 하는 거죠"라고 말했다.[35]

'수칙십계' 액자 옆에는 나란히 장일순의 한글 서예 한 점이 더 걸려 있었다.

---

34 김선미, 「장화순 선생님 생전 인터뷰」, 〈무위당사람들〉, 2022년 10월 호, 8~15쪽 참조.

35 한상봉, 「장화순 '형님은 마음이 대해大海같아요'」, 〈가톨릭뉴스 지금여기〉, 2010. 04. 20. 기사 참조.

'조석으로 끼마다 상머리에 앉아 한울님의 큰 은혜에 감사하자. 하늘과 땅과 일하는 만민과 부모에게 감사하자. 이 모두가 살아가는 한 틀이요 한 뿌리요 한 몸이요 한울이다.'

한편 장화순이 형제지간이었지만, 얼마나 장일순을 존경했는지 다음 이야기가 잘 말해주고 있다.

> 형님은 마음이 대해大海 같아요. 늘 위로해주고 안아줍니다. 나는 법法으로 사는 쪽인데, 형님은 덕德으로 사는 쪽이죠. 나무라질 않아요. "그런 게 아냐!" 하는 법이 없어요. 이야길 다 듣고 나서 노상 "응, 그래" 하시곤 했죠. 난 줄 것은 주고 받을 것은 받는 성격인데, 형님은 다 주는 성격이죠. 그래서 할아버지를 보는 것 같아요. 할아버지 생각은 이랬죠. 돈을 꾸어간 사람이 안 돌려주면 이유는 세 가지랍니다. 없어서 안 주거나, 있어도 줄 마음이 없거나, 가져간 걸 잊어버린 경우랍니다. 그러니 그걸 재촉하지 말라는 거죠.[36]

진광학교 부설 협동교육연구소

원주캠프는 1969년 1월에 신용협동조합연합회의 지원으로 원주 가톨릭센터에서 조합원 강습회와 임원 강습회를 4일간 개최하고, 이 강습회를 통해 강원도 지역의 신협운동을 주도할 조직이 필요하다고 느꼈다. 고심 끝에

---

36 한상봉, 「장화순 '형님은 마음이 대해大海같아요'」, 〈가톨릭뉴스 지금여기〉, 2010. 04. 20. 기사 참조.

장일순은 지학순 주교와 상의하여 그해 10월에 협동교육연구소를 설립하기로 결정했다. 이때부터 장일순은 책임을 맡길만한 사람을 물색하기 시작했다. 그러다 눈에 들어온 사람이 셋째 동생 장상순이었다. 장상순은 서라벌예술대학 연극영화과를 나와서 신상옥 영화감독 밑에서 조감독 일을 하였고, 1962년 다시 원주로 돌아와 연극 활동을 하고 있었다. 장상순은 1962년 영서예술제에 연극 유치진 작 〈푸른 성인〉의 조연출로 참가한 이래 63년에는 한국예술단체총연합회 원주지부 연극지부장을 맡으면서 매년 연극 공연을 무대에 올렸다. 1964년에는 '앙상블연극연구회' 설립을 주도하고, 1967년에는 김학철 등과 함께 극단 '산야극회'를 창립하기도 하였다.[37]

장일순은 장상순張相淳에게 1969년 9월, 서울 협동교육원과 신협연합회 공동주최로 열린 신용협동조합 지도자 강습회와 한국-이스라엘 합동연찬회 주최 협동조합 및 노동조합 지도자 강습회를 수료하게 하였다. 이 장상순이 1969년 10월 13일 진광학교 부설로 설립된 협동교육연구소 회계 책임 연구사로 임명되면서 강원도 지역의 신용협동조합운동이 체계를 갖추게 된다. 당시 연구소의 소장과 부소장은 교장 장화순과 교감 김용연이었다. 그리고 협동교육연구소의 설립 목적은 먼저 학생들에게 협동교육을 시키고 강원도 지역의 사회개발에 역점을 두는 신협운동의 보급과 조직 육성에 두었다.[38]

이즈음 진광고등학교 교사로 있던 박재일이 협동교육연구소에 합류하였다. 당시 가톨릭센터에서 장일순은 '협동조합 강좌'를 열고 있었는데, 교사였던 박재일 역시 방과 후에 이 강좌를 들었다. 그에게 민중의 자발적인 참여

---

37 정인재, 「원주 협동조합과 연극계의 숨은 큰 인물」, 『달이 나이고 해가 나이거늘』, 204~205쪽 참조.
38 정인재, 「원주 협동조합과 연극계의 숨은 큰 인물」, 『달이 나이고 해가 나이거늘』, 199~200쪽 참조.

로 이루어지는 '신용협동조합'은 매력이 있었다. 그 당시 농촌에서는 부락 공
동기금의 부정한 사용, 장리쌀, 고리 사채 등이 성행하고, 서민들의 삶이 피
폐하고 어려웠던 시절이었기 때문에 "어려운 사람들끼리 십시일반으로 서로
돕고 자립하는 길을 모색하여 함께 살아보자"는 신용협동조합운동이 이들
에게 대안이 되지 않을까 생각했다.

> 나는 당시 학교에 근무하면서 일과가 끝나면 저녁에 주로 가정방문을
> 다녔는데, 학교에서도 권장했지만 이게 아이들 가정 상황을 이해하는
> 데 정말 필요한 거야. 밥을 못 싸 오는 아이들, 수업에 견디지 못하고 조
> 는 아이들 모두 가정을 찾아가 보면 그 이유가 있는 거라. 이 가정방문
> 을 다니고 학부형들을 만나면서 가난한 가정들의 실체를 직접 접하고
> 알게 되었고 아이들을 제대로 이해하는 데 큰 도움이 되었지.[39]

박재일은 서울 합정동에 있던 협동교육연구원에서 21일 동안 실시하는 단
기지도자 과정을 이수하고, 이경국 등과 함께 원주 관설동에 있는 원성군
판교면의 세교신협을 설립하는 걸 도왔다. 조합원들이 다들 농민들이라 낮
에는 일하고 밤에는 그들과 함께 공부하면서 신협을 준비했다. 그 밖에 원
성군 호저면에 영산광격신협(영광신협)도 만들었다. 그러다가 아예 학교 교사
일을 접고, 협동교육연구소에서 장상순과 함께 신협운동을 전담하게 되었다.
박재일이 호저면 광격리로 출퇴근하다시피 하며 영산마을에 신협을 조직
할 때 이야기다.

---

39 윤형근-박재일 대담, 2002, 『달이 나이고 해가 나이거늘』, (사)무위당사람들 엮음,
    2020, 79쪽.

그의 가방에는 도시락과 학교에서 직접 등사기로 밀어 만든 신협 홍보지가 들어 있었다. 주머니에는 집으로 돌아올 차비와 담배뿐이었지만 마음은 한결 넉넉해졌다. 매일 아침 정해진 길로만 등교하는 교사의 출근길은 안정된 미래를 보장할지 몰라도 날마다 새로운 길로 낯선 이들을 만나러 가는 신협 활동가의 길에는 모험이 있었다. 박재일은 인생의 어느 시기보다 자신감이 충만했다. 모험은 그 자체로 설레는 일이었다. 그의 하루는 들판 사이로 뻗어있는 신작로를 따라 정처 없이 걷다가 모내기라도 하는 사람들을 만나면 바지를 걷어붙인 채 논으로 들어가고, 밭을 매는 사람들이 있으면 덥석 호미를 쥐고 거드는 식이었다. 그는 농민들과 새참을 나눠 먹고 막걸리도 얻어먹으며 자연스럽게 신협에 대해 이야기를 나누기 시작했다.[40]

이렇게 대중에게 스며드는 활동가로 일하면서 1972년에는 강원도 내 12개 단위조합이 모이는 한국신협연합회 강원지구평의회가 꾸려지기도 했다. 이 과정에서 "박재일과 장상순이 현장에서 발로 뛰는 조직가였다면, 조합원들을 신협의 정신으로 담금질하는 탁월한 교사는 장일순이었다."[41]

한편 진광학원의 이사장인 지학순 주교는 통상적으로 종교 재단에서 세운 학교에서 의무적으로 하는 종교 수업조차 학생들에게 요구하지 않았다. 대신에 일주일 한 시간씩 '협동'이라는 과목을 개설해 수업받게 하였다. 1970년 5월 진광중학교 안에 진광신용협동조합이 창립되었기 때문이다. 이 조합은 우리나라 최초로 일반 학교에 설립된 협동조합이었다. 진광신협은 학생 255명, 교직원 23명이 조합원으로 참여해 1계좌에 평균 300원씩 출자해

40 김선미, 『한살림 큰농부 인농 박재일 평전』, 한살림, 2017, 115쪽.
41 김선미, 『한살림 큰농부 인농 박재일 평전』, 한살림, 2017, 116쪽.

진광신용협동조합 학교 매점.

총자본금 3만 8,590원으로 출발했다. 창립총회 마당에 걸린 현수막에는 "푼돈 모아 목돈 이뤄 가난 몰아내자!"는 구호가 적혀 있었다. 학교 안에 신협이 만들어지면서 학생들은 장상순 연구사를 통해 연간 32단원 총 298시간에 해당하는 협동조합 교육을 받았다.

당시 중학교에 입학해도 돈이 없어 중도에 학업을 포기하는 학생들이 많았다. 하지만 진광중학교는 신협의 학자금 대출로 더 이상 그런 일이 벌어지지 않도록 했다. 객지에 온 교사들은 학교 신협에서 하숙집을 얻는 데 필요한 돈을 빌리고, 집 안에 전기를 끌어오거나 김장을 할 때 대출을 해가는 학부모도 있었다. 또한 신협에서 운영하는 매점에서는 학생들이 필요한 책과 간식 등을 공동구매 하여 값싸게 공급하였다.[42] 한편 협동교육연구소는

1972년에 신용협동조합법이 만들어지자, 이미 만들어진 신협들의 법인화 작업을 돕기 위해 법인설립 강습회를 열고, 장상순은 협동조합 실무자들에게 복식부기를 가르치기도 했다.

밝음신협

1971년 8월에 장일순의 대성학교 제자들이 주축이 되어 원주 가톨릭센터 1층에 작은 공간을 빌려 조합원 33명, 자본금 1만 원으로 '원주 밝음신협'을 창립했다. 김상범과 최희웅, 이대성, 김태환 등 주로 대성고등학교 4~5회 졸업생 7~8명이 모여서 보람 있는 일을 하자는 뜻으로 시작한 것이었다. 초창기에 밝음신협은 가톨릭센터 2층으로 올라가는 계단 아래 빈 공간에서 여직원 한 명을 두고 시작했다. 처음엔 직원 월급도 주지 못했다. 임원들이 돈을 갹출해서 신발값이나 하라고 준 게 전부였다. '밝음신협'이란 이름은 신협 전무를 지낸 최희웅과 이사장을 지낸 김태환이 처음 제안한 것으로 알려졌다.

장일순은 밝음신협 준비 과정부터 창립총회를 할 때까지 조언을 아끼지 않았다. 아무래도 대성학교 출신들이 만든 신협이라 장일순의 그늘이 깊을 수밖에 없었다. 밝음신협은 초창기부터 장사하느라 가게를 비우고 은행에 갈 수 없는 중앙시장 상인들을 위한 것이었다. 신협 직원들이 상인들을 직접 찾아가 수기로 저금을 해주고 수금도 하는 '찾아가는 은행 업무'을 시작했다.

원주 밝음신협을 단순한 금융기관으로 생각하면 안 됩니다. 밝음신협

---

42 김선미, 『한살림 큰농부 인농 박재일 평전』, 한살림, 2017, 111~112쪽 참조.

은 신용협동조합 운동에 기반한 지역 공헌사업을 활발히 전개하면서 무위당 선생님의 철학과 사상을 계승하고 실천하는 협동조합이라는 점을 알아주시기 바랍니다. 원주 중앙동 밝음신협 본점에 '함께 사는 게 진리'라는 뜻의 '공생시도共生是道'라고 쓴 무위당 선생님의 휘호가 걸려 있습니다. 이것이 밝음신협의 정신입니다.[43]

김상범은 밝음신협을 이야기할 때 빼놓을 수 없는 것이 있다고 말한다. 1980년 당시로선 큰돈인 540만 원을 들여 구급차를 구입해 원주소방서에 기증했는데, 이것이 우리나라 '119구급대'의 효시라는 것이다. 그 밖에도 밝음신협은 1990년에 현재 자리 잡은 중앙동 본점 사옥을 준공하면서, 재정이 넉넉지 못해 사무실을 마련하기 어려운 시민사회단체들에 아주 저렴하게 임대료를 받거나, 그마저도 능력이 안 되는 단체에는 공짜로 사무실을 빌려주기도 했다. 장일순은 늘 협동조합의 정신은 '동고동락同苦同樂'이라고 했다. 사람들은 대부분 동락同樂만 하려고 하고 동고同苦는 하지 않으려고 하지만, 어려울 때 서로 돕는 동고同苦야말로 협동조합의 핵심이라고 말했다.[44]

나중에 장일순이 원주 밝음신협에 써 준 현판은 신협 이사장실에 걸려 있는데, '不患貧 患不均불환빈 환불균'이라고 적혀 있다. "가난을 근심할 것이 아니라 고르지 못함을 근심하라"는 뜻이다. 『논어論語』 16권 계씨 편季氏篇에 나오는 글인데, 공자가 제자 염유에게 한 말이다.

---

43 김상범 편, (사)무위당사람들 엮음, 『대장부 거기에 그들이 있었다』, 이야기담, 2022 개정판, 339~340쪽.
44 김상범 편, (사)무위당사람들 엮음, 『대장부 거기에 그들이 있었다』, 이야기담, 2022 개정판, 341쪽 참조.

장일순 가족사진.(1970년경)

聞有國家者(문유국가자)

不患寡而患不均(불환과이환불균)

不患貧而患不安(불환빈이환불안)

蓋均無貧 和無寡(개균무빈 화무과)

安無傾(안무경)

나라가 있고 가정이 있는 사람은

백성의 수가 적은 것을 근심하지 않고

균등하지 못함을 근심하며

가난을 근심하지 않고 불안이 근심이라

모두가 균등하면 가난이 없고

화목하면 적음이 없는 것이요

편안하면 어느 한쪽으로 기울지 않는다.[45]

김지하

장일순은 원주교구와 관련된 일을 지학순 주교와 의논해서 추진하면서도 김지하[46]를 통해 서울에서 벌어지고 있는 정국의 변화와 민주화운동에 대한 소식을 듣곤 하였다. 1970년 11월 13일 평화시장에서 전태일을 비롯한 삼동회 회원들이 피켓시위를 벌이려다 경찰에 의해 강제로 해산당하자 전태일이 휘발유를 몸에 붓고 분신한 사건이 벌어졌다. 전태일은 그 자리에서 "근로기준법을 준수하라", "우리는 기계가 아니다", "일요일은 쉬게 하라"고 외쳤다. 이 사건이 알려지면서 언론은 노동문제를 특집 기사로 다루고, 종교계와 대학생을 비롯한 시민사회의 추모 집회와 철야 농성이 이어졌다. 나중에 『전태일 평전』을 쓰게 된 조영래와 「오적」, 「비어」라는 담시로 유명한 김지하가 장기표와 〈동아일보〉 기자 심재택 등과 모여 서울대에서 전태일 장례식을 치르고 청와대까지 행진하려는 계획을 논의했다. 전태일 분신을 다룬 추모시

---

45 (사)무위당사람들 엮음, 『무위보감 누가 알랴』, 무위당사람들, 2022, 84쪽.

46 김지하의 본명은 김영일金英一이다. 김지하는 서울대학교 미학과 재학 시절인 1963년 22세에 학교 앞 음악다방 '학림'에서 시화전을 준비하면서 필명으로 '지하地下'라고 지었으며, 나중에 성을 붙이고 한자를 바꾸어 김지하金芝河로 사용했다.

「불꽃」을 쓰기도 했던 김지하는 이 계획이 무산되면서 곧바로 원주로 내려가 서울대 미학과 선배이기도 한 청강 장일순을 만났다.

장일순과 김지하는 조심스럽게 노동운동에 관한 전략을 논의했다. 전태일의 벗들과 조영래와 장기표 그룹, 그리고 이선구와 이창복이 관계하는 가톨릭노동청년회(JOC) 등이 씨앗이 되어 전체 민중운동을 일으켜야 한다는 이야기를 나누었다. 그 결과 원주에서 노동자 강연회를 개최하여 함석헌 선생이 '전태일 추모 강연'을 하고, 장일순은 가톨릭사회교리 강연에서 레오 13세 교종의 회칙 『노동헌장(Rerum Novarum)』(1891) 등을 소개하였다.

심신이 지친 김지하가 원주에 내려갔을 때 장일순은 "잠시 여기 와서 있게. 쉬면서 천천히 생각해 보자." 하였다. 그 후 한동안 김지하는 원주 봉산동 장일순의 집에 머무르며 가톨릭사회교리서와 제2차 바티칸공의회 문헌을 읽으면서 지냈다. 장일순이 존경했던 교종 요한 23세의 회칙 「지상의 평화」, 「어머니와 교사」, 그리고 공의회 문헌인 「사목헌장」 등이 눈에 들어왔을 것이다.

김지하는 저녁노을이 질 무렵에 홍수가 나지 않을 때는 항시 메말라 있는 원주천을 바라보며 담배 속지에 몽당연필로 꾹꾹 눌러가며 시를 썼다.

> 물이 늘면 비 내리고 내리 비가 내리면
> 또 물이 늘어 강물인 듯이
> 강물인 듯이 우렁차게도 외쳐대는 곳
> 밤낮으로 시달린 끝내는 하이얀 조약돌들이
> 저리도 눈부시게
> 반짝이는 곳 반짝이는 곳
> 그곳에 나는 있어라
> —김지하, 「물이 흐르는 곳에」 부분

이 시는 김지하가 조만간 '원주'에 머물게 되리라는 암시였으며, 원주에 머물다는 것은 장일순과 가톨릭교회에 연루된다는 뜻이었다. 김지하가 장일순을 처음 만난 것은 한일조약비준 반대운동이 한창이던 1965년 늦봄이었다. 그때 장일순이 넌지시 김지하에게 이렇게 운을 뗀 적이 있다.

"민중은 삶을 원하지 이론을 원하지 않는다. 이제부터는 정당이나 정치 따위로는 아무것도 할 수가 없다. 간디와 비노바 바베의 실천 실례에서 배우자. 종교로 우회할 수밖에 없다. 그러자면 사회변혁의 전열 이외에 영혼 내부의 깊은 자성의 태도가 필요할 것이다. 불교도 좋지만 가톨릭에 기대해 보는 것이 어떨까."[47]

> 간디와 간디의 제자인 비노바 바베Vinoba Bhave(1895~1982)의 비폭력 저항운동(사티아그라하 운동)에 영향을 받았다. 비노바 바베는 간디의 권유로 1940년부터 20여 년 동안 '부단Bhoodan'(토지헌납)운동을 이끈 사람이다. 영적 진리 추구, 비폭력의 실천 의지, 아름다운 노동의 가치, 세계의 평화와 평등의 신념을 주창한 비노바 바베는 "세상을 바꾸는 것은 지식이 아니라 사랑이며, 진실한 가슴과 실천으로 보여주는 감동"이어야 함을 강조한 사람이다. 브라만 계급으로 태어났으나, 사회가 천시하고 경멸하는 육체노동자가 되어 인도의 독립과 가난한 이들을 위해 평생을 헌신한 비노바 바베를 장일순은 존경했다.[48]

김지하는 봉산동 집에서 장일순과 함께 간디와 비노바 바베의 경제 노선,

---

47 최성현, 『좁쌀 한 알 장일순』, 도솔, 2004, 6쪽 참조.
48 〈무위당사람들〉, 2019년 5월 호, 24~25쪽.

몽양 여운형과 중도좌파, 가톨리시즘과 동양의 종교, 마오쩌둥과 한국의 합법적인 주민운동, 그리고 시민개량운동, 민중민족 노선 등에 관해 끊임없이 토론했다. 이들은 공의회 이후 모습을 드러낸 혁신적 가톨리시즘을 토대로 민중민족 노선을 견지해 가면서, 합법적인 신용협동조합운동과 합법적 노동자·농민운동을 통해 겨레를 살릴 수 있는 진정한 이념과 주체들을 길러내야 한다고 결론지었다. 이를 위해 소도시에 거점을 확보하고, 종교를 통과해야 한다고 믿었다. 결국 이 길을 통해 "인간의 내면적 혼魂의 평화와 외면의 사회적 변혁의 통합"을 이루고자 했다.[49] 김지하는 훗날 이를 두고 "시詩와 혁명의 통일"이라고 불렀다.

친구였던 박재일이 원주에서 활동하고, 김지하 역시 원주로 이사 올 마음을 먹고 있을 때 장일순이 지학순 주교에게 김지하를 소개했다. 지 주교는 은발에 수려한 용모를 지녔는데 뜻밖에 성격은 소탈하고 솔직했다.

"뭔가 뜻있는 일을 한다고 들었어. 「오적」의 작가라는 것도 알고."

"가톨리시즘에 관심이 있습니다."

"공의회 소식은 들었지요?"

"네. 교황 회칙들도 대강 읽었습니다."

"호랑이 잡으려면 호랑이 굴에 들어가야지! 어디 나하고 한번 손잡고 일해볼까? 일하려면 영세부터 받아야 할 텐데…"

지 주교의 말에는 군소리가 없었다. 서로 신뢰하는 게 가장 중요했다. 1970년 1월 20일, 김지하와 박재일, 그리고 이창복이 원주 단구동성당에서 이영섭 신부에게 세례를 받고 천주교에 입교했다. 이영섭 신부는 태백 탄광지대에서 강원도 최초로 신용협동조합을 설립하고, 가톨릭노동청년회를 조

---

49 김지하 회고록, 『흰 그늘의 길 2』, 학고재, 2003, 186쪽 참조.

직하는 등 제2차 바티칸공의회의 정신을 계승하고 있던 사제 가운데 한 사람이었다. 박재일은 세례를 받으면서 "이제는 가톨릭교회라는 거대한 조직의 일원으로 살겠다"고 마음을 정했다. 세례명을 '마태오'로 정한 박재일을 두고 『한살림 큰농부 인농 박재일 평전』을 쓴 김선미는 이렇게 평가한다.

> 제2차 바티칸공의회의 철학은 그가 막연하게 꿈꾸었던 이상적인 사회를 건설하는 데 맞춤한 것이었다. 학생 때는 젊은 혈기와 의협심에서 급변하는 시대상황에 휩쓸리듯 운동에 발을 담갔다면 원주에 와서야 비로소 준비된 지도자와 철학 그리고 신앙을 기반으로 한 견고한 조직을 만난 것이다. 박재일은 기꺼이 그 운동의 일원이 되기로 한다. 박재일이 마태오라는 세례명을 받은 것은 그런 역사적 소명에 자신의 인생을 바치겠다는 의미였을까. 마태오는 본래 세관의 세리로 일하던 레위라는 사람인데 부름을 받은 즉시 돈, 지위, 명예 등 모든 것을 버리고 예수를 따라나섰다.[50]

한편 김지하는 영세를 받기 전에 교리문답 정도는 알아야 하지 않느냐고 이영섭 신부에게 물었다. 그러자 이 신부에게서 "아! 교황 회칙들과 공의회 문헌을 읽은 사람한테 초보적인 교리문답이 무슨 소용이오? 괜찮아요. 그냥 가만히 있어요"라는 말이 돌아왔다. 김지하의 세례명은 '프란치스코'인데, 김지하는 예수 이후 가장 큰 분이 프란치스코 성인이라고 보았다. 프란치스코 사상 위에 새로운 의미의 사회주의를 구축했더라면 가톨릭교회가 지금과 달랐을 것이란 생각을 했다.

50 김선미, 『한살림 큰농부 인농 박재일 평전』, 한살림, 2017, 118쪽.

세례 당시 김지하의 마음을 사로잡은 다른 한 사람은 임진왜란 때 일본에 끌려가 순교한 기리스탄(切支丹, 숨어 사는 그리스도인)의 비극적 상징인 오타(大田) 줄리아였다. 오타 줄리아는 일본의 절대 권력자 도쿠가와 이에야스(德川家康)의 수청을 거부한 죄로 절해고도에 유배되어 고통을 당하면서도 지조를 꺾지 않았다. 김지하는 공의회 문헌과 회칙에 나타난 토마스주의와 테야르 드 샤르댕(Pierre Teilhard de Chardin, 1881~1955)의 우주적 스케일보다 신념 하나 때문에 고통스러운 유형流刑으로 죽어간 한 아름다운 처녀의 해맑은 절개에 매력을 느꼈다고 한다.[51]

지학순 주교는 학성동 주교관 부지에 속한 조그마한 기와집을 김지하에게 주었다. 그 집을 아버지와 어머니가 뜯어고치기 시작했는데, 칸수를 늘리고 광을 짓고 기와를 고쳐 얹고 벽을 하얗게 칠해 놓으니 영락없는 '카사 비앙카' 곧 '언덕 위의 하얀 집'이었다. 그리고 김지하는 원주교구 기획실에 기획위원으로 취직되었다. 다만 활동 범위를 원주에만 한정 짓지 않았기 때문에 서울 등지로 자유롭게 오갈 수 있었다. 이것은 장일순과 지학순 주교가 합의한 내용이었다. 목포 출신의 김지하는 1953년에 아버지가 강원도 원주의 극장 영사주임으로 취직하면서 원주로 이사 와서 원주중학교에 다녔던 경험이 새로웠다. 원주가 사실상 또 다른 의미의 고향이 된 것이다. 이때의 심정을 김지하는 회고록에서 이렇게 전한다.

내가 중학교를 다녔고, 그 뒤로도 절반쯤은 고향이라고 할 수 있는 원주에 내려와 거리를, 골목을, 논밭길을, 산길을 혼자 터널터널 걷거나, 청강 선생(장일순)과 함께 문막의 저수지나 봉산 너머 큰 연못에서 낚시

---

51 김지하 회고록, 『흰 그늘의 길 2』, 학고재, 2003, 187~189쪽 참조.

질을 하며 붕어 찌개에 소주를 들며 정치와 예술, 철학과 종교를 얘기하던 저 빛나는 시간들이 때 묻고 지친 나의 영혼을 새하얗게 닦아내 속까지 투명하게 비치도록 만들어 주었다. 저녁 무렵 순간순간 변해가는 치악산의 산빛들, 그 오묘한 색채를 들릴 듯 멍청하니 바라본 적도 많았다.

크게 넓힌 집 안에 널찍한 내 방이 마련되었다. 불을 때고 뜨끈한 방구들에 등을 대고 누워 있으니 슬슬 잠이 오고 포근한 옛꿈들이 되살아나고, 곁에 사랑하는 사람이 있었으면 좋겠다는 생각이 생애 처음으로 나를 깊이 사로잡았다.[52]

김지하는 원주에 머무는 동안 생애 처음으로 격렬한 삶에서 잠시 빠져나와 안식을 얻었던 모양이다. 그리고 1973년 4월 7일, 명동성당 반지하 납골당·경당에서 김수환 추기경의 주례로 소설가 박경리의 외동딸 김영주와 결혼하였다. 그 당시 김지하는 매일 새벽 눈을 떴을 때 곁에 아내가 있다는 사실이 안정감을 주고, 겸손해야 한다는 생각과 자기 긍정을 일으켰다고 전한다. 지학순 주교의 배려로 원주교구청 기획위원으로 취직이 되어 이제 출근할 수 있는 사무실도 있었다. 무엇보다 스승처럼, 동지처럼 살뜰한 장일순과 박재일을 언제든 곁에서 만나 깊은 속마음을 나눌 수 있었다.

52 김지하 회고록, 『흰 그늘의 길 2』, 학고재, 2003, 240쪽 참조.

원주문화방송-부정부패추방운동

1960년대 말에 박정희 정권은 굉장히 경직되어 있더군요. 국민들이 살아가는데 경우에 맞지 않는 것에 대해서 정부가 전혀 대처할 능력이 없더라고요. 그렇게 되니까 이 시기에 각성을 주지 않으면 안 되겠다는 생각이 들었고, 그래서 사회정의를 위해 저항을 하게 된 거죠. 그때 참여한 분들이 많습니다. 지학순 주교님을 비롯해 신부님과 수녀님, 교우님들과 원주시민들, 모든 분들이 그런 뜻에 공감하기 때문에 다들 합세하여 정부에 호소를 하고, 호소만으로 안 되니까 불의한 정권에 저항하게 된 것입니다.[53]

장일순의 말이다. 1970년대에 원주가 민주화의 성지로 여겨지기 시작한 것은 천주교 원주교구장 지학순 주교와 재야 세력을 아우르며 민주주의를 위해 헌신한 장일순이 있었기 때문에 가능한 일이었다.

원주가 민주화운동의 발화점이 된 것은 1971년 10월 5일 원동성당에서 있었던 원주MBC 문제에서 비롯된 부정부패 규탄대회였다. 5·16 쿠데타로 정권을 장악한 박정희는 국가재건최고회의 의장이 되자마자 5·16장학회를 설립하였다. 1962년 박정희는 부산 지역의 유명한 기업인이었던 삼화그룹의 사장 김지태를 부정축재자로 몰아 구속시킨 뒤, 그가 설립한 〈부산일보〉와 〈부산문화방송〉 주식 100퍼센트, 부산 서면 일대 금싸라기 땅 10만 평, 그리

---

53 김영주 편, (사)무위당사람들 엮음, 『대장부 거기에 그들이 있었다』, 이야기담, 2022 개정판, 111~112쪽.

고 부일장학회의 경영권을 국가에 헌납하겠다는 각서를 쓰게 한 뒤 풀어주었다. 한마디로 국가권력이 민간자본을 강탈한 것이다. 그렇게 탄생한 것이 5·16장학회였다.[54]

5·16장학회는 박정희 측근인 대구사범학교 동창들과 친인척들의 권력 놀이터였다. 원주문화방송이 설립된 1970년에 5·16장학회 이사장은 육영수 동생의 남편 조태호였다. 그는 문화방송 이사를 겸임하면서 막강한 권력을 휘둘렀다. 문화방송 사장은 대구매일신문 주필을 지낸 박정희의 친구 최석채였다.

지학순 주교가 원주에 방송국을 하나 설립하자는 생각을 비치기 시작한 것은 1969년경이었다. 그동안 원주교구에서 주교관과 가톨릭센터, 학교를 세우고 지역 주민의 삶을 바꾸기 위해 신용협동조합운동도 하고 있었지만, 로마에서 유학할 때 경험에 비추어 보면 매스컴 등 언론매체를 확보하는 게 뜻하는 바를 널리 알리고 수행하는 데 상당히 효과적이라는 생각을 하게 되었다. 교회도 방송을 통해 사회참여를 해야 한다는 것이다. 이때 지역 문화방송 허가권을 갖고 있는 5·16장학회가 천주교 원주교구에 원주MBC를 공동으로 설립하자고 제안하였다.

MBC 서울 본사에서 60퍼센트의 자본을 투자하고 원주교구에서 40퍼센트를 투자하기로 약속하고 원주MBC 설립에 착수했다. 방송국을 설립하는 데 총 3천만 원이 필요하다고 했다. 5·16장학회의 방송국 설립권을 인정해 원주교구가 1천7백만 원을 투자하고, MBC 본사는 1천3백만 원을 내기로 했다. 1970년 9월 10일에 원주 가톨릭센터 건물에 원주MBC를 개국하여 지역

---

54 전두환 집권 후 5·16장학회는 정수장학회로 이름을 바꾸고 1994년부터 2005년까지 박근혜가 20년간 이사장을 지냈다.

라디오 방송을 시작했다. 초대 사장은 박정희가 지목한 이양호였는데, 개국한 지 두 달 만에 문제가 불거졌다.

1970년 11월, 필리핀에서 열린 아시아주교회의(FABC)에 참석한 지학순 주교는 여러 나라에서 온 신부들과 대화하다가 "원주교구에서 방송국을 설립했는데 MBC 본사에 10만 달러 줬다"는 말을 꺼냈다. 그러자 필리핀 신부들이 놀라며 10만 달러면 라디오 방송국 2개는 만들 수 있는 돈이라 했다. 이 말을 듣고 귀국한 지학순 주교는 원주MBC에 돈을 어떻게 썼는지 회계장부를 보자고 요구했다. 하지만 5·16장학회 측에서는 서류 한 장 답변이 없고, 서울 MBC 본사에 가서 사장 면담을 요구했으나 아예 만나주지도 않았다. 나중에 원주교구에서 외부 전문 기관에 MBC 회계감사를 맡겼더니 최소한 3백만 원 이상이 방송과 관계없는 곳에 유용되었음이 밝혀졌다. 그뿐 아니라 원주MBC는 원주교구에서 투자한 돈만으로 설립되었다는 사실도 드러났다. 게다가 MBC 본사는 한 푼도 방송국에 투자하지 않았다. 원주교구청은 즉각 청와대에 진정을 넣었지만 돌아온 답변은 실망스러운 내용이었다. 5·16장학회는 한 푼도 유용한 게 없다는 거였다. 게다가 원주교구에서 이 문제를 계속 따지고 들면 천주교 지분을 다른 종교 단체에 팔아버리고, 원주교구가 외국에서 원조받은 10만 달러는 정부에 신고한 돈이 아니므로 지학순 주교를 외환관리법 위반으로 구속할 수도 있다고 협박하였다.

당시 지학순 주교는 「부패의 실상과 사회정의」라는 글에서 이렇게 말했다.

장개석 정권이 대륙에서 발붙일 곳을 얻지 못하고 대만으로 쫓겨 온 이유가 무엇인가. 이것은 우리가 너무도 잘 알고 있는 바와 같다. 바로 부정부패 때문이다. 장개석 정부가 아직 중국 대륙에 있을 때 장개석 총통의 처남인 송자문宋子文이 국방장관으로 있었다. 그는 미국에서 들여

온 무기 상자를 뚜껑도 열어 보지 않고 그대로 중공에 팔아 치워 치부해 가지고 미국으로 도망을 갔다.

부패한 자들로 구성된 정부는 공산주의자들을 이길 수가 없다는 산 증거가 아닐 수 없다. 내장이 썩어 가는 환자가 남과 싸워 이길 수 있다고 한다면 이처럼 어리석은 일이 또 어디 있겠는가. 지난 이승만 정권 때만 하더라도 윗사람이 틀렸으면 틀렸다고 말하는 수하들을 볼 수가 있었는데, 지금은 윗사람이 틀린 짓을 해도 틀렸다고 하는 사람을 볼 수 없으며, 이것이 오늘 한국의 특징이라고 하니 참으로 어처구니없는 일이다. 민족을 이렇게 비굴하게 만들어 놓고 자기만이 잘났다고 하는 자들이 있다면 이 자들이야말로 민족을 모반한 죄인으로 영원히 역사에 남을 것이다.[55]

MBC방송 측과 정부는 "가톨릭을 할머니들의 구닥다리 종교로 우습게 보고" 제멋대로 독주하고 있었다. 이런 무리수를 두고 있는 동안 지학순 주교와 장일순, 기획실장 김영주와 김지하는 이 사건을 불씨로 반부패 운동을 크게 벌여보자며 벼르고 있었다. 1971년 추석 무렵 봉산동에 있는 천주교 묘지에서 위령미사를 집전하면서 지학순 주교가 드디어 입을 열어 문화방송을 공격하기 시작했다. 방송국뿐 아니라 우리 사회의 공적 기능 자체가 썩었다고 개탄했다. 이 발언을 신호탄으로 시위를 위한 스케줄이 정해졌다.

그사이 서울에서 학생운동을 조직하던 조영래가 두 차례나 원주로 와서 주교관을 다녀갔고, 이참에 원주 시위를 서울의 학생운동과 재야 지도층이 호응하는 방식으로 확대하는 계획을 세웠다. 사전에 군사정권의 부패와 호

---

55 지학순정의평화기금, 『그이는 나무를 심었다』, 공동선, 2000, 105~106쪽 참조.

교회로 우회하라

화스러운 삶을 격정적으로 성토하는 선언문과 결의문이 작성되었다. 김지하가 이 문건들을 지학순 주교에게 보여주며 교회 문건으로는 너무 과격하지 않나 걱정하자, 지 주교가 말했다. "옛날 예언자들이 모두 과격파야! 막 두들기라고! 그래야 정신이 번쩍 들지." 선언문은 사전에 인쇄되어 조영래를 통해 〈동아일보〉의 천관우 선생에게 전달되었고, 박형규 목사와 박홍 신부, 그리고 학생 지도부에 전달되었다.[56]

1971년 10월 5일 오후 7시 30분, 원주교구 주교좌 원동성당에 스무 명 남짓한 사제들과 평신도 1천5백여 명이 모여 '원주MBC 부정부패 규탄대회'를

원주MBC
부정부패 규탄대회를
비롯하여 원동성당은
1970년대 민주화운동의
메카가 되었다.

열었다. 주님 성탄 대축일 미사 때보다 더 많은 인원이었다. 이날 지학순 주교는 강론에서 "우리가 이렇게 당할 때 일반 국민에 대한 권력의 횡포는 얼마나 심하겠는가. 이제부터는 근본적인 문제를 갖고 싸워야 한다"고 말했다. 미사가 끝나고 이어진 부정부패 규탄 궐기대회에서 국회와 정부에 보내는 결의문이 낭독되었다. "권력만 믿고 부정부패를 일삼는 악과 불의의 표본인 5·16장학회와 이를 비호하는 권력은 정의의 준엄한 심판을 받아야 한다"는 내용이었다.

이날 사제들과 신자들은 거리 시위에 나섰다. '부정부패 뿌리 뽑아 사회정의 이룩하자', '주여, 이 땅에 정의를'이라는 구호가 적힌 현수막을 들고 원동성당을 나와 KBS 원주방송국 사거리까지 진출하였다. 지학순 주교와 사제들이 시위대의 앞줄에 서고 신자들이 뒤따랐다. 박정희 군사정권의 공포정치에 맞서 사제들이 신자들을 이끌고, 그것도 서울에서 보면 보잘것없는 시골에 불과한 원주에서 시위가 벌어진 것이다. 천주교 역사상 처음 있는 정치적 거리 시위였다. 원주경찰서장이 "주교님 저를 밟고 가십시오." 하며 엎드리자, 시위대는 차마 더 앞으로 나가지 못하고 일단 성당으로 되돌아왔다. 하지만 이렇게 경찰 사정을 봐줄 수 있는 일이 아니라고 뒤늦게 판단한 지학순 주교와 시위대는 경찰이 물러간 뒤에 다시 원동사거리까지 진출하였다.

사전 조율에 따라 각 대학 학생운동 지도 역량들이 수십 명씩 내려와 농성에 참가하고 하루에 한 번씩 거리시위를 시도하는데, 대형 미사 때의 그 화려한 복장을 한 주교님과 신부님들이 앞장서서 진압경찰 및 경찰서장 등과 대치하는 중에 시위대의 이동선전반은 계속해서 정부의

56 김지하 회고록, 『흰 그늘의 길 2』, 학고재, 2003, 197~199쪽 참조.

실정과 반민주적 철권정치, 부패 스캔들을 향해 공격을 퍼부었다.

나[김지하]와 기획실장[김영주], 박재일 형은 사제관에 틀어박혀 정보를 수집하고 주요한 판단이나 문건, 스케줄의 변동이나 우발적인 일 등에 대처하는 통제탑 기능을 했다. 신탁과 독신과 수양의 대명사인 신부님들이 마이크를 통해 수천 신도들과 구경 나온 시민들 및 보도진 앞에서 돌아가며 성토하고 공격하는 예언자적 모습은 참으로 기상천외의 웅혼한 숭고 그 자체였다.[57]

사흘 동안 시위는 계속되었다. 그리고 마지막 시위 이튿날 원주문화방송이 먼저 사과하고, 원주교구 측 인사가 문화방송 경영진에 참여하는 것으로 사태가 일단락되었다. 하지만 이 사건을 시작으로 전국에서 박정희 정권의 부정부패를 규탄하는 시위가 일어났다. 10월 8일에는 크리스찬사회행동협의회의 침묵시위가 있었는데, 이들은 서울대교구 가톨릭학생회관에서 박홍 신부의 집전으로 '사회정의 실현 촉진 기도회'를 봉헌하고 "부정과 불의, 부패를 규탄하기 위해 궐기한 천주교 원주교구의 성직자와 신자들의 의로운 행동을 적극 지지하며 우리도 함께 정의를 실현하고야 말겠다"는 선언서를 낭독하였다. 또한 참석자들은 사회의 소금이 되겠다는 뜻으로 소금을 나누어 먹은 뒤 소금이 든 플라스틱 컵을 들고 명동 가톨릭회관에서 종로5가 기독교회관까지 시위하던 중 경찰에 연행되었다. 10월 12일에는 광주 대건신학대학 학생들이 시위를 벌였고, 10월 15일에는 가톨릭과 개신교 단체 대표 50여 명이 '사회정의 실현 연구 세미나'를 열고 결의문을 채택하였다. 여기에는 ① 대통령은 부정부패의 원흉을 즉각 공개 처단할 것 ② 위수령, 휴교

---

57 김지하 회고록, 『흰 그늘의 길 2』, 학고재, 2003, 199쪽.

령 철폐 ③ 정당한 시민의 발언과 언론을 탄압하는 일체의 정보정치 중단 ④ 노동자, 농민, 소시민을 살인적 물가고와 과중한 세금으로부터 해방하고 이들의 생존권을 철저히 보장할 것 등의 내용을 담았다. 이 와중에 지학순 주교는 10월 18일 다시 성명서를 내어 "나는 사회정의의 실현을 위해 불의한 세력과 싸우는데 신명을 걸었으며, 우리 교회는 단합해서 적극적으로 투쟁해야 할 것"이라고 밝혔다.[58]

이때부터 원주교구는 직접적인 사회참여의 봇물을 열어놓기 시작했다. 1972년 발표된 지학순 주교의 사목교서는 "한 사회가 부정과 부패, 빈곤과 억압과 절망의 위기에 처해 있을 때 가톨릭교회는 서슴지 않고 역사의 주가 되시는 그리스도의 정의와 힘과 평화를 믿으며 불의에 대한 과감한 투쟁을 선포하였다"고 전했다. 천주교 주교단에서도 1971년 12월 13일부터 18일까지 열린 정기총회에서 1972년을 '정의 평화의 해'로 선포하고, 사회정의 실현을 위해 '사회정의 추진위원회'를 구성하였다. 여기에는 지학순 주교와 황민성 주교가 참여하였고 위원장에는 김수환 추기경이 추대되었다.[59]

그 후로 서울의 동쪽 변방에 속하는 원주가 박정희 군사독재가 지속되는 동안 내내 저항의 도시로 각인되었다. 그리고 수많은 민주인사들이 고향처럼 다녀가는 곳이 되었다. 물론 그 중심에는 언제나 지학순 주교와 장일순이 있었고, 김지하가 그 사람들과 원주를 이어주는 다리가 되어 주었다. 하지만 장일순은 언제나 전면에 드러나지 않고 배후로 남아 있었다. 당시 장일순을 흠모하여 원주에 자주 찾아오고, 지학순 주교와도 교분을 나누었던 리영희 교수는 지 주교에 대해 이렇게 말한다.

---

58 지학순정의평화기금, 『그이는 나무를 심었다』, 공동선, 2000, 108~109쪽 참조.
59 김영주 편, (사)무위당사람들 엮음, 『대장부 거기에 그들이 있었다』, 이야기담, 2022 개정판, 92~98쪽 참조.

장 선생은 외국 언론기관과의 인터뷰나 국가기관과 관계할 때 좀처럼 표면에 안 나섰어요. 언제나 뒤에서 지학순 주교님에게 올바른 방향을 일러드리고는 했지요. 사실 지학순 주교님은 본래 사회의식이 분명하지 않았던 분입니다. 인자하시고 순진하셨으며, 열정적인 분이었어요. 무위당 선생과의 은근하고 태연한 관계 속에서 많은 영향을 받으셨지요.[60]

금관의 예수

1971년에 가톨릭센터가 증축되면서 원주교구는 주교관과 가톨릭센터에서 나누어 했던 교구청 업무를 한데 모을 수 있었다. 대규모 강당도 마련되어 이후 가톨릭센터는 원주 문화예술의 총본산이 되었다. 개관한 지 3년이 되는 해였는데, 이곳을 찾은 사람들을 집계해 보니 무려 45만 명이나 되었다. 원주 시민 한 사람이 1년에 평균 4번씩은 이용한 셈이었다.

문화운동이든 민주화운동이든 사람이 하는 것이어서, 원주교구와 원주 가톨릭센터가 민주화를 위한 해방구 역할을 하게 된 가장 큰 이유는 그곳에 모인 사람들 때문이었다. 지학순 주교와 장일순이 큰 우산을 들고, 그 우산 아래 제일 먼저 김지하가 깃들어 있었다. 김지하는 원주로 내려와 살게 되면서 원주교구 기획위원으로 일하며 장일순과 지근거리至近距離에 있었다. 원주교구 차원에서 성명서를 낼 필요가 있거나 하면 김지하에게 글을 맡겼다.

---

60 리영희 대담, 『달이 나이고 해가 나이거늘』, (사)무위당사람들 엮음, 2020, 66쪽.

김지하가 장일순과 함께
일하게 되면서
원주는 민중문화운동의
중심지가 되었다.

직책과 월급을 받을 수 있는 자리였다. 그래서 나중에 김지하가 민청학련 사
건 등으로 구속되었을 때 재판장이 직업을 묻자 "천주교 원주교구 기획위원"
이라고 답할 수 있었다. 민주화운동을 하는 사람들을 용공분자로 몰던 군
사독재 시절에 김지하가 자신을 '천주교회에 속한 사람'이라고 밝히는 것은
자신을 변호하는 데 아주 유리하게 작용하였다. 김지하가 구속되었을 때 장
폴 사르트르 같은 이들은 "한국 정부가 민주주의뿐만 아니라 종교도 탄압
한다"고 비판했기 때문이다. 그래서 원주교구 담당 기관원들은 김영주 실장

에게 와서 "제발 김지하가 원주교구 기획위원이라는 말을 하지 않도록 해달라"고 부탁하는 일도 있었다.

원주교구에는 김지하뿐 아니라 서울대 상대 출신의 김헌일이란 청년도 있었다. 대학 시절에 이미 무역 실무에 관한 책을 낼 만큼 실력이 뛰어났고, 영어에 능통해 지학순 주교나 장일순이 부탁하면 외국 서적이나 영어 자료들을 한글로 번역해 주기도 했다. 당시 제2차 바티칸공의회 관련 서적이나 파울로 프레이리의 『페다고지: 민중교육론』 등 아직 번역되지 않은 책들을 일부 번역하여 가톨릭교회의 진보적 견해를 배우는 데 참고 자료로 삼았다. 문학도였던 전표열의 경우에는 원주교육원에 근무하면서 원주MBC에서 방송한 '오늘의 명상' 등 선교방송 원고도 썼다.

원주교구에 모여든 이런 사람들을 묶어서 편의상 '원주그룹'이라고 부르는데, 1972년 남한강 유역 대홍수 피해로 원주교구에서 시작한 재해대책사업위원회와 나중에 만들어진 사회개발위원회에 직간접으로 결합된 사람들도 많았다. 실무적으로 결합해서 일한 이들도 있었지만 외부에서 사안에 따라 모여든 사람들도 있었다. 당시 지학순 주교와 장일순의 부탁이라면 사양하지 않고 달려와 강연과 조언을 아끼지 않았던 이들도 많았다. 협동조합에 관해서는 이우재 선생과 건국대 김병태 교수, 노동문제에 관해서는 노동문제연구소의 김금수, 곽창렬, 이상호 선생 등이 있었다. 그 밖에 김찬국 연세대 교수와 이문영 고려대 교수, 박형규 목사 등이 원주를 수없이 다녀갔다.[61]

그 가운데 민중문화운동을 하던 이들도 꽤 있었다. 이들은 대부분 김지하

---

61 김영주 편, (사)무위당사람들 엮음, 『대장부 거기에 그들이 있었다』, 이야기담, 2022 개정판, 99~100쪽 참조.

와 인맥이 닿아 있었는데, 김지하는 대학가의 문화운동패 후배들인 임진택, 채희완, 김민기, 홍세화 등을 자주 원주로 불러들였다. 이들은 원주에서 연극운동을 했던 장상순을 비롯한 원주 지역 문화 예술인들과 힘을 합쳐 마당극과 탈춤, 연극 창작을 통해 민중문화운동을 활성화하였다. 그중에서도 1973년에 원주 가톨릭센터에서 첫 공연을 한 〈금관의 예수〉는 엄청난 반응을 불러일으켜 원주 가톨릭센터가 민중문화운동에서도 메카와 같은 역할을 하게 만들었다.[62] 대본을 썼던 김지하는 당시 상황을 이렇게 전한다.

> 가톨릭문화운동에 찬성하는 신부님들, 신학자들과 김민기, 이상우, 김석만 등이 어울린 연극 한 편이 마련되었으니, 〈금관의 예수〉가 바로 그것이다. 가톨릭 쪽 사람 이동진이 이미 플롯을 세운 위에 내가 이전에 쓴 〈구리 이순신〉과 오스카 와일드의 동화를 끌어들여 대폭 뼈대를 수정하고, 이종률과 우리 쪽 멤버들이 대거 참여해 연습과정에서 '어렌지'를 과감하게 행함으로써 거의 새 작품이 되었다. 이 〈금관의 예수〉는 노래가 더 유명한데 내가 쓴 가사에 김민기 아우가 곡을 붙인 것이다.[63]

막이 오르면, 청회색의 음울한 하늘을 배경으로 피에타의 예수상이 실루엣으로 보인다. 무대 중앙에 작은 탁자가 있고, 탁자 위에는 검은 표지의 거대한 성서가 있다. 탁자 좌우에 검은 옷의 신부와 수녀가 서로 말없이 노려보며 꼼짝하지 않고 앉아 있다. 그리고 기타 소리와 함께 연극 도입부에 노랫소리가 들려온다.

62 김영주 편, (사)무위당사람들 엮음, 『대장부 거기에 그들이 있었다』, 이야기담, 2022 개정판, 88~89쪽 참조.
63 김지하 회고록, 『흰 그늘의 길 2』, 학고재, 2003, 202쪽.

얼어붙은 저 하늘, 얼어붙은 저 벌판
태양도 빛을 잃어, 아 캄캄한 저 가난의 거리
어디에서 왔나 얼굴 여윈 사람들
무얼 찾아 헤매이나 저 눈 저 메마른 손길

오 주여 이제는 여기에 오 주여 이제는 여기에
오 주여 이제는 여기에 우리와 함께 하소서

[고향도 없다네, 지쳐 몸 눕힐 무덤도 없이
겨울 한복판 버림받았네, 버림받았네]

아 거리여, 외로운 거리여
거절당한 손길들의 아 캄캄한 저 곤욕의 거리
어디에 있을까 천국은 어디에
죽음 저편 푸른 숲에 아 거기에 있을까

오! 주여 이제는 여기에, 오! 주여 이제는 여기에
오! 주여 이제는 여기에, 우리와 함께 하소서

[가리라, 죽어 그리로 가리라
고된 삶을 버리고 죽어 그리로 가리라
끝없는 겨울 밑 모를 어둠 못 견디겠네
못 견디겠네 이 서러운 세월
못 견디겠네 이 기나긴 가난

못 견디겠네 이 차디찬 세상

더는 못 견디겠네

어디 계실까 주님은 어디

우리 구원하실 그분

어디 계실까 어디 계실까]

이 곡은 김지하의 부탁으로 김민기가 원주로 가는 시외버스 안에서 작곡한 노래다. 이 곡은 나중에 '오 주여, 이제는 그곳에'라는 제목으로 바뀌어 1978년 양희은 음반에 담겼다.

김민기는 서울대학교 미술대학 회화과 출신이었지만 음악에 재능이 있었다. 1970년 어느 날 고교 동창 임문일의 소개로 양희은을 만나게 되었다. 집안 사정으로 스스로 돈을 벌어야 했던 양희은이 가수 활동을 시작하며 그에게 노래 반주를 부탁했고, 김민기는 양희은의 노래 반주를 해주며 본격적으로 작곡을 시작했다. 양희은이 데뷔작으로 발표한 「아침이슬」도 이때 작곡한 것이다. 1971년에는 김민기도 첫 음반을 내게 되었는데, 1972년 서울 문리대 신입생 환영식에서 김민기는 「우리 승리하리라」, 「해방가」, 「꽃피우는 아이」를 부르는 바람에 이튿날 새벽 동대문경찰서로 연행되었고, 그의 음반은 전부 발매금지당했다.

한편 김민기는 친구 이도성과 함께 서울 신정동에 야학을 열어 노동자들을 가르쳤고, 인천 도시산업선교회 활동에도 참여하여 연극을 만들어 공연하기도 했다. 그리고 1972년 여름에 잊을 수 없는 체험을 하였다. 마산 수출공단의 노동자들과 해변으로 야유회를 갔을 때였다. 막 석양이 지는 바닷가로 하나씩 둘씩 돌아오는 고깃배를 바라보다, 김민기가 무심코 "야, 참 멋있는데…" 하고 중얼거렸다. 그때 옆에 있던 여성 노동자가 한 마디 쏘아붙였다. "그 사람들은 모두 먹고살자고 하는 일이에요. 뭐가 멋있다는 거지요?" 이때 김민기는 지식인의 사고방식과 감수성에 대한 뼈저린 회의를 느끼기 시작했다고 한다.

그리고 음악처럼 소중했던 그림에 대한 마음도 옅어졌다. 어느 날 그는 야외에서 풍경화를 그리고 있었다. 화면을 수정하려고 칼로 캔버스를 긁어내다가 구멍이 났다. 그 뚫린 구멍 사이로 방금 그리고 있던 나무가 보였다. '도대체 이런 그림을 그려서 무엇 할 것인가. 조금만 움직이면 저 나무를 내 손으로 만질 수 있는데…' 하는 생각이 스쳤다. 김민기는 그해 겨울부터 완전히 서양화 붓을 손에서 놓아버렸다. 당시 김민기는 김지하 등을 중심으로 문인, 화가, 영화인, 음악인, 학자 등이 모이던 '폰트라PONTRA'(Poem on trash, "쓰레기 더미 위에 시를"이라는 뜻)에 참여하고 있었고, 김지하는 김민기가 부르는 「길」, 「혼혈아」 등을 들으며 "그것은 그러나 노래가 아니었다. 차라리 아슬아슬하게 절제된 통곡이었고, 거센 압박 속에서 여러 가지 생채기로 배어나고 우러나는 깊디깊은 우울의 인광燐光이었다"고 했다.[64] 이런 김민기가 원주를 중심으로 민중문화운동을 시작한 김지하와 더불어 일하게 되면서, 그 참에 지학순 주교와 장일순을 만나 가까이 지냈다.

64 김창남 엮음, 『김민기』, 한울, 2004, 562~563쪽 참조.

4부

사회참여

남한강 홍수

재해대책사업위원회

1972년 8월 18일과 19일 이틀 사이에 남한강 유역에 450mm의 물 폭탄이 쏟아져 제천, 단양 지역 등 13개 시군이 엄청난 피해를 입었다. 이 집중호우로 398명이 죽고 130명이 실종되고, 이 지역의 크고 작은 마을이 쑥대밭이 되었다. 원주교구에서 파악한 피해만도 사망자 66명, 부상자 330명, 수재민 14만 5천 명에 이르렀다. 침수된 건물만 5만 채가 넘어 재산 피해는 133억 원으로 집계되었다. 단양 지역 영춘공소 회장은 천주교 원주교구 주보 〈들빛〉에 "모든 것은 없어졌습니다. 다행히 강당 제대는 남아 있어 미사를 봉헌할 수 있습니다. 지난 주일에는 그래도 교우들이 이 지역 자갈밭에 모여 주일 기도를 바치기도 했습니다. 목숨은 살아남았으니 걱정 없습니다"라고 썼다.[1] 이제 아무것도 없는 빈터에서 새로운 일이 시작될 조짐이 보였다.

지학순 주교는 즉각적으로 긴급구호 활동을 전개하여 식량과 의류, 천막 등 1,000만 원 상당의 물품을 수해 지역에 보냈다. 지학순 주교는 세계 각국의 가톨릭 구호 기관에 지원을 호소했다. 1972년 9월에는 가톨릭 자선 기구인 미제레올과 카리타스에 도움을 요청하는 편지를 직접 써서 보냈다. 얼마 후 미제레올 관계자 3명이 실태조사를 위해 원주교구 관할 수해 현장을 방문하고 지원의 필요성에 공감하고 돌아갔다.

그해 11월 26일 지학순 주교는 서독을 방문해 서독 주교단의 주선으로

---

1 김선미, 『한살림 큰농부 인농 박재일 평전』, 한살림, 2017, 124쪽 참조.

자선 기구 미제레올Misereor과 독일 사회복지 전담 기구인 카리타스Caritas 관계자들을 만나 협의를 했다. 그런데 독일 주교 가운데 한 사람이 한국처럼 국민을 탄압하는 독재국가에는 구호 자금을 지원해서는 안 된다고 주장했다. 일이 어그러질 판이었다. 지 주교는 자리에서 벌떡 일어나 "지금 당신이 한국의 정치를 운운하면서 나한테 못 도와주겠다고 하면서 돈 얘기를 하는데, 그 돈이 당신 돈이냐? 그 돈은 독일 국민들이 선한 방식으로 좋은 곳에 써달라고 세금으로 낸 것이다. 종교적으로 이야기하자면 그건 하느님의 돈 아니냐? 그런데 한국의 국내 정치 때문에 돈 주는 게 아깝다고 하니 이해가 되지 않는다"며 회의장 밖으로 나가버렸다. 다음 날 독일의 유력 일간지와 인터뷰하면서 "홍수 피해로 고통받는 한국의 수재민들이 자립해서 일어날 수 있도록 원조해 주면 좋겠다"는 말을 남기고 귀국하였다. 그 영향인지 1972년 12월 말에 미제레올와 카리타스는 291만 마르크(약 3억 6천만 원)의 긴급구호 자금을 지원하기로 결정했다. 이는 단양군 1년 예산에 맞먹는 금액이었다.

지학순 주교는 장일순을 불러 이 돈을 어떻게 써야 할지 의논하였다. 장일순은 "그 돈으로 물고기를 사서 주면 한 끼를 맛나게 먹고 말겠지만, 물고기 잡는 법을 가르쳐 준다면 스스로 물고기를 잡아서 내내 맛있는 식사를 할 수 있지 않겠습니까"라고 말했다. 한편 장일순과 지학순 주교는 이 돈을 교회가 아닌 지역사회로 돌리는 데 합의하였다. "교회는 이해관계에 휘둘리는 장바닥 같은 성전이 아니며, 신앙을 강요하거나 돈과 신앙을 맞바꾸는 집단이 되어서는 안 된다"는 것이 지학순 주교의 생각이기도 했다. 두 사람은 구호 자금을 무조건적 시혜가 아니라 스스로 자립하려는 노력의 대가로 지원하기로 의견을 모았다.[2] 이런 결정은 한국전쟁 이후 교회가 밀가루와 옥수수 등 구호물자를 나눠주면서 신자들을 끌어모았던 방식을 포기한다는 의미였다.

재해대책사업을 추진하기 위해 원주교구에 중앙위원회와 집행위원회가 구성되었다. 중앙위원회 위원장은 지학순 주교가 맡고, 위원들은 원주교구 소속 사제들과 평신도 대표, 피해 지역인 강원도와 충청북도 행정기관의 실국장급 공무원들을 참여시켰다. 집행위원장으로 김영주 당시 원주교구 기획실장을 임명하였다. 장일순은 재해대책사업과 관련해 아무런 공식적인 직함도 없었지만 마치 오케스트라 지휘자의 지휘봉처럼 현장을 조율하며 움직였다.

이렇게 수해 복구를 위한 긴급구호사업과 부락개발사업이 전개되기 시작하였다. 장일순은 "우리가 맡은 돈이라고 우리끼리 독단적으로 일을 해서는 안 된다"면서 되도록 많은 사람, 특히 전문가들의 지도를 받으며 일을 추진해야 한다는 입장이었다. 그래서 원주그룹 바깥에서 자문위원으로 대학과 연구소에 있는 전문가들이 대거 참여하였다. 김영주 집행위원장은 제일 먼저 김병태 농촌문제연구소 소장을 찾아갔다. 마침 그 연구소에 함께 있던 이우재도 적극적으로 도와주었다. 김병태 교수는 즉각 연구원들과 함께 여주부터 남한강을 따라 거슬러 올라가면서 수해 지역 실태를 조사한 뒤 보고서를 만들어 재해복구를 위한 기초 자료로 활용할 수 있도록 했다. 광산 문제는 고려대 노동문제연구소장 이문영 교수가 지도해 주었다.

원주교구의 재해대책사업에 몇 가지 원칙이 정해졌다.

첫째, 식량 지원이 우선이었다. 가을에 수해가 났으니 농민들은 당연히 그해 농사를 망친 셈이고, 다음 해 수확기까지 먹을 것을 확보하는 게 급선무였다. 두 번째는 흙이 떠내려가 황폐해진 농토를 복구하는 사업이었다. 농지

2　김영주 편, (사)무위당사람들 엮음, 『대장부 거기에 그들이 있었다』, 이야기담, 2022 개정판, 152쪽 참조.

가 복구되어야 다시 농사를 지을 수 있기 때문이다. 세 번째는 농민들의 소득원을 개발하는 문제였다. 수재민들을 지원하는 과정에서 일방적이고 맹목적인 시혜가 아니라 재해를 당한 농민들을 그 모든 작업 과정에 함께 참여시키는 방식이다. 식량을 지원받더라도 자기 몫의 일을 하고 대가로 받아야 농민들이 자존감을 잃지 않기 때문이다. 중요한 것은 물질적인 구호도 있겠지만, 절망에 빠진 그들이 스스로 자립 의지와 자신감을 갖도록 만드는 일이었다. 주민들은 그냥 도와주기나 할 것이지 이래라저래라 간섭한다고 귀찮아하는 눈치도 있었지만 차츰 시간이 지나면서 능동적으로 의욕을 갖고 참여했다. 특히 동일한 작목을 생산할 수 있는 생산협동 조직을 구성하자 일에 시너지 효과가 나타나고, 이런 협동체들이 모여 마을총회를 열고, 마을이 당면한 일들을 민주적이고 협동적으로 처리하기 시작했다. 그때만 해도 유신 시절이라 마을 주민들이 자주 모이는 것 자체를 당국에선 불편하게 생각했지만, 주민들은 살맛이 났다. 게다가 운송수단으로 경운기 지원사업이라든가 탈곡기, 건조기 시설 등을 공동으로 사용하는 '이용협동조합'을 만들기도 했다.[3]

이 원칙에 따라서 한우 작목반이 조직·운영되고, 농촌과 광산 지역의 고질적 문제였던 부채 해결을 위해 신용협동조합도 조직되었다. 이 과정에서 농촌지역에 53개의 조합과 광산 지역에 15개의 신협(1987년 현재)이 만들어졌다.

---

3 윤형근-박재일 대담, 『달이 나이고 해가 나이거늘』, (사)무위당사람들 엮음, 2020, 86쪽.

어떻게 일할 것인가

1973년 1월 재해대책위원회가 조직되면서 예전부터 삼삼오오 장일순을 중심으로 활동하던 이들이 모이기 시작했다. 아울러 학생운동가 출신이 여기에 합류하면서 이른바 원주그룹의 외연이 확장되었다. 당시 한마리아, 김인성, 김현식, 김헌일, 정인재, 홍고광, 유재동, 이우근, 이한규, 이경국, 김상범, 박양혁, 임광호, 장상순 그리고 최기식 신부 등이 시차를 두고 재해사업을 중심으로 하나의 진영을 이루었다. 그중에서 농촌사업은 박재일, 정인재, 이우근, 홍고광이 담당했고, 한우지원사업은 장상순, 김상범이 맡았다. 광산사업은 이경국이, 교육사업은 김헌일이 선발되었다.

재해대책위원회는 1973년 남한강사업과 한우지원사업, 1976년 원주원성사업과 1977년 광산소비조합육성사업을 통한 긴급구호사업뿐 아니라 농촌부락 단위의 협동 활동을 통한 부락개발운동과 신협운동을 3개 도, 13개 시, 90여 개 농촌 부락과 10여 개의 탄광지부에서 전개하였다. 그런데 이들의 수해복구사업은 '새마을운동'과 전혀 다른 방식을 취하였다. 새마을운동은 정부가 주도하는 전투처럼 진행되었다. 초가지붕을 갈아엎는 새마을 가꾸기는 사실상 기업에서 과잉생산 된 시멘트의 재고 처리를 정부가 나서서 해결해 준 것에 불과했다.

> 당시 쌍용양회의 사주였던 민주공화당 재정위원장 김성곤의 요청으로 정부가 막대한 양의 시멘트를 사들였고, 한 부락에 288포씩 3만여 부락에 무상제공한 것이 마을길을 포장하고, 초가집을 시멘트 기와집으로 바꾸는 새마을운동이 된 것이다. 이후 박정희는 단순히 새마을 가꾸기가 아니라 '근면 자조 협동'을 강조하는 민족성 개조운동으로 무슨

전투를 치르듯 새마을운동을 밀어붙였다. 박정희에게 농민들은 "긴 겨울철 농한기에 아무것도 하는 일 없이 나태와 안일에 빠져 음주나 도박으로 소일하는 퇴폐적인" 존재들이며, 정신을 개조해야 할 대상이었다. 그러나 원주그룹의 생각은 달랐다. 수해복구 사업에서 '하늘은 스스로 돕는 자를 돕는다'는 원칙을 세웠지만, 이들은 근본적으로 농민이 '가장 존엄한 하늘'이라고 생각했다.[4]

재해대책사업의 실무 요원들을 관 주도의 '새마을운동 지도자'와 구분해 '상담원'이라고 불렀는데, 장일순은 상담원들에게 '농자성군農者聖君'을 잘 모시라는 표현을 즐겨 사용했다. 처음 재해대책사업위원회가 결성되었을 때 집행위원 가운데 실무 요원을 '부락지도자' 또는 '지도원' 등의 명칭으로 부르자는 의견도 있었다. 하지만 이런 명칭은 실무 요원들이 일방적으로 부락민들을 가르치려고 한다는 오해를 받을 위험이 있었다. 따라서 실무 요원들이 고통받는 지역 주민들과 함께한다는 자세를 보이고, 주민들을 가르치는 사람이 아니라 의논의 상대라는 인상을 주기 위해 '상담원'으로 결정되었다.[5] 영어로는 '필드 워커field worker'라 불렀다.

상담원의 임무는 지역 주민들의 의견을 듣고, 그들에게 가장 적합한 사업이 무엇인지 구상하여 그들에게 다시 제시하는 일이었다. 이렇게 주민들의 이야기를 듣다 보면 지역의 실정을 잘 알게 되고, 상담 활동을 통해 한우 작목반을 만든다든지, 약초 작목반을 만들게 된다. 이 일이 잘 진행되는 걸 지켜보면서, 이어서 신용협동조합을 만드는 방식으로 추진하였다.

4 김선미, 『한살림 큰농부 인농 박재일 평전』, 한살림, 2017, 128쪽.
5 『대장부 거기에 그들이 있었다』, 무위당사람들, 2021, 341쪽 참조.

상담원들이 해야 할 업무 중 빠질 수 없는 것은 지역 주민들 가운데서 지도자를 찾아내는 일이었다. 꾸준히 마을 주민을 만나다 보면 그 마을에서 표면적으로 영향력을 끼치고 있는 새마을 지도자나 이장보다는 주민들이 실제로 존경하고 따르고 있는 사람이 누구인지 알게 된다. 그 사람을 발굴해서 마을 지도자로 양성하는 게 중요했다. 이를테면 장일순은 상담원들을 교육하면서 사전에 이런 지침을 주었다. 마을 문제를 조사하면서 마지막에 반드시 "당신이 위급한 상황에 처하면 이 동네에서 누구와 상의합니까?"라고 묻게 했다. 주민들 입에서 가장 많이 나오는 이름이 실질적인 마을 지도자라고 생각했기 때문이다. 그러면 상담원들은 그 사람을 찾아가 "이번에 마을을 위한 이러이러한 교육이 있는데 선생님이 와주셨으면 좋겠다. 선생님이 오셔야 이 마을에서 말이 통할 게 아니냐"라고 설득하라는 것이다. 그렇게 선정된 사람들은 상담원들과 함께 현장 교육도 하고, 원주교육원에 초청해서 마을회의 진행법, 회계 방법 등을 가르쳐줌으로써 재해대책사업위원회가 하는 사업에 적극 동참하는 마을 지도자로 성장했다.[6]

각 지역에 파견되었던 상담원들은 한 달에 한 번 정도 원주에 모여서 그간에 진행된 활동 상황이나 결과 등을 서로 보고하고 점검했다. 이때마다 장일순은 그 자리에 참석해서 상담원들의 이야기를 들었다. 특별한 경우가 아니라면 장일순은 길게 토를 달지 않았고, 상담원들끼리 이야기를 나누는 과정에서 길을 찾도록 분위기만 만들어 주었다. 이들에게 장일순의 역할이란 큰 틀에서 방향을 알려주고, 고생한 상담원들을 격려하며 등을 두드려 주는 일이었다. 재해대책사업위원회가 마련한 교육 내용은 1960년대부터 신협 운동을 이끌어 왔던 장일순과 장상순, 박재일 등이 중심이 되어 만들어 나

6 안재성, 용정순, 『바위 위에 핀 꽃』, 강원민주재단, 2023, 130쪽 참조.

갔다. 처음에는 전문 기관의 참여와 협조를 받아 교육사업을 추진해 갔으나, 점차 자신들의 경험을 바탕으로 고유한 교육 내용을 만들어 갔다. 이 과정에서 농촌과 광산 지역의 사회경제적 현실에 기초하여 농민과 광산 노동자들의 눈높이에 맞는 교안이 만들어졌는데, 특히 부락개발사업과 협동조합운동을 전개하면서 얻은 경험으로 더 실질적인 교안이 마련되었다.

광산 지역 협동조합운동

이러한 활동은 특히 광산 지역에서 활발하게 일어났다. 광산 노동자들은 기본권이 철저히 유린된 상태에서 가장 열악한 노동환경에 놓여 있었다. 당시 광산촌에서 상담원들이 활동하면서 협동조합운동은 곧 민주화운동과 연계되었다.

> 우리가 협동조합만 한다고 보지만, 뒤에선 전부 광부들하고 노동운동을 하거든. … 그때 나는 광부들 데려다가 임금, 임금대비표 조사하자, 그거 가르쳤거든. 그거 가르치다 김금수, 천영세, 노동문제연구소 멤버들 불러오고 그랬지. … 박현채 교수 모셔다가 경제이론에 대해 배우고, 경제불황 뭐 이런 거 광부들한테 가르쳐 줬고 그랬어.[7]

광산 지역 상담원 이경국의 구술처럼 재해대책사업위원회는 1970년대 어용노조가 주류를 이루었던 광산 지역에서 민주성을 확보하거나 노동운동을

---

7 이경국 구술, 안재성, 용정순, 『바위 위에 핀 꽃』, 강원민주재단, 2023, 132쪽 재인용.

활성화하는 데 기여하였다. 당시 상황을 가장 잘 기억하고 있는 사람은 광산 지역 책임상담원이었던 이경국이다.

원주 시내에서 건축자재 장사를 잘하고 있는 저를 무위당 선생님이 주교관으로 와달라고 부르셔서 가보니까, 지 주교님과 함께 계셨어요. 무위당 선생님이 경국아, 너 사람 낚는 어부 한번 해봐라. 광산에 가서 광부들 모시고 일 좀 해다오. 제가 누구 명인데 거절하겠어요. 한 달 뒤 저는 장사를 접고 보따리 하나 짊어지고 광산으로 갔어요.

그때 태백 탄전에 20만 명의 광부들이 있었습니다. 3년 동안 광부들을 설득해서 협동조합 교육시키고, 신용협동조합 15군데 만들고, 광산의 물가가 너무 비싸서 생필품을 싼값에 공급할 수 있는 소비조합 50군데를 만들었어요. 광산에 지학순 주교님이 건물을 크게 지어주셔서 소비자협동조합 사무실을 거기다 두고 1층에는 광부들이 사용할 생필품을 잔뜩 싸놓고 15년 동안 협동조합운동을 했습니다.[8]

당시 광부들을 장악하고 있던 어용 노동조합은 회사와 유착 관계를 맺고 있어서 광부들의 권익 향상과는 거리가 멀었다. 이경국은 이런 여건에서도 장성, 태백, 도계 지역의 탄광촌을 다니면서 쉼 없이 교육하면서 조합원들의 의식을 바꿔놓았다.

"광부들은 교육을 통해서 자기들이 사 먹고 사 입는 것, 생필품들이 여러 유통조직을 통해 마을까지 도착한다는 것을 알게 됐어요. 그래서

8 김삼웅, 『장일순 평전』, 두레, 2019, 151~152쪽 재인용.

유통구조를 줄이는 방법에 관심을 갖기 시작했어요. 소비조합의 원리에 의해서 마을주민들이 조합에 가입해 공동구매 사업을 시작했어요. 그전에는 다섯 단계를 거쳐서 상품이 마을까지 왔다면 세 단계로 줄이는 방법을 찾은 거죠. 그래서 소비자협동조합을 만들었어요. 우리는 신협을 만든 경험이 있으니까 그 경험을 토대로 소비조합을 만드는 것은 어렵지 않았어요. 소비조합을 하면서 물건값을 줄였는데 나중에는 소비조합연합으로 발전했어요. 광산소비조합협의회와 농촌소비조합협의회 등으로 말이죠."[9]

의식화 교육

장일순은 주민 교육을 의식화 과정으로 여겨 당시 김헌일에게 파울로 프레이리의 영문판 『페다고지』를 번역하게 하고, 번역된 글을 홍고광, 정인재, 김상범 등이 등사판으로 비밀리에 찍어서 돌려보며 학습하였다. 파울로 프레이리Paulo Freire(1921~1997)가 브라질 군사독재 아래서 펴낸 『억압받는 자의 교육학(Pedagogia do Oprimido)』은 1968년 스페인어로 처음 출판되었고, 영어 번역은 1970년에 나왔다. 프레이리는 억압받는 사람들을 위해 헌신하면서 브라질 사람들의 문맹퇴치 교육의 경험을 살려서 민중들의 의식화를 위한 교육학을 제창하였다.

프레이리는 고립된 개인들이 아니라 대중에게서 사회 변화의 힘이 나온다고 믿었다. 이런 점에서 프레이리는 "교육이 정치"라고 생각했다. 그가 말하

9 김삼웅, 『장일순 평전』, 두레, 2019, 153~154쪽 재인용.

는 교육이란 국가 관리의 '제도
권 안 교육'에 국한하지 않으며,
다양한 현장의 교육을 포함한다.
자기 현장에서 민중들은 교육과
정을 통하여 세계를 인식하고,
의식화된 만큼 실천하면서 더
나은 세계를 만들 수 있다는 희
망을 갖게 된다. 그래서 프레이

파울로 프레이리의 『억압받는 자의 교육학(Pedago-
gia do Oprimido)』.

리 교육사상은 희망의 교육학이라고 부를 수 있다. 억눌린 민중들의 해방과
인간화를 위한 '해방의 교육학'을 제시한 프레이리의 교육은 한마디로 '의식
화 교육'이었다. 가난한 브라질 민중들은 글 읽기를 배움으로써, 단순히 글자
만을 깨우치는 것이 아니라, 자신이 살아가는 세계의 억압적 현실까지 비판
적으로 읽을 수 있는 의식을 갖춰나가게 되었다.

사실상 원주교육원이나 현장에서 공부하고 토론하는 과정은 그 자체가 의
식화 과정이었다. 농민들과 광부들이 모여서 진지하게 이야기를 나누면 나
눌수록 그들은 유신체제가 낳은 부당한 현실을 자기 현장에서 깨닫게 되었
다. 더군다나 작목반이나 협동조합에 참여하면서 민주주의가 무엇인지 체득
하게 되었다.

농촌 개발에 참여했던 박재일은 주민들과 상담원 관계가 학생과 교사, 환
자와 의사의 관계와 다를 바 없다고 여겼으며, 가르치고 배우면서 서로 성장
시킨다는 '교학상장敎學相長'의 원리를 장일순에게 배울 수 있었다.

선생님 말씀 중에 기억나는 것이 몇 가지 있는데, "가르치는 자와 배우
는 자가 나뉘고 고정되어 있는 것이 아니라 선생이 학생이 되기도 하고

학생이 선생이 되기도 하는 서로 배우고 가르치는 관계이다." 즉 환자와 의사의 관계에서도 의사가 일방적으로 환자에게 시혜를 베푸는 관계가 아니라, 의사를 찾아온 환자가 "어디가 어떻게 아프다"고 의사에게 일러주는 과정에서 환자가 선생이고 의사가 학생이 되는 것처럼 … 서로 가르쳐주고 배우는 상호작용이 생긴다는 거야.[10]

'교학상장'의 원리는 나중에 한살림모임에도 적용되었다. 한살림 조합원을 교육하면서 장일순은 이런 말을 덧붙였다.

공동의 과제를 지속적으로 밀고 나가려면 혼자 또는 끼리끼리만 하지 말고, 많은 사람들과 두루두루 만나서 얘기를 나누며 공부해야 합니다. 가르치는 자는 지배하는 자가 아니며, 배우는 자는 지배받는 자가 아닙니다. 그 관계가 민주적일 때만 교육의 내용도 민주적 가치를 얻게 됩니다.[11]

실제로 농촌이나 광산촌의 주민들은 원주교구에서 마련한 교육과정을 이수하면서 의식화되었다. 자신들이 처한 형편을 둘러싼 구조적 문제를 알게 되고, 가톨릭농민회 등에서 주장하는 내용이 정당하고 필요하다는 사실을 깨닫는 단계에 이른다. 한편 원주교육원에서 교육을 받은 마을 지도자들은 그 마을 안에서만 리더 역할을 하는 게 아니라, 정부의 농정에 대한 비판적 인식을 하게 되면서 전국적인 농민운동에도 관심을 갖게 되었다. 그러다 보

10 윤형근, 『달이 나이고 해가 나이거늘』, (사)무위당사람들 엮음, 2020, 82쪽.
11 (사)무위당사람들 엮음, 『무위보감 누가 알랴』, 무위당사람들, 2022, 92쪽.

니 정보기관에서는 원주교육원의 초청 교육이 주민들을 의식화한다고 판단하고 교육원 주변을 감시하였다. 그리고 농촌지역의 면사무소 직원들은 원주교육원에서 교육을 마치고 귀가한 주민들을 찾아가 교육원에서 무슨 교육을 했는지 꼬치꼬치 캐묻기도 하였다.[12]

그래서 김영주 집행위원장은 대책사업 실무를 맡고 있는 상담원들에게 "우리는 단돈 1원이라도 부정하게 써서는 안 된다. 유리알 들여다보듯 회계는 투명해야 한다. 한 푼이라도 부정하게 돈을 쓰게 된다면 그것이 빌미가 되어 그 즉시 우리는 정부의 표적이 된다는 점을 명심해야 한다"고 당부했다. 그래서 한우증식사업을 할 때도, 한우를 수해를 입은 마을에 공급하기로 한 날 아침에 재해대책사업위원회 사무실에 있는 자동차에 상담원이 그 마을의 대표자를 태우고 함께 우시장으로 가서 공개된 장소에서 돈을 전달하고 돌아왔다. 그러니 정보기관에 약점이 잡힐 게 없었다.

강원도 가톨릭농민회

당시 원주그룹에 속한 상담원들 가운데 상당수가 가톨릭농민회 활동과 재해대책사업을 병행하였다. 재해대책사업을 실행할 때 농촌지역 문제는 가톨릭농민회의 지원을 받아야 효과적이었기 때문이다. 1966년에 창립된 '가톨릭농촌청년회'가 1972년 '가톨릭농민회'로 이름을 바꾸면서 본격적인 활동을 시작했으니, 1973년에 본격적인 활동에 들어간 원주교구의 재해대책사업

---

12 김상범 편, (사)무위당사람들 엮음, 『대장부 거기에 그들이 있었다』, 이야기담, 2022 개정판, 357쪽 참조.

과 시기적으로 맞물리는 측면이 많았다. 한국가톨릭농민회 초대 전국회장이었던 이길재의 권유로 1974년에 가톨릭농민회에도 가입한 박재일은 1975년에 가톨릭농민회 전국본부 부회장이 되었다.

　가톨릭농민회 활동을 하면서 주로 한 일은 정부수매 쌀 생산비 보장운동과 농협 민주화운동 등이었다. 쌀 생산비 조사사업은 박재일이 부회장이 되면서 시작했다. 가톨릭농민회 회원들을 대상으로 정부의 쌀 수매가격이 생산비를 보장하고 있는지 실태 파악에 나선 것이다. 1975년 첫해에는 전국 8개도 26개 농가를 대상으로 일반 벼와 통일벼 재배 농가를 나누어 조사했다. 조사원들에 대한 사전 교육은 건국대 김병태 교수가 맡아서 원주 가톨릭센터에서 진행했다.

　　1975년 당시 80킬로그램 쌀 한 가마니 생산비가 통일벼는 2만 4,335원,
　　일반벼는 2만 7,639원이었는데, 정부에서는 일반벼와 통일벼 구분 없이
　　수매가를 1만 9,500원으로 정해놓았습니다. 쌀농사를 지을수록 농민들
　　은 손해만 보는 구조라는 것이 조사결과 증명이 되었어요. 가톨릭농민
　　회의 쌀 생산비 조사사업은 농업경제학을 전공한 전문가들의 도움을 받
　　아 정확하게 산출했기 때문에 정부에서 반박할 수 없었던 것입니다.[13]

　쌀 생산비 조사사업으로 가톨릭농민회에 대한 교회와 신자들의 신뢰가높아지면서, 농민회 분회 조직 사업도 추진력을 얻었다. 박재일은 재해대책사업을 하면서 만난 농민들을 공소 중심으로 분회를 꾸려나갔다. 이게 결실

13　김상범 편, (사)무위당사람들 엮음, 『대장부 거기에 그들이 있었다』, 이야기담, 2022
　　개정판, 361쪽.

을 맺어 마침내 1976년 2월 6일 가톨릭농민회 강원지구연합회가 만들어졌다. 강원지구연합회 초대 회장은 장일순의 대성학교 제자이며 재해대책사업 상담원이기도 했던 김상범이 맡았다. 당시 강원지구연합회를 창립하면서 밝힌 농민회의 목적은 장일순과 원주그룹이 추구하던 것과 다를 바 없었다.

> 가톨릭농민회는 예수 그리스도를 따라 하느님의 믿음으로 깨어나는 농민들이 '스스로' '함께' 농민 자신과 사회를 누룩처럼 변혁시켜감으로써 농민구원, 겨레구원, 인류구원을 지향하는 생활공동체운동이다. 농민 스스로의 단결과 협력으로 농민권익을 옹호하고 인간적 발전을 도모하며, 사회정의 실현을 통한 농촌사회의 복음화와 인류공동체의 발전에 기여함을 목적으로 한다.[14]

그러니 가톨릭농민회 활동이 정부와 마찰을 일으킬 수밖에 없었다. 쌀 생산비 문제보다 더 심각한 문제는 통일벼 재배 자체에 있었다. 통일벼는 필리핀에서 도입한 종자를 우리 풍토에 맞게 개량한 것인데, 재배 면적당 수확량은 컸지만 비료와 농약을 많이 주어야 하기 때문에 결국 비료와 농약을 생산하는 다국적 기업의 이익만 키워준 격이었다. 그리고 비료를 많이 주니 병충해가 많아지고, 이 때문에 논에 농약을 많이 뿌리다 보니 생태계에 필요한 거미라든가 미꾸라지 같은 익충들이 다 죽게 되면서 토지가 더욱 황폐해졌다. 게다가 농민들의 농약 중독 사고가 끊이지 않았다. 가톨릭농민회는 이런 악순환을 끊기 위해 통일벼 반대운동을 전개했다. 그리고 1977년 가톨릭농민회는 미생물을 활용한 효소농법을 개발하여 농민들에게 보급하였다.

---

14 『가톨릭농민회원주교구연합회 30년사』, 56~57쪽.

아울러 1981년에는 전자석의 책 『생명의 농업-죽음의 농법에서 삶의 농법으로』를 비매품으로 만들어 농가에 보급하였다.[15] 이 시기는 원주에서 장일순이 생명운동에 대해 고민하기 시작한 시점이기도 하다.

> 난 사실은 77년부터 [우리 운동이] 결정적으로 바뀌어야 한다고 생각했습니다. 땅이 죽어가고 생산을 하는 농사꾼들이 농약 중독에 의해서 쓰러져가고, 이렇게 됐을 적에는 근본적인 문제부터 다시 봐야지. 오늘날의 자본주의 사회나 공산주의 사회를 막론하고 산업사회에 있어서 이윤을 공평 분배하자고 하는 그런 차원만 가지고 투쟁하는 것으로 풀릴 문제가 아니라고 생각했어요. 이것으로는 오늘날의 핵문제, 공해문제, 자원보존문제 등등 지구가 죽어가고 있는 이 세계의 문제는 해결되지 않습니다. 그래서 나는 방향을 바꿔야 되겠구나, 인간만의 공생이 아니라 자연과도 공생하는 시대가 이제 바로 왔구나, 하는 것 때문에 방향을 바꿔야 하겠다고 생각을 했어요.[16]

1977년은 박정희 정권이 추진해 온 저곡가 농민 정책에 기반한 저임금 노동정책, 그리고 고속화 대량생산 산업화의 그늘과 폐해가 응집되어 나타난 해였다. 1977년 연초부터 '아름다운 내 강산 맑고 푸르고 깨끗하게'라는 슬로건과 함께 자연보호운동이 대대적으로 일어났다. 2월에는 이화여대 환경문제연구소에서 '화학비료 농약 쓰는 일반농사 쌀의 중금속 오염 가중 퇴비 쓰는 자연농보다 수은 2배 납 14배'(《동아일보》 1977년 2월 3일 자)라는 발표를

---

15 김선미, 『한살림 큰농부 인농 박재일 평전』, 한살림, 2017, 151~152쪽 참조.
16 장일순과 황필호의 대담, MBC TV 「현장인터뷰-이 사람」, 1992년 6월 12일 방영.

했다. 1974년부터 민통선 안에 있는 농지에서 일반 농사와 자연농 농사를 구별해 경작하고 수확한 현미에서 검출된 중금속량을 비교한 결과였다. 반면에 세계 최대 비료 공장인 여수남해화학공단이 문을 연 것도 1977년이었다.[17]

억압받는 이들을 위한 성서

1970년대에 들어서 천주교 원주교구는 원주문화방송국 비리로 촉발된 부정부패추방운동과 재해대책사업으로 원주 지역과 한국 사회에 큰 파장을 불러일으켜 왔다. 이는 '사회복음화'라는 교회 사명에 대한 진지한 응답이었다. 장일순은 지학순 주교와 더불어 이러한 경험을 교회 안에 체계적으로 안착시키기 위해 노력하였다. 그것은 원주교구 전체를 교회개혁과 민주화운동의 못자리로 만들었다. 지학순 주교는 1973년 「생활 속에서 그리스도를 찾자」라는 사목교서[18]를 발표하면서 자신의 입장을 분명히 밝혔다.

---

17 김선미, 『한살림 큰농부 인농 박재일 평전』, 한살림, 2017, 153~154쪽 참조.
18 지학순 주교의 1973년 사목교서는 문장의 형식과 내용에서 전통적인 교서와 전혀 달랐기 때문에, 교구 사제 등 일각에서는 지학순 주교가 아닌 김지하가 작성한 것이 아닌지 의혹이 일었다. 그리고 내용 자체가 기존 사목적 관행에 젖어 있던 사제들에게는 거부감을 일으키는 것이었다. 하지만 교구장의 사목교서는 통상적으로 주교 개인이 직접 쓰지 않고 주변에 맡기고 주교의 최종 검토 후 교구장 이름으로 발표되는 경우가 많았다. 이 점에서 보면, 비록 초안을 지학순 주교가 쓰지 않았더라도 주교의 재가를 통해 공표된 것이라면 주교 자신의 교서인 셈이다. 따라서 초안 집필자가 누구인지는 중요한 사항이 아니라고 보아야 한다.(《무위당사람들》, 2022년 4월 호, 18~19쪽 참조)

올해 우리 교구의 활동 목표는 새로운 신학의 토대 위에서 사회정의의 구체적 실천을 조직 전개하고, 저소득층과 근로 계층에 속하는 절대다수의 가난한 대중 속에 들어가 그들이 바로 이 세상의 주인임을 깨닫고 자기의 마땅한 권리를 되찾아 생활과 현실을 향상 개선하도록 복음을 전하며, 실제에 있어 그들을 협동 생활로 조직 교양하여 구체적인 생활의 진보 속에서 그리스도를 육신화 시키는 것에 있다.[19]

지학순 주교는 사제들에게 "사제들은 스스로 사목자로서의 고상한 품성과 일에 대한 열성을 함양하고 현대세계에 관한 과학적 지식을 섭취하며 대중에 대한 조직 능력을 키우도록 노력"하라고 요청했다. 이를 위해 제2차 바티칸공의회 문헌과 교종 요한 23세와 바오로 6세의 사회회칙을 공부하고, 한국 사회의 실정에 맞는 신학을 탐구하고, 특히 라틴아메리카와 아프리카 교회에서 사목 경험을 배우도록 요구했다. 당시 라틴아메리카에서는 1968년 메데인 중남미 주교회의 이후 해방신학이 공식 신학으로 인준되고, 수만 개의 그리스도인 기초공동체(B.C.C.)가 건설되고 있었다.

당시 라틴아메리카 민중들은 한국처럼 군사독재로 고통받고 있었으며, 교회는 민중해방운동에 연대하는 실천적 신학을 발전시키고, 평신도 지도자를 양성하여 바닥공동체를 만들어 갔다. 이들에게 민중 현실에 응답하지 않는 신학은 지배자의 신학에 불과하다는 믿음이 있었다. 세계 교회의 흐름에 민감했던 지학순 주교는 사제들에게 "본당과 공소를 모든 교우, 모든 민중의 협동 생활의 기지로, 공동체화의 터전으로 발전시키도록" 고무하였다. 본당과 공소를 개방하여 신자들과 지역 주민들이 교회 안팎을 넘나들도록 하였다.[20]

---

19 지학순정의평화기금, 『그이는 나무를 심었다』, 공동선, 2000, 138쪽.
20 지학순정의평화기금, 『그이는 나무를 심었다』, 공동선, 2000, 138~139쪽 참조.

현실에 도전하는 성서

이러한 노력은 원주교구 자체가 박정희 정권 아래서 일종의 '해방구' 같은 역할을 수행하도록 이끌었다. 지학순 주교는 "복음 가운데 빈부문제, 정의문제, 현실개혁과 평화 및 공동체생활 등 우리 민중의 현실 생활과 직접적으로 관련된 말씀들을 집약적으로 간추린 '복음 간추림'을 작성해서 보급하라"고 사목교서에서 지시했다. 때마침 1973년 6월 10일 분도출판사에서 『현실에 도전하는 성서』(영역본, The Radical Bible, 1972)가 출간되었다. 이 소책자의 각 항목은 사회정의와 인간의 해방에 초점을 맞추어 성서와 신학, 사회교리, 진보적 사회 활동가들의 글로 채워져 있었다.

지학순 주교.

지학순 주교는 1973년 7월 19일 자 공문을 통해『현실에 도전하는 성서』를 대대적으로 신자들에게 보급하라고 지시했다. 당시 이 소책자 1만 권가량을 교구에서 매입해 신자들에게 배포하였다.

> 올해 교구에서 정한 중심적 활동 내용인 민중협동화, 특수사목 등의 기본정신이 '복음 간추림' 속에 요약되어 있으므로 그것의 활용, 보급, 침투 없는 활동이 그 소기의 목적을 달성할 수 없고, 활동의 정신적 추동력을 찾아낼 수 없음을 명심하여 모든 사제, 모든 간부는 먼저 스스로 '복음 간추림'을 깊이 학습하고 이해하여 모든 교우에게 해설, 교양하고 또한 모든 실천에 '복음 간추림'을 앞세우도록 노력해야 한다. … 여기서 우리가 경계해야 할 경향은 '복음 간추림'을 여타의 일반적인 교양 책자처럼 취급하여 그 활용을 등한히 하는 오만한 태도, 지식의 수준이 아직 낮은 단계에 있는 교우들에게 알아듣도록 해설하여 주지 않고 내팽개쳐 두거나 하다 말다 하는 산만한 태도, 그리고 '복음 간추림' 활용을 모든 교회 활동과 결합시키지 않고 또 올해 활동 테제와 결합시키지 않고 그것만 따로 활용하는 방만한 태도 등이다. 이러한 태도는 결코 올바르지 못하며, 반드시 개선되어야 한다. '복음 간추림'을 오로지 올해 활동의 중심사상으로 활동 정신과 핵심으로 파악하고 활용해야만 할 것이다.[21]

지학순 주교가 발표한 공문과 교구장 명의의 「복음 간추림 활용방안」은 장일순과 김지하 등 원주그룹의 논의와 치밀한 사전 준비를 통해 진행된 것

---

21 지학순정의평화기금, 『그이는 나무를 심었다』, 공동선, 2000, 140~141쪽.

이다. 「복음 간추림 활용방안」은 인간해방을 위한 교회의 관심이 사목의 중심에 놓이도록 세밀하게 적시하고 있다.

① '복음 간추림' 속의 성경 말씀을 교리 공부와 강론의 중심 내용으로 삼을 것.

② '복음 간추림'의 말씀을 사목 일체의 방향에 집중적으로 적용시킬 것.

③ '복음 간추림'을 교우들 형편과 그 지역 민중의 실태와 형편에 맞추어 해석, 교양할 것.

④ 모든 교회 활동을 '복음 간추림'의 사상을 중심으로 전개시킬 것.

⑤ 모든 교양 집회 및 수련회, 회의를 시작할 때 반드시 '복음 간추림' 속의 한 구절 이상을 봉독, 해설 또는 토론한 뒤에 회의를 시작할 것.

⑥ '복음 간추림' 공부만을 위해 본당 및 공소 또는 각 지구 및 단체들 단위의 학습 집회를 정기적으로 조직하고, 그것을 간부들로 구성할 것이며, 간부들은 물론 일반 교우들도 빠짐없이 간추림을 구입토록 노력할 것.

⑦ 모든 활동에 관한 토의와 보고, 평가를 '복음 간추림' 및 사목지침과 비교하면서 진행할 것.

⑧ 예비자나 일반 신자들에게는 '복음 간추림' 속의 성경 말씀 부분을 모두 의무적으로 외우게 할 것.

⑨ 예비자, 일반 신도에게 강론, 교리 공부를 통해 그들이 외운 것을 그들이 당면한 생활 현실과 관련시켜서 진보적으로 해설, 이해시킬 것.[22]

---

22 지학순정의평화기금, 『그이는 나무를 심었다』, 공동선, 2000, 141쪽.

그 밖에도 사목자와 평신도 지도자들은 『현실에 도전하는 성서』를 언제나 휴대하고 다니고, 그 내용을 노래로 만들어 부르게 하고, 연극으로 공연하며, 그림으로 전시하라는 지침까지 덧붙였다. 마지막으로 "이 책자를 우리의 일상적인 호흡처럼, 피처럼, 또는 육신처럼, 매일매일의 이야기처럼 생활하도록 해야만 할 것이다. 이 모든 활용 문제에 대해 성직자와 신자 지도자는 엄중한 책임을 져야만 한다"고 말할 정도였다. 미사마저도 노동 현장이나 집, 아니면 야외에서 틈나는 대로 봉헌하라고 전달함으로써, 성당만이 아니라 지역사회 전체가 거룩한 공간이라는 사실을 드러냈다.

원주교구는 세상에 맞서는 하나의 전위대前衛隊(Vanguard)처럼 움직였다. 이를 위해 1973년 사목교서의 세부 지침은 사제와 평신도 사이의 평등한 동반자적 관계를 강조했다. "교구는 항상 사제와 평신도 사이의 여러 가지 잘못된 문제들에 관하여 근심해 왔다. 특히 올해의 활동을 성공적으로 보장하기 위해서는 이 문제의 올바른 해결이 가장 중요한 관건이다. 사제와 신도들은 첫 단계의 준비가 바로 사제와 신도 사이의 관계를 올바르게 조화시키는 것에서부터 시작됨을 명심"하라는 것이다.

> ① 사제와 평신도는 다 같이 자기의 맡은 바를 충실히 행하고 남의 역할을 존중하도록 해야 할 것이다. 자신에게 자비롭고 남에게 잔인한 이제까지의 기풍을 고쳐 자신에겐 잔인할 수 있고 남에겐 자비로울 수 있는 덕을 지녀야 할 것이다.
> ② 사제의 맡은 바는 원칙적으로 성직 임무이며 영신적 지도다. 신도 지도자의 맡은 바는 사회적 활동이다. 그러나 사제도 사회적 활동을 하여야 한다. 그러기 위해서는 신도 지도자의 경험과 지식을 존중하고 겸허한 자세로 그들로부터 배워야 한다. 배우는 자세가 없이 권

위만을 행사하려는 태도가 있는 이는 어리석은 것이다. 권위란 참으로 겸허하고 헌신적으로 봉사하며 덕을 베풀 때에만 생겨나는 위엄이지 어디서 따로 주어지는 것이 아니다.[23]

지학순 주교가 꿈꾸는 교회는 장일순이 꿈꾸는 세상이었다. 그리고 김지하와 원주그룹의 조직적인 엄정한 준비가 없이는 불가능한 도전이었다. 이제 교회가 '민중의 아편'이 아니라 '민중의 각성제' 역할을 자임하고 나선 것이다. 그렇게 원주교구가 "세상을 성화하는 전위대"로 나서려 했기 때문에, 많은 이들이 1970년대에 원주를 협동운동의 전진기지요 민주화운동의 '해방구'요 '피난처'로 여길 수 있게 된 것이다. 이러한 의도를 지학순 주교는 이렇게 장엄하게 표현하고 있다.

서로 아끼고 서로 존중하며 서로가 서로의 잘못을 고쳐주고 단합하여 활동하는 사랑의 태도가 가장 핵심적인 요인이며 문제 해결의 열쇠가 된다. 사랑으로 뭉쳐 전진할 때 우리 교구는 세상을 성화하는 전위대로 하느님의 기수로 빛나게 될 것이다. 모든 사제와 평신도는 옛날의 반목을 묻어버리고 공정한 비판을 동반한 사랑, 자기책임을 다하고 남을 존중하는 기풍으로 일치 단합하여 새로운 각오와 참신한 태도로 올해의 벅찬 활동에 임함으로써 우리 교구를 하느님의 활발히 번쩍이는 성으로, 정의의 불기둥이 솟구치는 광야로, 사랑의 광채가 가득한 꽃밭으로 만들어 나가야 할 것이다.[24]

---

23 지학순정의평화기금, 『그이는 나무를 심었다』, 공동선, 2000, 144쪽.
24 지학순정의평화기금, 『그이는 나무를 심었다』, 공동선, 2000, 144쪽.

지학순 주교 구속

민청학련 사건

1971년 4월에 실시한 제7대 대통령 선거에서 박정희는 신민당의 김대중 후보를 겨우 8%의 표 차로 누르고 승리했다. 5월 25일 실시한 제8대 국회 의원 선거에서는 신민당이 89석을 차지하는 등 야당 세가 크게 신장되었다. 때마침 경기도 광주대단지 사건, 실미도 난동 사건, 사법파동, 서울대 교수 600여 명의 학원자주화운동, 공화당 비주류의 항명 파동, 수경사 장병들의 고려대 난입 사건, 전국 대학생 5만여 명의 고려대 난입 군인 처벌 요구 시위 등 굴욕적 한일회담 반대 시위 이래 처음으로 도처에서 반정부 시위가 일어났다. 그동안 은폐되었던 박정희 정권의 부정부패가 폭로되고, 민심이 급격하게 떠나갔다.

박정희 정권은 민심을 수습하려고 노력하지 않고, 반발하는 저항 세력을 더욱 탄압하는 방식을 선택했다. 학생 시위 진압용으로 위수령을 발동하고, 시위를 주도한 학생 174명을 제적하고, 12월 6일에는 국가비상사태를 선포하면서 '국가보위에 관한 특별조치법'을 공화당 단독으로 처리했다. 그러자 1973년 10월 2일 서울대 문리대생들이 유신체제에서 처음으로 반독재 민주화 시위를 벌인 것을 시발로 시위가 전국적으로 확산하고, 12월 24일에는 함석헌, 장준하 등 재야 민주인사들이 개헌 청원 100만인 서명운동을 전개하였다. 제1야당 신민당까지 개헌을 요구하고 나서자 박정희는 1974년 1월 8일 긴급조치 1, 2호를 선포했다. 1호는 유신헌법에 대한 반대와 개헌논의 금지, 2호는 비상군법회의 설치였다. 국민의 정당한 주권 행사를 금지하고 전시戰時가 아님에도 군사재판소를 설치하고 여기서 민간인들을 재판하였다.

박정희가 유신 쿠데타를 강행하고 긴급조치 제1호를 발령하여 폭압 통치를 시작하자 1974년 3월 들어 각 대학에서 유신 철폐 시위가 빈발하는 한편, 전국 대학생의 연합 시위가 계획되었다. 4월 3일에 전국의 대학에서 일제히 유신 철폐 시위를 하기로 결정했다. 이 정보를 입수한 사찰 당국과 정부는 4월 3일 '전국민주청년학생총연맹'(약칭 민청학련) 사건을 발표했다. 학생과 재야인사들이 정부를 전복하고 노농勞農정권을 수립하려는 국가 변란을 꾀했다는 것이다. 이날 밤 10시에 정부는 대통령 긴급조치 4호를 발표하면서 민주인사들을 최고 사형에 처할 수 있는 법적 근거를 마련하고 관련자들을 비상군법회의로 송치하였다. 정부당국은 민청학련의 활동 자금을 북한에서 유입된 공작금으로 몰아갔다. 그리고 김지하와 이철, 유인태 등 장일순과 교류하던 대학생과 민주인사들이 재판에서 사형선고를 받았다.

당시 장일순의 아내 이인숙은 이들이 사형선고를 받았다는 소식을 듣고 장일순이 밤새 통곡했다고 전한다.

> 가끔 시내 나가셨다가 술에 취해 돌아오면 우시는 일이 있었어요. 어떤
> 날은 참 슬프게 우셨어요. 왜 우시냐고 물어보면 대개 어려운 처지에
> 있는 후배나 제자들 누구누구가 불쌍하다면서 우시는 거예요. "내가
> 걔네들을 도울 힘이 없어서 안타깝다." 한탄하시면서 우시는 거예요.
> 제가 큰일 하시는 분이 울면 되겠냐고 해도 워낙 감성이 풍부한 분이라
> 말릴 수가 없었어요.[25]

25 (사)무위당사람들, 『묻혀서 사는 이의 고운 마음을 아는 이 있을까』, 2019, 53~54쪽.

민청학련 사건이 일어나기 전에, 박정희 정권이 초토화하려고 의도한 일차적 대상은 장일순을 주축으로 원주와 서울을 오가며 민주화운동을 해오던 원주그룹이었다. 박정희 정권은 인혁당 사건처럼 원주의 민주화 세력을 뿌리째 제거하려고 했다. 당시 중앙정보부에서 일차적으로 지목한 인물은 지학순, 장일순, 김지하, 이창복, 김영주 다섯 명으로 알려져 있다. 장일순은 이 소식을 전해 듣고 박정희 정권과 밀착되어 있던 원주 지역의 토호들에게 이 정보를 흘렸다. 평소에 공화당에 친화감을 지녔던 원주 지역 유지들조차 경악할 만한 이야기였다. 이러다 원주가 쑥대밭이 될지 모른다는 걱정이 앞섰다. 그래서 정권 핵심 인사를 만나 적극적으로 지학순 주교와 장일순을 변호했다. 특히 옥로양조장 대표이며 공화당 강원도당 부책임자였던 이지연 등이 앞장을 섰다.

"지학순 주교는 빨갱이가 아니다. 그는 공산당이 싫어서 월남한 사람이고 〈경향잡지〉에 2년 동안 '내가 겪은 공산주의'라는 제목의 글을 연재하기도 했다. 이 글에는 북한에 돌아가 고향에서 사목하고 싶다는 간절한 소망이 담겨 있는데, 이렇게 철저한 반공주의자인 지학순 주교에게 어쩌자고 공산주의자라는 혐의를 씌우려고 하느냐?"

지역 유지들은 장일순에 대해서도 "그분은 원주 시민들이 존경하는 인물로 절대로 빨갱이가 아니다"라고 변호했다. 더하여 "장일순은 공산당이 가장 싫어하는 지주의 아들이다. 그 집안은 교육에 관심이 많아서 원주국민학교 세울 때 장일순의 조부가 땅을 기증했다. 또 장일순은 사재를 털어 대성학교를 세운 사람이다. 장일순을 당신네 정권이 감옥에 가둔 적도 있지 않냐? 당신들이 이 사람들을 잡아가면 원주 시민들이 들고일어날 거다." 하고 말하며 정권을 설득했다.[26]

하지만 이번 민청학련 사건은 예전과 달리 사태가 심상치 않게 돌아가고 있다고 장일순은 직감하였다. 군사법정에서 학생들에게 사형을 언도한 폭압

정권이 이번엔 정말 구속된 이들을 사형시킬지도 모른다는 불안감이 엄습해 왔다. 옥에 갇힌 학생들과 민주인사들 때문에 밤잠을 설치며 통곡하던 장일순은 밤새 고민한 끝에 지학순 주교가 나서주어야 한다고 생각했다. 그런데 때마침 지학순 주교는 원주에 없었다. 지학순 주교는 대만에서 열린 아시아 주교회의와 필리핀에서 열린 매스컴위원회 회의에 참석하고, 뒤이어 독일에 갔을 때 신문보도를 통해 민청학련 사건이 일어났다는 사실을 알게 되었다.

장일순은 지학순 주교가 일본 도쿄에 머물고 있을 때 은밀히 사람을 보내 사정을 얘기하고, 지학순 주교에게 학생들을 살리기 위해 나서달라고 부탁했다. 관건은 민청학련에 자금을 댄 사람이 누구냐는 것이었다. 정부당국은 이미 북한에서 공작금을 대주었다고 발표한 상태였다. 즉 민청학련은 북한의 사주를 받은 반국가단체라는 것이다. 장일순의 부탁을 받은 지학순 주교는 일본에서 자청해 기자회견을 열고, 김지하를 비롯해 민주인사들에게 자금을 댄 사람은 천주교 주교인 자신이라고 밝힘으로써 민주화운동 자금을 북한공작금으로 몰아가는 공안당국의 의도에 맞섰다. 해방공간과 한국전쟁 당시에 한국 천주교회가 "반공주의 십자군"을 자처했던 경험에 비추어, 지 주교는 자신을 내세워 민청학련과 북한 공산당과의 연계를 끊어버리려고 했다. "학생들에게 돈을 준 것은 나다. 그러나 그것은 민주화를 위한 활동자금이었지 공산주의 단체와는 아무런 관계가 없다."

---

26 김영주 편, (사)무위당사람들 엮음, 『대장부 거기에 그들이 있었다』, 이야기담, 2022 개정판, 102~103쪽 참조.

지학순 주교와 양심선언

1974년 7월 6일, 지학순 주교는 귀국하자마자 김포공항에서 중앙정보부 요원들에게 연행되었다. 원주교구청에서는 교구장의 불법연행 사실을 주교회의에 알리고, 천주교 주교단은 상임위원회를 소집했다. 지학순 주교가 연행된 지 이틀 만에 중앙정보부 요원들이 김수환 추기경을 찾아와 지 주교의 거처를 알려주었고, 그날 오후 6시 김수환 추기경은 박정희 대통령과 독대하였다. 다행히 지학순 주교는 그날 밤 8시경 남산 중앙정보부에서 풀려나왔지만, 거처는 명동 샬트르 성 바오로 수녀원으로 제한되었다. 몸이 쇠약해진 지 주교는 거처를 후암동에 있는 동생 지학삼의 집으로 옮겼다가 다시 명동에 있는 성모병원으로 이동했다. 이때 감옥에 갇힌 김지하의 어머니 정금성 여사와 구속된 민주인사 가족들이 병원으로 찾아왔는데, 지 주교는 오히려 "고통받는 이들과 같은 십자가를 등에 지고 가겠다"며 그들을 위로했다.

비상군법회의가 7월 3일 오전까지 법정에 출두하라는 소환장을 보내자, 지학순 주교는 당일 성모병원 앞마당 성모동굴 앞에서 김수환 추기경과 윤공희 대주교가 지켜보는 가운데 "본인은 양심과 하느님의 정의가 허용하지 않으므로 소환에 불응한다. 본인은 분명히 말해 두지만 본인에 대한 소위 비상군법회의의 어떠한 절차가 공포되더라도 그것은 본인이 스스로 출두한 것이 아니라 폭력으로 끌려간 것임을 미리 밝혀둔다"면서 "유신헌법은 민주헌정을 파괴하고 폭력과 공갈과 국민투표라는 사기극에 의해 조작된 것이기 때문에 무효이고 진리에 반대되는 것"이라고 주장하는 양심선언을 발표했다.

기자회견을 마치고 지학순 주교는 명동성당으로 자리를 옮겨 미사를 봉헌한 뒤 곧바로 중앙정보부에 다시 연행되었다. 박정희 정권은 내란선동 및 긴급조치 1·4호 위반으로 지학순 주교를 구속했고, 8월 12일에 열린 비상군법

지학순 주교.

회의 3차 공판에서 징역 15년 자격정지 15년을 선고하고 법정구속 했다. 지 주교의 구속은 원주교구뿐 아니라 한국 천주교회 전체가 조직적으로 민주화 운동에 나서게 되는 전환점이 되었다. 특히 원주교구는 꾸르실료 교육을 통해 성장한 평신도 그룹들과 재해대책사업위원회 상담원 활동, 그리고 협동조합운동들을 통해 결집된 이들이 장일순과 함께 지학순 주교 석방 운동에 적극 나섰다. 특히 원주교구 신자들은 원주MBC 사건 이후 시국미사와 거리 시위의 경험을 지니고 있었기 때문에 당황하지 않고 일사불란하게 움직였다.

원주교구의 신현봉, 안승길, 최기식 신부는 전국 성당을 돌며 군사정권의 폭압성을 알리고, 지학순 주교 석방 운동에 참여해 달라고 다른 사제들에게 호소하였다. 그러나 모든 사제들이 같은 마음이 아니어서 외면당할 때도 많았다. 최기식 신부나 신현봉 신부가 자칫 위축되고 어려움을 느낄 때마다 용기를 주었던 사람이 장일순이었다. 1974년 9월 23일 원동성당에서 열린 성직자 세미나에는 전국에서 300여 명의 사제가 참석하였다. 사제들은 이틀 동안 밤을 새워 시국 토론을 한 뒤 9월 24일 '천주교정의구현전국사제단'을 출범하였다. 다음 날 신도 1,500여 명이 참석한 가운데 사제단은 시국미사를 열고 원동성당을 나와 거리 시위에 나섰다. 이 거리 시위는 전국 최초로 성직자들이 주도한 시위였고, 전국으로 민주화운동을 확산시키는 횃불이 되었다. 하지만 사실상 사제들의 거리 시위는 처음부터 예정된 것이 아니었고, 이들이 거리로 나서도록 불을 지른 이들은 원주 사람들이었다. 당시 미사에 참석했던 함세웅 신부는 이렇게 말한다.

> 저녁미사를 원주의 원동성당에서 봉헌하고 있는데 원동성당 교우들이 꼭 데모를 해야 한다고 그래요. … 난생처음 데모를 해보는 신부들이 시위대 맨 앞에 섰을 때는 솔직히 겁이 났어요. … '해산하지 않으면 강제로 진압하겠다'며 겁을 주는데 다리가 후들거리면서 더 이상 전진할 용기가 나지 않는 거예요. 그때 뒤에 있던 원주시민들이 '앞으로 행진!' 하면서 신부들의 등을 사정없이 떠미는 거였어요. 그러니 자동으로 앞으로 나갈 수밖에요. 경찰들을 밀어내고 우리가 세상으로 처음 나가봤어요. 신부들이 시위하는 방법을 원주에서 처음 배운 셈이죠.[27]

한편 천주교정의구현전국사제단이 출범할 때 장일순의 조언은 중요했다. 정의구현사제단 대표를 내세울 때, 사제단이 지학순 주교 석방 운동을 계기

27 함세웅, 「70년대 원주의 민주화운동」, 무위당학교 강연, 2016년 4월 26일.

로 출범하는 것이니 원주교구의 신현봉 신부가 대표를 맡아야 한다는 의견이 많았다. 그러나 장일순은 신현봉 신부에게 "원주교구에서 대표를 맡으면 안 된다. 이렇게 되면 전국으로의 확장성이 떨어질 수 있으니 서울교구 신부가 맡는 게 좋겠다"고 조언했다. 결국 사제단 대표는 논의 끝에 서울교구의 김승훈 신부가 총무는 함세웅 신부가 맡게 되었다.[28]

물론 1970년대 민주화운동에서 항상 선두에 나서서 시위를 이끌었던 사람은 당연히 장일순을 따르던 원주그룹 사람들이었다. 이긍래와 선종원이 앞장서고, 그 뒤를 장일순의 대성학교 제자인 최규택과 협동교육연구소의 박재일이 나섰다. 덩치가 큰 이긍래와 선종원이 구호를 외치면 원주 시민들이 구호를 따라 외치곤 했다. 거리 시위에서 앞에 선 사제들이 주춤거리면 이긍래가 "든든한 하느님 백을 갖고 있는 신부님들이 뭐가 겁나서 걸음을 멈춥니까. 신부님들, 앞으로 행진!" 하고 소리 지르며 등을 떠밀었다.

주교와 시인, 석방 운동

지학순 주교 석방 운동

지학순 주교가 구속되자, 장일순과 원주그룹은 깊은 연대감 안에서 치밀하게 움직였다. 원주교구의 김영주 실장은 교구의 모든 은행거래를 강원은행

---

28 〈무위당 사람들〉, 2019년 8월 호, 36쪽 참조.

하고만 하였다. 강원은행은 중앙정보부의 숱한 압력에도 아랑곳없이 원주교구의 입출금 내역을 단 한 건도 관계 기관에 알려주지 않았다. 또한 교구청 경리 담당이었던 강백란에게는 교구의 회계장부와 은행의 입출금 내역이 정확하게 맞아야 한다고 늘 환기시켰다. 강백란은 이경국의 처제여서 믿을만하고 꼼꼼한 사람이었다.

한편 이긍래는 데모할 때마다 늘 선두에 섰고, 붓글씨를 잘 써서 현수막 만드는 일을 도맡아 했다. 현수막에 글씨를 다 쓰면 이긍래는 칠흑 같은 밤에 원동성당 종탑에 올라가 현수막을 걸어놓고 내려왔다. 당시 원주에는 3층 이상 건물이 별로 없어서 성당 종탑에 걸려 있는 현수막 글씨가 멀리서도 한눈에 들어왔다. 원주 시내에서 주류 도매업을 하던 이환승 사장은 서울, 안동, 대구, 부산 할 것 없이 전국을 돌며 지학순 주교 석방을 촉구하는 원정 시위에 참여했다.

지학순 주교의 옥바라지를 옆에서 코치해 준 사람은 김정남[29]이었다. 감옥살이 경험이 있던 김정남은 서울과 원주를 오가며 원주그룹 사람들이 옥바라지하는 방법을 세세히 알려주었다.

> 서울 성모병원 1층 방사선과 박영자 수녀의 방은 지학순 주교의 옥중
> 수발을 준비하는 장소였다. 감옥에 가서 접견하고 책이나 물건을 영치
> 시키는 일은 지 주교의 동생 지학삼 씨가 맡았다. 지학삼 씨가 면회를
> 마치고 돌아오면 원주교구 양대석, 신현봉, 최기식 신부, 이창복 선생,
> 더러는 김지하의 어머니 정금성 여사가 모여 대책회의를 나눴다. 박 수

---

29 전 청와대 교육문화수석. 김정남은 지학순 주교가 석방되고 나서야 지학순 주교를 처음 만날 수 있었다. 그 후로 원주그룹과 자주 교류하였다.

녀님은 얼굴만큼 마음도 고와서 곰국을 보온병에 담아와 우리들에게 주었다.[30]

지학순 주교의 편지를 비밀리에 밖으로 전해 준 교도관도 있었다. 서대문 교도소의 전병용이다. 전병용 교도관은 지학순 주교의 편지를 받아 명동성당에 있는 신부들에게 전해주고, 김정남이 주로 작성한 답장은 비번인 날 받아서 당번인 날 지학순 주교에게 전달하였다. 그런 날이면 전병용은 "주교님, 잠시 방을 점검하겠습니다." 하고 방에 들어가 이곳저곳 점검하는 시늉을 하다 편지를 성경책 속에 찔러 놓고 나왔다. 훗날 1987년 1월, 감옥에 있던 이부영이 경찰의 물고문으로 숨진 박종철에 대한 진상을 밝힌 메모지를 받아서 감옥 밖으로 전달한 사람도 전병용 교도관이었다.

1974년 8월 12일에 열린 명동 시국기도회 때 「지학순 주교는 어떤 분이신가」라는 유인물과 함께 배포된 '철창에 갇힌 지학순 주교'의 사진이 있다. 이 인쇄물은 원주에서 은밀히 제작된 것이며, 원주교구 가톨릭노동청년회 2대 회장 출신으로 원주 시내에서 '샛별사진관'을 운영하고 있던 장일순의 제자 최규택이 합성해서 만든 사진이다. 이 사진 때문에 최규택은 중앙정보부 원주분소에 끌려가 곤욕을 치르기도 했다.

언젠가 주교님이 합장하며 기도하시는 모습을 사진으로 찍은 적이 있었어요. 브라질의 까마라 대주교가 펴낸 『정의에 목마른 소리』라는 책에 대주교가 감옥에서 창살 밖으로 손을 내민 사진이 실려 있는데, 그 사진 밑에다가 지 주교님이 합장하고 있는 사진을 오려서 합성해 보니

30 김정남, 『이 사람을 보라 1』, 두레, 2012, 56쪽.

지 주교님이 철창 밖으로 손을 내미는 것 같은 분위기가 나는 거예요. 분도출판사에 인화를 부탁해 크리스마스카드로 만들었어요. 사진 아래쪽엔 '이 땅에 정의와 평화를 주십시오'라는 문구를 넣어 전국의 신부님들에게 보냈고, 외국으로도 보냈어요.[31]

돔 헬더 카마라 대주교의 『정의에 목마른 소리』(1970)를 출판한 분도출판사의 임인덕 세바스찬 신부는 "교회에서 이런 책을 만들지 않으면 누가 만들겠습니까? 이 책이 담고 있는 메시지를 신자들이 알아야 합니다." 하고 말했는데, 이 책에 나오는 가장 유명한 구절이 이것이다. "내가 가난한 사람들에게 먹을 것을 주면 그들은 나를 성자라고 부른다. 그런데 내가 왜 그들이 가난한지 이유를 물으면 그들은 나를 공산주의자라고 부른다."(When I give food to the hungry they call me a saint; when I ask why the poor are hungry they call me a communist.) 이 말이야말로 지학순 주교를 두고 하는 말처럼 들렸다.

지학순 주교가 '형집행정지'로 서대문교도소에서 석방된 것은 1975년 2월 17일이었다. 투옥된 지 7개월 만이다. 김지하는 영등포교도소에서 이틀 전에 석방되었다. 김지하는 미리 서울에 와 있던 이경국 등 원주 사람들과 함께 김수환 추기경을 만나고 장모였던 소설가 박경리의 집에 들러 다음 날 서대문교도소 앞으로 지 주교를 마중 나갔다. 걸어 나오는 지 주교를 원주 사람들이 들어가 "주교님 만세!" 하며 업고 나왔다. 지 주교는 서울 명동에서 이틀을 지내고 2월 19일에 원주로 돌아왔다.

---

31 김영주 편, (사)무위당사람들 엮음, 『대장부 거기에 그들이 있었다』, 이야기담, 2022 개정판, 122쪽.

원주 시민들에게 환영을 받고 있는 지학순 주교를 장일순이 옆에서 지켜보고 있다.

　지학순 주교가 돌아온다는 소식에 원주 시민들이 거리로 쏟아져 나왔다. 원주역에서 원동성당에 이르는 1.5킬로미터 도로 양편에는 1만 명 이상이 되는 시민들이 몰려 태극기를 흔들며 환영하였다. 원성군청 앞에 이르자 인파에 밀려 차가 앞으로 나갈 수 없게 되자, 지학순 주교는 차에서 내려 시민들에게 답례하며 원동성당까지 걸어갔다. 그때 한 청년이 지 주교 앞으로 나오더니 웃옷을 벗어 발밑에 깔자 너도나도 외투를 벗어 길에 깔았다.
　당시의 정황을 김지하는 이렇게 남겼다.

　　주교님은 차에서 내려 여러 신부님, 여러 평신도 지도자들 그리고 나[김지하]와 함께 원동성당으로 행진하였다. 지금도 기억한다. 중도에 한 청년이 주교님 앞에 와서 외투를 벗어 길에 깔았다. 예수의 예루살렘 입성이었다. 호산나! 호산나! 주의 이름으로 오시는 이여! 찬미 받으소서!

'호산나'는 '우리를 즉각 구원하소서'라는 뜻이다. '즉각!' 아아, '즉각' 말이다.

내 눈이 무엇인가, 누구인가를 찾아 헤매다가 문득 머무른 그곳에 청강 장일순 선생님이 손으로 눈물을 닦으며 서 계셨다. 그것이 원주였다. 민중의 영원한 고향, 호산나의 원주! 원주는 결국 최수운과 최해월의 땅이기도 했으니. 최수운 선생의 시에 이런 구절이 있다.

푸른 강물의 넓고 넓음이여(淸江之浩浩兮)
소동파가 나그네와 함께 풍류를 놀도다.(蘇子與客風流)

이 한 구절로 하여 원주는 또 청강의 땅이요, 풍류의 땅이니, 주인공 동학과 나그네 서학이 서로 함께 명상과 변혁의 통전인 풍류선도風流仙道에 귀의하는 개벽과 혁명의 땅인 것이다.[32]

인혁당 그리고 김지하 시인 석방 운동

하지만 그날 이후로도 장일순과 김지하의 마음은 편치 않았다. 지학순 주교와 김지하는 석방되었지만 민청학련 사건 관련자 가운데 이현배와 유인태, 그리고 인혁당 관련자들은 모두 감옥에 남아 있었기 때문이다. 정부는

---

32 김지하 회고록, 『흰 그늘의 길 2』, 학고재, 2003, 383~384쪽. 김지하는 지학순 주교와 장일순의 만남을 서학과 동학의 만남으로 이해하였다. 굳이 말하자면, 지학순 주교는 서학의 본질을 사는 사람이었고, 장일순은 서학에서 동학으로 확장되어 가신 분이라고 보는 게 적절할 듯하다.

사회참여

지학순 '주교'로 상징되는 천주교 전체와 맞설 수 없었기 때문에 민청학련 관련자들을 대부분 풀어주었지만, 인혁당만큼은 붙잡아 두었다. 신직수 중앙정보부장은 "이른바 '민청학련'의 정부 전복 및 국가변란기도 사건 배후에는 과거 공산계 불법단체인 인민혁명당 조직과 재일조총련계의 조종을 받은 일본 공산당원과 국내 좌파 혁신계 등이 복합적으로 작용"하여 "이들은 정부 전복 후 공산계열의 노농정권 수립에 이르기까지의 과도적 통치기구로서 '민족지도부'의 결성을 계획하기까지 하였다"는 '인혁당재건위사건'을 발표하였다. 비상보통군법회의는 1974년 7월 서도원, 도예종, 송상진, 우홍선, 하재완, 이수병, 김용원, 여정남 등 8인에게 사형선고를 내렸다. 그들의 항소는 모두 기각된 상태였다.

김지하는 인혁당 사람들을 구제하기 위해 1975년 2월 15일, 형집행정지로 석방되자마자 〈동아일보〉에 2월 25일부터 27일까지 옥중 수기 「고행…1974」를 연재했는데, 여기서 인혁당 사건이 조작되었다는 사실을 밝혔다.

> 잿빛 하늘 나직이 비 뿌리는 어느 날, 누군가의 가래 끓는 목소리가 내 이름을 부르더군요. 나는 뺑끼통(감방 안의 변소)으로 들어가 창에 붙어 서서 나를 부르는 사람이 누구냐고 큰소리로 물었죠. 목소리는 대답하더군요. "하재완입니다." "하재완이 누굽니까?" 하고 나는 물었죠. "인혁당입니다." 하고 목소리가 대답하더군요. "아항, 그래요?" 4상四上 15방에 있던 나와 4하四下 17방에 있던 하재완 씨 사이의 통방이 시작되었죠. "인혁당 그것 진짜입니까?" 하고 나는 물었죠. "물론 가짜입니다." 하고 하씨가 대답하더군요. "그런데 왜 거기 갇혀 계슈?" 하고 나는 물었죠. "고문 때문이지러." 하고 하씨는 대답하더군요. "고문을 많이 당했습니까?" 하고 나는 물었죠. "말 마이소! 창자가 다 빠져나와 버리고

부서져 버리고 엉망진창입니다." 하고 하씨가 대답하더군요. … 나는 법정에서 경북대학교 학생 이강철이 그 또릿또릿한 목소리로 분명하게 "나는 인혁당의 '인' 자도 들어보지 못했는데 그것을 잘 아는 것으로 시인하지 않는다고 검사 입회하에 전기고문을 수차례나 받았습니다" 라고 하는 말을 듣고, 이른바 인혁당이란 것이 조작극이며 고문으로 이루어진 저들의 전가비도傳家秘刀의 결과임을 확인할 수 있었죠.[33]

이 때문에 김지하는 3월 13일 바로 다시 구속되었다. 이런 김지하의 노력에도 불구하고, 대법원에서는 1975년 4월 8일 인혁당에 대한 사형판결을 확정하고, 다음 날 4월 9일 비상보통군법회의는 8인에 대한 형을 집행하였다. 그리고 김지하는 재판을 통해 1980년 12월 12일까지 5년 9개월 동안 감옥살이를 하게 된다.

당시 김지하는 자신에 대한 재판의 성격이 간단했다고 말한다. "저쪽은 나를 공산주의자로 낙인찍는 법적 전투에서 이기는 것이고, 내 쪽은 그 법적 전투에서는 지더라도 박정희 정권을 세계에 고발하는 전쟁에서 이기는 것이다."[34] 법정에 나가기 전에 김지하는 "배고픈 놈이 밥 찾듯이, 목마른 놈이 물 찾듯이" 성경을 읽고 또 읽었다고 한다. 불과 몇 달 안에 서너 번을 읽다 보니 주요 부분은 거의 외우다시피 했다. 그러고 보니 "이제까지 이 세상에 태어난 인간 가운데에 가장 이름다운 인간이 예수라는 결론에 이르렀고, 신약과 구약 자체가 온통 채색화가 되었으며 현묘한 리듬으로 가득 찬 서정서사시가 되었으니, 아마도 인류의 문학사에서 최고의 작품이 아닌가 생각되었

33 김지하 옥중 수기 「고행… 1974」, 김지하 회고록, 『흰 그늘의 길 2』, 학고재, 2003, 361~363쪽 재인용.
34 김지하 회고록, 『흰 그늘의 길 2』, 학고재, 2003, 415쪽.

다"고 회고했다. 그리고 감옥에서 재판을 기다리면서 읽은 성경과 예전에 장일순과 함께 교회 서적을 읽었던 경험이 재판 과정에서 자신에게 유리하게 적용되었다고 고백했다.

> 머릿속으로는 김지하식의 '다이제스트 성경'을 구성하였다. 재판정에서 검사와 변호사와 판사, 증인들이 할 법한 말들을 먼저 나 스스로 각각 대여섯 갈래로 예상하고 거기에 대한 나의 대답을 또한 각각 대여섯 갈래로 요리조리 마련했으니, 그것이 모두 성경에 근거를 둔 것이요, 특히 예언자들의 중요한 예언은 몇 장 몇 절까지도 달달달 외워서 척척 인용할 정도까지 되었다. 어떤 부분은 그 신학적 해석까지도 내 멋대로 해댔으니 성경도 성경이려니와 아무것도 없는 감옥의 공空, 무無, 허虛야말로 그 결과가 어떻든 간에 무서운 창조자임을 뼈저리게, 사무치게 알 수 있었다. 그리고 밖에서 읽었던 공의회 문헌이나 교황 회칙, 내가 읽은 몇 권 안 되는 신학책들이 그 의미가 환하게 짐작되고, 그 신비가 투명하게는 아닐지라도 대충은 이해되는 때도 있었다.[35]

재판은 1년 만에 7년 징역형으로 끝났다. 선고 직전의 세 시간에 걸친 최후진술에서 김지하가 기억하는 것은 단 한마디뿐이라 했다. "나를 구박하는 자들을 용서해 달라. 그 용서의 표시로 이 성탄 주간에 함박눈을 펑펑 쏟아 내려 달라." 이 재판 과정에서 장일순은 김정남을 통해 김지하와 내내 교신하면서 이야기를 주고받았다. 김정남은 당시 장일순의 행적에 대해 이렇게 전한다.

---

35 김지하 회고록, 『흰 그늘의 길 2』, 학고재, 2003, 414~415쪽.

무위당은 나를 따뜻하게 맞았고 안주인은 따뜻한 차를 끓여 내어왔다. … 차를 마시면서 무위당은 감옥에 있는 김지하의 안부를 자세히 알고 싶어 했고, 나는 알고 있는 대로 김지하의 옥중생활을 전했다. 그날 늦은 밤까지 무위당은 김지하가 변소辯訴해야 할 내용을 정리해, 깨알 같은 글씨로 써서 옥중의 김지하에게 전하게 했다. 나는 무위당과 사모님의 그때 그 정성, 그 노심초사를 보고 두 분이 김지하를 얼마나 사랑하는지를 절감할 수 있었다.[36]

신현봉 신부와 장일순

봉산동성당 주임사제였던 신현봉 신부가 1976년 3월 10일 명동성당에서 열린 3·1민주구국선언 사건과 관련해 긴급조치 위반으로 구속되었다. 신 신부는 2심 재판 때 법정 진술을 하면서 "아이고, 아이고!" 하면서 곡을 했다. 재판장이 무슨 일이냐고 묻자 "민주주의와 인권이 죽었기 때문에 조의를 표하는 것"이라고 답했다. 그리고 항소심 최후진술에서는 "우리의 몸뚱이는 가둘 수 있어도 신앙과 양심은 결코 가둘 수 없다. 긴급조치로 묶인 많은 학생들을 석방하라. 나는 이들과 함께가 아니라면 감옥에서 나가기를 원하지 않는다"고 말했다.

신현봉 신부는 대법원에서 징역 3년 자격정지 3년 형을 언도받고 홍성교도소에서 생활하다가 1977년 7월 17일 제헌절에 형집행정지로 석방되었다. 당일 지학순 주교가 직접 교도소까지 갔지만 신현봉 신부가 나오지 않았다.

---

36 (사)무위당사람들, 『묻혀서 사는 이의 고운 마음을 아는 이 있을까』, 2019, 54쪽.

지 주교가 교도소장에게 알아보니 "시국사범들은 다시는 시위를 하지 않겠다는 각서를 써야 나갈 수 있는데, 신현봉 신부가 각서를 쓰느니 차라리 감옥에 있겠다고 해서 아직도 못 내보내고 있다"는 것이다. 지 주교가 면회실에서 신현봉 신부를 만나 명령했다.

"이봐. 나라면 그까짓 각서 100장이라도 써주겠다. 각서 쓰고 나와서 다시 데모하면 되는 것 아니냐? 후일을 도모하려면 우선 감옥에서 나가는 게 중요하니 빨리 써주고 나와라."

이번엔 새 옷을 가져왔는데도 신현봉 신부가 굳이 감옥에 들어올 때 입었던 한복을 입겠다고 고집했다. 석방 후에 신현봉 신부 환영미사를 원동성당에서 봉헌했는데, 신 신부는 빡빡 깎은 머리에 무명 저고리를 입은 채였다.[37] 이때 석방을 축하하며 장일순이 신현봉 신부에게 써 준 글이 '한풍야만리심 寒風夜萬里心', "찬바람 부는 밤에도 마음은 만 리를 내달린다"는 작품이다. 신 신부는 장일순이 건네준 이 말에서 큰 위로와 격려를 느껴서, 이 여섯 글자를 6폭 병풍으로 만들어 보관했다. 훗날 신현봉 신부는 장일순에 대해 이렇게 말했다.

장 선생과 나는 한 살 차이밖에 나지 않았지만, 선생은 집안의 맏형같이 느껴졌어요. 선생 댁이 성당 길 건너에 있으니까 어려운 일이 있을 때마다 쪼르르 달려가서 상의하곤 했어요. 그때마다 장 선생의 해답이 얼마나 명쾌한지, 얘기를 듣고 나면 가슴이 뻥 뚫리는 느낌이 들었어요. 감옥에 있는 지학순 주교님 구명운동을 할 때는 거의 매일 장 선생을 만나 의논했어요. 댁에 가면 갱지에 대책을 적어주시면서 조언해 주

<hr>

37 〈무위당사람들〉, 2019년 8월 호, 37쪽 참조.

셨어요. 원동성당에서 정의구현사제단 만들 때도 조언을 많이 받았어요. 장일순 선생님이 조언하는 대로만 하면 해결될 것 같아서 말씀하시는 대로 행동했지요.[38]

원주캠프

천일공사. 중앙정보부 원주 지점이 바깥으로 내걸었던 이름이다. 그 천일공사 사장이 아침에 출근하면 제일 먼저 하는 일이 있었으니, 지학순과 장일순 사진을 보고 절을 하는 일이었다고 한다. 그 두 사람이 조용하면 원주가 조용하기 때문이었다나![39]

원주에서 시작된 민주화운동이 전국적인 운동으로 발전하면서, 원주 지역은 박정희 정권의 눈엣가시가 되었으나 민주화운동 세력에게는 아지트 같은 역할을 하였다. 원동성당과 가톨릭센터, 그리고 장일순의 봉산동 집은 그들을 언제든 품어주는 공간이었다. 장일순을 존경하고 따르던 이들은 이 집을 '장 선생 댁'이라고 불렀다. 그를 친형처럼 따랐던 고향 후배들은 '형님 댁'이라고 부르고, 이웃 사람들은 소탈한 성격의 그이를 닮은 이 집을 '장씨네 집'이라 불렀다.

---

38 (사)무위당사람들 엮음, 『무위보감 누가 알랴』, 무위당사람들, 2022, 72~73쪽.
39 최성현, 『좁쌀 한 알 장일순』, 도솔, 2004, 149쪽.

봉산동 집.

낮은 언덕 위에 있는 봉산동성당 앞 도로를 지나 낡은 주택가 사이로 난 골목길을 따라가면, 울타리 대신 심은 측백나무 너머로 이 집이 보인다. 골목길은 사람 두 명이 어깨를 스치고 겨우 지날 만큼 좁다. 군사정권과 민주화 세력이 갈등하던 엄혹한 시대에 수많은 사람들이 집주인을 만나러 이 골목을 지나갔다.

고관대작도 별을 단 장군도, 시대를 아파하는 지식인들과 문화 예술인, 민주화운동으로 수배되어 쫓기는 대학생들도 이 골목을 지나 그 집 문을 두드렸다. 주인 내외는 유명 인사부터 넝마주이까지 상하 귀천을 가리지 않고 늘 따뜻하게 반겨 맞았다. 한 번도 싫은 내색, 귀찮은 기색이 없었다.

바깥주인이 손님과 이야기를 나누는 동안 안주인 이인숙은 햇볕도 잘 들지 않는 부엌에서 밥을 지어 정성껏 상을 차렸다. 찬거리가 없으면 마당에서 자라는 질경이를 뜯어와 볶고 아네모네 잎을 삶아 무쳐 반찬을 만들었다. 안주인은 찬이 변변치 못하다며 미안해했지만, 반상을 받은 사람들은 하늘밥상이라며 달게 밥그릇을 비웠다. 바깥주인과 손님의 대화가 길어질 때면 안주인은 살며시 방문을 열고 따뜻한 차를 담은 보온병을 밀어 넣었다. 집주인과 대화를 나누고 난 뒤 사립문을 나서는 사람들은 주인 내외의 온정을 가슴에 품고 골목길을 떠나갔다.[40]

장일순이 손님을 맞이하고 독서를 하고 붓글씨를 쓰는 방에는 책이 높다랗게 쌓여 있었다. 그리고 낡은 책장에는 장일순이 가장 존경한다는 해월 최시형과 어렸을 때 붓글씨를 처음 가르쳐 준 조부 장경호의 사진이 놓여 있었다.

실제로 장일순의 문간방에는 찾아오는 손님이 끊이질 않았다. 민주화운동을 하는 사람들과 수배되어 쫓기는 대학생들, 시대의 아픔을 공감하는 지식인들과 삶의 지혜를 얻고자 하는 방문객까지 줄을 이었다. 이들은 작은 방에 둘러앉아 엄혹한 시대를 헤쳐나갈 방도를 찾았다. 먼 곳에서 온 사람들은 며칠씩 묵어가기도 했다. 그래서 민주화운동을 하다가 쫓기게 된 사람들도 일단 원주에 발을 들여놓으면 안심을 했다. 이런 사람들이 찾아오면 장일순은 은밀하게 원주그룹에 속한 제자들을 불러 적절히 숨을 곳을 안배해 주

40 (사)무위당사람들, 『묻혀서 사는 이의 고운 마음을 아는 이 있을까』, 2019, 208쪽.

었다. "이분을 안전하게 모셔라" 하고 장일순이 말하면, 그 사람은 어디든 숨어 지낼만한 곳을 얻었다.

주로 운동가들이지요. 주로 개운동 교육원에서 열흘이면 열흘 숨어서 지내도록 했어요. 아주 어려운 손학규 같은 사람들은 최규택의 샛별농장에 숨겨 두고 그랬어요. 그때는 데모 때문에 그런지 원주에 많이 왔어요. 손학규 왔을 때는 재일이하고 나하고 소주 몇 병하고 닭 튀겨서 밤에 사서 갔어요. 과수원이 남원주 쪽인데, 여기서는 엄청나게 멀지요. 지금 성원아파트 쪽이 서낭당 고개거든요. 거길 넘어가서 세상 돌아가는 이야기하고 그랬어요. … 손학규는 개신교예요. 그래도 가톨릭에 대한 고마움이 있었을 거예요. … 그렇게 무위당 선생님이 대성학교 제자들 여러 집에 숨겨 준 적이 많았어요.[41]

70년대와 80년대에 원주는 민주화운동으로 쫓기는 사람들의 피신처였어요. 민주화운동을 하는 사람들 사이에서 '숨을 곳이 없으면 원주로 가라'는 말이 돌 정도였습니다. 무위당 선생님은 치악산을 모월산母月山이라고 부르시면서 원주 사람들은 원주를 찾아오는 사람들을 어머니가 아들 친구를 받아서 대접하듯이 잘 모시고 품어줘야 한다는 말씀을 많이 하셨어요. 그래선지 선생님 휘하의 후배나 제자들에게도 절박하고 처지가 어려운 사람들을 감싸 안는 그런 분위기 같은 게 있었어요. 원주는 민주화운동의 해방구였다고 할 수 있어요. 그래서 '원주캠프'라

41 이경국 편, (사)무위당사람들 엮음, 『대장부 거기에 그들이 있었다』, 이야기담, 2022 개정판, 253~254쪽.

는 말이 생겨났는데 '원주캠프'는 원주를 거쳐 간 사람들이 부르기 시
작해서 생긴 말입니다.[42]

하지만 장일순의 봉산동 집은 없는 살림에 식사 때마다 찾아오는 손님 때
문에 부인 이인숙의 고생이 말도 아니었다. 끼니마다 찬거리를 내야 하고, 시
도 때도 없이 차를 내야 하니 언제나 발을 동동거려야 했다. 다행히 앞집에
사는 동서(장화순의 아내)가 기꺼이 손을 빌려주었기 때문에 가능한 일이기도
했다. 가끔 멀리서 온 사람들이 며칠씩 묵어갈 때도 있었는데, 그런 날이면
이인숙은 방을 내주고 부엌 바닥에서 잠을 자기도 했다.

> "김금수, 김도현, 김동완, 김민기, 김병태, 김상현, 김성동, 김영주, 김영
> 준, 김정남, 김중태, 김종철, 김지하, 김찬국, 김현장, 남재희, 리영희, 명
> 노근, 박재일, 박우섭, 박의근, 박현채, 방용석, 백기완, 백낙청, 서경원,
> 서석재, 손세일, 손학규, 송건호, 송기숙, 송철원, 신대진, 신동수, 신현
> 봉, 원경, 원혜영, 유인태, 유홍준, 이길재, 이돈명, 이문영, 이부영, 이우
> 재, 이우정, 이철, 이철수, 이총각, 이해찬, 이현주, 이희천, 임광규, 임재
> 경, 임진택, 임채정, 장경옥, 장기표, 장영달, 전옥숙, 정성순, 정성헌, 정

---

42 김영주 편, (사)무위당사람들 엮음, 『대장부 거기에 그들이 있었다』, 이야기담, 2022
개정판, 113쪽; 장일순과 이경국, 이긍래 등 장일순의 후배와 제자들, 그리고 김영주
와 김지하와 박재일 등 본래 외지 사람들이지만 장일순과의 인연으로 원주를 중심
으로 활동했던 사람들은 재해대책사업과 민주화운동 과정에서 깊은 연대감을 느끼
고 있었는데, 이들을 편의상 '원주그룹'이라고 부를 수 있다. 그리고 원주그룹을 포
함해서 장일순과 함께 직접 일을 하지는 않았지만 민주화운동을 둘러싸고 이런저
런 연고로 원주를 드나들며 장일순 등과 인연을 맺어온 일단의 사람들을 에둘러
'원주캠프'라고 부를 수 있겠다.

인숙, 정호경, 제정구, 최기식, 최병욱, 최열, 함세웅, 황석영…."

이 이름들은 장일순의 장례식에 참석한 명단이다. 이들은 이런저런 연고로 원주를 찾아왔고, 생전에 장일순과 인연을 맺은 사람들이다. 그중엔 노동운동가나 농민운동가도 있었고, 학계, 문화계, 종교계의 민주인사들이 대부분이다. 이들을 묶어 편의상 부르자면 '원주캠프'에 속한 사람들일 텐데, 그들의 회고를 들어보면 대부분 장일순의 인품에 매료되었던 것으로 드러난다. 리영희는 이때 만난 장일순에 대해 이렇게 말한다.

> 그뿐만 아니라 불교도 깊었어요. 오히려 그분의 생활양식은 노자적이면서 불교적이고, 오히려 비기독교적이라고 볼 수 있어요. 그분의 생활양식은 가톨릭의 규율이나 범주에는 전혀 매이지 않았어요. 어느 이념이나 종파에도 매이지 않기 때문에 모든 것을 포용할 수 있었다고 봅니다. 지학순 주교가 반독재민주화운동과 교회개혁에 큰 역할을 했는데, 장 선생이 그 뒤에서 영향을 줬다고 얘기하잖아요? 그런데 본인은 정작 "난 아무것도 한 일이 없어"라고 말씀하셨어요. 이렇게 이야기하니 장 선생이 정말 보고 싶어지는군요.[43]

김지하를 통해 장일순을 찾아갔던 리영희 교수는 장일순과 만나면서 새삼 '인간 내면'의 중요성을 깨닫게 되었다고 밝힌 적이 있다.

그 당시에 많은 지식인들이 반反군부독재 민주화운동의 행동양식으

---

43 임헌영, 리영희, 『대화: 한 지식인의 삶과 사상』, 한길사, 2005, 468쪽.

로 생각했던 맑시즘이나 사회결정론 또는 모든 것을 사회과학적 관점과 맥락에서 찾으려고 하는 사고방식, 그리고 서양 학문의 합리주의적 사고의 틀과 환경 속에서 나 또한 공부하고 가르치고 사회활동도 하곤 했는데 종종 벽에 부닥친단 말이에요. 그럴 때 원주에 내려가면 그런 벽이라든가 인위적인 방법의 한계 등이 동양적 사상의 지혜로써 극복될 수 있다는 것을 알게 된다 이 말이죠. 그런 다방면적인 여러 각도에서의 깨우침 같은 것을 무위당 선생과 폭넓은 대화를 나누면서 얻을 수 있었습니다.[44]

리영희 교수는 장일순과 함께 지학순을 여러 차례 만났는데, 지 주교에게 외국의 신문기자들을 소개해 주기도 했다. 리영희 교수에게 장일순은 그 존재 자체가 경계심 없이 쉬어갈 수 있는 자연이었다. 봉산동 집 마당에 무성하게 자란 풀들을 보면서 집안 살림 자체가 인위적인 구석이 없다는 데 놀라곤 했다. 장일순은 이들과 비판적인 대화보다는 주로 사는 이야기에 몰두하고, "그렇죠, 그래요" 하고 받아주는 사람이었다. 그래서 그는 "무위당 선생의 사회활동이나 이론적인 면보다는 앞서 말했던 인간적 측면 때문에 사람들이 선생을 자주 만날수록 마음에 오래가는 뭔가 따뜻한 느낌을 받았으리라 생각한다"고 말한다.

장 선생님의 삶이 노자가 말하는 인간의 가장 자연스러운 삶 그 자체가 아니었나 생각합니다. 인간의 자연스러운 삶이라는 것은 인간도 자연의 현상이지 자연과 대립하는 별개의 존재가 아니라는 성찰에 따라

---

44 『달이 나이고 해가 나이거늘』, (사)무위당사람들 엮음, 2020, 63쪽.

자연과 무한으로 합일하고 살아가는, 아주 이해하기도 실천하기도 지극히 어려운 것을 체현한 사람이지요. 그보다 좀 낮은 차원으로 보아도 사람과 사람의 사귐에 있어서 그렇게 넓고, 부드러우면서도 거침없고, 그러면서도 깊이가 있는 분은 좀처럼 없을 것입니다. 우리 같아서는 저런 놈하고 무슨 상종을 하나 싶은 사람들에게도 아주 따뜻하게 대하셨어요.[45]

1975년 12월.
장일순의 첫 번째 서화전.
리영희 교수는
장일순의 인간적 품격에
공감했다.

45 『달이 나이고 해가 나이거늘』, (사)무위당사람들 엮음, 2020, 66쪽.

장일순과 함께 길을 걷는 사람들

춥고 배고픈 사람들과 함께

장일순의 집에는 민주화운동을 하던 사람들만 찾아오지는 않았다. 젊어서 원주 무실동과 부론에서 작은 교회의 목사로 일했던 안희선은 원주를 떠나기 전까지 봉산동 집을 자기 집처럼 드나들며 이인숙이 차려준 밥상을 많이 받았다.

예전엔 논밭과 과수원밖에 없는 가난한 농촌 마을이었던 무실동에 있는 무실교회에서 목회를 할 때였다. 당시 교회는 비만 오면 천장이 새서 지붕에 비닐을 덮고, 바람에 날리지 않도록 벽돌을 올려놓고 예배를 볼 정도로 가난했다. 안희선 목사의 아내가 막내를 낳았을 때 장일순 부부가 교회 옆에 있는 사택에 방문해 이 꼴을 보고 무척 마음 아파했다. 두 사람이 다녀가고 나서 우물가에 있던 바가지가 엎어져 있기에 들쳐보니 돈봉투가 놓여 있었다.

안희선 목사가 원주 외곽의 부론교회에 있을 때는 새벽기도를 마치고 나서 장일순 선생이 보고 싶어지면 당장 첫 버스를 타고 봉산동 집으로 갔다. 이른 아침에 찾아오면 장일순이 "댓바람부터 웬일이야? 어서 들어와." 하면서 반갑게 맞아주었다. "선생님 보고 싶어 일찍 왔습니다." 하면 이인숙이 석유곤로에 밥을 지어 아침상을 차려주었다.[46]

---

46 (사)무위당사람들, 『묻혀서 사는 이의 고운 마음을 아는 이 있을까』, 2019, 280쪽 참조.

사회참여

봉산동 자택에서 장일순과 이인숙 부부.

안희선은 1974년부터 장일순을 삶의 길잡이로 삼고 아버지처럼 따랐는데, 1977년에 목사 안수를 받았을 때 장일순을 찾아가 "좋은 말씀 하나 해 주세요." 하고 부탁했던 적이 있었다. 그때 장일순이 '處與寒民처여한민'이라고 써 주었다. "춥고 배고픈 사람들과 함께하라"는 뜻인데, 복음서의 가르침대로 가난한 이들과 함께 살라는 말씀으로 새겨들었다. 그러니, 장일순이 안희선 부부를 알뜰하게 챙긴 것은 당연한 노릇이었다.[47]

47 (사)무위당사람들 엮음, 『무위보감 누가 알랴』, 무위당사람들, 2022, 92쪽 참조.

우리 집도 손님이 많아요

밥, 1989.

    봉산동 집을 드나든 사람들은 대부분 남자들이었다. 그런데 판화가 이철수는 늘 부인과 동행하였다. 부부가 함께 찾아오는 경우는 드물었기 때문에 이인숙은 이철수의 아내 이여경을 아끼며 사랑했다. 더군다나 장일순의 봉산동 집만큼은 아니지만 제천 사는 이철수에게도 찾아오는 손님들이 많아서 이여경 역시 늘 분주하다는 사실을 알고 있기에 더욱 가깝게 느꼈던 모양이다. 이인숙은 이여경과 부엌에서 이야기를 나누면서 차를 끓이고 밥상을 함께 차렸다.

    이철수는 장일순이 '밥을 대접하는 것'을 얼마나 중요하게 여겼는지 입버릇처럼 이렇게 말하곤 했다.

    내가 젊었을 때 원주에 가면 선생님이 제자나 후배들에게 '철수 건너오거든 밥은 먹여서 보내라'고 하셨을 정도로 무위당 선생님 부부는 밥을 대접하는 것을 굉장히 중요하게 생각하셨던 것 같아요. 먼 길 온 길손에게 따순 밥을 대접하는 일은 선생님 부부에겐 모심을 실천하는 자긍심이었던 게 아닐까, 하는 생각을 해 봐요.

이여경은 언젠가 장일순을 만났을 때 "선생님 댁처럼 찾아오시는 분들이 위로받고 갈 수 있도록 우리 집도 그렇게 만들고 싶어요"라고 말했다. 그랬더니 장일순은 호탕하게 웃으며 "그것도 좋은 생각이지. 그런데 소문은 내지 마라. 소문내면 더 온다." 그랬다. 이 이야기를 옆에서 듣고 있던 이인숙이 "맞아, 맞아" 하면서 손뼉 치며 웃었다고 한다.[48]

늙은 창녀의 노래

장일순을 "내게 장 선생님은 아버지 같은 분이세요." 하고 말하는 김민기는 마음이 갑갑해지면 자주 원주를 찾았다. 당시에 민주화운동을 하는 이들에게 장일순이 있는 원주는 언제든 환대받을 수 있는 고향 같은 곳이었기 때문이다. 어느 날 김민기가 원주에서 사람들과 어울려 저녁밥을 먹게 되었다. 밤이 깊도록 실컷 이야기를 나누다가 헤어질 시간이 되었다. 그때 장일순은 자리에서 일어나며 함께 있던 사람들에게 김민기를 부탁했다.

"난 이만 갈 테니 자네들이 알아서 잘 모셔."

장일순은 봉산동 집으로 가고, 김민기는 원주그룹의 다른 이들을 따라나섰다. 한참 가다 보니 이상했다. 몸 파는 여자들이 여기저기 보였다. 당시 학성동 일대의 '희매촌'에는 성매매업소가 많았다. 그 가운데 한 집에 들어가

---

48 (사)무위당사람들, 『묻혀서 사는 이의 고운 마음을 아는 이 있을까』, 2019, 280~283쪽 참조.

숙박비를 치르는데, 서로 아는 사이로 보였다. 몸 파는 여인과 그 집 주인은 밝음신협 조합원들이었다. 숙박비를 치른 이도 밝음신협 사무원이었다. 계산을 하고 그들은 김민기를 방으로 밀어 넣고 떠났다.

물론 장일순이 김민기를 그런 데로 데려가 재우라고 하지는 않았을 것이다. 순전히 주변 사람들의 장난이었다. 김민기는 좁고 닫힌 공간이 답답했다. 술을 과하게 마신 탓인지 속도 거북했다. 김민기는 잠깐 바람을 쐬고 오겠다며 방을 나와 그 집 대문 앞에 놓인 평상에 앉았다. 이날 일을 김민기는 이렇게 기억했다.

"저녁밥을 먹은 집도 조합원 집이었고, 몸 파는 여자까지 조합원이라는 데는 손발 다 들겠더라고. 원주 사람들은 모두 한 가족처럼 우애 있게 살고 있다는 느낌이었어."

그날 김민기는 평상에 앉아 밤을 꼬박 새웠다. 원주 사람들이 한 가족이라면, 몸 파는 여자도 그들의 여동생인 셈이었다.[49] 이날 김민기는 무슨 생각을 하였을까? 하필이면 주교관을 학성동 언덕에 지은 지학순 주교와 장일순과 김민기를 생각하자면, 송기원의 「살붙이」라는 시가 연상된다.

나이가 마흔이 넘응께
이런 징헌 디도 정이 들어라우
열여덟살짜리 처녀가
남자가 뭔지도 모르고 들어와
오매, 이십년이 넘었구만이라우
꼭 돈 땜시 그란달 것도 없이

---

49 최성현, 『좁쌀 한 알 장일순』, 도솔, 2004, 234~235쪽 참조.

손님들이 모다 남 같지 않어서
안즉까장 여그를 못 떠나라우
썩은 몸뚱어리도 좋다고
탐허는 손님들이
인자는 참말로 살붙이 같어라우[50]

시인 송기원에 따르면, 이 여자는 열여덟 살 때 사창가로 들어와 마흔이 넘은 지금까지 그곳을 떠나지 못했는데, 이제는 오히려 자기에게 밥을 먹여준 이곳이 정이 들었을 뿐만 아니라 찾아오는 손님들도 모두 남 같지 않은 느낌이 되었다고 한다. 문학평론가이기도 했던 김종철은 "이 시에서 우리가 보는 것은 가장 큰 고통과 수모를 겪은 인생이 그러한 고통의 경험을 통해서 가장 큰 사랑으로 삶을 포옹하는 모습입니다. 대체 이런 일이 가능하다는 사실이 우리가 피상적으로 생각하는 것보다 삶이란 너무나 깊고 신비스러운 것임을 말해준다고 하겠지요"라고 말했다. 그런데 송기원은 "늙은 창녀와 처음 만나던 때의 욕지기를 나는 지금까지 잊을 수 없다"면서 "분명한 것은 그녀가 더러운 싸구려 사창가의 늙은 창녀였기 때문은 결코 아니었다. 나는 적어도 그렇게 살아오지는 않았다. 그때 나를 뒤흔든 욕지기는 분명히 근친상간과도 같은 도덕적 감정이었다"라고 말한다. 시인은 그녀를 누이로 느꼈다는 것이다.[51] 장일순이라면 그녀에게서 하느님의 그림자를 보았을지 모른다는 생각을 한다.

50 〈창작과 비평〉 1998에 실린 송기원의 시.
51 김종철, 『시적 인간과 생태적 인간』, 삼인, 1999, 80~81쪽 참조.

거절 못 하는 장 선생

장일순은 누가 글씨나 그림을 부탁하면 거절하는 법이 없었다. 다른 부탁도 마찬가지였다. 미루는 법도 없었다. 대개 그 자리에서 바로 부탁을 들어주었다. 누가 추천장이 필요하다고 하면 그 자리에서 바로 써 주었다. 그런데 문제는 빚보증을 서달라는 부탁까지 거절하지 못하는 성미였다는 것이다. 장일순이 빚보증을 서는 것까지는 어쩔 수 없지만 뒷감당이 어려웠다. 그 일을 늘 동생인 장화순과 장예순이 맡아야 했다. 장일순은 원주교구와 지역에서 온갖 일을 다 하지만 정작 돈이 나올만한 직업이 반평생 동안 없었고, 장상순도 한때 돈이 안 되는 연극을 한다고 돌아다녔기 때문이다. 장상순은 협동교육연구소에서 실무자로 일할 때에야 사정이 좀 나아졌다.

아무튼 장일순의 거절하지 못하는 기질 때문에 두 아우가 엄청 고생했다. 결국 장화순이 "더는 그런 일이 없도록 해달라"고 처음이자 마지막 엄포를 놓고서야 그런 일이 없어졌다고 한다.[52] 돌이켜 생각해 보면, 장일순은 장화순의 이런 요구 역시 거절할 수 없었던 것이 아닐까, 생각한다.

처음이자 마지막 노래

춘천에서 서예 전시회가 있었다. 원주에서 붓글씨를 하는 이들이 단체로 버스 한 대를 대절해서 다녀왔다. 돌아오는 길에 버스 안에서 노래판이 벌어졌다. '동주서실'을 운영하던 심상덕 차례가 왔지만 곤란한 지경이 되었다. 심

---

52 최성현, 『좁쌀 한 알 장일순』, 도솔, 2004, 102쪽 참조.

상덕은 집안 내력 탓인지 노래와 담을 쌓고 살았기 때문이다. 동요라도 한 곡 불러보라고 주변에서 채근하였지만 옹송그리고 앉아서 결국 노래를 부르지 못했다.

다음 날 점심 무렵 장일순이 서실로 찾아왔다.

"얘, 동주야. 나가서 점심이나 같이 먹자."

심상덕의 호號가 '동주'였다. 두 사람이 찾아간 곳은 교외에 있는 음식점이었는데, 본채와 뚝 떨어진 원두막에 자리를 잡았다. 밥을 시키고 장일순이 말했다.

"우리 소주 한 병만 마시자."

그 소주병이 비어갈 무렵이었다.

"어제 봤다. 우리 오늘 같이 노래 하나 하자."

노래란 말이 나오자 심상덕은 펄쩍 뒤로 물러나 앉으며 손사래를 쳤다. 장일순이 곡진한 목소리로 난처한 표정을 짓는 심상덕을 달랬다.

"한 곡만 익히면 된다. 그다음은 쉽다."

사실 장일순도 취하면 「아침이슬」 정도를 흥얼거릴 뿐 노래는 잘 못하는 편이었다.

"동요 같은 것 있을 거 아니냐?"

"동요도 아는 게 없어요."

"그렇다면 애국가로 하자. 이건 대충 기억할 거 아니냐?"

심상덕은 더는 거절할 수가 없었다. 장일순이 선창하고 심상덕이 애국가를 따라 부르더니, 한 시간 내리 애국가를 불렀다. 심상덕이 노래한 것은 그때가 처음이자 마지막이었다.[53]

---

53 최성현, 『좁쌀 한 알 장일순』, 도솔, 2004, 124~126쪽 참조.

네 땀내가 아주 좋구나

어느 더운 여름날, 가톨릭센터 근처에서 '치악공방'을 열어 목공예를 하던 김진성에게 장일순이 찾아왔다. 가만있어도 땀이 줄줄 흐르는 날이었다.

"얼굴 좀 씻었으면 좋겠는데… 어디서 하면 되나?"

깨끗한 수건이 없는 걸 아는 김진성은 가슴이 철렁했다. 오래 써서 먼지와 때에 전 수건이 하나 있을 뿐이었다. 장일순이 얼굴을 씻고 나왔을 때, 김진성은 그 수건을 들고 어쩔 줄 모르며 서 있었다.

"수건이 이것밖에 없는데…."

장일순이 웃으며 수건을 받아 들었다. 그리고 천천히 얼굴의 물기를 닦고서 말했다.

"네 땀내가 아주 좋구나."

한번은 환풍이 제대로 안 되는 공방에서 먼지를 마시며 작업을 한 탓에 김진성이 폐결핵에 걸린 적이 있었다. 기침이 때를 가리지 않고 터져 나왔지만, 생계 때문에 일을 그만둘 수도 없었다. 그러던 어느 날 장일순이 찾아와 흰 봉투를 하나 내밀었다. 김진성은 고마웠지만 받을 수 없었다.

"선생님도 어려우신 걸 제가 뻔히 아는데… 그리고 저는 아무것도 선생님께 해드린 게 없잖아요?"

"그렇지 않아. 내가 니 사랑 많이 받고 있잖니? 얼마 안 돼. 미안해."[54]

54 최성현, 『좁쌀 한 알 장일순』, 도솔, 2004, 130~132쪽 참조.

수행이란 무엇인가

서예 문인화가 채희승은 이십 대였던 1980년대 초에 한참 합기도장 흑추관에서 몸 수련에 빠져 있었다. 함께 수련하던 장일순이 채희승에게 씨름 한판 하자고 제안했다. 채희승은 슬쩍 힘만 주고 버티고 있었는데 장일순이 얼마나 힘을 쓰던지 채희승을 벽 쪽으로 냅다 밀어붙였다. 안 되겠다 싶어 힘을 가다듬어 도장 한복판으로 밀고 가서 한참 버티기만 했다. 장일순도 지쳤는지 이렇게 말했다.

"이제, 그만하자. 오늘은 내가 졌다. 그런데 내년 이맘때쯤은 내가 너를 이길 수 있을 것 같다. 오늘 가만히 보니 네가 나를 봐주는구나."

"아니에요. 선생님도 저도 지금 이렇게 숨을 몰아쉬고 있지 않습니까."

"아니여, 오늘 가만히 보니 네가 나를 봐주고 있어. 그런데 말이지. 너는 앞으로, 남은 봐주더라도 네가 너를 봐줘서는 안 된다."

흑추관 벽에는 붓글씨로 '극기도생克己道生', "자기를 이기면 도道가 생긴다"는 액자가 붙어 있었다.

그날 수련이 끝난 뒤 채희승이 물었다.

"선생님, 수행이란 어떤 것입니까?"

"네가 남을 이기려고 하면 싸움이 되고, 네가 너를 이기려고 하면 수행이되지. 다른 사람을 이기려고 하지 말고 섬기려고 해봐라. 지금은 네가 이 말 뜻을 잘 모를 게야. 이다음에, 절로 알게 될 날이 올 거다."

장일순은 그 자리에서 해월 최시형의 '사인여천事人如天'의 속뜻을 풀이해주었다.

"사람은 누구나 하느님을 모시고 있기 때문에 사람을 대할 때는 언제 어디서나 반드시 하늘처럼 섬겨야 한다. 도인의 집에 사람이 오거든, 사람이 왔다고 하지 말고 하느님이 강림하였다고 말해라."[55]

55 〈무위당사람들〉, 2021년 6월 호, 72~73쪽 참조.

5부

따뜻한 혁명

글을 쓰지 않는 이유

장일순은 글을 쓰지 않았다. 본인 이름으로 문건 하나 책 한 권 펴낸 적도 없다. 이현주[1]가 어느 날 찾아와 장일순에게 물었다.

"선생님은 왜 글을 쓰지 않으십니까?"

"나는 글 못 써."

"세상에 글 못 쓰는 사람이 이 문명 천지에 어디에 있을까요?"

"한참 세월이 수상할 적에 필적을 남기면 괜히 여러 사람 다치겠더구먼. 그래서 편지는 말할 것도 없고 일기도 쓰지 않게 됐지. 그 버릇이 여직 남아서…."

이현주는 장일순이 글을 쓰지 않는 이유가 다른 데 있다고 생각했다. 내 안에 세상에 대고 하고 싶은 말이 많은 사람은 어떤 상황에서도 말하고, 어떤 결과를 초래해도 글을 쓰기 마련이다. 가깝게는 김지하도 있고, 멀게는 함석헌도 있었다. 이따금 장일순은 이런 이야기를 하곤 했다.

"시내에 나갔다가 친구들을 만나지 않는가? 술 한잔 걸치고 거나해지면 말이지, 그러면 얘기가 시작되는데, 이게 뭐냐 하면 천지현황서부터 논어, 맹자에 노자, 장자에 석가모니 부처님에 예수님까지 총동원하셔서 수작이 난만인 거라. 그렇게 정신없이 아는 척을 하다가 말이지, 밤이 이슥해서는 이

---

1 1944년 충주에서 태어난 감리교 목사, 동화작가, 번역가이다. 최근에는 무무无無란 호를 쓰고 있는데, 동화로 등단해 지금껏 다양한 글을 쓰고 번역하고 있다. 저서로는 스승 장일순과 집필한 문답 형식의 노자 해설서 『무위당 장일순의 노자 이야기』, 『이 아무개의 장자 산책』 등이 있고, 그 밖에 유대교 랍비 아브라함 요수아 헤셸과 이슬람 신비주의 시인 루미의 글을 번역했다.

리 비틀 저리 비틀 취한 걸음으로 둑방길을 걸어오는데 달빛은 환하게 밝고 말이지, 그 달빛에 제 그림자 밟으면서 집으로 돌아올작시면, 그러면 그때 내 마음이 얼마나 참담한지 자네가 그걸 알겠능가?"

작가요 목사였던 이현주는 말이 유난히 많았던 날 모두들 흩어지고 혼자 남았을 때 문득 엄습해 오는 허탈감을 모를 리 없었다. "자네가 그걸 알겠능가?" 되물을 때마다 이현주는 말없이 고개를 끄덕거려 주었다.

"그래도 선생님이 저보다는 덜 참담하실 겝니다."

"어째서?"

"저는 말을 하는 것이 직업인 데다 한술 더 떠서 글까지 쓰잖습니까? 선생님은 '글'을 쓰시지 않고 '글의 씨'를 쓰시니 저보다 덜하실 거라는 말씀입니다."

"그런가? 허, 그게 그런가?"[2]

이현주는 장일순이 세상에 글을 남기지 않는 이유를 이렇게 가늠한다.

> 언어가 존재의 집이라면 침묵은 존재의 자궁입니다. 선생님은 흰 종이에 먹으로 '붓장난'을 하실 적마다 아마도 그 깊은 당신만의 침묵을 마음껏 애무하셨을 것입니다.
> 우리가 초등학교 시절에 세계 4대 성인聖人이라고 배운 네 분(석가, 예수, 공자, 소크라테스) 모두 생전에 글 한 줄 남기신 바 없다는 사실이 선생님의 글 쓰지 않으신 내력과 무관하지 않을 것이라고 나는 생각해 봅니다. 그런데요, 신통한 것은 그 네 분 모두 살아생전에 참 꽤 말이 많으셨다는 점입니다. 우리 선생님도 그러셨지요. 한번 말씀을 내어놓으시

---

2 무위당 장일순 이야기 모음, 『나락 한 알 속의 우주』, 녹색평론사, 3~4쪽 참조.

면 흐르는 강물처럼 막힘이 없으셨습니다. 그렇게 쏟아놓으시고는 맨
뒤에 혼자 남아 당신의 그 참담한 허탈을 남몰래 삼키셨던 거지요.

나는 선생님이 글을 많이 써서 세상에 남기신 바 없음을 차라리 다행
으로 여깁니다. 성경에, "문자文字는 사람을 죽이고 영은 사람을 살린
다"는 말씀이 있지요. 침묵이 백百이면 그것이 말로 표현될 때 벌써 오
십五十은 떨어져 나가고 그것이 다시 글로 나타나면 십十이나 겨우 남
을까요? 그러니까 글이란 살아있는 영靈이 즐겨 써먹을 물건이 아니
라는 말씀인데, 틀림없이 우리 선생님은 이 비밀을 눈치채셨을 것입니
다.[3]

청강青江의 서화

청강, 무위당, 일속자

장일순에게는 여러 가지 자호自號가 있었다. 자호는 이름 대신에 사람들이
편하게 부를 수 있도록 스스로 지은 별칭이다. 그래서 자호가 바뀌면 그 사
람의 삶이 어떻게 변주變奏되었는지 가늠할 수 있게 된다. 장일순이 1990년
에 원주여고 교지 〈신명〉 편집부 학생들과 대담하는 가운데 자호의 변천에
관해 말한 대목이 있다.

---

3 무위당 장일순 이야기 모음, 『나락 한 알 속의 우주』, 녹색평론사, 4쪽.

장일순은 서화를 통해 세상과 대화를 나누었다. 봉산동 자택 마루에서 글씨를 쓰다.(1976년)

나는 이십 대에 백두산 천지란 뜻이 있는 호암湖岩이란 자호를 썼지. 자네들이 알고 있는 '청강靑江'이란 호는 내 나이 서른일곱에 붙인 호야. 그 호와 인연을 맺게 된 것은 나로서는 핍박의 시대에 있었던 원한 관계 같은 거였지. 그러나 그 원한 관계를 원한으로만 생각하면 안 돼. 그렇게 되면 자신이 너무 초라해지고 추해져. 그래서 나를 핍박하고 욕되게 했던 이들까지도 사랑하자는 뜻에서 '푸른 강'이라고 지은 거지. 박정희에 대한 미운 감정은 푸른 물에 씻자는 것이었어. 박정희 씨가 아니었으면 내가 먹장난을 다시 시작하지 않았을 게야. 박정희라고 하는 탄압이 없었으면 난초가 생길 수가 없잖은가? 그래서 내 난초는 박정희 씨 덕이다, 그런 생각을 가끔 한다구. 지난 이야기 같지만, 난 지금 그들을 사랑해. 그들이 내 자신을 변화시키는 역할을 만들어 준 셈이지. 그러니까 호가 내 자신을 성찰하고 변화시키는 역할을 해준 셈이야. 가정에서 말하면 가훈家訓처럼 개인 장일순 나에겐 '장일순훈訓'인 셈이지.[4]

장일순은 '청강'이란 호를 박정희가 살아 있는 동안 내내 사용해 왔다. 이 시기는 감옥에서 석방되어 주로 봉산동 집에 칩거하다가 지학순 주교를 만나 다시 활동했던 시기였다. 새로 설립된 원주교구의 토대를 쌓고, 협동조합운동과 재해대책사업, 그리고 원주그룹과 함께 민주화운동에 참여했던 '보이지 않게 열정적으로' 활동했던 시기였다. 장일순이 생명운동을 시작하여 생명사상 세미나 등을 제안했던 1980년대 초기부터 무위당无爲堂이라는 호를 사용하기 시작했다. 여기서 '무无'는 통상적으로 '없다'는 뜻으로 사용하는 '무無'와 다르게 불교 경전을 읽을 때 사용하는 발어사發語辭이다. 자호 '무위당'을 두고 장일순은 "사람의 욕심을 채우지 않고 하늘의 뜻에 따라 살자는 뜻"으로 지었다고 했다.

그리고 1988년 한살림모임을 창립하려고 기금을 마련할 용도로 서울 인사동 '그림마당 민'에서 열었던 전시회에서 처음 '일속자一粟子'라는 자호를 사용했다. '좁쌀 한 알'이라는 뜻인데, 장일순은 말년에 "이 좁쌀 하나에 하늘과 땅과 온 우주가 다 들어 있다"는 의미를 자호에 담았다고 했다. 아울러 같은 해 여름부터 '이암夷盦'이란 호를 사용하기도 하였다. 곧바로 번역하면 "오랑캐의 집" "편안한 집"으로 풀이할 수 있는데 장일순은 이렇게 설명하고 있다.

4   (사)무위당사람들 엮음, 『무위보감 누가 알랴』, 무위당사람들, 2022, 25쪽.

사람이 보이는 것만 너무 하면 재미가 없어. 안 보이는 가운데 생활하는 그런 사람이 좋은 거야. 보이면 아주 피곤해. 그런데 안 보이면 편하더란 말이야. 그래서 자호를 '보이지 않는 집'으로 했던 거야. 몸뚱이도 하나의 집이 아닌가? 자칫 이름하고 동떨어진 생生을 좇을 때 그것은 위선이 되기도 하겠지. 하지만 위선일지라도 한번 해보아야 할 것 같아. 그 이름에 맞추어 살아가겠다는 내 스스로의 걸어감이, 자신의 인격수양에 큰 보탬이 되기 때문이지. 추사秋史 선생도 이백여 개의 많은 호를 썼는데, 그 모두가 선생의 인생 역정에서 자기 경지를 전부 섭렵하면서 붙인 호인 것을 보게 돼. 자네들도 이름에 걸맞은 삶을 살려고 노력해 봐. 세상에 도道 아닌 게 없어. 문제는 이것을 어떻게 깨치느냐 하는 거겠지.[5]

난이라기보다 잡초

장일순은 글씨를 쓰거나 난을 치면 끄트머리에 당연히 '청강'이라든가 '무위당'이라는 자호와 낙관을 찍었다. 심상덕은 '무위당사람들'에서 2022년 장일순의 서화 이야기를 담은 『무위보감 누가 알랴』를 출간하면서 장일순의 글씨와 그림에 대한 견해를 밝히고 있다. 심상덕은 "선생님의 글씨는 힘이 넘치는 예서체隸書體를 근간으로 하고 있는데, 이런 예서체를 선생님은 아주 소탈한 맛으로 전환시키면서, 부드럽고 편안한 글씨, 그러나 힘과 균형이 들어있는 '민중적인 서체'라고 부를 만큼 독자적인 서체로 발전시켰다"고 했다.

---

5   (사)무위당사람들 엮음, 『무위보감 누가 알랴』, 무위당사람들, 2022, 26~27쪽.

장일순이 이런 독창적인 서체를 지닐 수 있었던 까닭은 "붓을 다룬 오랜 연륜, 세속의 속기俗氣를 초월했지만 결코 세상일에 무심하지 않고, 가난하고 고통받는 사람들과 함께하며 낮은 곳을 향하신 하심공경下心恭敬의 삶에서 연유한다"고 말한다.[6]

장일순의 글씨를 두고 미술사학자 유홍준은 대교약졸大巧若拙, "뛰어난 기교는 어수룩해 보이는 법"이라고 했다. 여기에는 "장일순의 무심無心과 무위無爲의 철리哲理가 담겨 있다"고 했다. 그리고 장일순은 "난초를 치면서 고귀한 멋이나 곱상한 생김새를 자랑하는 춘란春蘭이나 기품을 앞세운 건란乾蘭은 즐기지 않는다. 장일순의 난초는 한 마디로 조선 난초다. 잎이 짧고 넓적하면서 강인한 생명력을 느끼게 하는 잡초 같은 난초를 좋아한다. 그는 바람결에 잎을 날리면서도 꽃줄기만은 의연히 세우고 그 향기를 펼치는 풍란風蘭을 즐겨 그린다"고 했다.[7]

옛날에
어데서 보니까,
1988.

6 (사)무위당사람들 엮음, 『무위보감 누가 알랴』, 무위당사람들, 2022, 10쪽 참조.
7 최성현, 『좁쌀 한 알 장일순』, 도솔, 2004, 299쪽 참조.

장일순에게는 글씨만큼 유명한 것이 '사람의 얼굴을 닮은 난초'(의인난擬人蘭)인데, 심상덕은 장일순의 난초에서 "맑은 품성과, 날카로움은 없지만 강인한 생명력이 느껴진다"고 했다. 밟혀도 다시 일어서는 '잡초 같은 난초'라는 것이다. 줄기를 의연히 세우고 꽃을 피워내면서, 폭력까지 품어내는 생명의 씨앗이 들어 있는 난초라고 했다. 장일순의 난초들은 한결같이 낮은 곳을 향해 고개를 숙이고 있는데, 거기서 낮게 빛나는 '겸손'이 느껴진다. 그래서 사람들은 장일순의 난초를 민초民草의 모습을 떠오르게 하는 '중생난衆生蘭'이요 '풀뿌리난'이라고 부른다.[8]

실상 장일순은 자신이 그린 난초를 "난이라기보다는 노방에 뒹구는 잡초"라고 말했다.

> 내가 생활 속에서 보니까 잡초 하나의 경지도 사람이 요새 못 따라가고 있어요. 내가 손님을 만나서 술 한 잔 기울이고 원주천 둑방길을 걸어서 집으로 돌아가는데, 길바닥에 서 있는 풀 하나가 말이지, 대지에 뿌리를 박고 있어. 주야로 오가는 사람들의 발에 치이고 짓밟혀도 다음 날 아침에 가면 다시 우뚝 자연스럽게 서 있거든. 대단한 거지. 그걸 인간이 할 수 있겠냐 이 말이야. 내 그림은 난초라기보다는 자연과 노방에 흐트러져 있는 풀, 잡초라고 해야 되겠지. 그냥 풀그림이지.[9]

한편 김지하는 장일순의 모든 것이 '난초' 안에 다 들어가 있다고 말한다. 장일순이 늘 이야기하던 '하심下心', 곧 "밑으로 기어라." 하는 태도와 '모심'

---

8   (사)무위당사람들 엮음, 『무위보감 누가 알랴』, 무위당사람들, 2022, 11쪽.
9   (사)무위당사람들 엮음, 『무위보감 누가 알랴』, 무위당사람들, 2022, 11쪽.

과 '살림'의 사상이 난초에 배어 있다고 했다. 그래서 장일순이 '사람의 얼굴을 닮은 난초'를 칠 때마다 '슬픔'이 배어 나온다고 했다.

> 눈을 내리감고 고개를 갸웃하며 생각에 잠긴 사람의 얼굴이 꽃으로, 그것도 반드시 한 송이로 그려지기 시작한다. 예술로서, 문인화로서의 까다로운 격식은 이미 아랑곳없었다. 고통스런 민중의 삶에 대한 연민과 세세생생 태어나고 또 태어나 유전하는 중생에 대한 슬픔, 그리고 그 이유를 알 수 없는, 매우 고전적인 큰 외로움이 난에 가득 넘치기 시작한다.[10]

삶에서 걸어 나온 글씨

조지훈 시인은 「글씨의 미美」에서 "글은 사람이라 하여 문장이 인격의 반영임을 말한 사람이 있지만 글보다도 더욱 인격을 반영한 것이 글씨"[11]라고 했다. 실상 장일순의 글씨는 예서체 계열이기는 했지만 '한석봉체'나 '추사체'처럼 딱 잘라 말하기 어려운 측면이 있다. 글씨를 전해 줄 상대나 용도에 따라서 필체를 바꾸어 썼기 때문이다. '나'를 주장하지 않고 '너'에게 주목하는 글씨이며, 내게서 너에게로 자연스럽게 흘러가는 글씨였다.

장일순은 한때 정계에 진입하려고 '나'를 주장한 적이 있었으나, 박정희 군사정권의 등장으로 옥고를 치르면서 정치적 의지가 좌절된 이후 '나'를 은닉

---

10 최성현, 『좁쌀 한 알 장일순』, 도솔, 2004, 9~10쪽 참조.
11 김삼웅, 『장일순 평전』, 두레, 2019, 226쪽 재인용.

한 채 살아왔다. 원주교구에서 사도회장을 한 적은 있으나, 재해대책사업이나 민주화운동 과정에서 어떤 공식적인 직함도 얻지 않고 장일순은 드러나지 않은 채 '배후'에 늘 남아 있었다. 이때 이미 장일순은 노자老子의 가르침을 체득하고 있었던 것 같다. 이를 두고 이현주는 "행함은 있되 행하는 자는 없다"고 풀이했다.

> 성인聖人은 모든 일을 무위無爲로써 하고, 말 없는 가르침을 베풀며 만물을 이루어 내되 그 가운데 어떤 것을 가려내어 물리치지 않으며, 낳고는 그 낳은 것을 가지지 않고, 하고는 그 한 것을 뽐내지 않으며, 공功을 이루고는 그 자리에 머물러 있지 않는다. 머물지 않음으로써 사라지지 않는다.[12]

 이런 장일순이기에 글씨에 당신의 삶이 읽어주는 개성이 드러나고 생명력이 있었다. 장일순은 서필어생書必於生, 곧 "글씨는 곧 그 사람이며, 글은 삶

서필어생, 1990.

---

12 채희승, 「글씨는 삶에서 나와야 한다」, 〈무위당사람들〉 38호, 2011. 12. 19쪽.

에서 나와야 한다"고 했다. 삶과 동떨어진 글씨는 '죽은 글씨'라는 것이다.[13]
가톨릭농민회 초대 회장이었던 조한수가 이 세상을 떠났을 때였다. 김익호
는 조한수의 무덤에 세울 묘비의 비문을 장일순에게 부탁했다. 약속한 날짜
에 비문을 찾으러 봉산동 집에 찾아갔는데, 장일순이 써놓은 글씨가 그다지
마음에 들지 않았던 모양이다. 서툴러 보였기 때문이다. 김익호는 느낀 대로
솔직히 말했다.

"선생님. 글을 되게 못 쓰셨네요!"

장일순이 껄껄 웃었다.

"자네. 아직 멀었네. 이쁜 글씨가 잘 쓴 글씬 줄 아는가 본데 그렇지 않다
네. 잘 쓴 글씨란 그저 정성껏 자신의 진실을 밝히면 되는 걸세."[14]

장일순은 원주 시내에 나오면 곧잘 가톨릭회관 지하에서 수족관을 운영
하는 양승학을 찾아갔다. 그곳에서 양승학이 내어놓은 차를 마시며 이야기
를 나누곤 했는데, 어느 날, 양승학이 장일순에게 물었다. 평소 궁금하게 여
기던 걸 어렵게 물어본 것이다.

"선생님, 어떤 글이 정말로 훌륭한 글입니까?"

장일순이 빙그레 웃으며 대답했다.

"길을 가다가 자네도 아마 봤을 거야. 왜 리어카나 포장마차에 '군고구마
팝니다' '붕어빵 팝니다' 하고 써 놓은 글이 있잖아? 그런 글이 정말로 살아
있고 생명력이 있는 글이야. 꼭 필요한 글이지."[15]

이 이야기를 두고, 장일순은 원주여고 학생들과 나눈 대화에서 다시 한번
솔직하게 설명한 적이 있다.

---

13 채희승, 「글씨는 삶에서 나와야 한다」, 〈무위당사람들〉 38호, 2011. 12. 19쪽.
14 최성현, 『좁쌀 한 알 장일순』, 도솔, 2004, 267쪽 참조.
15 최성현, 『좁쌀 한 알 장일순』, 도솔, 2004, 259쪽 참조.

어떻게 들릴지 모르지만, 난 음식점에 써 붙여 놓은 곰탕 얼마, 칼국수 얼마란 글씨가 더 좋아. 뒷골목에 가면 말이야. 작은 판자에다 조그맣게 써놓은 글씨 있잖아? 초라하지만 단정하게 쓴 글씨 말이야. 그런 글씨가 난 한없이 좋아. 겨울 길거리에 군고구마 장수가 작은 판자때기에다 '군고구마'라고 쓴 글씨 있잖아? 그 글씨를 볼 때마다 '난 언제 저렇게 써 보나' 하는 생각이 들어. 글씨가 생활에 쓰이지 않으면 그 글씨는 이미 생명력을 잃고 마는 거지. '군고구마'라고 쓴 그 글 속에는 살려는 진한 생명력이 담겨 있는 것이 아니겠어?[16]

글씨로 말하다

장일순이 남긴 작품이 2,000여 점은 족히 된다고 하는데, 자신의 서화를 단 한 점도 돈을 받고 판 적이 없다. 예술품이라고 생각하지도 않았다. 그저 마음을 수양하기 위해 즐거운 마음으로 글씨를 쓰고, 혼탁한 세상 속에서 순수하고 맑은 영혼으로 살고자 하는 마음으로 난을 쳤다. 장일순은 자신이 쓴 글씨와 난이 예술이라는 허명虛名 속에서 희소가치니 시장가격이니 하는 세속적 가치를 추구하는 것을 경계했다. 물론 한살림운동 기금을 마련하거나 민주화운동을 돕기 위하여 전시회에 작품을 내놓은 적은 있지만, 그 밖에는 돈을 받고 남에게 글씨를 써 준 적이 없다. "만약 이 그림을 그리면

16 (사)무위당사람들 엮음, 『무위보감 누가 알랴』, 무위당사람들, 2022, 27~28쪽.

서 얼마를 받겠다는 생각이 들면 나는 그날로 붓을 꺾을 거야"라고 단호하게 말하곤 했다.[17]

장일순은 자기 작품을 갖고 싶어 하는 사람에게는 언제든 글씨를 써주었다. 장일순에게 글씨란 쓰는 자와 받는 자 모두에게 수양修養의 도구였기 때문이다. 그렇다고 누구에게나 아무 글이나 써준 것은 아니다. 서화를 받을 사람과 한참 동안 이야기를 나누다가 그 사람이 지켜야 할 경구나 격언 또는 어울리는 시구를 담아 선물로 글씨를 주었는데, 낙관 옆에 받는 사람의 이름을 함께 적었다. 이 서화는 그 자리에 앉아 있는 바로 '너'를 위한 선물임을 분명하게 표시해 둔 것이다. 사람은 사람마다 고유한 삶의 내력이 있고, 바로 그때 그 사람에 꼭 필요한 말이 있는 법이다. 그러므로 장일순의 서화를 보면, 장일순이 타인과 어떻게 소통하고 싶어 했는지 알게 된다. 중요한 것은 구체적 개인이다. 그래서 장일순의 작품을 받은 사람들은 '그때'를 기억한다. 그리고 이 서화를 사람들은 위안과 용기를 주는 부적처럼 여겼다. 그러니 원주에 있는 밥집이나 가게 곳곳에서 벽에 걸린 장일순의 서화를 만날 수 있었다.[18]

성실한 것은 하늘의 도

1975년 12월에 원주 가톨릭센터에서 장일순의 작품 전시회가 열렸다. 이날 대성고등학교 서무과에 근무하던 김태환이 일과를 마치자마자 전시장으

17 (사)무위당사람들 엮음, 『무위보감 누가 알랴』, 무위당사람들, 2022, 11~12쪽 참조.
18 (사)무위당사람들 엮음, 『무위보감 누가 알랴』, 무위당사람들, 2022, 12쪽 참조.

로 가서 작품을 감상하고 장일순과 이런저런 이야기를 한참 나누고 집에 돌아갔다. 장일순은 『중용中庸』 20장에 나오는 '誠者 天之道也성자 천지도야', "성실한 것은 하늘의 도"라는 말로 시작되는 작품을 두고 잘 사는 것도 좋지만 성실히 살아야 한다면서 "성실히 산다는 것은 참되게 사는 것이며, 참되게 산다는 것은 선善을 굳게 잡고 놓지 않는 것이다. 성신誠身에도 도道가 있으니 선善에 밝지 못하면 불성不誠한 것"이라 하였다.

김태환은 유독 이 작품이 마음에 와닿아서 한참 그 앞에서 발길을 돌릴 수 없었다. 그런데 전시회가 끝나는 날 퇴근하고 집에 돌아와 보니, 이 작품이 마루에 놓여 있었다. 장일순은 이 작품 앞에 오래 머물러 있던 김태환을 기억하고 전시회가 끝나면 그에게 주리라 마음먹은 것이다.[19] 장일순은 그렇게 작품마다 그 작품을 부르는 주인이 따로 있음을 알아차렸다.

잘 살펴서 선택하라

'貴擇人귀택인', "사람을 택하는 일을 귀하게 여겨라." 하는 글씨는 진광고등학교 교장이었던 이계열에게 준 것이다. 중국 제나라 때 관중이 환공에게 군주가 경륜을 펼치려면 반드시 다섯 가지 요소를 갖춘 다음이라야 한다고 했는데, 그중 두 번째 내용이다.

첫째 귀달시貴達時, 때가 되었는가 살펴야 한다.

둘째 귀택인貴擇人, 사람을 잘 선택해야 한다.

셋째 귀신발貴愼發, 출발을 할 때는 신중해야 한다.

---

19 (사)무위당사람들 엮음, 『무위보감 누가 알랴』, 무위당사람들, 2022, 38쪽 참조.

넷째 귀심세貴審勢, 주변의 상황을 면밀하게 관찰해야 한다.

다섯째 귀선물貴宣物, 주변 상황을 관찰했으면 적절한 행위가 뒤따라야 한다. 그 적절한 행위의 핵심은 역시 베푸는 일이다. 장일순은 이계열에게 교사나 직원을 채용할 때 직책에 맞는 적절한 사람인지, 그 사람의 성품과 자질을 잘 살펴서 선택하라고 당부한 것이다.[20]

마음을 어둡게 하지 마라

'不昧己心불매기심', "자기 마음을 흐리게 하지 아니한다"는 뜻이다. 장일순은 대성학교 제자였던 최정옥에게 이 글을 써 주었다. 1964년 대성고등학교 학생 300여 명이 고등학생으로는 전국에서 최초로 박정희 정권의 굴욕적 한일외교에 항의하여 가두시위를 벌인 적이 있었다. 당시 대성학교 이사장이었던 장일순은 학생들의 시위에 대한 책임을 지고 이사장직에서 물러났는데, 그때 시위 주동자 중에 한 사람이 최정옥이었다.

'不昧己心불매기심'은 『채근담菜根譚』에 나오는 한 대목인데, 사랑하는 제자가 늘 깨어 있는 삶을 살아가길 바라는 스승의 마음이 담겨 있다.

> 不昧己心 不盡人情 不竭物力
> 불매기심 부진인정 불갈물력
>
> 三者 可以爲天地立心 爲生民立命 爲子孫造福
> 삼자 가이위천지립심 위생민입명 위자손조복

20 (사)무위당사람들 엮음, 『무위보감 누가 알랴』, 무위당사람들, 2022, 40쪽 참조.

물욕 때문에 자기의 마음을 어둡게 하지 말고,

남에게 인정 없이 가혹하게 대하지 말며,

물건을 낭비하지 말라.

이 세 가지가 하늘의 뜻을 온전히 받들어 마음을 세우는 길이며,

모든 사람들이 편안하게 살아가기 위해서 목숨을 온전히 하는 길이며,

자신과 후손들을 위하여 복을 짓고 행복하게 살아가는 길이다.

    최정옥이 학생 시위를 주동했다는 이유로 퇴학을 당하고 집에서 쉬고 있을 때 장일순이 찾아와 집안 식구들의 안부를 묻더니 "애야, 퇴학 처분을 받은 친구들과 함께 우리 집에 오너라." 하였다. 그 후로 최정옥과 친구들과 봉산동 집에서 하루에 두 시간씩 공부를 하였다. 그때 이들에게 용기도 주고, 읽을만한 책도 골라 주었다. 이 친구들은 반년 후에 복학했는데, 장일순이 뒤에서 힘을 써준 덕분이다.

    1973년에 최정옥이 결혼할 때도 장일순이 주례를 서주었다. 서울에서 신혼 생활을 할 때 최정옥의 초등학교 동창이며 장일순의 조카였던 방재기가 삼촌 심부름을 왔다면서 '不昧己心불매기심'이라고 쓴 서화 한 점을 전해 주었다. 장일순은 조카에게 "정옥이에게 늘 어둡지 않게 자기 마음을 다스리라는 뜻이라고 설명해 주어라." 하였다. 최정옥은 "선생님은 제가 일찍 아버지를 여의고 편모슬하에서 자라는 모습을 보시고 마음을 어둡게 가질까 봐 걱정하시면서 써 주신 게 아닌가 생각한다"고 말한다.[21]

---

21 (사)무위당사람들 엮음, 『무위보감 누가 알랴』, 무위당사람들, 2022, 97~99쪽 참조.

대장부가 되라

장일순은 1975년 이경국에게 '大丈夫處其厚 不居其薄대장부처기후 불거기박'이란 글씨를 써 주었다. 이 말은 노자의 『도덕경』 38장에 나오는 구절이다. "대장부는 중후함에 머물지 얄팍한 곳에 거하지 아니한다"는 뜻이다. 장일순은 시대의 온갖 풍상을 겪으며 자신과 더불어 협동조합운동과 민주화운동에 나섰던 후배와 제자들을 '대장부大丈夫'라고 불렀다. 그중에서도 이경국은 15년 동안 강원도 태백 탄광지역에서 광부들과 동고동락同苦同樂하며 신용협동조합운동을 벌였다. 이런 이경국을 '장부 중의 장부'라고 칭찬하며 쓴 글씨다.

장일순은 도덕경 38장에 나오는 '대장부'에 대한 이야기를 말년에 이현주와 나눈 『노자 이야기』에서 이렇게 설명한다.

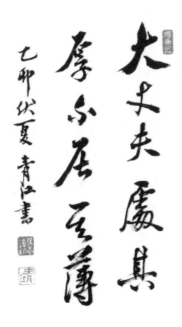

대장부, 1975.

낮은 덕은 덕을 잃지 않으려고 한단 말이야. 내가 이런 좋은 일을 했는데 남이 안 알아줘, 아 이럴 수가 있는가, 이러면서 버려야 할 것을 잔뜩 붙잡는단 말이야. 놓아버려야 하는 건데 놓으려고 하지 않는단 말이야. 그래서 사실은 덕이 없다는 말씀이야. 또 가장 높은 사랑은 사랑을 베풀어도 무위無爲로써 베푼단 말이지. 조건 없는 사랑을 베풀라는 얘기야. 뭘 좀 남보다 먼저 안다는 자는 도道의 꽃이라, 이것이 어리석음의 시작이 된다는 얘기야. 꽃이란 게 자기를 감춘다기보다 드러내는 놈 아닌가? 뭘 좀 안다는 자가 알고 있는 것을 자랑하는 거지. 그게 그를 바보로 만드는 시작인 거라. 현상이라는 것은 한 시기에 의미가 있지만, 때가 지나면 사라지게 돼 있거든.[22]

추위를 이긴 매화는 오래 산다

1967년 12월 20일 원주 시내에 있는 서울다방에서 서라벌예대 출신인 장상순(장일순의 셋째 동생)과 김학철, 대성고등학교 국어 교사였던 이장환, 김윤경, 이재익, 서영하 등 6명이 '산야山野' 극회를 창단했다. 원주에서 만들어진 최초의 본격적인 연극 단체였다. 창립 작품으로 이근삼 극본, 장상순 연출의 〈거룩한 직업〉을 1968년 1월 27일, 서울다방에서 공연했다. 하지만 극단 운영에 어려움이 많아지면서 단원들이 제 살길을 찾아 뿔뿔이 흩어졌다. 그래서 몇 명 남지 않은 사람이 1인 3역, 1인 4역으로 연기를 해야만 했다. 1977년 장일순이 극단 '산야' 창립 10주년을 맞아 어려운 여건을 뚫고 원주

---

22 (사)무위당사람들 엮음, 『무위보감 누가 알랴』, 무위당사람들, 2022, 69~70쪽 참조.

지역에서 연극을 해 왔던 극단 대표 김학철에게 선물한 작품이 '寒梅壽考한 매수고'다. "추위를 이긴 매화는 오래 산다"는 것이다.[23]

뭘 하더라도 양보하라

원주교구에서 처음 민주화운동에 나설 때부터 지학순 주교 구속 이후 시국미사 때마다 따라다니던 열성파들이 이긍래, 선종원, 최규택 등 원주그룹 사람들이었다. 원주 시내에서 '샛별사진관'을 하던 최규택은 한창 지학순 주교 석방 운동에 나섰던 1975년에 장일순에게서 '煮豆燃豆其자두연두기'로 시작되는 글씨를 받았다.

자두연두기, 1975.

---

23 (사)무위당사람들 엮음, 『무위보감 누가 알랴』, 무위당사람들, 2022, 42쪽 참조.

煮豆燃豆其(자두연두기) 콩을 삶는데 콩깍지로 불을 때니
豆在釜中泣(두재부중읍) 콩이 가마 속에서 울고 있다
本是同根生(본시동근생) 본래 한 뿌리에서 나왔지만
相煎何太急(상전하태급) 서로 핍박이 어찌 이리 심한가

이 글은 삼국지에 나오는 조조의 아들 조비曹丕와 조식曹植에 관한 글이다. 조조가 죽고 조비가 왕이 되자, 조비는 아버지의 총애를 받던 조식을 위험한 정적으로 생각하여 없애버리려고 궁중으로 불렀다. 연회 석상에서 왕이 동생에게 "아버지가 너의 시재詩才를 사랑하였으니 너의 재주를 한번 시험해 보겠다. 형제에 관한 시를 짓되 兄형, 弟제라는 글자를 넣지 않고 시를 지어야 하며, 그것도 일곱 걸음을 떼는 동안에 지어 보아라. 짓지 못하면 네 목숨을 내놓아야 한다"고 명했다. 이 시는 일곱 걸음 걷는 동안에 지었다고 해서 '칠보시七步詩'라고 부른다. 자신을 콩에, 형을 콩대에 비유하여 형제간의 불화를 노래한 시를 듣고, 왕은 깊이 후회하였다 한다.

이 작품을 받아보고 최규택은 장일순의 뜻을 이렇게 헤아렸다.

무위당 선생님이 이 글을 왜 제게 주셨을까 생각해 보면 이 나라가 같은 민족인데 왜 서로 달달 볶고 이렇게 살아야 하나, 하는 안타까움이셨고, 특히 저한테는 너무 성격이 급하고 칼날 같으니 뭘 하더라도 양보하라는 뜻으로 이런 글을 주신 것 같아요. 그 당시에는 정치적인 상황이 너무 암담한 때였기 때문에 독재정권이 국민을 억압하고 민주화운동을 하는 학생들을 투옥, 고문하는 것을 보시고는 같은 민족끼리 대립하고 증오하는 것에 대한 안타까움을 표현하신 것 아닌가 생각해요.[24]

다투지 말고 물처럼 흘러라

원주그룹의 막내를 자처하는 김원화는 장일순의 서화를 전해주는 심부름을 도맡아 했다. 이른 아침에 전화로 "잠깐 들러라." 하면 너무 기분이 좋았다고 한다. "네 바로 가겠습니다." 하고 봉산동 집으로 달려가는데, '내가 선생님 사랑을 받고 있구나' 하는 생각이 들었기 때문이다.

> 선생님 작품 심부름 하는 게 너무 좋았어요. 유명한 분들에게 작품을 갖다드리고 나서 친구들에게 '선생님 심부름으로 갔다가 누구누구 만났다'고 자랑하면서 얼마나 우쭐댔는지 몰라요. … 이돈명 변호사님, 김상철 서울시장님에게 작품 갖다드리는 심부름을 제가 했어요.

김원화의 불같은 성격을 잘 알던 장일순은 그에게는 '수류불경水流不競', "다투지 말고 물처럼 흘러라" 하고 써주었다. 김원화는 이따금 장일순과 이화식당에서 술을 먹을 기회가 있었는데, 장일순이 취하면 원주천 둑방 길을 걸어서 봉산동 집까지 모셔다드리곤 했다. 둑방 길에서 이런저런 이야기를 하다가 길가에서 담배를 태우곤 했다. 김원화의 증언에 따르면, 장일순은 담배를 피울 때 꼭 쪼그리고 앉아서 피웠다고 한다. 한편 김원화가 제일 좋아하는 장일순의 글씨는 외국곡을 번안하여 김세화가 부른 「야생화」라는 노래의 가사였다.[25]

---

24 (사)무위당사람들 엮음, 『무위보감 누가 알랴』, 무위당사람들, 2022, 77~78쪽.
25 〈무위당사람들〉, 2019년 5월 호, 30~31쪽 참조.

나는 한적한 들에 핀 꽃

밤이슬을 머금었네

나를 돌보는 사람 없지만은

나 웃으며 피었다네

누굴 위해 피어나서

누굴 위해 지는 걸까

가을바람이 불면 져야 해도

나는 웃는 야생화

--------- 겨울에 찾아온 봄 ---------

죽은 사람은 다 불쌍하다

1976년 1월 23일, 천주교 원주교구 주최로 원동성당에서 일치 주간 행사로 '인권과 민주회복을 위한 기도회'가 열렸다. 기도회가 끝난 뒤에 함세웅 신부와 문익환, 서남동 목사 등 성직자 8명은 따로 원주교육원에 모여 이른바 '원주선언'에 서명하였다. 한편 김대중 등 재야인사들도 명동성당 3·1절 기념미사에서 '민주구국선언'을 발표하였다. 이 사건으로 3월 3일 원주교구 신현봉 신부가 강제 연행이 되었고, 3월 11일 정부 전복을 선동한 혐의로 신현봉, 문정현, 함세웅 신부가 다른 재야인사들과 함께 구속되었다. 또한 김승훈, 김택암, 안충석, 장덕필 신부도 불구속 입건 되었다.

따뜻한 혁명

그러자 8월 29일, 천주교정의구현전국사제단 차원에서 인천교구 답동성당에서 특별기도회를 개최하였다. 이 기도회에서도 함세웅 신부의 상고 이유서가 낭독되었는데, 이 기도회 때문에 인천교구 김병상 신부와 황상근 신부가 9월 3일 정보기관원에게 연행되기도 하였다. 이날 미사를 공동 집전 한 지학순 주교는 강론을 통해 '두려움 없는 교회'로 가자고 했다.

> 헬더 카마라 대주교는 제2차 바티칸공의회 이후의 가톨릭교회를 '두려움 없는 교회'라고 설파한 일이 있습니다. 하느님의 진리와 인류의 정의가 우리와 함께 있기 때문입니다. "여러분은 죽음으로부터 다시 살아난 인간으로서 여러분 자신을 하느님께 바치고 하느님의 정의의 도구로서 여러분의 몸의 온 부분을 하느님께 바치십시오."(로마 6, 13) 우리 모두는 모든 것을 쇄신하고 하느님 앞에 부끄럼 없이 마주 섭시다. 가장 어려울 때면 우리는 구속되어 있는 함세웅, 문정현 두 사제와 김명식 수사를 생각합시다. 그리고 목사님들과 김지하 시인과 정의로운 우리의 청년 학생들을 생각합시다.[26]

이런 상황에서 교회의 정치참여를 문제 삼는 '교회 현실을 우려하는 연장 사제' 명의의 '주교단에 드리는 호소문'이 발표되었다. 이른바 '구국사제단'으로 알려진 연장 사제들은 "오늘의 현실은 교회마저 세속화에 합세하여 거룩하고 품위 있고 고상한 교회의 모습을 잃어 가고 있는 실정"이라면서 교도권의 개입을 요구했다. 이는 비공인 단체인 천주교정의구현전국사제단의 활동에 불만을 품고 이들의 인권 활동을 교도권을 통해 막으려는 것이었다. 또

---

26 지학순정의평화기금, 『그이는 나무를 심었다』, 공동선, 2000, 221쪽.

한 이 호소문은 김수환 추기경이나 전주교구 김재덕 주교, 광주대교구 윤공희 대주교, 안동교구 두봉 주교, 그리고 원주교구 지학순 주교 등 사회적 현실에 적극 참여하였던 고위 성직자들을 겨냥한 것이기도 했다.

지학순 주교는 1979년 부활절 메시지를 통해 "예수님의 교회가 사회악과 무관해야 한다면 예수님은 왜 십자가에 돌아가셨습니까? 예수님은 물론 혁명가도 정치인도 아니었습니다. 그러나 그는 생명을 내걸고 불의와 싸웠습니다. 그래서 그는 '내란 선동자'라는 누명을 쓰고 십자가에 돌아가셨습니다. 만일 예수님께서 자기 생명을 아껴 불의한 악의 권력과 싸우지 않았다면, 십자가에서 돌아가시지 않았을 것이며 부활하시지 못했을 것입니다. 예수님께서 생명을 내걸고 악과 싸웠기 때문에 생명을 되찾고 영광스럽게 부활하셨습니다. 그리스도의 유지를 받들어 시행하는 성직자들이 그리스도의 행적을 알아듣지 못하고 그 행적을 따르지 아니하면 어떻게 그리스도의 제자가 될 수 있겠습니까?"라고 물었다.[27]

그해 가을 정치 상황이 급박하게 돌아갔다. 1979년 9월 4일 서울지방법원이 김영삼 신민당 총재의 당 총재직 직무집행정지 가처분을 인용하고, 박정희 정권은 군사비를 38% 증액한다고 발표했다. 그러자 10월 16일부터 부산에서는 2만 명이 넘는 학생과 시민, 노동자들이 시위에 나서고, 신문사와 방송국, 파출소가 파괴되었다. 10월 18일에는 정부가 부산에 비상계엄령을 선포했지만, 이번엔 마산에서도 똑같은 상황이 벌어져 마산에 위수령을 발동시켜야 했다. 당시 치안본부는 부산과 마산에서 4,204명을 체포하였다고 발표했다. 그리고 10월 26일 박정희가 궁정동 비밀 연회 석상에서 중앙정보부장 김재규에게 사살되었다.

---

27 지학순정의평화기금, 『그이는 나무를 심었다』, 공동선, 2000, 228~230쪽 참조.

박정희가 죽자, 김지하만큼이나 박정희를 미워했던 지학순 주교가 새벽같이 최기식 신부를 불러 서울시청 앞으로 가자고 채근하였다. 최기식 신부는 물론이고 장일순조차 지학순 주교의 조문을 말렸지만, 지학순 주교는 뜻을 굽히지 않았다. 박정희를 미워한 것은 사실이지만, 죽은 사람은 다 불쌍하다는 것이다. 결국 최기식 신부는 지 주교를 모시고 장례식에 가서 절도 하고 분향도 했다. 박정희가 죽어서라도 회개하고 영생을 얻도록 명복을 빌어 주는 것이 성직자의 도리라고 지학순 주교는 생각했다.[28] 나중에 전두환 등 신군부 세력이 집권한 이후 장일순이 측근들에게 전두환을 가리키며 "저이가 위험한 사람이야. 우리가 저 사람을 위해 기도하고 사랑해 줘야 해"라고 말했다고 한다. 아마도 박정희의 죽음을 대하는 지학순 주교의 태도에서 '인간적으로' 배운 바가 있었던 것 같다. 지학순 주교와 장일순은 "너희는 원수를 사랑하여라. 그리고 너희를 박해하는 자들을 위하여 기도하여라."(마태 5, 44)라고 하는 복음서의 말씀을 진지하게 생각했던 것 같다.

신군부와 전두환

박정희 사후 1979년 12월 12일 또 한 번의 쿠데타가 일어났다. 합동수사본부장이었던 전두환이 무력을 동원하여 육군참모총장 정승화 장군을 체포하고 군권을 장악했다. 신군부의 등장으로 이른바 '서울의 봄'이 차갑게 얼어붙자, 시민, 학생들의 시위가 이어졌다. 마침 정부는 1980년 2월 29일 긴급조치 등 정치적 이유로 공민권이 제한되어 있던 윤보선, 김대중, 함석

---

28 지학순정의평화기금, 『그이는 나무를 심었다』, 공동선, 2000, 232쪽 참조.

헌, 정일형, 이우정, 문익환, 문동환, 서남동, 윤반웅, 리영희, 백낙청, 김찬국, 지학순 주교 등 687명에 대한 복권 조치를 단행했다. 장일순도 이때에 복권되었다.

하지만 5월 들어 '비상계엄 철폐'를 외치는 시위가 전국적으로 퍼지고, 5월 15일에는 대학생들이 계엄 해제를 외치며 각 학교마다 교문을 뚫고 서울역으로 집결했다. 그날 '서울의 봄' 시위는 그 절정에 이른 것으로 보였다. 그러자 신군부는 신현확 총리를 강박하여 국무회의를 열고 비상계엄 전국 확대 선포안을 통과시켰다. 시위 진압을 위한 충정부대가 수도권에 파견되었고, 전라도 광주에는 미리 공수부대를 보냈다. 5월 18일 0시를 기해 지역 계엄이 전국 계엄으로 확대되면서 △ 모든 정치활동의 중지 및 옥내외 집회·시위의 금지 △ 언론, 출판, 보도 및 방송의 사전검열 △ 각 대학에 휴교령이 내려졌다.

18일에는 김대중, 김상현, 김종필, 이후락 등 26명의 정치인들이 합동수사본부에 연행되고, 김영삼은 가택연금을 당했다. 수도권이 아닌 원주에 있던 장일순은 곧바로 연행되지는 않았지만 감시가 강화되었다. 그리고 결국 저항에 나선 광주 시민들을 무참히 학살하면서 5월 20일 이미 소집 공고된 임시 국회를 무산시키기 위해 수도군단 30사단 101연대 병력으로 국회의사당을 봉쇄하고, 헌법에 규정된 국회 통보 절차조차도 밟지 않은 채 사실상 국회를 해산하였다. 그리고 실질적인 물리력을 장악한 신군부는 정치사회 일반에 대한 모든 권력을 찬탈하려고 '국가보위비상대책위'를 설치하고 전두환이 상임위원장에 취임했다. 이 모든 상황을 장일순은 참담한 심경으로 지켜볼 수밖에 없었다.

결국 8월 27일 육군 대장으로 예편한 전두환 국가보위비상대책위원회 상임위원장이 통일주체국민회의 제7차 회의에서 제11대 대통령으로 선출되었다. 서울 장충체육관에서 열린 통일주체국민회의 대통령 선거는 단일 후보인 전두환이 2,524표를 얻어 99.9%의 득표율로 11대 대통령에 당선되었다. 아무리 폭압의 시대라고 해도 99.9%의 득표율은 국제사회의 조롱거리가 되기에 충분했다. 그러나 전두환은 당선통지서를 받고 담화를 발표해 "국정운영에 있어 항상 국민의 소리에 귀를 기울이고 정직하고 능률적인 정부가 되도록 최선을 다하겠다"고 말했다. 그리고 1981년 2월 25일 통일주체국민회의에서 이름만 바뀐 '대통령 선거인단'의 간접선거로 실시된 대통령 선거에서 다시 전두환이 90.2%의 득표로 제12대 대통령으로 당선되었다. 그는 취임식에서 "그동안 모든 국민이 갈망해온 전쟁 위협과 빈곤, 정치적 탄압과 권력남용 등 세 가지 고통으로부터의 해방"을 약속했지만, 그가 만든 '민주정의당'이라는 당명만큼 무의미한 이야기였다.

살아야 하지 않겠느냐

장일순은 비밀리에 민주화 세력을 돕고 있던 정부 내 한 인사로부터 광주 학살에 대한 이야기를 전해 듣고 경악하였다. 광주항쟁 소식을 전해 들은 원주그룹의 많은 이들이 장일순을 찾아와 분개하면서 "원주에서도 궐기를 해야 하는 것 아니냐?"고 물었다. 장일순은 전두환의 무자비한 폭력성이 박정희를 능가한다는 느낌을 받았다. 자칫하면 원주도 광주처럼 쑥대밭이 될 수 있겠다는 데까지 생각이 미치자 마음이 어두워졌다.

광주항쟁 직전에 신군부가 반정부적 성향이 짙은 도시 하나를 표적으로 삼고 있다는 소문이 있었고, 원주가 그 안에 포함되어 있다는 이야기도 들려왔다. 이 소식을 듣고 장일순은 울분에 차 있는 사람들에게 "원주에서는 절대로 그런 일이 벌어져서는 안 된다. 숨죽이고 있어라. 너희들 한 사람, 한 사람이 참 중요하다"고 말했다.

> 광주사태를 겪으시면서 선생님은 늘 "기어라!" 하는 말씀을 많이 하셨어요. 그 말씀을 나름대로 생각해 보면 그냥 숙이라는 것이라기보다는 "살아야 되지 않겠느냐? 너희들이 살아야 하지 않겠느냐?" 그런 의미였어요. 그냥 뭐 사람을 마구 잡아가고 광주에서처럼 인명 손실이 많은 판이었으니까요. "세상을 다 얻는다 해도 네 목숨 하나 없으면 뭐하냐?" 그런 말씀을 하시면서 "기어야 한다." 그런 말씀을 하셨어요.[29]

광주에서 참혹한 학살이 벌어지는 동안 신군부는 민주인사들을 무차별적으로 체포하였다. 주변에서 장일순에게도 신변이 위태로우니 잠시 피해 있는 게 좋겠다는 말이 나왔다. 처음엔 막냇동생 장예순의 집에 피해 있다가, 그곳도 위험하다 싶어 고향 후배인 최규창의 집으로 옮겼다. 장일순은 한 달 이상 이집 저집 옮겨 다니며 숨어 지냈는데, 그 시기를 장일순은 '낭인생활'이라고 표현했다.[30]

당시 일부 인사들은 장일순의 '기어라'라는 말에 대해 불편한 기색을 감추지 않았다. 불의한 정권은 투쟁을 통해 타도해야 하며, 그래야 정의로운 것 아니냐는 반문이다. 장일순을 회색분자라고 비판하는 사람도 있었지만, 장일순은 조금도 괘념치 않았다. 당시 장일순은 "저이가 위험한 사람"이라는 말만 반복했다. 환란의 시기에는 경거망동을 삼가고 주의 깊게 잠시 피해 있어

---

29 이계열, 「무위당 선생님과의 인연」, 〈무위당을 기리는 사람들〉 18호, 12쪽.
30 김영주 편, (사)무위당사람들 엮음, 『대장부 거기에 그들이 있었다』, 이야기담, 2022 개정판, 128쪽 참조.

야 한다고 장일순은 믿었던 것 같다. 당시 분위기를 이부영은 이렇게 전한다.

광주민주화항쟁이 끝나고 우리들의 가슴속에 분노가 꽉 차 있을 때 가끔 장일순 선생님이 우리들을 원주로 불러주셨어요. 형사도 안기부원도 없는 치악산 계곡으로 우리들을 데리고 가서서 런닝구만 입고 물에 발 담그고 앉아 정답게 얘기하시면서 술을 먹여주셨어요. 절망, 패배, 두려움을 느끼지 않도록 격려해 주시면서 용기를 북돋아 주셨어요. 그런 생각을 할 때마다 저희들은 참 복을 받았다 생각했습니다.[31]

광주항쟁 이후 장일순은 아예 정치 이야기를 입 밖에 꺼내지 않았다. 장일순은 권력은 허무한 것이고, 이런 엄혹한 시기에는 정치를 해서는 안 된다는 생각을 갖고 있었던 것 같다. 이따금 제자들이 장일순을 찾아와 정치를 하고 싶다고, 선거에 출마하겠노라 하면 노기를 띠며 극구 말렸다. 장일순은 소인배들이 날뛰는 시기에 군자는 그들과 다투지 않고 다음 기회를 보며 몸을 숨기는 게 상책이라는 뜻의 '천산둔天山遯'이란 글씨를 써서 주며 민주화 세력을 다독였다.

전두환은 대통령으로 당선되기도 전에 이미 '김대중내란음모사건'이라 하여 김대중을 비롯해 문익환, 이문영, 예춘호, 고은, 김상현, 이해찬 등을 투옥했으며, 중앙정보부를 국가안전기획부로 명칭을 바꾸어 정치, 사회, 언론, 노동 등 모든 부문에 걸쳐 사찰을 강화하고, 언론기본법을 제정하여 언론통폐합을 단행했다. 또한 기존의 노동관계법에 노사협의회법을 만들어 제3자개입금지 조항을 신설하여 노동조합에 대한 외부의 지원이나 연대를 차단했

---

31 김삼웅, 『장일순 평전』, 두레, 2019, 248쪽 재인용.

다. 그리고 반공법을 국가보안법에 흡수시켰다. 이처럼 전두환의 광기가 펄 펄 날뛰던 시절, 대한성공회 광주교회 김경일 신부가 원주로 장일순을 방문 했던 소감을 남겼다.

> 장일순 선생님을 처음 뵈었을 때의 첫인상은 맑고 큰 눈 때문에 유순한 소 같다는 느낌을 받았으나, 시국과 정치에 대해 조근조근 말씀하실 때 면, 크고 오똑한 코가 철학이 분명한 강직한 정치가라는 느낌을 주었고, 선시를 읊고 노자를 말씀하다 동학으로 넘어가서 예수의 복음을 새롭 게 해석하는 지경에 이르면, 종교의 경계를 넘어서 그 본질에 들어가 일반 종교인이 넘볼 수 없는 경지에 계신 분이라는 생각이 들었다.[32]

하지만 이 이야기보다 중요한 것은 그날 있었던 다음의 대화 내용이다.

"선생님! 소문을 들으셨겠지만, 군사정권이 민주화운동을 하는 사람들을 몽땅 잡아들여 한꺼번에 학살하려는 계획을 세우고, 구체적인 명단 작성에 들어갔다고 하는데, 어떻게 생각하십니까?"

"그게 사실이라면 당국에서 혹 실수로 내 이름을 빠뜨릴까 걱정이네. 그거 야말로 큰 망신 아닌가? 사람들이 전두환을 겁내지만, 그 사람이 사람 죽이 는 거 외에 무얼 알겠는가? 군대라는 게 그런 것 아닌가? 그 정도는 주머니 속의 공깃돌처럼 굴릴 수 있어야 하지 않겠는가?"

장일순은 전두환의 폭압을 피해 물러나 앉아 있는 것을 비겁한 짓이라 여 기지 않았다. 섣부른 행동보다 중요한 것은 사람을 살리는 것이고, 어떤 상 황에서도 의로움을 기약하는 것이다.

---

32 김경일, 「불욕이 정천하 장차정」, 〈무위당사람들〉 28호, 12쪽.

혁명은 따뜻하게 보듬는 것

　전두환 정권의 폭압성은 유신정권 때보다 더욱 심했다. 민주화운동에 대한 탄압이 날로 강화되고 고문으로 인한 의문사 등 희생자가 늘었다. 특히 1980년 광주 시민들을 폭도로 몰아서 참혹하게 학살한 것은 사상 유례가 없는 일이었다. 5월 18일 광주 시내에 투입된 공수부대원이 운동권 대학생뿐만 아니라 시위에 참여하지 않은 무고한 시민까지 닥치는 대로 죽이고 폭행을 가했다. 이를 목격한 광주 시민들이 두려움을 넘어 분노를 느꼈고, 그 결과 중장년층뿐만 아니라 10대 청소년까지 거리로 나서 시위에 참여하면서 광주항쟁은 걷잡을 수 없이 번졌다. 그러자 계엄군은 5월 21일 13시경에 전남대학교와 전남도청 앞에서 집단 발포를 개시하였다.

　광주항쟁 당시 열흘 동안 사망자가 공식 집계에 따르면 166명, 행방불명자 54명, 상이 후유증 사망자 376명, 부상자 3,139명 등에 달했지만, 확인되지 않은 죽음이 훨씬 많을 것으로 추측된다. 당시 전두환과 신군부는 언론에 대한 사전검열을 실시하고, 관제 보도를 의무화하도록 언론을 장악하고 조종했다. 계엄사는 비상계엄 전국 확대와 김대중 연행에 항의하는 광주 시민들의 시위를 '불순분자'와 '고정간첩'에 의한 폭동으로 규정했다. 따라서 시위 진압에 나섰던 공수부대원들은 시위대를 '적'으로 규정하고 무차별 학살하였다.

　지학순 주교와 장일순은 1980년 5월 광주의 상황을 원주캠프의 한 사람이었던 이창복을 통해 세밀하게 들을 수 있었다. 당시 이창복은 가톨릭노동청년회 활동을 하면서 에큐메니컬 조직인 한국교회사회선교협의회 총무로 일하고 있었는데, 그해 5월 17일부터 18일까지 광주에 머물러 있었다. 18일 당일 광주 살레시오고등학교에서 열린 가톨릭노동청년회 교육과 광주YWCA 노동자 교육 프로그램에 강사로 참석하고, 오후 4시쯤 금남로에 있는 가톨릭센터 7층에서 윤공희 대주교를 만났다. 윤공희 대주교와 함께 이창복은 창문을 통해 금남로 일대에서 행해진 계엄군의 폭력적 진압 광경을 지켜보았다.

> 계엄군들이 길 가는 사람들을 다 잡아들이는 중이었다. 사람들을 굴비 엮듯 엮어서 끌고 가는 중이었다. 공포에 질려 순순히 끌려가는 사람들을 군인들이 사정없이 때리는 중이었다. 소총에 대검을 장착하고 사람을 찌르고 위협하는 중이었다. 곤봉으로 사람의 머리고 어깨고 잔등을 마구 때리고, 사람들이 항의하자 대검으로 옆구리를 콱 찌르는 중이었다. 그렇게 엉망을 만들어서 군용 트럭에 이송하는 중이었다.[33]

이창복이 어렵사리 광주를 빠져나온 뒤에 한 주일이 지나서, 참혹하기 그지없는 광주의 실상을 밝히는 제보를 받아 「찢어진 깃폭」이라는 유인물을 만들어 명동성당 일대에 뿌렸다. 이 일로 수배를 받아 문규현 신부가 주임으로 있던 군산성당과 모악산의 수류성당 등에 숨어 지내다가 연통을 받았다. 한때 동해안 경비사령부에 있으면서 지학순 주교를 알게 된 천주교 신자 유학성을 통해 모종의 협상이 이루어졌던 모양이다. 이창복은 자진 출두 형식으로 원주보안대에 갔다가 다시 보안사 서빙고 분실로 옮겨져 취조를 받았다. 당시 지학순 주교는 이창복의 자진 출두를 약속하며 몇 가지 합의 사항을 요구했던 모양이다. 첫째, 고문하지 않을 것. 둘째, 구속시키지 않을 것.

33 이창복 회고록, 『가장 낮은 곳에서 가장 치열하게』, 삼인, 1922, 122쪽.

셋째, 군복으로 갈아입히지 말 것.[34] 그리고 이창복은 서빙고 영창에서 며칠 만에 풀려났다.

이창복을 통해 광주에서 벌어진 상황을 자세히 전해 들은 지학순 주교와 장일순은 생각이 많아졌을 것이다. 그리고 이처럼 무장된 공권력에 의한 폭력에 맞서는 것이 현명한 일인지 판단을 내려야 했다. 특히 1982년 3월 18일에 벌어진 부산 미국문화원 방화사건으로 도서관에서 공부하던 동아대학교 재학생 장덕술이 사망했고, 역시 동아대학교 학생 김미숙, 허길숙 등 3명이 중경상을 입는 등 국가 폭력과 이에 대응하는 저항 폭력이 거듭되는 것을 바라보며 좀 더 근본적인 운동이 필요하다고 생각했다. 원주캠프의 한 사람이었던 이창복은 이렇게 당시 상황을 술회한다.

> 1979년 10·26 사태로 80년대에는 '민주화의 봄'이 오나 했더니, 12·12 쿠데타로 등장한 소위 신군부 세력이 더욱 강화된, 본격적인 군사독재를 이어가게 되고 이런 상황에서 독재 정권을 타도하기 위한 민주 진영의 저항이 더욱 치열해지게 됩니다. 82년에 부산 미문화원 방화사건도 발생하고 서울에서 이런저런 사건이 일어나는데, 70년대 후반도 격렬했지만, 그 못지않게 80년대에 이르러서도 이러한 저항에 대한 정부의 진압 방식이 강압적이고 폭력적인 방법이 동원되다 보니 거기에 대항하는 도전 방법도 상당히 폭력화되는 양상을 띠게 되지요.
> 무위당 선생께서는 인간 그 자체의 나약함과 인간의 본성을 지키기 위해서 민주화 투쟁을 하는데 그 방법 자체가 인간의 본성을 해치고 생명을 해치는 반생명적인 모습을 띠는 것은 옳지 않다고 생각하신 거죠.

---

34 이창복 회고록, 『가장 낮은 곳에서 가장 치열하게』, 삼인, 1922, 121~128쪽 참조.

280
281

그래서 그때부터 본격적으로 생명의 문제에 대해서 관심을 갖고 고민하시게 되지요.[35]

　장일순은 진작부터 마음에 품고 있던 생명사상에 기초한 운동을 제시하였다. 정치의 본령이 사람을 살리자는 것일 텐데, 군대와 경찰을 동원한 폭압적인 정치 상황에서 예전과 같은 방식의 극렬 투쟁은 너무나 많은 희생이 뒤따르는 것이기에 바뀌어야 한다고 생각했다. 이러한 태도가 일부에서는 '투항주의'라는 빈축을 사기도 했지만 장일순은 소신을 굽히지 않았다. 장일순은 당시 상황을 설명하며 이렇게 말했다. 이른바 우리 안의 파시즘, 우리 안의 분열주의부터 걷어내는 작업을 하자는 것이다.

정치가 사람을 살리지 않고, 사람 사는 길로 가지 않고 어떻게 잘 될 수 있습니까? 그건 거짓 정치죠. 우리 사회에는 국민을 갈라놓고 지배당하고, 지배하는 쪽으로 붙어먹는 패거리들이 있습니다. 정치를 통해서 어떤 개인의 명예라든지, 시선을 잡는다든지, 그런 따위의 망상은 버려야 된다 이 말입니다. 근래 몇 해 동안에 찾아오는 사람과 얘기를 해보면 대개 다 그 지경이라. 그러니까 문제는 뭐냐 하면 내면의 생활이 제대로 되어 있느냐, 거기서부터 문제를 풀어서 전체적으로 보는 안목, 이것이 굉장히 중요한 자세라고 저는 생각합니다. 우리의 통일운동도 형식의 문제가 아니라 인간과 인간끼리 살아갈 수 있는 조건, 자연과의 관계 속에서 살아갈 수 있는 조건이 문제라고 봐요.
지금 더러 통일운동 하는 사람들이 온단 말씀이야. 그래서 내가 자네

35　이창복 인터뷰, 〈무위당을 기리는 사람들〉 19호, 2007. 봄.

들 통일운동을 북쪽하고 하는 건가? 하고 물었더니 그렇다고 해. 그래서 이렇게 말했지. 자네들 국민하고도 통일운동을 제대로 못 하면서 무얼 북쪽하고 통일운동을 해? 또 나아가서 남한 내부가 지역감정으로 갈가리 찢어져 있는데, 그 이해관계도 감정적으로 골이 깊은데, 그런 통일운동도 못 하면서 뭐 어디하고 통일운동을 해? 나는 이해가 안 돼.[36]

그렇다고 해서 장일순이 이른바 '민주전선'에서 이탈한 것은 아니었다. 1983년 여름 민주 세력을 다시 결집하고 통일운동을 전개하기 위해 연합체를 결성하는 데 마중물 역할을 하였다. 다만 과격한 정치투쟁 대신에 공개적이고 투명하고 대중성을 바탕으로 하는 운동을 하자고 제안했다. 몇몇 재야 인사와 대학생들을 중심으로 전개하는 선도투쟁先導鬪爭 방식이 아니라 대중운동으로 나아가야 한다는 뜻이다. 그 결과 1985년 3월 29일에 장일순과 이창복, 김승오 신부, 김기봉 등이 합류하며 전국 규모의 재야 연대 조직인 '민주통일민중운동연합'(민통련)이 출범하게 되었다.[37] 이것은 명망가 중심의 운동에서 대중적 조직 운동으로 바뀌었다는 신호였다. 민통련은 부문 조직과 지역 조직을 아우르는 전국적 조직 운동의 시작이었다. 문익환 목사가 의장을 맡고, 계훈제가 부의장, 백기완이 통일위원장을 맡았고, 이창복이 사무처장으로 일했다.

장일순이 운동의 방향을 바꾸어야 한다는 절박한 요청을 느끼기 시작한

---

36 최준석, 「민주의 길에서 생명의 길로」, 『너를 보고 나는 부끄러웠네』, 무위당을 기리는 모임 엮음, 녹색평론사, 2013, 119쪽 참조.
37 「3·18 부산미문화원 방화사건」, 민주화운동기념사업회 편, 『민주화운동사연표』, 403쪽, 2006.

것은 1977년부터였다. 장일순은 정치체제를 넘어서 산업문명 자체를 바꾸는 운동이 필요하다고 느꼈다. 인간적 삶의 토대인 자연과 생태계가 파괴되고, 사람이 병드는 것은 정치 이전의 문제였다. 장일순은 사회주의든 자본주의든 산업사회를 지향하는 한 사실상 생태계 파괴라는 비슷한 결론에 도달할 것으로 예측했다. 장일순은 정치적 지형을 바꾸려는 민주화운동만큼 이러한 노력도 중요하다고 생각했다. 그것은 민주화운동을 넘어서 인간과 인간, 인간과 자연, 인간과 사회 사이의 전면적인 관계 변화를 지향하는 생명운동으로 나아가는 것이었다.

> 인간의 이 문명이란 게 어느 지경까지 왔느냐. 미국도 그렇고 소련도 그렇고 영국, 독일, 불란서 같은 소위 선진국이라는 나라들, 심지어는 우리까지도 사람 죽이는 무기를 생산하고 있어요. … 오늘날의 학문, 오늘날의 문화, 오늘날의 문명은 도대체 뭐예요? 자원을 누가 많이 차지해서 누가 많이 만들어서 누가 많이 팔아먹느냐 하는 데 혈안이 되어 있잖아요. 이익을 많이 남기는 놈이 왕인 세상이에요. 그것은 반反생명적이고 반자연적이고 반인간적인 거예요. 그것이 얼마나 낭비를 가져오고 무한정한 소비를 가져옵니까. 그러면서 결국은 한정되어 있는 지구의 자원을 고갈시켜 버리는 거라.[38]

민주화운동조차 생명운동의 비전 안에서 풀어나가고 싶었던 장일순은 "생명을 억압하고 소외시키며 분열시키고 죽이는 문명의 질서에 대항하여

---

38 김종철, 「한살림운동과 공생의 논리」, 무위당 장일순 이야기 모음, 『나락 한 알 속의 우주』, 녹색평론사, 1997, 169쪽.

살아있는 생명으로서 인간의 생명을 회복하는 광범위한 운동"을 염두에 두었다. 당시 어느 외신기자가 장일순을 찾아온 적이 있다. 그는 난데없이 "혁명이 무어냐?"고 물었다. 장일순은 "혁명은 따뜻하게 보듬는 것"이라 했다. "그런 혁명도 다 있냐?"고 기자가 묻자, 다시 장일순은 "혁명은 새로운 삶과 변화가 전제되어야 하지 않겠소? 새로운 삶이란 폭력으로 상대를 없애는 것이 아니고, 닭이 병아리를 까내듯이 자신의 마음을 다 바쳐서 하는 노력 속에서 비롯되는 것이지요. 혁명은 새로운 삶을 보듬어 안는 정성이 없이는 안 되지요"라고 대답했다.

이 말을 기억하고 있던 김지하가 1982년에 시집 『타는 목마름으로』를 쓰고서 곧이어 『대설 남南』을 쓰기 시작했다. 김지하는 강증산의 '남조선南朝鮮' 사상을 빌려 소설小說이 아니라 대설大說을 지었는데, 여기서 '남南'은 '나머지'라는 뜻이고, '남조선'은 '남아 있는 조선 사람'이라는 뜻이다. 어느 세상, 어느 종교에서도 환영받지 못하는 뿌리 뽑힌 사람, 버려진 절대다수의 사람들에게 주목한 것이다. 여기서 김지하는 장일순이 이야기한 "따뜻하게 보듬어 안는 혁명"을 다시 노래했다. 이 시를 장일순이 1987년에 붓으로 옮겨 적었다.[39]

혁명은 보듬는 것
혁명은 생명을 한없이 보듬는 것
온몸으로 따뜻하게 보듬어 안는 것
혁명은 보듬는 것

39 (사)무위당사람들 엮음, 『무위보감 누가 알랴』, 무위당사람들, 2022, 205~207쪽 참조.

따뜻하게 보듬는 순간순간이 바로 혁명

어미 닭이 달걀을 보듬어 안듯

병아리가 스스로 껍질 깨고 나오도록

우주를 온몸으로 보듬어 안는 것

혁명은 보듬는 것

부리로 쪼아주다

제 목숨 다하도록

혁명은 생명을 한없이 보듬는 것

어미 닭이 달걀을 보듬는 순간

스스로도 우주의 껍질을 깨고 나오는 것

한없이 보듬는 순간순간이

바로 개벽

개벽은 보듬는 것

혁명은 보듬는 것, 1987.

따뜻한 혁명

교회를 넘어서

장일순이 생명운동에 구체적인 관심을 보이기 시작한 때는 천주교 원주교구의 재해대책사업이 종료되는 시점이기도 했다. 그동안 원주교구에서 진행해 온 모든 사업은 외국의 지원금으로 운영해 왔고, 재해대책사업 상담원들의 인건비도 이 지원금에서 충당하였다. 하지만 1980년대에 들어 전두환 정권이 88서울올림픽 개최권을 따내는 등 한국의 발전상이 국제사회에 알려지면서 외국의 원조단체에서 원주교구 스스로 자립할 것을 요구하기 시작했다. 하지만 그때까지도 원주교구 재정은 공익적 의미를 갖는 사회사업을 외부의 도움 없이 독자적으로 추진하기 어려웠다. 결국 네덜란드 원조단체인 세베모가 세 번째 지원을 중단하면서 재해대책사업이 주춤거렸다.

한편 원주교구 자체에도 한국인 사제들이 많이 늘어나면서 평신도 지도자들이 이끌어 가던 재해대책사업에 대한 비판이 커졌다. 한국인 사제들은 외국에서 들어오는 막대한 자금을 재해대책사업을 맡고 있는 평신도에게 일방적으로 맡길 수 없다는 입장이었다. 아울러 교회에 유입된 자금이니 재해대책사업 역시 교회나 벽지에 있는 공소지역을 우선적으로 지원해야 한다고 생각하는 사람도 많았다. 이는 곧 재해대책사업이 선교에도 도움이 되도록 하자는 것이었다. 이는 애초에 지학순 주교와 장일순이 원칙으로 삼았던 지역개발 중심의 방향에서 후퇴하는 것이었다. 실제 1978년에 일부 사제들은 공소사목부를 창설하면서, 재해대책사업으로 하고 있는 한우지원사업을 사제들이 주도하기도 했다. 이 과정에서 장일순을 중심으로 포진해 있던 원주그룹의 고민이 깊어 갔다. 그리고 지금처럼 주도권과 활용 방안을 둘러싸고 사제들과 마찰을 빚는 것은 지역사회를 위해 좋은 선택이 아니라고 판단했다.

한편 1979년 9월 11일에 재해대책사업위원회는 중앙위원회를 열어 남한강 사업과 원주·원성사업에 대한 종합 보고를 바탕으로 사업의 성과와 한계를 진단하는 세미나를 갖고 7년 동안 진행했던 사업을 종료하였다. 그해 11월에 재해대책위원회는 사제들이 주도하는 '사회개발위원회'로 바뀌고, 사회개발 위원장에 이홍근 신부가 임명되었다. 집행위원장이었던 김영주는 사회개발위 원회의 사무국장으로 남았고, 사업별 현장 활동 책임자로는 박재일과 한우 사업 김헌일, 광산 이경국, 농촌부녀 이한규, 청소년 정인재, 마을건강 박양 혁, 농촌소비조합 김상범 등이 남았다.

한편 사회개발위원회가 1983년에 사회사업국 사회개발부로 다시 한번 개 편되는데, 이때 김영주는 지학순 주교와 장일순을 만나 원주교구청에서 물 러날 뜻을 비치었다. 지학순 주교는 만류했지만, 평소 고민을 함께 나누었던 장일순은 "영주 아우가 그만큼 고생했으니 괜찮은 후임자를 찾으면 쉬게 해 주는 것이 좋겠다"고 거들었다. 김영주는 박재일을 추천하였고, 박재일은 사 회개발부에서 농촌소비조합 확장 사업에 매진하다가 원주교구가 사회복지사 업에 집중하는 방향으로 조직을 개편하면서 3년 뒤인 1986년 1월에 교구청 을 떠났다. 이후 순차적으로 같은 해에 이경국, 김상범이 사임하였다.[40] 김영 주는 퇴직 이후 3년 동안 경기도 안산으로 거처를 옮겨 쉬다가 1986년 대전 에 있는 신협연수원 원장으로 발령을 받아서, 그 후 10년 동안 일했다. 한편 원주교구에 여전히 남아 있던 사람은 박양혁과 정인재였고, 김영주 실장 등 이 떠나고 난 뒤에 적적해하던 장일순을 곁에서 지켜준 사람은 이긍래와 선 종원, 김원화와 최병하 등이었다.

---

40 김영주 편, (사)무위당사람들 엮음, 『대장부 거기에 그들이 있었다』, 이야기담, 2022 개정판, 166~169쪽 참조.

어찌 보면 원주그룹 자체가 '헤쳐 모여' 했던 시기라 볼 수 있다. 이때 불안한 마음을 다잡는 뜻으로 1979년 장일순이 이긍래, 이경국, 조수곤[41]을 비롯한 여덟 명과 태평양반점에 모여 의형제를 맺었다. 이날 장일순이 쓴 글을 이긍래가 오랫동안 보관하고 있었는데, 이 글에는 여덟 명이 군건한 약속과 변치 않는 우애로 형제처럼 지내자는 의미가 담겨 있다. 글 끄트머리에는 '八大金剛相約交팔대금강상약교'라고 적혀 있다. 팔대금강八大金剛은 금강수보살, 묘길상보살, 허공장보살, 자씨보살, 관자재보살, 지장보살, 제개장보살, 보현보살을 가리킨다. 여기에는 지혜, 수호, 신의, 깨지지 않는 약속의 의미가 담겨 있다. 장일순이 지은 글은 이랬다.

> 兄有治國 安邦之責(형유치국 안방지책)
> 弟有家務 四海交遊(제유가무 사해교유)
>
> 형은 나라를 다스려 평안할 책무가 있고
> 아우는 집안을 돌보며 세상 사람들과 교유해야 한다.[42]

한편 원주교구의 재해대책사업이 정리되어 벽지 보건사업팀에서 일하던 최수자가 원주를 떠나게 되면서, 장일순은 그녀에게 작품을 하나를 선물하였다. '不以無人 而不芳불이무인 이불방', "알아주는 사람이 없다고 향기를 내

---

41 태평양반점 사장이었던 조수곤에게 장일순은 '옥향대손屋香待愻'이라는 글씨를 써주었는데, 조수곤은 이 글씨를 액자에 담아 식당 홀에 걸어두었다. "집을 향기롭게 하고 공손하게 기다린다"는 뜻인데, 식당에 잘 어울리는 글이라 하겠다.(《무위당사람들》, 2017년 5월 호, 10쪽 참조)
42 (사)무위당사람들 엮음, 『무위보감 누가 알랴』, 무위당사람들, 2022, 470쪽.

288
289

지 않는 것은 아니다." 이 작품에 대해 최수자는 이렇게 말한다.

> 벽지 보건사업을 하려면 직접 농민들이 살고 있는 마을에 들어가서 살
> 아야 하니까 불편한 점이 한두 가지가 아니었어요. 단단히 각오하고 시
> 작한 일이지만 가끔은 괜히 섭섭하고 속상할 때가 있었어요. 그러면 하
> 소연할 데가 장일순 선생님뿐이었어요. 봉산동 댁으로 찾아가서 이러
> 고저러고 불평하면 고개를 끄덕끄덕하고 들어주시고는 "자네 말이 백
> 번 옳아." 그러셨어요.
> 제가 갖고 있는 선생님 작품이 '不以無人불이무인'입니다. 벽지 보건사업
> 이 마무리되는 과정에서 너무 많이 힘들었어요. 저는 이 사업을 위해
> 독일 생활을 접고 귀국한 것이잖아요. 그런데 벽지 보건사업이 발전하
> 고 지속되지 못하고 몇 년 하다가 끝나게 되니까 아쉬움과 실망이 컸지
> 요. 무위당 선생님을 찾아가 힘든 얘기를 했더니, 선생님이 여러 점 그
> 려놓으신 난 중에서 하나를 골라 그 위에 글을 써 주셨어요.
> "난이라고 하는 것은 산속 어디에 있어도 누가 인정해 주건 안 해 주건
> 스스로의 향기를 내뿜는다." 그렇게 말씀해 주시더라고요. 집에 돌아
> 와서 그 말씀을 가만히 생각해 보니까 '네가 있는 장소가 중요한 것이
> 아니다. 네가 하는 일이 향기 나는 일이 아니겠느냐. 굳이 원주가 아니
> 더라도 네가 할 수 있는 일을 어느 곳에서라도 할 수 있지 않겠느냐'라
> 는 뜻으로 이해되었어요. 그 뒤로 마음 편하게 원주 일을 깔끔하게 마
> 무리하고, 원주를 떠날 수 있게 되었어요.[43]

---

43 (사)무위당사람들 엮음, 『무위보감 누가 알랴』, 무위당사람들, 2022, 48~50쪽 참조.

김지하의 표연란

전두환 정권이 폭압적 권력을 휘두르고, 천주교 원주교구의 환경이 변하고 있는 가운데 장일순의 고민은 더욱 깊어 갔다. 그때 마침 김지하가 석방되어 원주로 돌아왔다. 1980년 12월 12일이었다. 형집행정지로 석방된 김지하를 만난 장일순은 제일 먼저 '먹참선'을 권했다. 마음을 다스리는 일부터 시작하자는 것이었다. 장일순이 김지하에게 말했다.

"내가 말이야, 5·16 뒤에 3년간 옥중에 있다 나왔더니 말일세. 이상해! 좌불안석이야. 어디서 부르는 데도 없는데 갈 곳이 많단 말이지. 여기도 가고 저기도 가고 이 사람 만나 떠들고 저 사람 만나 떠들고 난리지, 난리야! 그러니 실수는 따 놓은 당상이지 뭐! 그래 가만히 생각해 보는데 그때 내 스승이신 차강此江 선생의 가르침이 기억난 거야. 그럴 땐 난초를 치라는 거지. 그리지 말고 쳐라! 난초를 치면 여러 시간을, 때론 하루 이틀을 꼬박 궁둥이를 방바닥에 붙이게 돼! 그리고 '기운 갈이'를 해서 마음이 텅 빈 가운데 난초만 계속 집중하게 된다 말이야! 그러니 어딜 가도 오래 있질 않게 되고 집에서 은둔하는 날이 많게 되지. 말도 적어지고 말이야. 난초가 잘 되면 친구나 후배들한테 나눠주고 잘 안되면 될 때까지 치고… 알아들었나? 그걸세!"[44]

장일순은 김지하의 마음을 가라앉히고 다잡기 위해 난초 가운데서도 가장 어렵다는 '표연란飄然蘭'을 치라고 했다. 표연란은 바람과 난초를 동시에 포착해야 하기 때문에 '바람의 항구'라고도 표현한다.

44 김지하 회고록, 『흰 그늘의 길 3』, 학고재, 2003, 65쪽 참조.

"자네는 쉬운 일은 재미없어 못 해. 그러니 사군자 중에서도 가장 어려운 난초부터 하는 게 좋은데, 난초 중에 제일 어려운 게 표연란이야. 바람에 흩날리는 난초지. 청나라 때 난초 명인이 정판교鄭板橋란 사람인데, 그이가 말하길, '표연일엽 최난묘飄然一葉 最難描'라 했어. '바람에 흩날리는 한 잎이 제일 묘사하기 어렵다'란 말인데, 이때 한 잎[一葉]은 장엽長葉, 가장 긴 이파리를 뜻하지. 난초는 이 긴 이파리부터 치는 거야. 이것이 바람에 흔들리게 하려면 '삼절三折'을 써야 해. 삼전三轉이라고도 하지. '세 번 휘어진다'라는 뜻인데, 가느다랗다가 굵었다가 다시 가느다랗게 세 번 변하는 걸 말해! 바람에 흩날리는 느낌을 주지. 이게 좀 어려운데 이걸 해야 자네가 흥미가 붙을걸세. 어려운 것부터 해서 쉬운 쪽으로 가란 말이야!"[45]

그러나 먹참선은 쉬운 일이 아니었다. 장일순이 주는 종이와 붓과 먹과 벼루 앞에 곧게 앉아 곧바로 먹참선을 시작했지만, 난초 이파리가 아니라 몽둥이 아니면 긴 작대기든가 뱀을 쳤다. 그 이후로 김지하는 먹참선에 사로잡혔다.

별채의 김지하 방에는 불 켜진 밤이 늘어났고, 밤새 난초를 치다가 새벽 푸르름이 창호지에 묻어올 때 눈에 펼쳐진 텅 빈 종이의 허공 앞에서 말라르메의 원고지보다 더 지독한 외로움과 괴로움, 그러나 기이하고 기이한 웬 향기가 얼핏 코끝을 스치는 그런 밤샘의 날이 시작되었다.[46]

붓이 몸에 붙자 희한하게도 멋진 잎사귀와 꽃이 그려지면 미친 사람처럼 일어나 덩실덩실 혼자서 춤을 추기도 했다. 장일순이 가끔 학성동 김지하의

45 김지하 회고록, 『흰 그늘의 길 3』, 학고재, 2003, 66쪽 참조.
46 김지하 회고록, 『흰 그늘의 길 3』, 학고재, 2003, 68쪽.

집에 들러 중요한 대목을 하나하나 짚어가며 지도해 주니 김지하의 난초도 꼴을 갖추기 시작하였다. 하지만 김지하가 난초를 친다는 소문이 돌자 민주화운동에 기금이 필요하다며 사람들이 찾아오고, 김지하는 이들에게 열 장, 스무 장씩 난초를 쳐주게 되었다. 그런데 뒷소문은 그리 곱지 않았다. "자기가 언제부터 선비가 됐다고 난초야, 난초가?", "우리가 도움받은 건 사실이지만, 그 친구 이젠 완전히 반동이 됐어. 지가 무슨 양반이라고 난초야, 난초가?" 하는 소리가 들렸기 때문이다. 그런 소문을 들을 때마다 몹시 화가 나서 술을 퍼마시던 김지하에게 장일순은 이런 이야기를 자주 해 주었다. "좋은 일 하는 것을 남이 알아주는 순간, 그 좋은 일이 이미 대가를 받는 것일세. 욕을 좀 먹게! 그러면 자네가 한 일이 하늘에서 표창을 받게 되네."[47]

장일순이 원주 시내 한복판에서 밥집을 하는 이영순에게 준 글씨가 있다. '無盡逆境 忍辱道行무진역경 인욕도행'. 이 글을 장일순은 이렇게 풀어서 이야기해 주었다.

"끝도 없고 한도 없는 어려운 경우가 욕된 것을 참는 일이다. 인욕도행은 전생의 업을 치르는 것이니 마음을 상하지 말고 닦고 가야 하는 것이다. 인욕도행忍辱道行은 아무에게나 시련이 오는 게 아니라 착한 이에게 특히 오는 하느님의 시련이니 이것을 참음으로써 대통하여 선녀가 되는 것이다."

이영순은 이 말을 들으면서 장일순이야말로 그런 사람이라는 생각이 들었다고 전한다.

"선생님은 말과 행동이 같았어요. 신부님이나 목사님, 혹은 스님조차도 앞에서 하는 말과 뒤에서 하는 행동이 달라 실망을 주고는 했는데, 선생님은 그런 일이 한 번도 없었어요. 말씀하신 대로 행동하셨어요. 그러니 그분을

47 김지하 회고록, 『흰 그늘의 길 3』, 학고재, 2003, 67~69쪽 참조.

좋아하고 존경하지 않을 수가 없지요. 저는 그분을 살아있는 예수님이라고 생각해요."[48]

48 최성현, 『좁쌀 한 알 장일순』, 도솔, 2004, 122~123쪽 참조.

6부

생명운동

원주보고서

청강에서 무위당으로

김지하는 1974년 민청학련 사건으로 구속되었다가 1975년 2월 15일, 지학순 주교보다 하루 먼저 석방되었으나, 〈동아일보〉에 2월 25일부터 27일까지 옥중 수기 「고행… 1974」를 연재하는 과정에서 '인혁당 사건'이 조작된 사실을 밝혀 3월 13일 다시 구속되었다. 그 후 1976년 12월, 기왕의 무기징역형에 징역 7년·자격정지 7년 형을 추가로 선고받고 철저하게 고립된 수감 생활을 하다가 박정희 대통령이 사망하면서 1980년 12월 12일 형집행정지로 석방되었다.

김지하는 석방되자마자 장일순을 만나 "그동안 선생님 생각이 많이 바뀌셨더군요." 하였다. 장일순의 생명사상을 두고 하는 말이었다. 그러나 생명사상에 대한 감각은 장일순과 김지하에게 새로운 것이 아니었다. 물론 전향한 것도 아니다. 오히려 억눌린 이들의 살가운 목숨을 안타깝게 여겼던 마음에서 우러나온 운동이 한 단계 더 진화된 것으로 보아야 한다. 이를 두고 김지하는 자신의 회고록에서 이렇게 전하고 있다.

눈이 밝은 사람들은 이미 이른 시기에 나의 작품이나 담론에 산업노동자 문제나 그 철학적 입장이 전무하다는 것을 눈치채고 있었다. 그러나 분명히 말해서 '전무'한 것은 아니다. 더욱이 내가 노동자를 싫어하거나 이상스럽게 생각하거나 하는 따위 부자연스러운 사상을 지닌 것은 아니다. 다만 이브 칼베즈 신부가 『마르크스에 관한 팡세』에서 주장한

'프롤레타리아 일회성'에 동의하고 첨단적 극좌 운동의 실패를 일찌감치 예감한 데서 온 태도일 뿐이다. 내가 그 대신 농민이나, 농민보다 도리어 '대중적 민중', 즉 잡雜계급적인 '언더 클래스under class'에 더 관심을 갖는 것은 프롤레타리아를 세계혁명의 항구적인 주체로 보는 마르크스·엥겔스의 견해가 별로 정당해 보이지 않았기 때문이다. … 세계의 획기적인 변화는 마르크스가 생각했던 것과는 사뭇 다른 쪽으로 진행된다. 지구 생태계의 비극적 파괴와 오염, 자원 고갈, 집권 노동자 정치세력의 부패와 나태로 인한 도덕성 상실이 그것이다. 산업노동자가 노예로서 혁명적 주체의 도덕성을 견지하는 것은 노동노예 시기에 한정된 것이다. 이것이 '프롤레타리아 일회성'이다. 그리고 이제는 노동자가 그토록 자랑하고 자부하는 세계변혁의 실체인 산업생산이 지구 전체를 오염·파괴시키는 행위로 전락하고 있다는 점이다.[1]

이 시기에 장일순은 향후 원주그룹의 향방에 대한 고민이 깊어 갔다. 감옥에서 나와 다시 원주교구 기획위원으로 활동하던 김지하와 박재일에게 '생명사상 세미나'를 기획하도록 부탁했다. 김지하는 감옥에 있는 동안 수없이 많은 책을 읽을 수 있었다. 그가 집중해서 공부한 것은 생태학과 선불교, 테야르 드 샤르댕과 동학이었다. 공부하면서 "마음에 거침없는 푸른 하늘이, 가없는 우주의 바람이, 파도치는 드넓은 바다가 문득문득 나타나기 시작했고, 거꾸로 뭇 생명의 생태학적 질병과 오염과 파괴, 죽임에 대한 연민과 자비가 어려운 것이 아닌, 아주 자연스러운 귀결로 다가왔다"고 말한다. 예수회 사제였던 테야르 드 샤르댕의 사상을 접하며 '아니, 이것은 동학 아니야'

---

1 김지하 회고록, 『흰 그늘의 길 2』, 학고재, 2003, 204~205쪽.

라는 생각이 들었다고 한다. 때로는 동학의 '시侍'(모심)에 꽂혀 며칠 동안 밥도 먹는 둥 마는 둥 하고 머릿속이 온통 '侍' 한 자로 꽉 차버렸다. 김지하는 '모심'은 '사랑'이라고 말한다. 보잘것없는 이를 높이는 사랑이요 섬기는 사랑이고, 그래서 경건한 사랑이라고 했다. 이렇게 장일순이 원주 봉산동 집에서 동학東學으로 나아가는 동안, 김지하는 감옥에서 동학을 보았다.

김지하는 구속 중인 1975년에 '아시아·아프리카작가회의'에서 수여한 '로터스LOTUS상 특별상'을 1981년 12월 2일, 원주 가톨릭센터에서 직접 받으면서 생명운동에 대한 자신의 입장을 처음 밝혔다. 그날을 전후해 장일순과 김지하는 운동의 방향 전환에 관한 논의를 깊이 나누기 시작했다. 장일순이 자호를 청강淸江에서 무위당无爲堂으로 바꾸었다는 것은 장일순의 시선이 이미 다른 곳을 바라보기 시작했다는 것을 의미한다. 장일순은 이미 1977년부터 정치적 공세에서 일단 물러나 개방적이면서 근본적인 대중운동으로 가야 한다고 생각했다. 이런 뜻에서 '아무것도 하지 않음으로써 아무것도 하지 않음이 없다'(無爲而無不爲)는 '수동적 적극성'으로 나아갔다.

생명의 세계관 확립과 협동적 생존의 확장

1981년 연말부터 장일순의 제안에 따라 김지하, 김영주, 박재일 등 원주 그룹 사람들이 봉산동에 있는 원주교구 교육원에 모여서 동학사상과 생명론을 공부하기 시작했다. 이때부터 '생명'이란 말이 긴급한 화두로 떠올랐다. 장일순은 이 세미나에 이따금 참석하여 의견을 주었는데, 생태계 위기를 극복하고 인간 중심의 유물론적 지구관에서 벗어나야 한다는 것이었다. 새롭게 준비해야 할 생명운동은 투쟁이 아니라 협동적 방식으로 이루어 가야 하며, 일상에서 생활 방식을 바꾸어 나가는 운동이어야 한다고 조언하였다.

이 생명사상 세미나에는 원주그룹뿐 아니라 황인성, 나상기, 안동교구의 정호경 신부와 천주교 빈민운동을 하던 제정구 등 개신교와 천주교를 아우르는 인사들도 참여하였다. 그런데 세미나가 진행되면서 갈등이 빚어지기도 했다. 언젠가 세미나 중에 황인성과 나상기 등 여러 명이 생명운동에 반론을 제기하였다. 한 개신교 목사가 이렇게 반문했다.

"한 가지 의문이 있습니다. 이 생명이니 뭐니 하는 얘기는 김지하 시인이 감옥에서 나온 뒤 꺼낸 모양인데 혹시 김 시인이 더는 감옥에 가서 고통받기가 겁나니까 애매한 주위 사람들을 끌어들여 생명사상이니 뭐니 하고 나팔 불고 있는 것 아닌가요? 그렇다고 하면 이것은 그냥 넘어갈 일이 아닙니다. 진실이 뭡니까? 우리가 지금 목숨을 바쳐야 할 것은 '5공 타도'뿐입니다."

찬반양론으로 갈렸을 때, 목소리를 높여 김지하의 입장을 변호한 사람은 제정구였다.

"아니 크리스천 성직자란 사람이 대놓고 '생명이니 나팔이니'라니요? 성경을 읽은 거요, 안 읽은 거요? 아무개는 성직자요, 아니면 직업혁명가요? 나는 사회와 역사를 이해하고 세상을 바꾸는 데에 꼭 『자본론』만 필요하다고 생각 안 합니다. 『자본론』 따위를 안 읽고도 생명이란 화두 하나로 역사와 사회의 현실을 꿰뚫어 이해하고 세상을 바꾸는 행동에 최선을 다할 수 있어요. 도대체 성직자란 사람이, 그리고 세상을 바꾸겠다고 나선 사람이 그게 무슨 말투요? 아니 김지하라는 사람에게 그따위 말을 함부로 할 자격 있는 사람이 우리 중에 누가 있다는 거요? 사과하시오, 지금!"

이 말에 정호경 신부가 "이 말이 맞다"고 제정구의 의견에 동조하였다.[2]

생명사상 세미나에서는 그동안 원주그룹이 몰두해 왔던 재해대책사업과 민주화운동 전반에 걸친 평가도 이루어졌고, 향후 대책도 아울러 고민되었다. 이런 논의와 성찰 가운데 나온 결과물이 1982년에 발표된 이른바 '원주보고서'였다. 「생명의 세계관 확립과 협동적 생존의 확장」이라는 제목의 이 보고서는 여러 달에 걸친 회의 결과를 토대로 김지하가 작성하고 장일순의 검토를 거쳐 발표되었다. "죽음의 먹구름이 온 세계를 뒤덮고 있다"는 비장한 문장으로 시작하는 '원주보고서'는 "인류를 비롯한 전 생명계는 언제 닥쳐올지 모르는 비명횡사의 가능성에 떨고 있다"는 시대 진단에서 출발한다. "자본주의와 사회주의 체제 모두 자연을 개발의 대상으로 삼으면서 대량생산과 대량소비를 특징으로 하는 산업문명의 위기가 나타났다"면서, 이에 대한 철저한 자기반성을 통해 새로운 운동은 '생명 존중과 협동적 삶'의 실천으로 나아가야 한다는 것이다.[3] 특히 동학에서 말하는 경천敬天, 경인敬人, 경물敬物을 드러내는 협동적 생존은 협동조합 방식에서 찾아야 한다는 점을 강조하였다.[4]

1970년대의 원주는 협동운동과 민주화운동을 치열하게 해온 지역인데, 장일순과 원주그룹에서 운동의 노선을 생명운동으로 전환한 것은 어느 한 순간에 갑자기 이루어진 것이 아니었다. 그동안 원주에서 진행된 신용협동조합이나 소비자협동조합, 그리고 재해대책사업과 민주화운동까지도 가난한 민중들의 생명을 갉아먹는 세력에게서 민중들의 생존을 보호하려는 연민에서 출발한 것이며, 농촌사업과 농민운동 과정에서 죽어가는 농민들과 생태

---

2 김지하 회고록, 『흰 그늘의 길 3』, 학고재, 2003, 51~53쪽 참조. 김지하는 몇 년 뒤에 생명사상 세미나 외에 생명사상을 연구하고 토론하는 '사발모임'을 제정구, 정호경 신부, 이현주 목사, 현기 스님, 신홍범과 장회익 교수 등과 함께 진행하였다. 이 모임에서 좌장 역할은 제정구가 하였다.
3 김선미, 『한살림 큰농부 인농 박재일 평전』, 한살림, 2017, 161~162쪽 참조.
4 김상범 편, (사)무위당사람들 엮음, 『대장부 거기에 그들이 있었다』, 이야기담, 2022 개정판, 369~370쪽 참조.

계를 바라보며 좀 더 근본적인 운동을 해야 한다는 각성에 이른 것이다.

운동 방식에 대한 반성이 있었다. 그때까지만 해도 운동의 형태가 대개 거리에서 하는 시위와 농성 등 집단적 행동으로 표출되었다. 학생운동이든, 노동운동이든, 농민운동이든 모든 사회운동이 데모 일변도로 진행되었던 게 사실이다. 특별히 장일순은 운동 조직들이 점점 세력화되면서 자신들의 이념에 맞서면 적대시하고, 일부 민주화 운동권의 인사들이 민주화운동을 자신들의 정치적 욕망을 채우려는 방향으로 몰아가는 것을 보고, 이러다가는 운동권 전체가 망가진다고 생각했다. 정당처럼 정치권력의 획득을 목적으로 하는 싸움이 아니라, 민중이 먼저 자신의 일상을 바꾸어 나감으로써 세계를 변혁하는 운동이 필요하다고 생각했다. 맞섬이 아니라 포용을 통해 새로운 세상으로 나아가는 운동이다. 특히 박정희보다 더 무자비한 전두환 정권이 들어서서 국민들을 마구 짓밟는 상황에서 예전과 같은 방식의 운동으로는 살아남을 재간이 없다고 판단하였다. 민주화운동이든 생명운동이든 모두 살자고 하는 운동이지 죽자고 하는 운동이 아니라는 뜻이다. 그래서 장일순은 원주그룹을 향해 "이제부터는 저변으로 확대시키는 운동으로 전환되지 않으면 오래갈 수 없다"고 강조했다.[5] 그것을 김지하는 '협동적 생존의 확장'이라는 용어로 표현했다.

이 보고서는 나중에 동학에 관한 연구, 그리고 독일과 일본의 협동조합 연수, 한살림 공부모임을 거쳐 1989년 '한살림선언'으로 심화되고 체계화되었다.

---

5 김상범 편, (사)무위당사람들 엮음, 『대장부 거기에 그들이 있었다』, 이야기담, 2022 개정판, 371~372쪽 참조.

안동에선 정호경 신부

장일순이 새로운 운동에 대한 비전을 찾고 있을 때, 김지하가 좌장 역할을 했던 '생명사상 세미나'에 참석하면서 장일순의 사상에 동조한 가장 중요한 인물 가운데 한 사람이 안동교구의 정호경 신부다. 안동교구 사목국장으로 있으면서 정호경 신부는 사목국 안에 농민사목부를 두고, 민청학련 사건으로 구속되었던 정재돈과 함께 안동교구 가톨릭농민회를 만들었다. 1978년 12월 27일부터 28일까지 안동문화회관에서 '한국가톨릭농민회 안동교구연합회'를 창립했을 때, 회장은 천주교 신자가 아닌 권종대가 선출되었다. 정재돈이 총무를 맡고 정호경 신부는 지도신부를 맡았다. 그 후 1979년에 발생한 오원춘 사건으로 고초를 겪었다. 안동 지역에서 이오덕, 권정생, 이현주, 전우익과 교분을 나누었던 정호경 신부는 1980년 안동교구 사목국장에서 물러나 영덕성당 주임신부로 있다가 1982년부터 1988년까지 6년간 한국가톨릭농민회 지도신부로 일했다. 이 시기는 장일순이 한창 생명운동을 준비하던 때와 맞물려 있다.

정호경 신부는 1980년 광주항쟁을 경험하면서, 깊은 좌절감을 느꼈다. 당시 사회운동 세력은 일시에 무거운 침묵으로 들어가는 듯했고, 정호경 신부는 1970년대에 몰입했던 '권익 투쟁'만으로는 부족하다고 느꼈다. 그는 민주화운동이 안팎으로 전개되어야 한다고 생각했다. 농민들 안에서 먼저 민주적 기풍이 뿌리를 내려야 세상이 제대로 바뀌지 않을까 생각했다. 결국 개인 구원과 사회 구원이 만나는 지점을 찾아보기로 했다. 이른바 가톨릭농민회 활동을 통해 세상을 변혁하려면 농민들 자신의 마음을 바꾸는 내적 혁명이 선행되어야 하며, 사회제도뿐 아니라 생활에 뿌리박은 현장공동체 운동을 통해서만이 우주적 차원의 생명운동이 가능하다는 깨달음을 얻었다.

이처럼 정호경 신부가 생각의 틀을 바꾸게 된 데는 박재일의 도움이 크다. 1982년 정호경 신부가 가톨릭농민회 전국 지도신부가 되었을 때 마침 원주교구 사회개발위원회에서 일을 하던 박재일이 가톨릭농민회 전국회장이 되었기 때문이다. 박재일을 통해 장일순을 만나고, 이 과정에서 생명사상 세미나에도 참석하고, 정성헌과 이병철 등과 어울려 장일순, 김지하와 교류하기 시작했다. 때로는 가톨릭농민회 교육에 장일순과 김지하를 강사로 초빙하기도 했다. 실제로 장일순과 김지하가 사상가에 가깝다면, 박재일과 정호경 신부는 이러한 생각들을 현실 안에서 '한살림운동'과 '생활공동체운동'으로 구현한 조직활동가에 가깝다. 한살림운동이 주로 동학사상에 초점을 맞추었다면, 정호경 신부의 '생활공동체운동'은 이른바 '서학'(천주교 신앙)에 동학을 흡수한 격이었다.

장일순에게 매료된 정호경 신부는, 1983년 어느 날 장일순을 찾아가 '불취외상不取外相하고 자심반조自心返照하라'는 글귀를 써 달라고 부탁한 적이 있다. 이 글귀는 팔만대장경을 여덟 자로 압축한 것인데, "밖에서, 요컨대 껍데기에서 찾아 헤매지 말고 제 마음속을 비춰보라"는 뜻이다. 그런데 장일순은 이 문장에 '천지여아동근 만물여아일체天地與我同根 萬物與我一體'를 보태서 써주었다. "천지는 나와 더불어 한 뿌리요, 만물은 나와 한 몸이다"라는 뜻이다. 내 손이 내 발을 돕고, 내 눈이 내 귀를 돕고, 내 몸의 한 세포가 다른 세포를 돕듯이, 사람들도 이 세상도 서로의 은혜 가운데 기대어 살고 있음을 기억하라는 의미였다.[6]

1994년에 이승을 떠난 장일순의 10주기를 맞이해 최성현이 엮어낸 『좁쌀

---

6   한상봉, 『농민이 된 신부 정호경』 민주화운동기념사업회 기획, 리북, 2013, 98~100쪽 참조.

한 알 장일순』(도솔, 2004)에 실린 글을 보면, 당시 정호경 신부는 장일순의 글씨를 받아 들고, 장일순이 자신에게 이렇게 말하는 것처럼 느꼈다고 고백했다.

> 가톨릭 신부가 불교 경전의 알맹이를 화두로 삼는다! 거 참 좋구나! 그래, 종교의 벽을 넘나들며 산다는 것, 그게 하느님의 뜻일 테고, 예수 석가의 길이니까, 마땅하고 옳은 일이야! 하지만 거기서 그냥 머물러서야 쓰겠는가! 끝도 없이 나아가야지! 천지만물과도 하나로 살아야지! 애당초 한뿌리였고, 애당초 한 몸이었으니까! 그렇지! 이념의 벽도 종교의 벽도 허물고, 인간과 자연 사이의 벽도 허물고, 생물과 무생물 사이의 벽도 허물고, 보이는 것과 보이지 않는 것 사이의 벽도 허물고, 모두가 하나로 통일될 때, 그때 거기서 참 생명이신 하느님도, 너도 나도 제대로 만날 수 있을 테니까! 정 신부, 아우님, 그렇지 않소이까? 하하하.[7]

정호경 신부는 장일순이 자신에게 써 준 글씨에 부드러운 난초와 그 난초에서 피어난 너무도 부드러운 여인의 얼굴이 담겨 있었다고 한다. 여기서 정호경 신부는 "'부드러움'이야말로 내 개인의 소망이자 죽어가는 현대 문명을 부활시키는 길임을 그때나 지금이나 믿고 있다"면서 "자유든 통일이든 부드럽지 않고서야 어디 꿈이나 꿀 일이겠느냐"고 말한다. 정호경 신부는 나중에 은퇴하고서 봉화에 들어가 살면서도 제 방에 이 서화를 걸어두고 장일순을 기렸다.[8]

7 최성현, 『좁쌀 한 알 장일순』, 도솔, 2004, 59~60쪽 참조.
8 한상봉, 『농민이 된 신부 정호경』 민주화운동기념사업회 기획, 리북, 2013, 100~101쪽 참조.

장일순이 언젠가 최성현에게 외국 잡지에서 눈길을 끄는 사진을 한 장 보았다는 말을 한 적이 있다. "군홧발에 밟힌 신부의 얼굴이야. 그런데 얼굴이 환해. 워커 발에 밟힌 상태에서도 미워하는 기색, 두려워하는 기색이 없더란 말이야." 최성현은 이를 두고 『이아무개의 마음공부』라는 책에서 본 잠곤 콩트롤이라는 티벳 승려가 생각났다고 했다. 잠곤은 이렇게 말한다.

"그대를 괴롭히는 상대가 그대 앞에 있다고 상상하라. 그리고 마음으로 그에게 그대 몸을 내주며 이렇게 말하라. '여기 내 살과 피가 있으니 당신 뜻대로 하십시오.'"[9]

장일순이 만년의 정호경 신부를 두고 하는 말로 들린다. 오원춘 사건 당시 사복경찰이 안동교구청에 난입하여 정호경 신부의 팔을 비틀고 목을 팔로 감아 뒤로 젖히고, 신발도 신기지 않은 채 맨발로 연행해 간 적이 있었기 때문이다.

유기농산물 직거래 생활협동조합 해외 연수

장일순이 제시한 생명운동을 제대로 성공시키려면 먼저 길을 걸어간 사람들에게서 배워야 했다. 그때 주목했던 것이 유기농산물 생산이었다. 1983년에 원주교구 교구청에서 퇴직한 김영주는 장일순과 이야기를 나누면서 농민과 소비자가 서로 도울 수 있는 유기농산물 직거래 조직을 만들어 보자는데 의견 일치를 보고, 가장 먼저 한 일이 다른 나라의 경험을 공유하는 것이었다. 먼저 1981년 5월 30일 원주교구 사회개발위원회 사무국장인 김영주와

---

9 최성현, 『좁쌀 한 알 장일순』, 도솔, 2004, 129~130쪽 참조.

박재일, 그리고 상담원 김상범, 김헌일, 이경국, 박양혁과 원주 밝음신협의 최
희웅, 가톨릭농민회에서 국제 업무와 여성부장을 맡고 있던 독일인 한마리
아[10] 등이 농업소비조합 육성사업의 하나로 진행된 해외 선진지 연수단으로
홍콩행 비행기를 탔다. 연수단은 20일 동안 홍콩과 대만, 일본의 협동조합
을 방문했다. 연수단에서 배운 것을 박재일은 이렇게 말했다.

"우리는 농민들이 열심히 생산을 해도 판로가 없어서 제값도 못 받고, 시
장에 헐값에 내다 팔면서 어려움을 겪는데, 일본은 생활협동조합에서 판로
를 보장하고 도시 소비자들이 공동구입을 하면서 사회운동도 하고 있는 게
부러웠어요. 우린 농민들끼리 생산협동은 되는데 안정적으로 소비해 주는
곳이 없는 게 제일 안타까웠거든요. 일본처럼 소비자와 생산자가 마음을 모
으면 길이 보이겠구나 생각했어요."[11]

특히 박재일은 '쓰고 버리는 시대를 생각하는 모임'을 만든 스치다 다카시
(木追田劼)의 강의를 듣고 큰 감명을 받았다. 교토대학 금속공학 교수였던 스
치다 다카시는 지하광물 자원에 의존하는 현대 공업사회의 한계를 깨닫고
1973년에 이 모임을 만들었는데, 이들은 농산물의 생산, 공급, 소비 차원
에서 새로운 흐름을 형성하려면 생산자와 소비자 사이에 깊은 신뢰를 기
초로 한 긴밀한 협력이 필요하다고 보았다. "소비자의 기쁨을 즐거워하는
생산자가 생산자의 기쁨을 자기 기쁨으로 여기는 소비자와 결속하고 상부
상조하는 것만이 안전한 농산물의 안정적인 공급을 실현하는 길"이라고
생각했다.

---

10 한마리아는 독일 이름이 마리아 세일러, 뮌헨농대를 졸업하고 1965년 처음 한국에
    온 이후부터 1994년까지 국내 농촌운동과 신협운동의 어머니 역할을 했다. 1999년
    농업인의 날에 농민운동에 헌신한 공로로 산업포장을 받기도 했다.
11 김선미, 『한살림 큰농부 인농 박재일 평전』, 한살림, 2017, 166쪽.

1982년 박재일이 가톨릭농민회 전국회장을 맡으면서 같은 해에 원주그룹이 정리한 「생명의 세계관 확립과 협동적 생존의 확장」이란 보고서가 이병철, 정성헌, 이상국 등 농민회 지도자들 사이에서 공유가 되었다. 1984년에는 원주교구 사회사업국 사회개발부에서 '한국농민지도자 일본유기농농업 연수시찰단'을 조직했다. 마침 지학순 주교와 로마에서 함께 공부했던 도쿄교구장 시라야나기 주교와 연락이 닿았고, 시라야나기 주교가 일본 주교회의 사회복지기관이었던 인성회(Caritas)에 부탁하여 경비를 마련할 수 있었다.[12]

박재일은 22명의 연수단을 이끌고 치바현의 미요시마을과 도쿄 초후시 등을 방문해 유기농산물의 생산과 출하 현장을 살펴보았다. 또한 요노시의 사이타마현민공제생협, 도쿄 세타가야구의 생활클럽생협, 스이타시 센리야마생협 등을 방문했다. 이때 연수단은 일본 유기농업과 생협운동의 역사에 대해 10여 차례나 전문가들의 강의를 들었다. 강사로 나온 사람들은 도쿄대학, 고베대학, 교토세이카대학의 교수들이 주축이었는데, 대부분 1960년대에서 1970년대로 이어진 일본 학생운동 출신들이 많아서 연수단에 참가한 한국 농민운동 지도자들과 상통하는 점이 많았다.[13]

12 『너를 보고 나는 부끄러웠네』, 무위당을 기리는 모임 엮음, 녹색평론사, 2013, 147쪽 참조.
13 김선미, 『한살림 큰농부 인농 박재일 평전』, 한살림, 2017, 168~169쪽 참조.

원주사변

전두환과 원주교구

광주항쟁의 여파가 뒤늦게 원주에 밀려든 것은 1982년이었다. 본래 전두환과 그의 수하들은 박정희 정권이 김수환 추기경과 지학순 주교로 대표되는 천주교와 전면전을 치르면서 권력이 위태롭게 되었다고 생각하고 있었다. 그래서 정권 초기부터 천주교회에 대한 유화책과 강경책을 번갈아 사용하였다. 전두환은 보안사령부로 오기 전에 원주에 있는 1군사령부에 있었는데, 여기서 만난 1군사령부 군종 사제 정인준 신부를 신임하고 있었다. 정인준 신부는 비록 군종이었지만 참모장 앞에서 당당하게 자신은 지학순 주교의 입장과 천주교정의구현전국사제단의 활동을 지지한다고 밝혔지만, 전두환은 "지학순 주교를 꼭 닮은" 정인준 신부를 측근에 두고 싶어 했다. 그의 대담한 발언과 자기 조직 윗선에 대한 충성심을 높이 평가한 것이다. 그래서 나중에 보안사령부로 가면서도 일부러 군종실을 만들어 정인준 신부를 데려갔다.

전두환 정권 입장에서는 정인준 신부를 통해 지학순 주교 등을 접촉할 수 있었고, 그 참에 지학순 주교는 정권의 실력자들에게 교회의 요구를 전할 수 있었다. 광주항쟁 직후 당시 전두환 국가보위비상대책위원회 위원장을 만난 지학순 주교는 김지하의 석방을 요청했고, 함께 갔던 윤공희 대주교는 광주 문제로 재판받고 있는 젊은이들이 더 이상 다치지 않도록 해달라고 부탁했다. 실제로 전두환은 12대 대통령으로 선출되고서 1980년 9월 11일, "새 시대 민주복지국가 건설에 동참할 수 있는 기회를 부여한다"는 명목으로 김지하를 형집행정지로 석방했다. 김지하가 석방되던 날, 지학순 주교는 남산의 한 호텔에 미리 대기하고 있던 김지하를 직접 데려왔다. 그날따라 진눈깨비가 내려 길이 몹시 험했는데 남산을 내려오던 차가 미끄러져 한 바퀴 돌았다. 간신히 사고를 모면한 지학순 주교가 웃으며 말했다 "신문에 두 번 날 뻔했군. 김지하 석방, 나오다 자동차 사고…".[14]

그러나 한편에선 원주그룹을 궤멸할 시나리오도 준비한 것으로 알려져 있다. 당시 대통령비서실 정무제1비서관과 문화공보부 차관까지 지냈던 허문도는 줄곧 김지하와 김민기 등을 회유하려고 애썼는데, 한때 장일순의 측근에서 활동하다가 "결정적인 하자 때문에" 원주그룹에서 이탈한 이 아무개가 허문도의 오른팔이 되어 음모를 꾸몄다고 김지하는 회고록에 기록하고 있다. 그는 이 아무개가 '관계기관 협력회의'에 참석해 '원주캠프 브리핑'을 하면서 원주그룹을 싸잡아 빨갱이 집단이나 전위당처럼 묶어 원주의 계보를 그렸다고 한다. 여기서 장일순은 대통령, 김영주는 총리, 김지하는 별동대장 어쩌구 하는 이야기가 들려왔다는 것이다.

이처럼 전두환 정권은 원주그룹에 대해 이중적 감정과 전략을 갖고 대한 것으로 보인다. 먼저 회유하고, 회유하지 못하면 타격을 가하는 것이다. 전두환이 정권 초기에 원주에 주목한 것은 이유가 있었다. '서울의 봄'으로 불리는 민주화의 열기가 전국적으로 끓어오르고 있을 때 이른바 사북사태가 터졌다. 강원도 정선군에 있는 국내 최대의 민영 탄광인 동원탄좌 사북영업소의 광부와 가족 등 6,000여 명이 어용노조의 부정선거 무효와 임금인상을 요구하며 총파업에 돌입하였다. 신군부는 사북항쟁의 배후로 원주교구의 재해대책사업위원회와 사회개발위원회에 속한 상담원 가운데 광산 지역을 지

---

14 지학순정의평화기금, 『지학순 주교의 삶과 사랑-그이는 나무를 심었다』, 공동선, 2000, 235~237쪽 참조.

원하던 사람들을 지목하였다. 실제로 시위 주동자들 가운데는 원주교육원에서 노동교육을 받은 이들이 다수 있었다.

이어 신군부의 12·12 쿠데타 직전에 열린 'YWCA 위장결혼식' 집회에 원주의 활동가들이 여럿 참석했는데, 이때 사회개발위원회의 광산 담당 부장이던 이경국과 농촌 담당 상담원 정인재 등이 합동수사본부에 잡혀가 고문을 당한 뒤 풀려났다. 박재일의 경우에는 위장결혼식에 참석했다가 한동안 원주 집으로 돌아가지 못하고 숨어 지내야 했다. 이것은 박정희 대통령이 사망한 뒤 신군부가 통일주체국민회의의 체육관 선거로 최규하 당시 국무총리를 대통령으로 선출하려는 것을 막기 위해 재야 세력이 1979년 11월 24일 서울 명동 YWCA 회관에서 결혼식을 위장한 집회를 개최하다가 적발된 시국 사건이다. 당시 신군부는 지학순 주교를 빨갱이로 몰며 구속된 이들을 집중적으로 추궁하였다.

당시 상황을 박재일은 "12·12 이후 원주가 굉장한 위험에 처했지. 그래서 장 선생님은 당장 (신군부와) 부딪히기만 해서는 문제가 해결될 수 없다고 생각했어. 신군부가 원주를 주시한다는 정보가 전해지는 가운데 선생님은 '전두환도 사랑하라'고 말하기까지 했으니까."[15]

미문화원 방화사건

외줄타기를 하는 것처럼 조심스럽게 장일순과 김지하, 박재일 등이 새로운 운동의 방향을 모색하고 있던 와중에 천주교 원주교구와 원주그룹은 다시

15   김선미, 『한살림 큰농부 인농 박재일 평전』, 한살림, 2017, 156쪽 참조.

치명적 사건에 휘말리게 되었다. 이른바 미문화원 방화사건과 연루된 일이었다. 1982년 3월 18일, 부산 대청동에 있는 미국 문화원에서 폭음이 터지며 불길이 솟는 방화 사건이 일어났다. 그 때문에 도서관에서 열람 중이던 대학생 1명이 숨지고 3명이 중화상을 입었다. 그 시간에 유나백화점과 국도극장 주변에는 "미국은 더 이상 한국을 속국으로 만들지 말고 이 땅에서 물러가라!"는 주장이 담긴 유인물이 배포되었다. 사건이 일어나자 언론은 좌경 용공 불순분자에 의해 일어난 사건으로 단정 짓고 대대적으로 보도하였다. 그런데 이 방화 사건의 주동자로 알려져 지명수배 되었던 부산고려신학대 학생 문부식과 김은숙이 원주교육원에 은신해 있다가 자수한 것이다. 때마침 그곳에 함께 은신해 있던 광주항쟁 관련 수배자 김현장도 마찬가지였다.[16]

최기식 신부는 이들이 자수하겠다는 뜻을 밝히자, 서울 한강성당의 함세웅 신부의 주선을 받아 3월 31일 경찰에 자수할 수 있도록 선처해 주었다. 당시 청와대에 사정수석비서관으로 있던 허삼수가 한강성당 신자였기 때문에 그에게 연락했고 고맙다는 이야기까지 들었다. 4월 2일에는 수배자 김현장도 자수 형식을 밟아 검거되었다. 교육원에 은신해 있는 동안 틈틈이 교리를 배워 세례까지 받은 김현장이 자수하던 날, 지학순 주교는 〈가톨릭신문〉과 나눈 인터뷰에서 "비록 죄인이라 할지라도 도움을 요청하는 사람에게는 도움을 주어야 하는 것이 사제의 직분이다. 최기식 신부는 사제로서 해

---

16 당시 치악산서점 대표였던 김영애의 증언에 따르면, 문부식과 김은숙은 사전에 김현장을 알고 있었고, 그가 은신해 있던 원주로 와서 처음엔 치악산서점 창고에서 열흘가량 숨어 지내다 김현장의 주선으로 최기식 신부의 허락을 받아 봉산동에 있던 원주교육원으로 피신 장소를 옮겼다고 한다. 그곳에서 문부식과 김은숙이 먼저 자진 출두 방식으로 자수하였고, 추후 김현장의 경우엔 사정 당국이 자진 출두 방식을 거부해 검거되었다.(《무위당사람들》, 2021년 10월 호, 71~75쪽 참조)

야 할 일을 한 것"이라고 말했다. 하지만 결국 최기식 신부 자신도 범죄은닉 죄로 4월 8일 구속되어 검찰에 송치되었다.

당시 전두환 정권의 강경파들은 "정부가 방화범들에게 자수라는 시혜를 주는 것은 말도 안 된다. 공권력을 써서라도 무조건 검거해야 하고, 언론이 '자수'라고 보도하지 못하도록 해야 한다"고 말했다. 실제로 자수 광경을 목격한 기자들이 많았음에도 중앙지 언론들은 문부식과 김은숙이 자수한 사실을 숨기고 '부산 미문화원 방화사건 주범 검거'라고 보도했다. 〈강원일보〉만이 1면 톱에 '학생들 자진 출두'라고 보도했다. 그러자 이 보도를 한 박순조 기자에게 문화공보부에서 기자증을 취소하려고 했으나, 다른 언론사 기자들의 반발로 철회되었다. 사건이 마무리되고, 1985년에 장일순이 박순조 기자에게 감사의 표시로 '대명무광大明無光', "큰 밝음은 빛을 내지 않는다"라는 작품을 주었다.[17]

최기식 신부는 민청학련 사건으로 구속된 지학순 주교가 석방된 후 주교좌 원동성당의 주임사제가 되었으며, 1979년부터는 교구 사목국장 겸 교육원장으로 일했다. 당시 지 주교의 신임을 강력하게 받고 있던 사제 가운데 하나였다. 최기식 신부는 교육원장으로 일하면서 민주화운동으로 수배를 받아 쫓기는 사람들과 해고된 노동자들이 교육원에 찾아오면 언제든 묵을 수 있도록 자리를 내주었다. 굳이 이 사실을 낱낱이 주교에게 보고할 필요도 없었다. 교육원 일은 교육원장의 소관이었기 때문이고, 지학순 주교는 누군가에게 일을 믿고 맡겼으면 간섭하지 않는 스타일이었다.[18]

---

17 (사)무위당사람들 엮음, 『무위보감 누가 알랴』, 무위당사람들, 2022, 174~175쪽 참조.

18 지학순정의평화기금, 『지학순 주교의 삶과 사랑-그이는 나무를 심었다』, 공동선, 2000, 256~264쪽 참조.

원주그룹의 위기

언론은 미문화원 방화사건을 제쳐두고, 약 한 달 동안 원주교구를 빨갱이 소굴로 몰아갔다. 교육원 뒤뜰에 가톨릭농민회 회원들이 쓰다 버린 피켓들을 화면에 담았고, 그 과격한 구호들을 근접 촬영 하면서 가톨릭교회에 침투한 용공분자들이 있으며, 천주교 원주교구는 그 아성이라는 것이다. 이러한 태도는 이참에 최기식 신부를 볼모로 지학순 주교와 김지하, 그리고 장일순을 비롯한 원주그룹을 향해 쐐기를 박아놓으려는 처사로 보였다. 그래서 김영주는 미문화원 방화사건으로 빚어진 일련의 사태를 '원주사변'이라고 불렀다.

최기식 신부가 연행되어 부산교도소로 넘어가기 전에 잠시 남부경찰서에 머물러 있었는데, 보수성향을 지니며 정의구현사제단 활동에 부정적이던 부산교구장 이갑수 주교마저 최기식 신부를 만나보고는, "이거, 언론이 교회를 잡으려 하고 있구먼." 하였다.

당시 주교회의 상임위원회에서 발표된 「최기식 신부 구속사건에 대한 담화문」은 그 위급성을 이렇게 다루고 있다.

> … 언론을 동원한 사건 보도는 국민들로 하여금 가톨릭교회를 불온 집단의 온상으로 오해하도록 유도하면서 마치 최기식 신부를 방화의 배후 인물 또는 좌경 의식화 교육의 주관자인 양 부각시켰습니다. 오늘 이 사회의 언론 자유 실상을 잘 알고 있는 우리는 이러한 일방적인 과장 보도의 저의를 묻지 않을 수 없으며 국민들 사이에 불신감과 위화감을 조장해 온 일련의 보도사태를 극히 유감스럽게 생각하는 바입니다. 또한 모든 사람을 위해 모든 것이 되어야 하는 사제직의 근본을 바로

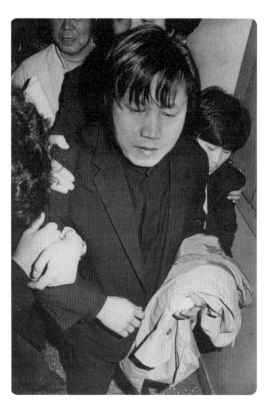

미문화원 방화사건
주범들을 은닉해 주었다는 혐의로
검찰에 호송되는 최기식 신부.

이해하여야 하겠습니다. 이번 방화 사건과 관련하여 교회를 찾아와 보
호를 받고 있던 사람들을 본인들의 뜻에 따라 당국에 자수하도록 주선
해 준 최기식 신부의 행위는 사제로서 최선의 길이었음을 우리 교회는
확신하는 바입니다.

또한 광주사태로 말미암아 쫓기고 있는 사람들을 보호해 준 사제의 양
심을 전적으로 존중하는 바입니다. 광주사태는 그 진상과 원인 또는 책
임의 소지가 공정하게 밝혀진 바 없으므로, 사제는 자신의 사제적인 양

심에 따라 보호를 요청해 온 혐의자들을 외면할 수 없었던 것입니다.

자칫하면 이 사건으로 장일순이 전두환 정권 초기부터 염려했던 일이 벌어질지도 모를 상황이었다. 광주에 이어 원주의 민주화 세력을 초토화할 기회로 삼을지도 모른다는 우려였다. 이런 와중에 최기식 신부 구속사건이 터지고, 전두환 정권과 정권의 사주를 받은 언론이 사력을 다해 천주교회를 용공으로 몰아가는 사태가 발생한 것이다.

최기식 신부는 1983년 8월 12일 광복절 특별사면 조치로 석방되었다. 1년 4개월 만의 복귀였다. 한편 김지하는 1984년 4월경에 원주교구 기획위원직에서 물러남으로써, 향후 원주교구와 직접적 관련 없이 생명운동에 참여하게 된다. 당시 김지하는 이미 생명사상의 동력으로 동학에 급격히 마음이 기울어져 있는 상황이었다. 아마도 이즈음으로 추측되는데, 김지하는 지학순 주교를 직접 만나서 자신의 거취에 대한 고민을 나누었던 것 같다.

어느 날 김지하는 지학순 주교에게 솔직히 말했다.

"저는 이제 고향으로 돌아갑니다."

"어디? 목포 말이야?"

"아니요. 동학입니다."

"천도교 말이야?"

"아니요. 내 마음속의 원原동학입니다."

"좋아서?"

"네."

"그럼 그러지 뭐! 자네가 헛소리할 사람이 아니지. 오죽 생각했겠나?"[19]

---

19 김지하 회고록, 『흰 그늘의 길 2』, 학고재, 2003, 428~429쪽 참조.

이처럼 김지하는 1980년대 중반 이후 마치 전향하듯이 천주교에서 동학으로 사상적 중심을 완전히 옮겨갔다. 하지만 장일순의 경우에는 동학, 특히 해월에 대한 깊은 관심을 표명하면서 동학사상을 생명운동을 설명하는 가장 명징한 언어로 담아냈지만, 굳이 천주교 신앙을 떠나야 할 필요를 느끼지 않았다. 서학이든 동학이든 노자든 공자든 '천도天道'를 가리키고 있다면 사상의 자리를 선택적으로 옮길 이유가 없었기 때문이다. 이에 대한 장일순의 의식을 잘 표현해 주고 있는 말을 리영희 교수에게서 들을 수 있다.

> 무위당 선생은 이질적으로 보이는 사상들을 아무 모순 없이 커다란 용광로처럼 융화시켜 나가는 분이었어요. 그래서 그 인간의 크기에 압도됩니다. 무위당 선생은 천주교 신자이었지만 그분의 생활양식은 노자적이면서도 불교적이고, 불교적이면서도 기독교적이었어요. 그래서 그분의 생활양식은 단지 가톨릭의 규율이나 범주에 매이지 않았어요. 어떤 이념이나 종파에도 얽매이지 않았다고 생각합니다.[20]

---------- **김지하의 밥** ----------

장일순은 독실한 천주교 신자이면서도 동양사상을 두루 섭렵했는데, 특히 동학에 매료된 바 있었고, 그 사상을 가톨릭 신앙과 접목해 '생명사상'을 펼

20 〈무위당사람들〉, 2022년 7월 호, 16쪽.

쳐나갔다. 동학의 시천주侍天主 사상은 모든 생명들이 제 안에 하느님을 모시고 있는 존재라는 것인데, 불교에선 만인에게 부처님의 성품이 깃들어 있다고 하였고, 그리스도교 신앙은 모든 인간은 하느님의 형상에 따라서 창조되었다고 고백한다. 이런 믿음들은 먼저 나 자신을 '하늘처럼' 귀하게 여기고, 이 세상의 모든 목숨 가진 것들 또한 그처럼 귀하게 여기라는 생각으로 이끌어 간다. 내 눈으로 보면 내 몸속이 깜깜 어둠일 테지만, 그 어둠 속에 나를 살리는 신성이 깃들어 있다고 믿는 것이다.

김지하는 분도출판사에서 발간한 김지하의 『밥』을 통해 자신의 생명사상을 전개하였다.

하지만 장일순은 자신의 사상을 일목요연하게 풀어서 정리한 책을 남기지 않았다. 오히려 김지하가 『밥』(분도출판사, 1984)이라든가, 『남녘땅 뱃노래』(두레, 1985) 등의 책을 통해 동학사상을 새롭게 해석해 생명사상을 전개해 갔다. 김지하는 자신이 탐구한 동학을 천도교天道敎와 구분하여 '원-동학原-東學'이라 부른다. 제도 종교의 틀에 사로잡히지 않고 수운 최제우와 해월 최시형이 창도한 동학을 살피자는 것이다. 김지하는 동학을 '밥' 사상을 통해 설명하고 있는데, 자신의 동학 사상을 일목요연하게 정리해 놓은 책이 1984년에 출간한 『밥』이다. 이 책에선 인간해방의 열쇠가 '생명'이라는 개념에서 시작해 생명의 담지자는 '밥'을 생산하는 또 다른 의미의 '일하는 한울님'인 '민중'이라고 마무리한다.

이듬해 출간된 『남녘땅 뱃노래』는 수운 최제우와 해월 최시형, 강증산으로 연계되는 동학에 바탕을 둔 생명사상의 계보와 흔적을 세밀하게 다루고 있다. 『밥』에서 던져놓은 화두를 더 넓게 탐색한 확장판이라고 말할 수 있다. 이러한 담론은 훗날 『모로 누운 돌부처』(김지하, 나남, 1992)를 통하여 자기 삶의 이력과 맞물려 소개되었다. "혹독한 겨울에도 한 그루 나무는 내게 있어 구원이다. 사람이 사람에게 한울님이듯이 자연만물이 사람에게 한울님인 뜻을 알겠다"고 말하는 김지하는 문학청년 시절의 경험을 되짚으며 이렇게 말한다.

> 자연이 너무 아름다워 절망한 기억이 난다. 너무너무 아름다웠다. 그래서 자연을 노래할 수가 없었다. 시시각각 변화하는 산자락의 오묘한 빛깔과 그것을 바라보는 마음의 미묘한 움직임을 도저히 표현할 수가 없었다. 한편 자연만을 노래하는 것이 도피처럼 보이기도 했다. 쓰라린 인간사, 장바닥의 아픔에 눈을 가리는 행위처럼도 보였다. 나는 인간에 대해서만 쓰기로 했다. 비애와 고통만이 의미 있는 것 같았고 모순의 표현만이 장한 아름다움인 듯도 했다. 풍요로운 자연은 내게 의미가 없었고, 순박한 노래는 귓가에 닿지 않았다. 자연이 있다고 해도 철저히 인간화된 자연, 인간에 물든 자연이었다. 오랜 옥고獄苦 이후 내 생각이 달라졌다. 더욱이 아파트에 갇혀 사는 요즘의 나날은 하루하루가 자연에 대한 목마름이요 자연과 더불어 사는 인간에의 그리움이다.[21]

『밥』에서 김지하는 "인간해방의 열쇠는 생명"이라는 말로 시작한다. 모든 인간이 "근원적 생명을 산 채로 모시고 있기" 때문이라 했다. 화엄華嚴철학

---

21 김지하, 『모로 누운 돌부처』, 나남, 1992, 10~11쪽.

의 '일미진중함시방一微塵中舍十方', 곧 "조그만 티끌 속에도 우주 전체가 들어 있다"는 이야기처럼 우리 주변의 자잘한 일상이 세계적이고 우주적인 변화를 미세하게 담고 있으며, 비루하고 참담한 인간이라 해도 그 안에 생명의 정수가 고스란히 담겨 있는 거룩한 존재라는 것이다. 그러니 한 인간의 성화聖化는 사회적 성화나 온 우주의 성화와 다를 바 없다. 모두 연결되어 있기 때문이다.[22]

> 인간은 모두 자기 안에 '한울님'이라고 불러도 좋고 '부처'라고 불러도 좋고 '도道'라고 불러도 좋고 무엇이라고 불러도 좋은, 처음도 없고 끝도 없는, 가도 없고 한도 없는 근원적 생명을 산 채로 모시고 있다는 생각을 음미해 볼 필요가 있다.[23]

이것이 '시천주侍天主' 사상이다. 모든 인간은 우리 안에 한울님을 모시고 있다는 것이다. 그 처음도 없고 끝도 없고, 무변광대하고 죽어도 죽지 않는 그 생명이 움츠러들고 짓밟히고 빼앗기고 천대받고 멸시당하는 불행한 존재인 인간 안에도 살아 있다는 것이다. 이렇게 우주 안에 깃든 모든 생명들이 안팎을 넘나들며 자신을 낮추어 순환하는 것을 눈에 보이는 형태로 표현하면 동학의 주문인 '궁궁을을弓弓乙乙'이 된다고 했다.[24]

22 김지하, 『밥』, 분도출판사, 1984, 25쪽 참조.
23 김지하, 『밥』, 분도출판사, 1984, 35쪽.
24 김지하, 『밥』, 분도출판사, 1984, 39쪽.

생명운동

일하는 한울님

김지하가 동학에서 발견한 한울님은 "일하는 한울님, 움직이는 한울님, 운동하는 한울님, 노동하는 한울님, 창조하는 한울님"이다. 그 한울님은 천지 세상의 주체이며, 간단없이 끊임없이 변화하는 운동 속에서 창조적으로 일하는 분이다. 원주캠프의 '생명사상 세미나'에서 탐색한 신과학운동에 뿌리를 두는 신학적 성찰, 또는 범재신론汎在新論(Panentheism)의 개념에 따르면 '우주 만물 안에 내재하시는 하느님'과 유사하다. 운동하면서 창조적으로 일하시는 한울님이기에, 한울님은 역사적 현실 안에서 '일하는 사람들을 통해서' 일한다. 사람과 한울님은 '일하는 존재'라는 사실에서 통한다. 동학의 2대 교주 해월海月 최시형崔時亨은 관군의 눈을 피해 도망 다니며 동학의 진리를 설파했는데, 그 와중에도 일하기를 마다하지 않았다고 김지하는 전한다. 그게 한울님의 특성이기 때문이다.

> 억압받고 수탈당하고 온갖 형태의 질병과 두려움에 억눌려 끊임없는 굶주림 속에 쉴 새 없이 노동하는 농민들 속에서 그들을 조직하여 후천개벽後天開闢의 새 세상을 열기 위한 동학 종단 조직에 힘을 기울인 40년에 걸친 지하 생활 가운데, 그러한 진리를 가르치고 동학을 선포하고 종단을 조직하는, 농민들 속에서 사는 그 시간 이외에 자기의 조그마한 여가가 날 때에도 그는 조금도 쉬지 않고 일을 했습니다. 새끼를 꼬거나 짚신을 삼고 했습니다. 만약 한 자리에 앉아서 짚신을 다 삼았는데 새끼나 짚이 남아있지 않으면 다시 풀어서 또 새끼를 꼬거나 짚신을 삼고 했습니다. 그럴 때마다 제자들은 "좀 쉬시지 않고 무엇 때문에 그렇게 끊임없이 몸을 움직이십니까?" 하고 물었습니다. 최 해월 선생

은 다음과 같이 말했습니다. "한울님도 쉬지 않는데, 사람이 한울님이 주는 밥을 먹으면서 손을 놀린다면 한울님이 노하신다."[25]

한울님은 일을 통하여 '일하는 사람' 안에서 활동하신다. 그러므로 '사람이 곧 한울님'이다. 이를 담아놓은 교리가 '인내천人乃天' 사상이다. 그러니 일하지 않는 사람은 한울님을 배신하는 것이고 스스로 한울님이기를 거부하는 것이니, 김지하는 이를 '마귀 짓'이라고 불렀다.

> 한울님은 일합니다. 놀고먹는 사람, 그리고 꾀를 내어 또는 힘을 이용해서 또는 덫을 놓아서 남의 것을 가로채 먹는 사람은 바로 한울님이면서 한울님이 아닌 사람, 한울님을 배반하는 사람, 한울님을 거역하는 사람입니다. 이러한 사람을 우리는 '마귀'라 부릅니다.[26]

동학은 한 자락 더 나아간다. 사람만 아니라 천지 만물이 다 한울님을 자기 안에 모신 존재라고 가르치기 때문이다. 풀, 벌레, 짐승, 흙, 물, 공기, 바람, 티끌까지 모두 다 '그 안에 한울님을 모셨다'고 이야기하니, 한울님 아닌 것이 천지간에 없다는 것이다. 여기서 "한울님인 사람이 한울님인 쌀을, 한울님인 닭과 한울님인 소를 어떻게 먹을 수 있겠는가?" 하는 질문을 던진다. 이를 두고 해월 최시형은 이천식천以天食天이라 했다. "한울이 한울을 먹는다"는 뜻이다. 모든 생명은 끊임없이 일하면서 다른 단위의 생명체와 접촉하게 되는데, 다른 생명을 먹음으로써 새로운 생명을 창조한다.[27] 이게 김지하

25 김지하, 『밥』, 분도출판사, 1984, 50쪽.
26 김지하, 『밥』, 분도출판사, 1984, 50~51쪽 참조.
27 김지하, 『밥』, 분도출판사, 1984, 54~55쪽 참조.

가 파악한 영성체領聖體의 의미이기도 하다. 하나의 생명인 신도들이 그리스도(그리스도의 몸인 성체)를 먹음으로써 새로운 생명으로 태어난다는 것이다.

밥상공동체

여기서 가장 중요한 것은 '밥'이다. 밥은 '제사와 식사'와 깊은 관계가 있다. 밥 없는 제사도 밥 없는 식사도 없다. 인류 역사에서 가장 고상하고 격이 높은 신령한 활동 형식을 '제사'라고 부르는데, 제사는 하늘이나 천상적인 것에 연루되어 있다고 믿기 때문이다. 반대로 인간 노동과 직결되는 '식사'는 통상적으로 땅에 속한 것으로 저급하고 격이 낮은 활동 형식으로 취급된다.

> 제사를 인간 활동과 문화에서 가장 가치 있는 것으로 평가하고 영성, 종교, 문화, 정치 또는 정신, 영혼, 신령과 같은 것을 의미한다고 할 때, 제사는 곧 상부요 식사는 곧 하부, 제사는 고상한 것이요 식사는 천박한 것, 이렇게 분리해서 생각해 왔던 게 사실입니다. 이 같은 이원론적, 수직적 상·하의 분리는 선천시대先天時代에서 벌어졌던 지배자, 착취자, 억압자, 기만자, 세뇌자들의 전 역사적인, 전 사회적인, 전 정신세계적인 음모였고 바로 그들 속에서 가장 극대화된 분별지, 즉 악마가 활동한 모습 자체라고 할 수 있습니다.[28]

그러나 후천개벽後天開闢 시대에는 "제사가 곧 식사요 식사가 곧 제사"라

---

28 김지하, 『밥』, 분도출판사, 1984, 72쪽.

는 진실을 알게 된다. 식사와 제사를 구별하고 그 틈을 넓힘으로써 생명의 특징인 밥을 약탈해 간다는 사실을 알고, 그 틈을 메워 버리는 것이 "후천개벽이며 혁명적 전환이며 선禪적 결단이며 '십자가'의 의미"라고 김지하는 말한다. 제사를 독점하는 자가 밥을 독점한다. 하늘과 땅의 일, 제사와 식사가 서로 다르지 않음을 알게 될 때 인류를 파국으로 이끄는, "약탈한 밥을 혼자서 풍성하게 처먹으려고 하는 자들의 '소유의 무한한 확대'"를 막을 수 있다.[29]

'밥'은 본시 혼자서 생산할 수 없으며, "협동적으로 생산하며 공동체적으로 생산"하게 되어 있다. 그래서 밥은 여럿이서 밥상에 둘러앉아 먹는 법이다. 이렇게 한 밥상에 둘러앉는 이들을 '밥상공동체'라고 부른다. 그래서 이 밥상공동체에 참여할 수 있는지 여부가 역사적으로 그 사람의 신분을 결정짓는다. "만약 여성들이 역사적으로 가부장제 사회와 가부장제 문명 아래서 인간 이하의 대접을 받고 천대받고 억압당해 왔다면, 그 증거는 바로 그들이 밥상공동체에 참여할 수 없었다는 점에서부터 발견할 수 있다."[30]

'말'과 '밥'에 관하여

'밥맛'이 '살맛'을 낳고, 그러니 "밥 한 그릇이 만고의 진리"라고 말한 해월의 마음을 헤아리자는 것이 김지하의 생각이다. "사람은 밥으로 산다"고 말하면서 김지하는, 그런데 왜 위대한 예수께서 "사람은 밥으로만 사는 게 아

---

29 김지하, 『밥』, 분도출판사, 1984, 72~73쪽 참조.
30 김지하, 『밥』, 분도출판사, 1984, 73쪽 참조.

니다"라고 말을 했을까, 묻는다. 대답은 "사람은 밥으로 사는 것이 아니라 사랑으로 산다"는 것이다. 아니 '밥'이 곧 '사랑'이다.

> 예수는 제사적 식사이며 식사적 제사인 마지막 밥상공동체에서 결정적으로 자신을 '밥'이라고 불렀습니다. … 예수는 눈으로 볼 수 있는 밥과 눈으로 볼 수 없는 사랑이라는 영성 또는 생명을 하나로 아울러서 자신을 "하늘에서 내려온 밥"이니 "나를 먹는 사람은 결코 죽지 않는다"고 말한 것입니다. 이것은 극히 실용적인 '밥'의 관념과 우상숭배적인 '하늘'의 관념을 함께 거부함으로써 밥에 대한 생명적인, 통일적인 인식에 도달하려고 했던 것입니다.[31]

아울러 김지하는 "사람의 입으로 들어가는 것이 더러운 것이 아니라, 사람의 입에서 나오는 것이 더럽다"는 예수의 말을 빌려 '말'과 '밥'의 관계를 규명한다. 예수는 '밥'이 더러운 것이 아니라 '말'이 더럽다고 말한다. 말이 더러운 까닭은 말 속에 있는 '거짓말' 때문이다. 위장을 속이기는 어려워도 사람의 귀를 속이기는 쉽다. 김지하는 이를 두고 하늘과 땅, 영혼과 육신, 상부와 하부, 제사와 식사, 노동과 문화, 물질과 의식을 분리해서 보는 이원론적인 그 말이 더럽다는 것이라고 설명한다. 이런 이원론을 넘어서는 방법은 생명의 밥에 주목하는 길뿐이다.

김지하는 예수가 새로운 '안식일'을 선포했다고 믿는다. 예수는 "묵은 밥을 먹지 않는 안식일, 새 밥을 먹는 안식일, 새 밥에 섞어서는 안 될 묵은 밥을 버리는 안식일, 만고진리의 생명인 새 밥을 모시는 안식일, 비움의 안식일

---

31 김지하, 『밥』, 분도출판사, 1984, 76~77쪽 참조.

이며, 참생명이 충만한 안식일, 악마의 틈을 메워 버리며 생명의 틈을 열어 놓는 안식일, 삿된 집착을 내어쫓고 순결한 신명이 드러나게 하는 그러한 안식일을 선포"했다고 말한다. 그러니 안식일에 굶주린 제자들이 밀 이삭을 잘라 먹는 것은 당연한 일이요, 안식일에 병든 자가 치료되는 것은 당연한 것이며 "안식일의 주인은 바로 나다"라는 예수의 결정적인 말씀에서 우리는 '안식일'과 '밥'의 깊고 새롭고 근원적인 관계와 의미를 읽어야 한다고 말한다.[32]

예수, 후천개벽의 초과 달성

예수가 로마제국의 식민지 중에서도 작은 팔레스타나, 팔레스타나에서도 가장 찌그러진 나자렛 출신이라는 것은, 예수가 고상한 출신 성분을 지니지 않은 민중의 한 사람이었음을 알려준다. 더군다나 김지하는 루카복음에 주목하여 예수가 "짐승의 밥, 짐승의 똥 한복판에서 태어났다"는 이야기를 꺼낸다. "예수는 밥과 똥의 한복판에서 아비 없는 호로자식, 즉 족보와 아비와 혈통 또는 정통을 자랑하는 명문이 아닌 천대賤待의 한복판에서 최고로 고상하고 무변광대한 생명으로 등장했다"는 것이다.

예수 안에는 말도 소도 풀도 흙도 새도 바람도 다 삽니다. 예수가 민중이라는 것은 예수가 중생이라는 뜻입니다. 그리고 중생으로서 중생을 해방하는 역사의 똥구덩이 속의 참 부처가 바로 예수입니다. 곧, 중생

---

32 김지하, 『밥』, 분도출판사, 1984, 78~79쪽 참조.

부처, 부처중생이니, 다름 아닌 '진흙창의 연꽃'입니다.[33]

그래서 김지하는 역사 안에 눈에 드러난 형태로서, 생명의 가장 철저하고 창조적이며 전위적인 담지자가 바로 민중이며, 천대받는 민중이 바로 가장 고상한 한울님이요 참생명이라고 한다. 그리고 예수가 보여준 것은 바로 후천개벽의 예시, 후천개벽의 역사적인 초과 달성이었다고 전한다. 마지막으로 김지하는 수운 최제우가 읊었던 것처럼 고난이 지나가면 후천개벽의 세상, 곧 봄이 오리라 예감한다.

過雨過枝 風雨霜雪來(과우과지 풍우상설래)
風雨霜雪過去後 一樹花發萬世春(풍우상설과거후 일수화발만세춘)

바람 지나고 비 지나간 가지에 바람 비 서리 눈이 다시 몰아쳐
바람 비 서리 눈이 다 지난 뒤 한 나무에 꽃이 피어
영원한 봄이 오리라.[34]

김지하가 『밥』이나 『남녘땅 뱃노래』를 썼을 때, "사람들이 읽지 않아도 일단 뿌려놔"라는 장일순의 격려가 있었고,[35] 김지하의 생각은 정호경 신부와 제정구 등 원주캠프를 중심으로 적극 받아들여졌지만, 한창 전두환 정권과 민주화 투쟁에 불을 붙이고 있었던 사람들에게는 낯설고 헛된 이야기로 들

33 김지하, 『밥』, 분도출판사, 1984, 81쪽 참조.
34 김지하, 『밥』, 분도출판사, 1984, 89쪽 재인용.
35 최준석, 「민주의 길에서 생명의 길로」, 『너를 보고 나는 부끄러웠네』, 무위당을 기리는 모임 엮음, 녹색평론사, 2013, 117쪽 참조.

렸다. 당시 한국 사회는 폭압적인 정권에 맞서는 정파적 계급운동이 발전하고 있었다. 이 당시를 회고하며 김지하는 이렇게 씁쓸하게 자평하고 있다.

> 나는 그 무렵 동학과 생명론 탐구를 제창하면서 최초의 산문집 『밥』을 펴냈다. 『밥』은 분명 하나의 중요한 담론집이었다. 그러나 소수만이 그것을 이해했을 뿐, 책은 많이 나갔으나 그 담론으로서 갖는 가치는 고의적으로 묵살되었다. 이어 나온 『남녘땅 뱃노래』도 마찬가지다. 나의 글이 발표될 때마다 비판이 아닌 순전한 비아냥이 늘 뒤따라 다녔으니 그것은 모두 하나의 '엘리트병'이었다.[36]

정호경의 농민교리서

한국 천주교회 200주년 사목회의 의안

장일순을 비롯한 원주그룹이 생명운동으로 전환하는 과정에서 김지하가 『밥』이나 『남녘땅 뱃노래』와 같은 책을 집필하여 생명운동의 사상적 기초를 '동학'(原-東學)에서 찾았던 것처럼, 김지하와 더불어 생명사상 세미나에 참여했던 안동교구 정호경 신부는 1982년에 가톨릭농민회 전국 지도신부가 되면서 가톨릭농민운동을 생명운동의 연장선에서 바라보기 시작했다. 정호경

---

36 김지하 회고록, 『흰 그늘의 길 3』, 학고재, 2003, 75쪽.

생명운동

신부에게 동학과 불교 등 전통적인 민중 신앙은 가톨릭 신앙의 혁명성을 보완할 수 있는 적절한 개념어로 차용되었다.

그 결과 정호경 신부는 한국 천주교 전래 200주년 기념사업의 일환으로 『한국 천주교 농촌공소 실태조사 연구 보고서』와 『한국 천주교회 200주년 사목회의 의안』, 그리고 『해방하시는 하느님-농민공동체의 교리서』를 집필하였다. 그 연장선에서 말년에는 『정호경 신부의 우파니샤드 읽기』, 『정호경 신부의 장자 읽기』 등의 책이 출간되었다. 그러나 기본적으로 정호경 신부는 사상가라기보다 사목자였기 때문에, 새롭게 취득한 생명사상의 기초 위에 '생명공동체운동'으로 가톨릭농민운동을 재편한다. 따라서 차후 원주교구에서 분리된 장일순과 김지하, 박재일의 계보를 잇는 운동은 교회 밖에서 한살림운동으로 귀결되었지만, 정호경 신부의 생명공동체운동은 가톨릭교회 안에 새로운 흐름으로 정착된다.

1984년 5월에 한국가톨릭농민회 명의로 출간된 『한국 천주교 농촌공소 실태조사 연구 보고서』는 당시 한국가톨릭농민회 담당주교였던 황민성 주교를 연구위원장으로, 연구위원은 박문수 신부(예수회), 정양모 신부(당시 서강대 교수), 가톨릭농민회 사무국장 이길재, 가톨릭농민회 조사연구부장 이병철, 그리고 정호경 신부가 맡았다. 정호경 신부는 보고서를 내면서 "한국교회의 모태는 농촌공소"임을 분명히 밝히고, "우리 조상들은 가혹한 박해 속에서도, 정처 없는 피난길에서도, 교우촌을 이루고 복음을 살았던 것"이라며, "그러나 최근 십수 년 이래, 급격한 산업화, 도시화, 이농화 등의 물결이 밀어닥쳐, 농촌과 농민의 소외가 심화되면서, 농촌공소 공동체 역시 침체와 소멸의 늪으로 빠져들게 되었고, 교회마저 도시화, 대형화, 물량화 추세에 편승해 왔다"고 지적했다. 그러나 "복음화와 인간 구원은 대형화와 물량주의로 이루어질 수 없다"며 "복음화와 인간구원은 믿음으로 거듭나는 백성들의 현장을 중심으로 작은 생활공동체를 건설, 확장, 연대해 감으로써 가능할 것"이라고 말했다.

정호경 신부는 이 보고서를 맺으면서 마지막 장에서 '공소 활성화를 위한 사목방안'을 제시했는데, '공소 시대는 지났다'며 수확이 많은 도시인 사목에 치중해야 한다는 입장을 분명히 반대했다. 물량주의와 대형화는 인간성과 공동체성을 파괴하고, 사목을 한낱 '기술'에 불과한 것으로 타락시킨다는 것이다. 오히려 농촌 교회와 도시 교회가 하나로 살기 위해서는 초대교회의 모습을 갖춘 공소 공동체를 회복해 '나눔과 섬김'이 구체적으로 이루어지는 신앙공동체를 이루는 것이 중요하다고 역설했다. 여기에 담긴 구체적인 농민 사목 방안은 정호경 신부가 직접 작성한 『한국 천주교회 200주년 사목회의 의안』 초안의 '농촌사목' 부분에 담겨져 있다.

사목회의 의안 '농촌사목' 초안에서는 농민사목의 실태를 분석하며 "농촌 공소에 대한 교회의 관심은 거의 없거나 소극적이며, 신부의 공소 방문은 미사 중심의 사목에서 벗어나지 못하여 농민사목은 농민과 더불어 호흡하고 어울리지 못하고 있다"고 말하고 "농민사목은 무엇보다 농민을 신뢰하고, 농민들 스스로 함께 자신들 안에 계신 하느님을 제대로 체험하도록 도와야 할 것"이라고 제시했다. 또한 농민들이 "자신들의 직업과 노동이 창조의 하느님 사업임을 깨달아 자신들의 깨어 있는 의식과 노력으로 농민 문제를 스스로 풀어가도록 도와야 한다"면서, "교회와 신자들은 사람들의 마음을 바꾸어 눈뜨게 하고 아마 그들을 구제할 수 있는 구조적 변화를 지향케 하기 위해 오늘의 발전이 숨기고 있는 불의와 고난들을 신속히 폭로하려고 노력해야 한다"고 말했다.

한편 정호경 신부는 이 일이 "사람 안에 숨어 계시는 하느님이 드러나시도록 도움으로써 하느님의 모습을 자기 안에서 회복하는 일이요, 공동체적 삶에 기여하도록 도움으로써 하나이신 하느님 생명에 참여하는 일"이라고 보았다. 결국 교회공동체는 예언자적 외침과 아울러 나눔과 섬김의 공동체적 삶을 통해 생활 속에서 거듭나는 '사랑과 해방의 공동체'가 되어야 한다는 것이다. 아울러 초대교회 공동체를 참고해 공동경영, 공동생산, 공동활용, 공동분배 등의 협업을 고민하면서 고귀한 사랑과 자기 비움의 정신을 요구했다.[37]

나눔과 섬김의 공동체

이 사목회의 의안은 주교회의 검토 과정에서 받아들여지지 않았고, 그래서 정호경 신부는 이 초안을 더 세밀하게 정돈된 형태로 보충하여 『나눔과 섬김의 공동체-농민사목』이라는 제목으로 분도출판사를 통해 1984년에 출간했다. 김지하가 『밥』을 출간했던 그해였다. 교회 제도권의 거부는 정호경 신부에게 전화위복이 되어, 더 급진적인 표현으로 바뀌었다. 정호경 신부는 이 책에서 노동사목이나 농촌사목을 '특수사목'으로 분류한 주교회의 입장에 불만을 표시하며, 이러한 기층사목은 가난한 이들을 우선적 선택의 대상으로 삼은 예수의 삶과 사상에 비추어 볼 때 교회의 주류적인 사목이 되어야 한다고 주장했다.

『나눔과 섬김의 공동체』는 첫 장부터 새로운 개념을 제안한다. "사목의 대상은 사람"이므로 "농민구원을 위한 사목은 농민의 삶의 자리를 뜻하는 '농촌사목'이 아니라 '농민사목'이 되어야 한다"는 것이다. 마찬가지로 '노동사

---

37 한상봉, 『농민이 된 신부 정호경』, 리북, 2013, 103~106쪽 참조.

목'은 '노동자사목'이라 불러야 합당하고, 수인囚人이 거처하는 장소를 뜻하는 '교도소사목'이 아니라 '수인사목'이 옳다고 말한다. 정호경 신부는 기본적으로 가톨릭교회는 로마제국의 콘스탄티누스 황제가 그리스도교를 받아들인 이후로 줄곧 서구적이고 봉건적인 교회였으며, 이러한 "교회의 모습은 대체로 참 공동체라기보다 '종교집단'이라는 냄새가 짙다"고 비판했다. 강론이나 교리 내용 역시 "대체로 추상적이고 이원론적이며, 실생활과 멀기 때문에 살아있는 영성이 이룩되기 어렵다"고 말한다. 그래서 정호경 신부는 "이 땅의 농민구원은 교회의 온갖 제도, 교회집단에 소속됨, 허공에 뜬 그 숱한 언어들, 막연한 걱정 타령 등으로 이루어질 수 없다"면서 농민구원의 개념을 이렇게 밝힌다.

> 진정한 농민구원은, 우리의 구원자 예수의 삶과 죽음을 온몸으로 살고 죽을 때 가능하다고 믿는다. 예수처럼 서럽고 한 맺힌 사람들의 마음을 읽고, 예수처럼 이들과 하나 될 때, 예수의 믿음이 이들의 가슴마다 누룩처럼 퍼져나갈 것이고, 숱한 치유와 해방의 기적과 함께 모두가 하나 되는 구원의 잔치가 가능해질 것이다.[38]

한편 정호경 신부는 이 책에서 농민사목의 과제로 경제적으로는 생산자와 소비자의 협동 부재, 국내외 독점자본, 물질문명과 소비주의, 공해 문제 등을 짚었고, 정치적으로는 냉전 의식과 이데올로기, 무기 경쟁과 언론의 횡포, 군사독재 등을 다루었고, 문화적으로는 농민을 구경꾼으로 전락시키는 거짓 지배문화를 꼬집었다. 아울러 농민의 건강과 관련해 땅과 사람을 병들

---

38 한상봉, 『농민이 된 신부 정호경』, 리북, 2013, 109쪽 재인용.

게 하고 죽이는 농약 등 공해를 몰아내고, 자연농법으로 땅을 살리고 자연
식품으로 정이 넘치는 식탁을 마련하자고 제안했다.

그리고 함께 어울리며 믿음을 키우는 공동체, 함께 기도하며 안팎의 장
애와 대결하면서 건설하는 공동체, 나눔과 섬김의 공동체, 신분과 학력, 위
신과 명예에서 해방된 맨가슴으로 만나는 공동체, 모든 차별을 넘어 어머니
가슴으로 끌어안는 공동체, 자기 마음과 이웃 마음, 예수 마음을 이해하고
역사 및 사회 공부를 하는 공동체, 도시공동체와 함께하고 사목자와 함께
하는 공동체를 희망했다. 가톨릭농민회를 통해 특별히 교육의 중요성을 알
고 있었던 정호경 신부는 성서 특히 복음서와 농민의 생활 현장이 통합적
으로 어우러지는 교육이 필요하다고 생각했다. "지식이나 두려움의 대상이
아닌 삶의 길로서의 예수 그리스도와 자신이 처한 현실이 농민교육의 교과
서"라고 여겼다. 이러한 농민 교육은 "농민에 대한 신뢰를 바탕으로 인격적
만남을 통해 농민 스스로가 문제 제기, 비판, 대화하게 함으로써, 스스로 말
하고 행동하면서 함께 해답을 찾고 함께 실천할 힘을 기르도록" 해야 한다
고 말했다.

정호경은 이러한 교육 방법을 자신의 농민 교육 경험과 이미 1981년에 분
도출판사에서 발간된 에르네스토 까르데날 신부의 『말씀이 우리와 함께-솔
렌띠나메 농어민들의 복음 대화』와 1979년에 한국천주교평신도사도직협의
회에서 발간된 파울로 프레이리의 『페다고지-억눌린 자를 위한 교육』에서
영향을 받은 것으로 보인다. 까르데날 신부의 책은 "아, 성서를 이렇게 읽어
낼 수도 있구나!" 하는 감탄을 자아낼 정도로 농어민들의 생활 증언을 통한
성경 읽기를 시도하고 있다. 라틴아메리카의 교회기초공동체에서 농민들이
자신의 일상생활을 해방자로 작용하시는 예수님의 말씀에 비춰볼 줄 아는
능력을 복음대화를 통해 일깨워 가도록 했다.[39]

김지하는 정호경의 『나눔과 섬김의 공동체』를 "새 삶의 길잡이"라고 표현했는데, "신부님은 나사렛 예수로부터 시작한다"면서 "지금 여기 우리 가운데 함께 살아계신 예수, 곧 살아있는 한울님께로 돌아갑니다. 나사렛 예수의 활동 모범을 따라 오늘 이 땅 농민들의 영성적이며 공동체적인 새 삶의 불꽃 속에서 살고 죽고 부활하는 참 한울님 나라의 개벽을 보는 신부님의 뜨거운 말씀들이 몸과 마음이 추운 모든 형제들에게 참된 새 삶의 고향으로 이끄는 훌륭한 길잡이가 되어 주리라 믿습니다"라고 말했다.[40]

해방하시는 하느님

가톨릭농민회 창립 20주년을 준비하면서 정호경 신부가 집필한 책이 『해방하시는 하느님-농민공동체의 교리서』(분도, 1987)였다. 농민교리서 출간에 맞춰 안동교구장이었던 두봉 주교는 "교리는 나중이 아니라 처음부터 일상의 삶과 함께 출발해야 합니다. 먹고 자고 일하고 노는 일상의 삶 속에서, 더불어 하느님을 찾아 모시고 살도록 끌어주고 밀어주는 것이어야 합니다. 우리 삶의 얼과 주님의 얼이, 출발부터 줄곧 함께 가도록 돕는 교리서라야 합니다"라며 축하했다.

"하느님은 일하는 분입니다. 하느님의 창조 일(노동)은 하느님 생명을 나누어 누리는 사람과 자연은 참으로 좋은 하느님 생명의 구체적인 모습입니다. 우리는 사람과 자연 속에서 하느님의 숨결을 느낍니다"로 시작하는 교리서

---

39 한상봉, 『농민이 된 신부 정호경』, 리북, 2013, 110~112쪽 참조.
40 한상봉, 『농민이 된 신부 정호경』, 리북, 2013, 114~115쪽 참조.

는 예수님이 삶의 대부분을 육체노동으로 보내셨으며, 일하는 사람들과 함께 사시면서 "내 아버지께서 언제나 일하고 계시니 나도 일하는 것이다"라는 노동의 영성을 설파한다. 결국 우리는 일하는 사람 속에서 일하시는 하느님을 만나게 되니, 일하는 사람을 업신여기는 것은 곧 일하시는 하느님을 업신여기는 것이며, 일하는 사람을 섬기는 것은 곧 일하시는 하느님을 섬기는 것이라는 결론에 이른다.

농민교리서는 이처럼 '농부이신 하느님'에서 시작해, '쉬시는 하느님'에서 안식일과 안식년, 희년의 뜻을 살피고 대화와 기도, 놀이와 축제를 다룬다. '함께 사시는 하느님'에서는 예수님의 삶을 다루면서 식사와 제사, 삶과 미사, 혼인과 가정의 의미를 찾는다. '해방하시는 하느님'에서는 민중 해방을 가로막는 소유와 지배의 문제를 따지면서 민중과 함께하는 예수님의 해방운동을 소개한다. 마지막으로 '공동체이신 하느님'에서는 하느님 나라 운동과 교회운동을 통해 실천적 전망을 찾는다.

이 교리서를 만들며 정호경 신부가 함께 머리를 맞대고 의논한 편찬위원으로 박희동 신부와 제정구, 장태원 등이 참여했다. 표지 그림은 오윤의 '징'을 사용했으며, 책갈피에 들어가는 그림은 홍성담, 이철수, 김경주, 김봉준 등이 참여했다. 한편 농민교리서의 한 장을 가름하는 '농민 노래'는 아동문학가 권정생이 도맡아 집필했다. '농민노래 1'만 보아도 정호경 신부와 권정생 등이 생각한 하느님의 모습을 알 수 있다. 그 하느님은 농부이고, 우리처럼 생기셨으며, 인간 세상을 만드시고, 우리와 함께 일하시는 분이다. 일함으로 숨을 쉬고 일함으로 살아 있으니 "일이 바로 생명"이라고 했다. 그러니 하느님을 섬기려면 백성을 섬겨야 하고, 인간 모습 되찾자면 올바르게 일하라고 권한다.

하느님은 누구신고 높은하늘 외딴곳에
무심하게 계시는가 억누르는 왕이신가
하느님은 농부시며 우리백성 사람처럼
생김새도 같으시며 일하심도 같으시네
노동으로 천지만물 인간세상 만드시고
노동으로 억만년을 우리함께 일하시네
…

농부이신 하느님과 우리백성 함께있어
밭을 갈고 씨뿌리고 김을매어 곡식가꿔
부부맺어 자식낳고 자식길러 보람보니
일하여서 즐거워라 서로나눠 즐거워라
땀흘려서 일하는 것 하느님의 축복이라
일함으로 얻은열매 기쁨이요 보람이라
일함으로 살아있고 일함으로 숨을쉬고
나도살고 너도살고 일은 바로 생명이라
…

백성들을 부리는건 하느님을 부림이라
억누르는 임금들아 뺏아먹는 부자들아
하느님을 섬기거든 모든백성 섬기어라
하느님도 일하는데 어찌하여 놀고먹나
하느님도 섬기는데 어찌하여 종을삼나
인간모습 되찾자면 올바르게 일하여라
일함으로 착해지고 일함으로 평화찾자

생명운동

천주교민족자주생활공동체운동

한편 1984년에 전두환 정권이 '개방농정'이라는 이름으로 레이건 미국 행정부의 입장을 받아들여 외국 농축산물 수입이 대대적으로 이뤄졌다. 양담배 판매가 공식화된 것도 이때였다. 이에 가톨릭농민회는 '미농축산물수입저지운동본부'를 결성하고 미국대사관을 향해 경운기를 앞세우고 동시다발 집회와 시위를 벌였다. 이 과정에서 '천주교민족자주생활공동체'(천민자생)운동이 벌어졌다. 천민자생운동은 1986년 10월에 준비위원회가 발족되어 "정치, 경제, 사회, 문화적 예속의 현실 속에서 이웃 사랑 계명을 좇아 우리의 겨레사랑, 민중사랑을 실천하고 가치관, 사고관, 생활방식을 변화함으로써 삶과 신앙이 하나가 되고 모두가 참다운 인간이 되는 세상을 만들기 위함"이라는 목표를 설정했다.

천민자생운동은 1987년 1월 21일 '믿음과 민족자주생활운동'이라는 주제로 정호경 신부가 강의하면서 시작되었다. 이 자리에서 정호경 신부는 장일순과 김지하가 주목했던 동학의 '밥 사상'을 적용하였다. 강의에서 정호경 신부는 가짜종교와 진짜종교를 먼저 갈라서 말했다. 가짜종교는 하느님, 거룩함, 좋은 것은 저 높은 곳에 있다고 가르치며, 제상의 위치도 저 높은 곳이나 벽을 향해 놓으며, 주요 교리는 일방적으로 바치라는 착취 구조, 일방적인 복종을 요구하는 억압 구조로 되어 있는 당시 소유 지배층이 강요한 지배 이데올로기의 성격을 지녔다고 설명한다. 또한 그들이 강요하는 윤리는 이분법적이고, 대립적이며, 암세포처럼 뭐든지 일부 사람이 독점한다. 성과 속을 분리하고, 제상祭床과 밥상을 분리하며, 하느님 말씀과 사람 말씀을 분리한다. 그리고 교리와 윤리가 모두 추상적이고 관념적이다. 이들이 전달하는 하느님은 억누르고 길들이고 일방적 봉헌을 강요하는 무서운 분으로 억압적이고 착취적인 하느님이다.

하지만 진짜종교는 하느님, 거룩함, 좋은 것은 저 낮은 곳에 있으며, 하느님께서 사람이 되시어 우리 가운데 오신 것처럼 거룩함은 보잘것없는 이들 속에서 발견된다고 믿는다. 따라서 제상도 사람들 가운데 놓으며, 바침(봉헌)과 나눔이 하나라고 가르치며, 평등한 섬김을 강조하기 때문에 듣기와 말하기 역시 평등하게 주어진다. 이른바 동학의 향아설위向我設位 사상을 차용한 것이다. 그 밖에도 성과 속이 일치하며, 예수가 밥상에서 성체성사를 세웠듯이, 성체성사와 가난한 이들과 나눠 먹어야 할 밥을 일치시켜 제상과 밥상을 나누지 않아야 한다는 것이다.

'구체적인 겨레 사랑을 어떻게 할 것인가?' 묻는 정호경 신부는 "먹고 입고 말하고 노는 일상의 삶에서 겨레의 주체성을 파괴하는 것들의 정체를 보다 정확히 읽고 이를 극복하기 위한 삶을 지속적으로 살아야 한다"고 전하면서, "의식주 생활, 특히 소비생활에서 외제를 멀리하고, 밥상운동을 통한 도농 간의 생활연대를 이룩해 가야 한다"고 말했다. 또한 우리의 역사, 우리의 말, 노래, 몸짓들을 사랑하고 이 겨레의 아픔과 보람을 송두리째 껴안고 더불어 해결해 가야 한다고 제안했다.

정호경 신부는 특히 이 운동에서 "살림의 주 담당자인 여성의 역할이 지대하다"고 말한다. 아울러 지속적인 겨레 사랑 운동은 "개인과 겨레를 누룩처럼 변혁시켜 가는 하느님 나라 운동이며, 겨자씨처럼 작은 삶의 공동체 운동을 통해 가능하리라 믿는다"고 말했다.

이 준비위원회는 『천주교민족자주생활공동체운동 안내서』를 각 성당과 단체에 7,000부 발송하고, 각 성당의 구역장회의, 주일학교, 교사회, 반모임, 성모회 등에서 활용하도록 요청했다. 소식지는 외국 농축산물 수입에 관한 문제 등을 제시하며, '바른 시민 경제생활을 위한 실천방안'을 제시해 우리 차를 마시고, 외식을 삼가고, 폐지를 모으고, 일회용 생활용품 사용을 자제하고, 실내 적정 온도를 유지하고, 가족 수에 맞는 주택 구입을 요청하고, 과대 과잉 상품광고를 배격하고, 수입상품을 쓰지 말고, 대중교통을 이용하자는 캠페인을 벌였다.[41]

생명공동체운동

장일순과 원주그룹이 생명운동으로 전환을 시도하면서 1982년 '원주보고서'를 채택하고 1986년에 한살림농산을 서울 제기동에 열면서 이른바 한살림운동의 물꼬를 트고 1889년 10월 29일 대전 신협연수원에서 한살림모임을 창립했듯이, 1989년 3월 1일 '전국농민운동연합'(전농)이 결성되면서 가톨릭농민회는 '작은 가농운동'을 본격화했다. 이에 앞서 가톨릭농민회는 전농의 정책실장으로 정재돈 가톨릭농민회 조직부장을 파견하고, 나중에는 정성헌 사무국장을 제외한 정재돈, 강기종, 유영훈, 백종덕, 이준희 등 가톨릭농민회 본부의 실무자 전원에게 전농의 실무를 맡겼다. 초대 전농 상임의장도 가톨릭농민회 출신의 권종대였다.

이 와중에 공안정국을 만들려고 틈을 보던 노태우 정권은 1989년 6월 27일에 당시 평화민주당 국회의원이었던 서경원 의원이 1988년에 비밀리에 평양에 방문해 김일성 주석을 만나고 돌아온 사실을 공개했다. 그런데 서경원 의원은 전 가톨릭농민회 회장 출신이었기 때문에 가톨릭농민회에 대한 탄압이 예고되었다. 이 사건으로 가톨릭농민회의 김상덕 전국회장, 정성헌 사무국

41 한상봉, 『농민이 된 신부 정호경』, 리북, 2013, 126~131쪽 참조.

장, 이건우 남북교류실천 특별위원장 등 임원들과 방제명, 이길재 등이 국가보안법상 불고지죄로 구속, 기소되었다. 정호경 신부 역시 김수환 추기경, 함세웅 신부, 김승오 신부 등과 더불어 불고지죄로 수사를 받았으나 형사처벌은 면하였다.

이 파란을 겪고서 가톨릭농민회는 1990년 2월 27일 제20차 대의원대회를 열어 「생명과 해방의 공동체를 건설하자」는 선언문을 발표해 생명 농업과 생활공동체운동에 매진할 것을 다짐했다. 이러한 운동은 정호경 신부의 평소 지론이었으며, 『나눔과 섬김의 공동체』와 『농민교리서』에서 거듭 강조하던 대안 운동이었다. 가톨릭농민회의 생명공동체운동은 '생명과 해방의 참된 공동체'가 되기 위해 "자신에 대한 깊은 성찰과 겸손한 모색 그리고 끈질기고 공동체적인 실천"을 선언했다.[42]

> 첫째, 우리는 우주 생명의 하나이자 전체인 자신의 위치를 확인하며 생명의 가치관, 세계관으로 중심을 단단히 세우고, 일체의 반反생명질서, 공해추방에 앞장서며 땅을 살리고 자신을 살리고 세상을 살리는 생명의 농업에 충실할 것을 선언한다.
> 둘째, 개인, 겨레, 인류 그리고 모든 생명은 하나의 커다란 공동체임을 자각하고, 이웃과 관계를 맺고 발전시키는 현장생활공동체를 건설하면서 생산자와 소비자가 하나 될 수 있는 공동체 실현에 헌신할 것을 다짐한다. 우리는 나눔과 섬김이 하나 되고, 일에 대한 가치와 보람이 실현되는 해방과 대동의 세상을 현장 생활공동체 운동을 통해 이루어 나갈 것이다.

42 한상봉, 『농민이 된 신부 정호경』, 리북, 2013, 144~146쪽 참조.

셋째, 우리 사회의 구성원과 우리 겨레 모두를 갈라놓고 생명을 위협하는 남북분단과 핵무기의 쇠사슬을 끊어버리고, 민족공동체가 하나로 얼싸안고 인류평화를 더욱 확실히 뿌리내리기 위해 반핵·반전·평화운동과 민족통일운동에 매진한다.[43]

이러한 운동이 나중에 우리밀살리기운동과 우리농촌살리기운동 등으로 확산되었는데, 이 생명공동체운동의 사상적 신학적 바탕을 마련한 사람이 정호경 신부였다. 정호경 신부는 술자리를 통해서, 때로는 글을 통해서 이러한 생각을 가감 없이 농민회 회원들과 나누어 왔다. 그 결과가 이미 가톨릭농민회 20주년인 1986년에 발표한 한국가톨릭농민회의 헌장과 강령에 포함되어 있었다. 강령 7항에서는 "생명을 거역하는 잘못된 삶의 양식은 시급히, 근본적으로 청산되어야 한다. 생명 중심의 가치관에 따라 산업을 재편성하고, 온갖 공해추방을 위한 주민운동을 끊임없이 전개한다. 땅살리기, 건강한 먹거리(식품) 생산, 도농간의 생활나눔에 앞장선다"고 적시했다.[44]

한편 정호경 신부는 1988년 10월에 가톨릭농민회 전국 지도신부 자리를 원주교구의 김승오 신부에게 넘기고, 1989년 3월에 상주 함창성당 본당신부로 있다가 1993년부터 사제직무에서 벗어나 1994년 1월에 봉화로 들어갔다. 이때 정호경 신부가 가톨릭농민회 사무국장을 하던 정성헌에게 엽서를 한 장 띄웠다. "정 형제, 내가 사제가 된 것은 개인구원과 사회구원을 동시에 구하려 했던 것인데, 본당생활은 사회구원은커녕 개인구원도 안 되겠네. 난 봉화로 가네." 그는 봉화에 자리를 잡고 제 살 집을 직접 짓고, 그곳에서 농

43 한상봉, 『농민이 된 신부 정호경』, 리북, 2013, 147쪽 재인용.
44 한상봉, 『농민이 된 신부 정호경』, 리북, 2013, 147~148쪽 참조.

부가 되었다. 그가 평소에 늘 하던 그 말을 이룬 것이다. "가장 행복한 사람은 제 뼈로 세운 집과 제 살로 지은 농사로 먹고 자고 사는 사람이다."

이현주의 마음공부

　이병철 시인이 "무위당의 정신을 충실히 이어온 이는 관옥 이현주다. 이제 관옥 사형을 통해 스승이 남기신 뜻을 여쭈어보는 길밖에 없는 셈"이라고 할 만큼 장일순과 정신적으로 잘 통했던 이가 이현주 목사였다. 장일순은 이현주 목사와 더불어 노자 이야기를 나누었는데, 『도덕경』을 채 마치지 못하고 죽었다. 그러자 이현주 목사가 "선생님은 늘 제 속에 계시니까 제 속에 계신 선생님과 이야기를 계속해서 마치도록 하겠어요." 하고 말할 만큼 통하였다. 당시 이현주 목사는 "그려, 그렇게 하라구. 자네가 하면 내가 하는 거지"라고 말한 것으로 알아들었다고 하니, 박재일의 한살림운동과 정호경 신부의 생명공동체운동만큼이나 장일순의 또 다른 지혜 전통을 계승한 이가 이현주라고 말해도 크게 틀리지 않을 것이다.

　이현주 목사는 "돌아보면 한평생 여러 선생님을 모셨는데, 이름을 알 수 없는 마지막 스승에게로 걸음을 옮기게 한 아버지 없는 집안의 맏형 같은 선생님"이 장일순이었다고 고백한다. 이현주 목사는 "당신이 나보다 앞섰을 수는 있지만 위에서 아래로 내려다보는 식으로 대하지 않았다"며 장일순은 "이름 없는 마지막 스승"인 예수의 이름으로 "세상에서 사람이 걸어야 할 마땅한 길을 당신의 말과 몸으로 보여주고 가르쳐주신 분"이라 했다. 이런 점에

생명운동

서 장일순과 이현주 목사는 스승과 제자의 관계이기 전에 도반道伴이었다.

　이현주 목사가 장일순을 처음 만난 것은 감리교 신학대학을 마치고 〈크리스찬신문〉 편집기자를 하다가 울진군의 동해안 어촌 마을에 있는 죽변교회에서 일하던 1977년경이었다. 이현주 목사는 1976년에 죽변교회 담임전도사로 일하다가 1977년 3월에 목사로 안수를 받았다. 당시 문익환 목사 등과 함께 개신교 대표로 『공동번역 성서』 번역에 참여해 윤문을 맡았던 때이기도 하다. 이현주 목사가 죽변교회에 있으면서 가장 획기적인 일은 손 글씨로 써서 등사판으로 밀어 만든 '주보'였다. 손 글씨 주보는 이현주 목사의 절친이었던 최완택 목사의 〈민들레교회이야기〉가 유명하며, 이현주 목사를 따르던 임의진 목사의 전남 강진 남녘교회 주보와 홍승표 목사의 회남교회 주보로 이어지기도 했다.

　이현주 목사는 아동문학가 권정생이 다리를 놓아 안동교구의 정호경 신부를 만나게 되었고, 원주 출신의 안희선 목사의 소개로 당시 삼척성당에 있던 김승오 신부를 비롯해 천주교의 경계 안으로 들어왔다. 특히 정호경 신부의 주선으로 〈생활성서〉에 창간호부터 글을 연재하기 시작하면서 천주교 신자들에게도 잘 알려지게 되었다. 한편 안희선 목사가 다리를 놓아 만나게 된 장일순은 운명적 만남이기도 했다. 이현주 목사는 장일순의 첫인상이 '신령한 두꺼비' 같았다고 말한다. 이현주 목사가 장일순을 생각하며 지은 「두꺼비송頌」이 있다.

　　큰 눈 굼적거리며
　　엉거주춤, 단전丹田에 힘 모으고
　　치악산 그늘에 숨어 산다

세월도 바뀌고
세월에 실려오는 바람도 바뀌지만
산山은
변함이 없다

길을 걸어도
디디고 걷는 것은 지구의 껍질이 아니다
타오르고 녹아내리는
불길 속
그 뜨거운 중심中心이다

백년 인생이
천년 두꺼비를 보고 웃지만
천년 두꺼비는
백년 인생을 웃지 않는다

큰 눈 굼적거리며
단전丹田에 힘 모아
저렇게 버티고 앉아 있으매
오늘도 치악은
하늘만큼 무겁다[45]

---

45 이현주, 『돌아보면 발자국마다 은총이었네』, 생활성서, 1995, 231~232쪽.

이현주 목사는 장일순을 볼 때마다 "커다란 눈망울에서 어쩐지 서늘한 물방울이 뚝뚝 떨어지는 것 같았다"고 고백한다.

이현주는 목회자이기 전에 아동문학가였는데, 〈조선일보〉 신춘문예에 동화 「밤비」가 당선되어 문단에 나왔으며, 1970년에 쓴 『웃음의 총』에서는 책머리에 자신이 왜 글을 쓰려고 하는지 밝힌 바 있다.

어떻게 하면 당신을 좀 더 잘 얘기할 수 있을까, 이것이 제 서원이거든요. 그렇습니다. 나는 나의 짧은 이야기 속에서 하느님의 손바닥에 흐르는 땀이나, 향기로운 바람 같은 하느님의 냄새를 그려보고 싶었습니다. 그러나 그것은 어려운 일이었어요. 아직도 내 마음의 거울에는 많은 먼지가 묻어있기 때문일 것입니다. 그러나 한 가지, 아주 신기한 것을 했지요. 그것은 우리가 마음을 모아 아름답고 진실한 사람들에 대해 얘기할 때면 하느님은 언제나 그 이야기 속에서 흐뭇한 얼굴로 서성거리신다는 사실입니다. 그래서 나는 힘을 얻었습니다. 앞으로 하느님이 그만두라고 하실 때까지 나는 쉬지 않고 하느님의 이야기를, 사람들의 진실한 이야기를 할 마음입니다. 물론, 쉬운 일은 아닙니다. 그러나 세상에 어디 쉽게 넘기는 것 치고 값있는 것이 있나요?[46]

죽변교회 목사였던 이현주는 1980년 광주항쟁을 지켜보면서 주보에 정부에 대한 비판적인 글을 싣고, 결국 1981년 9월에 보안법 위반으로 보안사에 끌려가 보름 동안 구속된 상태에서 조사를 받기도 했다. 이현주 목사는 당시 유치장에서 겪은 특별한 체험을 이렇게 소개하고 있다.

46 이정배와 스물일곱 사람 씀, 『이현주와 만난 사람들』, 삼인, 2023, 22~23쪽 재인용.

우연한 기회에 유치장 독방이란 델 들어가 본 적이 있다. 철창문을 덜커덕 채우고 관리가 돌아서자 갑자기 캄캄한 미래가 음흉한 입을 벌리고 나를 삼켰다. 나는 엉금엉금 기어, 보다 더 어두운 구석으로 들어갔다. 그때 그 어두운 구석에서 누가 피시식 웃는 것이었다. 나를 보고 웃는 것 같았다. 자세히 보니, 그것은 낡은 군용 담요 한 장이었다. 담요를 펴서 무릎을 덮었다. 그때 다시 피시식 하는 웃음소리가 들렸다. 고개를 돌이켜 사방을 노려보았으나 방 안에는 나 말고 아무도 없었다. 세 번째로 같은 웃음소리가 들렸다. 그리고 이어서 목쉰 소리로 누군가가, "이제 오니? 널 많이 기다렸는데." 하는 것이었다. 나는 은근히 켕겨 "당신, 누구요?" 하고 물었다. "나야, 나." 보다 더 또렷한 음성이었다. "나를 몰라?"

그 순간 갑자기 내 몸이 기쁨으로 떨렸다. 그 소리의 주인은 바로 예수, 그분이었다. "내가 감옥에 갇혔을 때 네가 찾아와 주었고…" 왈칵 반가웠다! 새로운 용기가 솟아났다.

내가 아는 예수! 그분은 이런 분이다. 나는 그분을 거기에 남겨두고 이렇게 나와 있다. 미안하기 짝이 없다. 그러나 나는 그분을 광화문에서, 국민학교 아이들의 운동장에서, 방독면을 찬 젊은이들과 펄럭이는 호텔의 만국기 사이에서 자주 만난다. 그분은 언제 보아도 시무룩하고 슬프고 고뇌에 찬 얼굴이다. 그분을 만날 때마다 눈물이 나려고 한다. 그러면 나는 눈물을 감추려고 하늘을 본다. 요새는 가을이다, 하늘이 너무 맑다.[47]

---

47 이현주, 『사람의 길, 예수의 길』, 삼민사, 1982, 3~4쪽 참조.

보안사에 끌려갔다 와서는 더 이상 죽변교회에 머물 수 없었고, 결국 1981년 10월에 죽변교회를 떠났다. 이어 충북 음성의 조촌감리교회로 옮기게 되었는데, 옮긴 지 두 달 만에 모과주 사건으로 이 교회도 떠나게 되었다. 목사가 과실주를 담갔다는 이유로 교회 안에서 문제가 생겼기 때문이다. 1982년 성탄절 전후로 일어난 이 일을 겪으면서 이현주 목사는 "나를 교회에서 추방하시는 분은 주님이라는 사실이 더없이 위로가 되었다"고 고백했다. 기도 중에 이현주 목사가 깨달은 것은 이것이다. 크고 더 좋은 교회가 아니라 시골의 작은 교회로 옮겼다는 자부심, 농촌사목의 모델을 보여주겠다는 자만심, 4톤짜리 대형 이사 차량에 절반을 채운 책을 보고 흐뭇해하던 자신의 어리석음, 시골 교회에 '1등 목사님'이 오셨다고 자랑하는 교인들을 말리지 않은 잘못 때문이라는 것이다.[48] 장일순식으로 말하자면 하심下心을 가르쳐 주려고 주님이 자신을 교회에서 내쳤다고 여기게 된 것이다.

이때 이현주 목사가 장일순을 찾아갔더니, 장일순은 자초지종을 들을 생각도 하지 않고 "교회에서 쫓겨났다고? 거 참 잘됐네. 자네 이제 '목사질' 제대로 하겠구먼." 하였다. 사실상 그 후로 이현주 목사는 기성 교회에서 목사직을 맡을 생각을 접었다. 장일순 말대로 이현주 목사는 교회 바깥에서 평민으로 살며 글을 썼다.

이현주 목사는 1982년에 성공회에서 '프란치스코'란 이름으로 견진성사를 받고, 성공회에서 상당 기간 일했다. 이 당시 누군가 "언제 개종했느냐?"고 물은 적이 있다. 그때 이현주는 "울타리 없는 집에 산 지 오래인데 언제 담을 넘었느냐고 묻는 거냐. 예수는 우주의 중심에 서 계신 분이다. 우주의 중심은 곧 나의 중심이다. 그것은 나와 우주가 별개의 존재가 아닌 까닭이다. 오

---

48 이현주, 『돌아보면 발자국마다 은총이었네』, 생활성서, 1995, 242~243쪽 참조.

늘 나에게 주어진 유일한 과제는 중심에 서신 예수의 부르심에 더 옹골차게 응답해서 더 깊은 곳으로 내려가는 것이다. 내가 가끔 불경佛經을 읽는 것은 거기서 나의 예수, 그분의 친절한 음성이 들려오기 때문"이라고 했다.[49]

감리교 신학대학의 은사인 변선환 목사가 "기독교 밖에도 구원이 있다"고 발언하여 1991년에 목사직을 박탈당하고, 이듬해인 1992년에는 감리교회 재판위원회로부터 감리교회법상 최고형인 출교 처분을 받았을 때, '선생님, 그냥 죽으시라'고 조언했던 이가 이현주 목사였다. 교회의 진리 독점권을 거부한 것이다. 이현주는 그즈음 이런 기도문을 쓴 적이 있다.

> 우리 조상들이 예수를 모를 때 샤머니즘을 통해 우리 조상들에게 위로를 주신 하나님께 감사합니다. 이 땅에 기독교가 들어오지 않았을 때 불교를 통해 붓다의 자비를 가르쳐주셔서 자비행을 하도록 인도하시고, 유교를 통해 도덕률에 맞는 삶을 살도록 가르쳐주신 하나님께 감사합니다. 그리고 선교사들을 통해 예수의 가르침을 접하게 해 주신 하나님께 감사합니다.[50]

이현주 목사는 1991년부터 1993년까지 『젊은 세대를 위한 신학강의』 시리즈 3권을 출간했는데, 세 딸과 대화하는 방식으로 적은 이 책에서 기독교 신학을 설명하는데 동양의 고전과 다른 종교의 경전을 아울러 인용하고 있다. 여기서 '기독론'에 대해 쓴 글을 보면 장일순의 생명사상에 가까이 있음을 확인할 수 있다.

---

49 이정배와 스물일곱 사람 씀, 『이현주와 만난 사람들』, 삼인, 2023, 204쪽 참조.
50 이정배와 스물일곱 사람 씀, 『이현주와 만난 사람들』, 삼인, 2023, 29~30쪽 참조.

모든 생명은 살아있는 생명을 먹어야 살게 돼 있어. 생명에는 먹는 생명이 있고 먹히는 생명이 있는 거야. … 너희들 누굴 먹고 살았니? 엄마 먹고 살았잖아? 엄마가 너희들 밥이거든. … 너희 엄마는 엄마의 엄마를 먹었고, 자꾸만 위로 올라가면 결국 모든 밥 중의 가장 높은 밥, 맨 처음 밥이 누구냐 하면 하느님이라 이 말이야. 하느님이 계셔서 사람이 있는 거지. 사람이 있어서 하느님이 계신 건 아니란다. … 그런데 자식이 자기를 살리느라 스스로 생명을 내어준 어머니를 마구 구박하고 짓밟고 한다면 하느님이 그런 자식을 어떻게 하시겠니? 그래서 예수님이 오신 거야. … 이 세상에 밥으로 오신 예수님은 남은 살리고 자신은 죽는, 그래서 영원히 사는, 그런 길을 걸어가신 거야.[51]

이현주 목사에게도 호號가 있다. 친구 최완택 목사가 지어준 이오二吾였다. 본디의 '나'가 있고 여기 이렇게 태어난 '나'가 있다는 말이다. 이를 두고 이현주 목사는 "내 인생은 이 '두 나'의 조화스런 만남에 유일한 가치가 있다. 나는 나를 그리워하며 그와 만나고 싶다"고 했다. 한편 장일순은 이승을 떠나기 전해인 1993년에 이현주 목사에게 '관옥목인觀玉牧人'이라는 호號를 주었는데, 구슬이라는 게 둥근 공이니까 그게 하느님을 의미한다고 새겨도 좋은지 장일순에게 물었다. "바로 그런 뜻"이라던 장일순의 생각대로 풀면, 관옥觀玉이란 하느님을 보는 사람, 또는 하느님을 보여주는 사람이 된다. 그래서 이현주는 "관옥觀玉을 이루면 현주賢周(두루 어질다)할 것이고, 그것이 곧 이오二吾의 통일이다. 이름값을 하면서 살고 싶다"고 말한다.[52]

---

51 이현주, 『예수의 삶과 길』, 삼인, 2012, 33~34쪽 참조.
52 이현주, 『한 송이 이름 없는 들꽃으로』, 신앙과지성사, 2013, 396~397쪽 참조.

이현주 목사는 '이아무개'라는 필명이나 '무무无無'라는 호를 사용하기도 하는데, 이는 장일순이 '무위당无爲堂'이라는 점에서 닮았다고 볼 수 있다. 사실상 이현주는 장일순을 만나기 전부터 종교적 경계를 넘어서 책을 읽고 글을 써왔다. 장일순과 더불어 나누었던 『장일순의 노자 이야기』뿐 아니라 『이아무개의 마음공부』, 『이 아무개의 장자산책』, 『이현주 목사의 대학 중용 읽기』, 『기독교인이 읽는 금강경』, 그리고 한국 최초의 신약성서 사역본私譯本 『관옥 이현주의 신약 읽기』 등이 있다. 그리고 유대교 랍비 아브라함 요수아 헤셸과 이슬람 신비주의 시인 루미, 인도의 구루 파라마한사 요가난다의 글을 번역했다.

이현주는 장일순을 두고 "걸어 다니는 동학"이라고 말하는 것은 "참으로 적절한 메타포"라고 여긴다. "사람이 종교를 믿는다는 것은 교주의 가르침을 본인의 삶으로 살아내는 것 아닌가? 말이나 생각만으로 종교인의 길을 갈 수 있는 건 아니다. 세상의 종교들이 저마다 특색이 있고 다양한 형식을 갖추긴 하지만 사람을 가르치는 속 내용은 같을 수밖에 없다. 하늘이 하나고 땅이 하나고 사람이 하나인데 어떻게 그 길이 다를 수 있겠는가?" 하고 말하면서 '동학'교설이 중요한 게 아니라 그 교설을 살아내는 사람이 중요한데, 그런 분 가운데 하나가 장일순이었다고 말한다.

한편 김유철 시인은 2003년에 이현주가 지은 『그러므로, 저는 당신입니다』라는 책을 소개하면서, 이렇게 말한 적이 있다.

> 성속이든 종교든 무엇에든 아예 문턱이 없기를 바라는 그의 마음은 이 책 전체를 관통하여 흐르는 물관이다. 그 물관 안으로 개신교의 예배당, 천주교의 성당, 불교의 법당이란 공간은 상관이 없었고, 노자, 달라이 라마, 틱낫한을 스승으로 삼아 귀하게 모셨다. 우리 삶 곳곳에서 고

수를 만난다는 '인생도처유상수人生到處有上手'를 증명하듯 그는 새로운 배움이라면 주저하지 않았고, 그 배움의 끝에서는 여지없이 예수를 만났다.[53]

이현주와 장일순은 그런 배움의 길에서 스승과 제자로, 형과 아우로 만나 도반이 되었다.

판화로 마음공부, 이철수

관훈미술관에서 열린 첫 번째 개인전인 〈이철수 판화전〉(1981년)을 마쳤을 무렵이었다. 아직 봄눈이 가시기 전이었는데 종로경찰서에서 이철수를 잡아간다는 소문이 파다했다. 하지만 "뭐 또 스타 만들 일 있냐? 그냥 두는 게 득일 것"이라는 판단이 섰는지 용하게 연행되지는 않았다. 여기서 '스타'란 김지하를 두고 하는 말이었다. 그즈음 이현주 목사가 이철수에게 "너 보면 좋아하실 선생님이 계신다"고 했다. 그이를 따라가 원주에서 장일순을 처음 만났다. 그 자리엔 부론에서 목회를 하던 안희선 목사도 함께 있었다. 장일순은 김지하가 얻은 도록을 작가 박경리를 통해 받아보았기 때문에 이미 이철수를 알고 있었다. 장일순은 "몸 아픈 건 괜찮냐? 허리가 아프다면서?"라고 말할 정도로 이철수의 근황까지 꿰고 있었다.

53 이정배와 스물일곱 사람 씀, 『이현주와 만난 사람들』, 삼인, 2023, 230쪽 참조.

화광동진(和光同塵), 1993.
이철수는 장일순을 "빛을 부드럽게 하여 속세의 티끌과 같이" 하는 분으로 묘사했다.

당시 이철수는 담배를 즐겼는데, 장일순은 "나하고 30분 이상 볼 일이 있으면 누구든지 남녀노소 따지지 않고 서로 담배 피운다"면서 편안한 분위기를 만들어 주었다. 그때 장일순이 이철수에게 한 첫마디는 "자네 재주가 내 재주보다 낫네!"였다. 하지만 곧바로 엎드려 살라는 말이 이어졌다. 재주가 승勝한 사람일수록 바닥으로 기어야 한다는 것이다. 겸손하라는 이 말을 이철수는 오래 간직했다. 그날 이철수에게도 난을 쳐서 주었는데, 그 인연이 깊어진 것은 이른바 은근하고 진실한 속정情이 통했기 때문일 것이다. 정말 좋은 사람은 한 번 보아도 통하는 법이다.

장일순이 이철수를 아끼는 것은, 이현주 목사가 이철수를 거들 수밖에 없었던 사정과 다르지 않았다. 과연 이철수는 이듬해인 1982년에 분도출판사에서 펴낸 『응달에 피는 꽃』을 통해 재주에 담긴 속마음을 드러냈다. 이른바 이들이 꿈꾸었던 혁명의 동기는 가엾은 이들에 대한 연민이었다는 점이다. 이 책의 부제가 "이철수 그림 명상집"이었다. 폭압적인 전두환 정권의 등장과 광주항쟁으로 피범벅이었던 울분의 시대에 이철수는 사람들에게 '명상'을 청했다. 가혹한 고난이 나를 억누르면 우리는 더 깊은 곳을 쳐다볼 기회를 얻기도 한다. 이철수보다 열 살 정도 많은 이현주가 형님처럼 이 책 앞머리에 이끄는 글을 적었다.

> 명상 또는 묵상을 한다는 것은 무슨 태산 꼭대기에 앉아 사납게 흐르는 현실의 홍수를 한 눈 지그시 감고 내려다보며 세월을 죽이는 것이 아니다. 그런 신선놀음은 적어도 종교의 세계에서 말하고 있는 명상과 거리가 멀다. 중세기 수도승들은 태양과 모래뿐인 사막으로 들어가 깊은 묵상을 했다. 그것이 지저분하고 복잡한 현실로부터의 '자기격리'라고 생각한다면 그것은 지나치게 단순한 생각이 아닐 수 없다. 사막 한 가운데 있으면서도 그들의 눈은 온갖 비바람이 휘몰아치는 인간들의 시장거리를 꿰뚫고 있었다. …
> 이철수의 그림에는 우리의 한과 설움이 깃들어 있다. 그림 자체가 민족의 현실을 떠나 있을 수 없는 것이겠지만, 이철수의 그림에는 그것이 질박하게 배어 있다. 칼로 찌르는 것 같은 아픔이 있는가 하면 떠오르는 태양을 꽁무니에 차고 춤을 추는 넉넉한 해학도 있고 좌절과 희망이 따로 나타나기도 하고 한 폭에 나타나기도 한다. 우리는 이 그림을 보면서 쉽게 자신의 모습을 발견하고 또 여태껏 잊고 있던 이웃을 찾아볼 수도 있을 것이다. 그들을 우리는, 화가 이철수가 그러했듯이, 자기 상처를 정성껏 핥아주는 맹수처럼 사랑해야 한다.[54]

여기에 응답이라도 하는 것처럼 이철수는 서문에서 자기 그림과 이 책에 대해 조심스럽게 말한다. "철없는 젊은 것 하나가 얼마나 거짓되고 생각 없이 살아왔는지 보이려고 이 그림들을 엮어낸 것이라면 아주 정직한 표현이 될 것"이라고 했다. 사람들이 손쉽게 구해 볼 수 있도록 그림책을 만들었는데, 그림 옆에 붙여 써 놓은 '명상 자료' 덕분에 보고 또 읽을만한 책이 되었다고 말한다. 아울러 "그림은 현실의 그림자일 뿐"이므로, "그림 뒤에 있는 현실을 보시라"고 권한다. 그리고 만일, "그림이 전혀 현실을 느끼게 하지 못한다면 버리는 것이 길이 된다"는 말을 덧붙였다.[55] 이 명상 글 가운데 가엾은 이들에 대한 마음이 가장 절실하게 드러나는 글은 한하운의 「봄」이 아닌가 한다.

제일 먼저 누구의 이름으로
이 좁은 지역에도 한 포기의 꽃을 피웠더냐

하늘이 부끄러워
민들레꽃 이른 봄이 부끄러워
새로는 돋을 수 없는 빨간 모가지
땅속에서 움 돋듯 치미는 모가지가 부끄러워

버들가지 철철 늘어진 초록빛 계절 앞에서
겨웁도록 울다 가는 청춘이오 눈물이오

---

54 이철수 그림 명상집, 『응달에 피는 꽃』, 분도, 1982, 5~6쪽.
55 이철수 그림 명상집, 『응달에 피는 꽃』, 분도, 1982, 7쪽.

그래도 살고 싶은 것은 살고 싶은 것은
한 번밖에 없는 자살을 아끼려는 것이오[56]

가난한 화가에게 마음 쓰는 장일순은 원주그룹 사람들과 저녁 식사를 하면서 "철수 건너오면 밥은 먹여 보내. 돈 주고 밥 먹게 하지 말어!" 하였다. 그중에서 가장 연배가 낮았던 이철수는 그 후로 원주 가서 한 번도 돈 내고 밥 먹어 본 적이 없었다. 장일순은 늘 "앞으로 받고 옆으로 주거라." 하는 소리를 많이 했다. 다음에 기회가 닿으면 남한테 갚으라는 말이다.[57] 당시 원주에 가면 낮에도 술 한 잔, 저녁에도 술 한 잔 하는 분위기였는데, 길을 지나가던 사람들이 만날 때마다 장일순과 인사를 나누는 것을 보고 "이런 데서 사는 것도 참 좋겠다" 싶었다.

이현주와 이철수는 장일순에게 아동문학가 권정생을 만나도록 다리를 놓아주기도 했다. 안동에 찾아가 처음 만나던 날, 보자마자 장일순이 크게 품을 열어 권정생을 안아주었는데, 본래 수줍음이 많았던 권정생이 당황한 적이 있다. 이걸 보고 이철수는 "아, 뛰어난 영혼들끼리도 쉽게 소통이 안 될 때가 있는 거구나!" 하고 생각했다고 한다. 이철수는 전우익과 장일순 사이에서도 다리 역할을 하곤 했는데, 장일순이 언젠가 부채를 꺼내 난을 치고는 이철수에게 전우익을 만나면 전해 달라고 부탁한 적도 있었다.[58]

---

56 이철수 그림 명상집, 『응달에 피는 꽃』, 분도, 1982, 53쪽 재인용.
57 〈무위당사람들〉, 2018년 2월 호, 36쪽 참조. 이철수는 이현주에게서 도움을 받을 때마다 "잘 받는 사람이 주기도 잘 준다더라" 하는 이야기를 자주 들었는데, 똑같은 이야기를 장일순에게도 들었다.
58 이철수 대담, 『너를 보고 나는 부끄러웠네』, 무위당을 기리는 모임 엮음, 녹색평론사, 2013, 204~205쪽 참조.

이철수는 이따금 장일순처럼 살아보고 싶다는 생각을 했다. 흉내라도 내보고 싶었지만 장일순의 근기根器를 따라가긴 어렵다고 생각했던 적이 있다. 여기서 근기는 그릇의 크기일 수도 있겠다. 이철수가 장일순의 봉산동 집에 가서 보면 이철수랑 닮은 꼴인 사람도 있지만, 고위 장성이나 고위 관리 같은 이들도 있었다. 원주에 1군사령부가 있었고, 전두환도 1군사령부 참모장 출신이다. 5공화국이 들어서면서, 특히 중령, 대령급 인사들이 장일순을 자주 찾아가 문안하고 회유하고 겁박했다. 군 장성들이 대거 천주교 세례를 받았던 때도 이즈음이다. 어떻게 하든 장일순을 자기편으로 만들고 싶었던 이들도 있었고, 그러다 장일순에게 감화된 사람도 있었다. 그런 분위기에서 원주시장이나 파출소장도 그를 찾았다. 이철수에겐 낯선 풍경이었고, '이러면서 자기 정체성이 유지될 수 있을까?' 의문이 들었다. 장일순에게 직접 물어보기로 했다.

"저런 사람들하고 무슨 얘기 하세요?"

"왜, 못 올 사람이 온 것 같아?"

"저런 사람들, 선생님에게 뭐 들을 얘기가 있을까요?"

"사람이 다 자기 자리에서 몫이 있는 것 아닌가? 뭐냐면 말야. 내가 이야기 한마디 해서 그 사람이 조금만 달리 생각해서 일하면 말이지. 세상이 조금은 달라지지 않겠나? 그냥 나 편하자고 내치기보다는, 덕담이라도 좋고, 아니면 자네가 그 자리에서 할 수 있는 일이 뭔지 찾아보시게, 하고 한마디 하는 게 안 한 것보다 나을 걸세."

그날 이철수는 집으로 돌아오면서 '나를 지킬 힘이 내게 있다면 얼마든지 나를 열어놓아도 좋을 텐데' 하는 생각을 했다.

1982년부터 몇 년에 걸쳐 이철수는 '동학東學' 연작도 판화로 새겼다. 당시에는 갑오농민전쟁이나 사회변혁에 관심이 많았기 때문이다. 그때는 동세

개벽動世開闢에 요긴한 녹두장군 전봉준이 정세개벽靖世開闢에 가까운 해월 최시형보다 먼저 눈에 들어올 법한 시절이었다. 이철수는 판화를 새기면서 「동학 격문」이나 「창의문」, 「파랑새요」 등 글씨도 써야 했는데, 아직 글씨가 여물지 않아 격조가 생기지 않았다. 그래서 장일순에게 글씨 좀 써 달라 부탁했다. 그랬더니 장일순은 두말 안 하고 "써 주마." 하였다. 그래서 원고를 싹 정리해서 보냈더니, 장일순이 글씨를 화선지에 써서 서류봉투에 넣어 시골 주소로 보내주었다.[59]

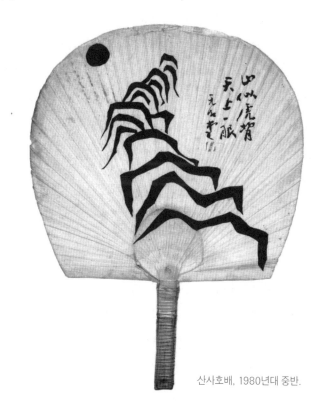

산사호배, 1980년대 중반.

59 이철수 대담, 『너를 보고 나는 부끄러웠네』, 무위당을 기리는 모임 엮음, 녹색평론사, 2013, 207~208쪽 참조.

한번은 어느 여름날 이철수가 산등성이를 연이어 그린 판화를 찍어 만든 부채 두 개를 장일순에게 선물했다. 크고 둥근 방구부채였는데, 장일순이 그림을 보더니 "야, 이거 호랑이 등짝 같구먼!" 하고 경탄했다. 그러더니 "여기다 내가 글씨 하나 써 볼까?" 하고는 바로 붓으로 화제畫題를 써나갔다. '山似虎背 天上一眼산사호배 천상일안', "산이 호랑이 등 같다. 하늘에 눈이 있네"라는 뜻일 텐데, 여기에 낙관을 찍어 부채 하나는 이철수에게 돌려주고, "하나는 내가 갖겠네." 하였다.[60]

1980년대 이철수의 판화는 운동권의 상징이었다. 판화라는 형식 자체가 거듭해서 찍어낼 수 있고, 무한정 복사해도 화질이 떨어지지 않는 특징 때문에 '대중적인 예술'이며, 민중운동에서 누구나 쓰기 좋은 예술 형식이었다. 케테 콜비츠와 루쉰이 판화에 주목한 이유가 여기에 있었다. 그처럼 이철수의 판화는 노동가요집이나 수많은 유인물에 삽화로 들어갔다. 시퍼렇게 눈을 뜨고 있는 그의 판화는 속박당하던 민중을 꽃다운 희망으로 부풀게 만들었다.

그러던 어느 날 마음으로 따르던 장일순이 "농사지으면 밥은 안 굶어"라고 했던 말에 용기를 내서 서울을 떠났다. 이철수가 제천에 자리 잡기 전에 경북 의성의 깊은 산골에 산 적이 있었다. 그때 장일순이 그곳까지 찾아왔는데, 이철수가 세 들어 사는 집 주인을 만나자, 연배도 적은 농사꾼인데 그 집 주인에게 큰절을 올리며 "우리 철수 잘 부탁합니다." 하였다. 어느 때는 이철수의 아내 이여경에게 '유곡천향幽谷天香'이라는 글씨를 써 주었다. "깊은 골짜기에 하늘 향기"라는 뜻인데, 그걸 건네주면서 "철수같이 못난 사내 데리

---

60 (사)무위당사람들 엮음, 『무위보감 누가 알랴』, 무위당사람들, 2022, 199~200쪽 참조.

고 사느라 고생 많은 자네가 깊은 골짜기에서 향기를 뿜는 난초 같은 존재이니 이걸로 위로를 삼으라." 하였다. 그리고 이철수에게는 '급류수조急流垂釣', "급류에 낚시를 드리우면 성질 급한 놈이 미끼를 문다"는 글씨를 주었다. 잠깐 자기 성정을 다스리지 못해 욕심을 드러내면 목숨을 잃는다는 말이다. 30대 후반까지 이철수는 이 글씨를 안방 문 위에 걸어놓고 드나들 때마다 그걸 보고 살았다고 했다.[61]

이철수가 제천 박달재의 평동리에 자리 잡은 것은 1987년이다. 그전에 시골집을 구하러 다니는 이철수에게 장일순은 자신이 초당을 지으려고 봐 두었던 원주시 남쪽에 자리한 귀래에 집 짓고 살라고 제안하기도 했다. 이철수가 그곳에서 멀지 않은 제천에 자리 잡으면서 원주를 더 자주 찾아갈 수 있었다. 이철수는 판화만 그리다 농사를 시작하면서 생각에도 조금씩 변화가 생기기 시작했다. 민중운동에서 완전히 발을 빼진 않았지만, 자연 속에서 누리는 평범한 삶에 매력을 느꼈다. 당시 이철수는 "내 마음의 불을 밝히지 못해 세상은 언제나 어두웠다"고 말한다.

작품에 변화가 생긴 것은 유월항쟁 이후였다. "그 후로 자신을 돌아보는 시간이 많아졌다"는 이철수는 혁명을 외치는 운동보다 삶의 본질을 다루기 시작했고, 선禪을 소재로 한 불교 판화도 새기게 되었다. 특히 1989년 함부르크대학의 초청으로 석 달 동안 독일에 머물며 베를린, 함부르크, 보쿰, 프랑크푸르트, 슈투트가르트 등에서 한국민중미술(Min-jung Kunst in Korea) 순회전을 열었는데, 자신의 그림이 "전체주의 선전물을 닮았다"는 소리를 들으면서 "뒤통수를 망치로 쿵 얻어맞은 기분이었다"고 했다. 그 후 이철수는 자기 성찰과 생명의 본질에 대한 관심으로 판화 영역을 확대하

---

61 〈무위당사람들〉, 2018년 2월 호, 38~39쪽 참조.

면서, 평범한 삶과 일상사를 관조하는 자기 수행의 과정으로 판화를 새기기
시작했다.

> 이철수는 노동과 마음공부의 연관성을 강조한다. 그의 지문을 확대해
> 밭고랑을 삼은 일련의 판화도 그랬고, 일의 숭고함을 묵직한 울림으로
> 전하는 「백장 이후」(2011)에도 그런 마음을 담았다.
> "당나라 고승 백장선사 법문에 '하루 일하지 않으면 하루 먹지 않는
> 다'(一日不作 一日不食)는 말이 있습니다. 일 속에서 화두를 발견해야 하
> 고 일 자체야말로 마음공부여야 한다는 거지요."
> 그는 일상에서 일의 가치를 이야기했다.
> "그림 그리는 사람으로 살면, 뭔가 계산이 있어요. 잘 새겼다고 할까,
> 담긴 메시지가 합당하다고 할까, 따위의 비평적인 눈을 의식하게 되
> 지요. 하지만 밭에 나가 삽과 호미를 들고 일하면 그런 계산이 없어져
> 요."[62]

장일순이 생명사상 세미나를 거쳐 운동의 전환을 모색하며 본격적으로
한살림운동을 추진하던 1980년대 후반에 이철수 역시 같은 흐름을 타고 있
었다고 말할 수 있다. 이철수는 이를 두고 "예술적 변화보다 마음의 변화가
컸던 것 같다"고 말한다.

> 옛날에는 정말 거칠고 싸움닭 같았는데 나도 모르는 사이에 많이 바뀌
> 게 되더라고요. 이현주 목사님하고 여러 가지 닮았다고 얘기 들을 때는

---

62 시대의 아픔 깎는 판화가, 이철수, 〈부산일보〉, 2012년 5월 12일 자 기사 참조.

기분 좋았거든요. 장 선생님 닮았다는 소리는 나이 들었을 때 듣고 싶은 애기죠.[63]

한살림운동

원주소비자협동조합

생명운동이 원주에서 본격적으로 준비되고 있었다. 장일순은 생명사상을 민중의 생활 안에 적용하기 위한 구체적인 방안으로 협동조합운동을 다시 시작하였다. 1984년에 일본 유기농업 연수를 다녀온 사람들이 주축이 되었다. 1985년 6월 24일 발기인 21명이 1만 원씩 낸 출자금 21만 원으로 농산물 도농 직거래 조직인 '원주소비자협동조합'[64]을 발족하였다. 당시 조합 가입비는 1,000원, 출자금은 10,000원이었다. 조합원 1호는 김영주, 2호는 박재일, 3호는 박양혁 순이었다. 창립총회에서 박재일이 초대 이사장으로 선출되었고, 부이사장에 신문자, 이사에 장만자, 김숙자, 이긍래, 이경국, 박준길 등이 선출되었다. 장일순이 지학순 주교에게 부탁해서 원주 가톨릭센터 건

---

63 이철수 대담, 『너를 보고 나는 부끄러웠네』, 무위당을 기리는 모임 엮음, 녹색평론사, 2013, 210쪽 참조.
64 1990년에 원주소비자협동조합은 원주한살림으로 이름을 바꾼다.

물의 반¥지하공간을 무상으로 빌렸다. 거기서 47명의 조합원이 사전 주문한 유기농산물을 직거래하는 형태로 일을 시작했다. 도시 소비자와 농촌의 생산자가 참여하는 협동조합은 전국에서 처음 있는 일이었다.

계약주문과 공동구입 방식으로 이루어지는 무점포 소비조합이었는데, 초기에는 원동성당 부녀회원들이 적극 참여하였다. 먼저 "이곳에서 생산되는 농산물은 우리가 모두 소비해 주겠다"는 조건으로 제천 백운면의 쌀과 봉양읍 학산리의 채소, 횡성군 공근면의 유정란과 김장배추 등 유기농산물을 계약재배하기 시작했다. 화학비료를 안 쓰고, 제초제도 안 쓰고, 땅에 자연 퇴비와 거름만 주고 농사를 지어 땅을 살려보자는 것이었다.

그런데 수확 철이 되었을 때 보니, 유기농으로 재배한 농작물은 화학비료를 주고 재배한 농작물에 비해 너무 작고 볼품이 없었다. 이른바 상품성이 떨어져 '이걸 시장에 내다 팔 수 있겠나' 싶었다. 소비자들은 기본적으로 빛깔이 좋고 큰 것을 원하기 때문이다. 결국 배추의 경우에는 '안 되겠다, 올해는 시중에 내놓지 말고 조합원들이 나눠 사서 김장을 담그자'는 쪽으로 가닥을 잡았다. 이경국 같은 이도 유기농 배추만으로 김장거리가 부족해 시장에 가서 일반 배추를 사다가 유기농 배추와 섞어서 김장을 했다고 말할 정도였다.

원주소비자협동조합에서는 충청북도 청주 근교 미원면에서 생산되는 생수를 팔기도 했다. 원주 가톨릭센터 주차장 자리에 생수 매장을 차리고 회원들 집을 돌아다니며 생수를 공급했는데, 돈 주고 물을 사 먹는다는 게 이해가 안 되던 시절이라, 소비조합 회원이나 안면 있는 사람들이 얼마간 사주는 형식이었다. 결국 이마저도 1년을 넘기지 못하고 접었다. 1986년에는 지학순 주교가 기계를 사줘서 참기름 공장을 개업하기도 했다.[65]

원주소비자협동조합을 경험하면서 박재일은 원주가 시장 규모가 작아서 공급과 소비 모두 한계가 있다고 판단했다. 그래서 장일순을 찾아가 "유기농산물을 통해 생명공동체운동을 확장시키기 위해 인구가 많은 서울로 가서 매장을 열고 싶다"는 뜻을 비쳤다. 아직 교구 일을 맡고 있었던 박재일은 먼저 원주교구 사회개발부 이름으로 독일 미제레올에 '농산물 직거래 및 농산물 직판장 운영사업'이라는 프로젝트를 신청했다. 미제레올은 프로젝트에 필요한 경비의 75퍼센트를 지원하겠다고 통보해 왔다. 한편 원주교구 사회개발부에서 1984년에 새롭게 신청한 '농촌소비조합확장사업'에 관한 세베모 2차 프로젝트가 반려되는 바람에, 더 이상 재정을 확보할 수 없다는 이유로 박재일은 교구 사회개발부에서 퇴직할 수밖에 없었다. 박재일은 새로운 사업을 시작하려는데, 퇴직으로 발목을 잡힌 셈이다. 결국 이때 교구 일을 그만두게 된 활동가들은 당장 호구책을 마련해야 하는 상황이 되었다. 재해대책사업 시절부터 곁에서 박재일과 이경국 등을 지켜본 경근호는 이렇게 말한다.

> 무슨 봉급이나 많이 받았겠어요? 여기 쪼끔 줬어요. 간신히. 그냥 딴데 공무원들 3분의 1 줬다고 할까, 그 양반들이 그렇게 살아온 거죠. … 장일순 선생님이 서울대학교 나온 사람들 둘 빼고는 다 붙들어 온거지. 붙들어 와서 이렇게 좋은 사업을 하고, 이렇게 우리 불쌍한 사람, 모르는 사람들 깨우치자는 얘기를 하는데, 이 양반들 배웠다는 사람들이 참 '좋다' 그래서 우리도 좋다고 같이 한 거여. 같이 농촌운동 하자고.[66]

---

65 김상범 편, (사)무위당사람들 엮음, 『대장부 거기에 그들이 있었다』, 이야기담, 2022 개정판, 373~375쪽 참조.

66 「원주지역 협동운동과 생명운동 녹취록」, 경근호 구술 기록.

그래서 생계를 위해서 고민하던 중, 원주그룹의 사랑방 역할을 하던 덕수칼국수 주인 이긍래를 믿고, 박재일은 이긍래, 선종원 등과 함께 원주기독병원 앞에 '천하태평'이라는 국밥집을 차렸다. 그러다 갑작스럽게 박재일이 네덜란드 ISS(Institute of Social Studies)연구소의 초청으로 에라스무스대학의 ISS 특별인권프로그램에 참가하게 되었다. 프로그램 중에 박재일은 원주교구 프로젝트의 대부분을 지원하던 아헨의 미제레올 사무실을 방문하게 되었는데, 그곳에서 실무자를 만나 지난번 반려된 '농촌소비조합확장사업' 프로젝트가 담당자의 이동으로 서류가 누락되어 빚어진 잘못임을 알게 되었다. 원주교구에서 박재일과 동료들이 퇴직하게 된 사유가 이런 어처구니없는 실수 때문이었음을 확인한 것이다. 미제레올 측은 박재일에게 사과하였고, 그 탓인지는 모르지만 박재일이 귀국하기도 전에 미제레올에서 원주교구로 '농산물 직거래 및 농산물 직판장 운영사업' 프로젝트 지원 결정을 알려왔다. 이 사업을 적극 도와준 이는 최기식 신부였다. 최기식 신부는 "교구청은 더 이상 이 일을 할 수 없어요. 이제부터는 나를 통해 미제레올에 보고만 하고 박재일 씨가 전적으로 맡아서 진행하세요."[67] 하였다. 이제부터 원주교구 울타리를 벗어나 서울에서 도농직거래운동을 해야 하는 모험이 시작되었다. 그래서 이루어진 사업이 서울 제기동에서 시작한 '한살림농산'이다.[68]

---

67 김선미, 『한살림 큰농부 인농 박재일 평전』, 한살림, 2017, 181~191쪽 참조.
68 김영주 편, (사)무위당사람들 엮음, 『대장부 거기에 그들이 있었다』, 이야기담, 2022 개정판, 174쪽 참조.

한살림농산

'한살림'이라는 말을 처음 제안한 사람은 박재일이었다. 박재일은 협동조합 개념을 넘어서는 도시 소비자와 농촌 생산자의 협동과 연대에 기초한 유기적 삶과 생태계까지 포함하는 운동을 표현할 만한 말이 무엇일지 고민하다가 '한살림'이라는 말이 떠올랐다. 장일순은 '한살림'이라는 말을 듣고 "야, 드디어 탄생했구나. 한살림! 그것 참 좋은 이름이다. '한'이라는 말에는 '하나'라는 뜻도 있고, '크다'는 뜻도 있고, '함께 산다'는 의미도 담겨 있는 거야." 하며 흐뭇한 표정이었다. 김지하도 아주 적절한 이름이라고 받아들였다. "인간의 심성이 메말라지고, 공동체성이 붕괴되고, 마음이 갈가리 찢어지고, 사람들은 돈과 물질과 과학기술의 맹신자가 되고, 생태·환경·자연을 파괴하면서 온 세상이 황폐화되고 있는데, 이는 물질주의적 산업문명이 이룩한 산업사회에서 비롯된 것이고, 이런 문명의 근본적인 전환이 없는 한 인류의 건강한 미래는 바랄 수 없다"[69]는 게 장일순의 생각이었다. 장일순은 대안적인 문명 창출이 필요하고, 생명운동으로 그 길을 열어가자고 생각했다. 이런 새로운 문명의 길을 열어가자는 생명운동이 '한살림'이었다.

박재일의 생각처럼 새 길을 열어가는데 원주라는 지역은 너무 협소하였다. 장일순 역시 생명운동을 세상에 알리려면 서울로 가야 한다고 생각했다. 현실적으로는 원주소비자협동조합이 베이스캠프 역할을 하더라도 도농직거래 운동 자체는 그물을 넓게 쳐야 실현될 가능성이 높았다. 박재일은 장일순과 의논해 가며 서울에 진출할 방법을 찾아보았다. 이 과정에서 박재일은 장일순과 김지하를 비롯해 그동안 머리를 맞대고 농민운동을 했던 동지들과 노

---

69 박재일 대담, 『달이 나이고 해가 나이거늘』, (사)무위당사람들 엮음, 2020, 99쪽.

동운동을 하던 사람들, 원주교구에서 재해대책사업을 하면서 만났던 친구들과 상의를 거듭했다. "꼭 필요한 일이긴 한데 성공하기는 힘들 것 같다. 고생길이니까 하지 않았으면 좋겠다"는 의견도 많았다. 현실감이 없는 사람도 아닌데, 박재일이라고 그걸 모르지는 않았다. 하지만 장일순은 "그건 꼭 해야 할 일이다. 우리가 성공을 전제하지 말고 해야 할 일이니까, 필요한 일이니까, 꼭 해야 한다"고 다짐하며 격려해 주었다.

여기서 용기를 얻어 겁 없이 1986년 12월 4일 박재일은 서울 제기동 1120번지에 점포를 얻어 '한살림농산'이란 이름의 유기농 쌀가게를 열었다.[70] 개업식을 하는 날 원주에서 달려와 축사를 해 준 사람은 장일순이었고, 최기식 신부는 점포 구석구석에 성수를 뿌리며 축성해 주었다. 이 자리에 김지하와 해직 교수 리영희, 가톨릭농민회 이길재, 노동운동가 김규벽, 한기호 등이 참석하였다. 뒤풀이는 막걸리였는데, 흡족한 마음이었는지 이날 장일순은 평소보다 과하게 약주를 들었다. 이날부터 박재일은 농업도 제 모습으로 회복시키고, 농촌도 농민도 긍지를 갖고 살며, 도시 소비자들도 건강한 밥상을 차리면서 농촌과 도시가 삶의 연대, 생활 협동 관계를 만들어 보자는 뜻을 담아 「한살림을 시작하면서」라는 취지문을 쓰고 세상에 말을 걸기 시작하였다. 「한살림을 시작하며」 표지에는 "생산자는 소비자의 생명을 책임지고, 소비자는 생산자의 생활을 책임진다"는 말이 쓰여 있었다. 가슴 뛰게 하는 말이다.[71]

장일순은 마침 서울에서 열리는 강연 일정이 많아서 자주 가게에 들러 박재일을 격려했다.[72] '한살림'에 대한 장일순의 생각은 1987년 한살림공동체

70 박재일 대담, 『달이 나이고 해가 나이거늘』, (사)무위당사람들 엮음, 2020, 100쪽.
71 김선미, 『한살림 큰농부 인농 박재일 평전』, 한살림, 2017, 119~200쪽 참조.

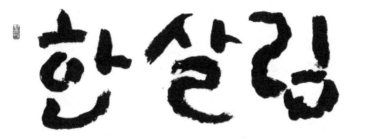

한살림, 1987.

에 써준 현판 글씨에 잘 나타나 있다. 이 현판 글씨는 삐뚤빼뚤 울퉁불퉁 지렁이가 기어가는 모습이라며 일명 '지렁이체'로 불렸다. 장일순은 지렁이가 흙 속을 기어다니며 땅을 옥토로 만든다는 의미를 담아 그렇게 썼다.[73]

한살림농산은 기본적으로 천주교 원주교구 사회개발부에서 신청한 외원으로 시작한 사업이었다. 책임자였던 박재일 외에도 공급을 맡은 서용식과 최상순, 생산과 홍보를 맡은 가톨릭농민회 출신의 이상국, 교육을 맡은 민혜숙, 회계 윤희진 등이 활동하였다.

유월민주화운동과 한살림

그런데 1986년 12월에 '한살림농산'을 열었으니 사실상 첫해를 시작한 1987년은 마침 한국 사회 안에서 민주화 열기가 뜨겁게 올라오던 시기였다.

---

72 이경국 편, (사)무위당사람들 엮음, 『대장부 거기에 그들이 있었다』, 이야기담, 2022 개정판, 274쪽 참조.
73 (사)무위당사람들 엮음, 『무위보감 누가 알랴』, 무위당사람들, 2022, 302~303쪽 참조.

그해 1월에 서울대생 박종철이 남영동 대공분실에서 고문받다 사망하였다. 1월 26일에 명동성당에서는 '고 박종철 군 추도미사'가 봉헌되고, 2월에는 박종철 추도식이 전국 16개 지역에서 열리고, 3월에 전국에서 '고문추방 민주화 국민평화대행진'이 개최되었다. 그러자 전두환 정권은 시민들의 요구를 묵살하고 '4·13 호헌 조치'를 발표했다.

이때 5월 18일 광주민중항쟁을 기념하는 명동성당 미사에서 천주교정의구현전국사제단이 '박종철 고문치사 은폐조작'을 폭로하면서 이른바 유월민주화운동이 전개되었다. 시민과 학생들은 저마다 거리로 나와서 국민대회를 열며 곳곳에서 '호헌 철폐'와 '독재 타도'를 외쳤다. 결국 전두환 정권은 6·29선언으로 굴복하고 대통령직선제를 받아들였다. 그 후 한국 사회는 7월 노동자대투쟁과 12월 16일 대통령 선거로 이어지는 격동의 순간들로 채워져 있다.

당시 '한살림농산' 점포를 열고 일하던 박재일은 본래 굴욕적 한일회담 반대운동을 하고 지학순 주교 구속 이후 민주화운동에 참여했던 사람으로서 마음이 복잡했다.

> 그때 우리 사회는 엄청난 격변기, 민주화를 위한 노력들이 거세게 이어지던 때가 아니었어요. 그러니 서울 바닥에 올라와 쌀자루를 지고 석발기를 돌리는데, 몸과 마음은 길바닥을 향하는 거예요. 정작 소비자는 찾아오지 않고, 친구들이 찾아와서 지금 나랏일이 급하니까 이것부터 해결하고 나중에 한살림을 해도 되지 않겠느냐는 거예요. 그래서 소주도 많이 먹고, 문을 나섰다 이게 아니지 생각하고 돌아오곤 했어요.[74]

박재일은 이럴 때마다 원주로 장일순을 찾아갈 수밖에 없었다. 이 일을 잘

못 시작한 게 아닌지, 과연 적절한 때에 일을 시작한 것인지 묻지 않을 수 없었다. 하지만 장일순은 박재일에게 이렇다 저렇다 말하지 않았다. 장일순도 비슷한 고민을 하고 있었을 텐데 말을 아끼는 것 같았다. 직접적인 답변은 없었지만 그저 대폿집에서 두런두런 이야기를 나누다 보면, 박재일의 고민이 저절로 풀어졌다. 장일순은 박재일이 스스로 이야기하는 가운데 답을 찾기를 기대했던 것 같다. 어차피 이 일은 박재일이 떠안고 가야 하므로, 답도 스스로 찾아야 어려움이 있을 때 스스로 돌파할 힘이 생기는 법이다. 안팎의 여건이 여의치 않을 때, 우리가 할 수 있는 일은 느긋하게 기다리는 일뿐이란 걸 장일순은 일러주었다. 다만 장일순은 박재일이 원래 사회운동에 관심이 많았던 사람이어서, 이창복처럼 이참에 민주화운동 쪽으로 아예 되돌아갈까 염려하였다.

장일순은 박재일에게 원주에서 경험한 것을 본보기로 삼으라는 것만 알려주었다. 박재일은 재해대책사업을 하면서 사람들과 함께 의논해 가며 일을 하는 게 얼마나 중요한지, 계획을 세워 협동체를 만드는 데 얼마나 많은 시간이 필요한지 잘 알고 있었다. 일은 당위성만으로 되는 게 아니라 먼저 차근차근 사람들을 만나보는 게 제일 중요하다는 사실을 깨달았다. 이른바 '사람 낚는 어부'는 어디서나 소용에 닿는다.

결국 한두 사람씩 한살림에 관심을 갖는 이들이 늘어나면서, 1988년 4월 21일, 70여 명이 모여 '한살림공동체소비자협동조합'을 창립하였다. 이때 장일순은 박재일에게 "농촌과 도시가 서로 나누는 운동이 기본이지만, 이 운동이 단순히 물건을 나눠 먹는 차원에 그쳐서는 안 된다. 우리의 생각과 관계의 내용을 바꾸는 것으로 가야 한다"고 말했다. 제대로 된 운동은 제대로

---

74 박재일 대담, 『달이 나이고 해가 나이거늘』, (사)무위당사람들 엮음, 2020, 102쪽.

된 철학이 필요하다는 사실을 알려준 셈이다. 한살림공동체소비자협동조합 초대 이사장을 맡았던 이순로는 1987년 11월에 치악산 수련원에서 열린 연수회에서 장일순이 했던 말을 잘 기억한다.

> 기업가들은 자신들이 생산한 것을 소비자들이 자꾸 사주어야만 자본주의가 돌아가니까 소비가 미덕이라고 하는지 모르지만, 물질을 너무 낭비하면 우리 후손들이 미래에 살 수 없으니, 물자에 대해서 알뜰하게 생각하자, 절약하면서 생활하자. 지금처럼 함부로 낭비하다 보면 결국 자기소멸이 될 수밖에 없다. … 사람은 물론 풀 한 포기, 벌레 한 마리가 살기 위해서도 태양과 물, 공기와 우주 전체가 참여해야 된다. 여러분들이 그런 시각으로 세상을 바라봐야만 한살림공동체도 성립될 수 있다.

그래서 한살림공동체에서는 물품위원회가 있어 생산자와 소비자 회원들이 모여서 민주적으로 유통할 물품을 결정했다. 그들은 생산물을 '상품'이라고 부르지 않고 '물품'이라고 굳이 불렀는데, 단지 이익만을 위해 사고파는 물건이 '상품'이라면, 물건 자체가 원래 가지고 있는 특성과 쓰임새에 주목하는 것이 '물품'이라고 보았기 때문이다. 그해 11월에는 한살림에 물품을 공급하던 농민 70여 명이 모여 '한살림공동체생산자협의회'(초대 회장 김영원)도 만들었다.[75]

한살림은 미제레올과 맺은 1차 계약기간이 만료되는 1991년을 전후해 한 차례 변화를 겪었다. 이경국과 김상범 등 대부분 원주그룹 사람들이 원주교

---

75 〈무위당사람들〉, 2021년 6월 호, 75~78쪽 참조.

구 사회개발부를 떠났고, 최기식 신부는 다른 보직을 맡고 있었으며, 정인재 역시 사회개발부가 아니라 교구청 사무처에서 일하고 있었다. 1991년경에는 한살림이 주로 서울 한살림과 연계하여 활동하고 있었고, 이들의 활동 영역이 원주교구 관할지 밖이어서 원주교구는 한살림소비조합이 독립적으로 활동하는 게 필요하다고 판단하였다. 결국 원조단체인 미제레올은 최기식 신부가 책임진다는 것을 전제로 한살림이 이 사업을 맡아서 1993년 3월까지 시행하는 것으로 확정하였다. 그 이후 한살림이 자리 잡는 과정에서 공교롭게도 1993년 3월 12일 지학순 주교가 선종하였다.[76]

한편 2022년 현재 한살림의 전국 매장은 240여 개가 되고 한살림에 유기 농산물을 공급하는 생산지가 2,500여 곳에 있다. 그리고 한살림을 이용하는 조합원은 70만 명이나 된다고 한다.

76 〈무위당사람들〉, 2021년 12월 호, 40~41쪽 참조.

7부

생명사상

동학의 발견

장일순 사상의 종교적 토대

장일순이 스승으로 삼은 사람은 할아버지 장경호와 붓글씨를 가르쳐 준 차강 박기정, 그리고 해월 최시형이다. 이것만 봐서는 유학과 동학이 그의 정신세계에 아주 중요한 영향을 끼쳤다고 볼 수 있는데, 생애의 가장 중요한 순간에 장일순이 동반한 것은 가톨릭교회였다. 그래서 이 모든 종교적 세계관이 장일순 안에서 통합적으로 작용했다고 볼 수 있다. 그런 점에서 소설가 김성동이 장일순을 일컬어 "무엇보다도 진인眞人", 곧 참사람이었다고 말한 것은 일리가 있다.

> 유가儒家인가 하면 불가佛家요 불가인가 하면 노장老莊이요 노장인가 하면 또 야소耶蘇의 참얼을 온몸으로 받아 실천하여 온 독가督家였던 선생은, 무엇보다도 진인眞人이었다. 속류 과학주의와 속류 유물론과 유사종교적이고 혹세무민적이며 종교적 신비주의에 그리고 추상적 형이상학만이 어지럽게 춤추는 판에서 대중성, 민중성, 소박성, 일상성 속에 들어있는 거룩함을 되찾아 내어 사람과 사람, 사람과 자연이 한 몸뚱아리의 두 이름으로 더불어 함께 영적 진보를 이루어 나가야 한다는 것을, 그 길밖에 길이 없다는 것을, 순평順平한 입말로 남겨준 선생이다.[1]

---

1 김성동, 우리 시대의 마지막 도덕정치가, 『너를 보고 나는 부끄러웠네』, 무위당을 기리는 모임 엮음, 녹색평론사, 2013, 36~37쪽.

통즉선, 1993.

　여성 신학자 정현경과 나눈 인터뷰에서 장일순은 "한국의 대부분의 가정이 그런 것처럼 유가적인 전통은 있었고 태어나 보니 불교였다가 부모들이 가톨릭으로 가니까 따라갔다"고 했다. 그리고 한국전쟁 이전에 살던 평원동 집 바로 앞에 천도교 포교소가 있었다고 하고, 그때 다섯 살 연상이었던 오창세를 통해 처음 동학을 알게 되었다고 한다. 수운 최제우와 해월 최시형에 대해 깊이 숙고한 것은 해방 이후 서울대학교 미국인 총장 반대 시위로 제적당해 원주 집에 칩거할 때였다고 말한다. 장일순은 천도교 신자들이 3·1만세운동은 물론이고 해방 이후 미군정 시절에 민족 자주를 외치는 근로인민당 등 혁신정당에서 많이 활동하고, 보도연맹사건 때 억울하게 학살당했다는 이야기를 듣고 "눈시울이 뜨거워지던 순간이었다"고 고백한다.[2]

2 〈무위당사람들〉, 2019년 5월 호, 54쪽 참조.

장일순은 유교든 불교든 천주교든 동학이든 서로 배울 게 많다고 생각했으며, 어느 종교라도 진리를 독점하고 있다는 배타성을 버려야 한다고 생각했다.

모든 종교는 담을 내려야 한다고 봅니다. 그리고 너는 어떤 종교이고 나는 어떤 종교라는 걸 존중은 하되 생활과 만남에 있어서 나누어져서는 안 된다고 마음먹고 있습니다. 생명은 하나니까요. 종교에 생명이라는 내용이 없다면 그 종교는 거짓말이죠. 저는 불교에서 배운 것과 가톨릭에서 배운 것이 전혀 갈등을 일으키지 않는다고 생각해요. 문제는 어떤 종교든지 나중에 체계화되고 내용이 탈각되면서 뼈대만 남게 되는 것이지요. 이런 틀에서 벗어나야 해요. 그러면 예수가 부처를 만나도 서로 부둥켜 안고 형이요 아우요 할 거란 말이죠. 노소남녀가 없고 막힐 것이 없잖아요. 생명은 막히면 죽잖아요. 그런데 왜 종교를 만들어놓고 자꾸 막히게끔 하는지. 막힌 요소를 우리는 자꾸 하나하나 제쳐두고 하나됨이라는 것으로 지향해 갔을 때에 앞으로의 종교는 살아남을 수 있어요. "우리 종교는 유일무이하다"고 나갔을 때에는 그 얘기 자체가 죄악이 되는 거죠. 예수님의 멋진 말씀이 있잖아요. "나는 죄인을 위해서 이 세상에 왔노라, 의인을 위해서 온 것이 아니노라." 이 이야기에 어디 막힌 게 있나요? 그분은 묶어놓은 자를 풀어주러 왔지. 그러니 묶어놓는 것이 죄란 말이지. 나는 그렇게 생각해요.[3]

〈녹색평론〉 편집인이었던 김종철은 "장일순 선생의 '생명사상'의 핵심은,

3 무위당 장일순 이야기 모음, 『나락 한 알 속의 우주』, 녹색평론사, 136~137쪽 참조.

적어도 내게는 공경恭敬사상으로 이해되었다"고 했다. 사람 하나하나뿐 아니라, 이 세상에 존재하고 있는 모든 목숨 가지고 태어난 것들을 그 어느 것도 하찮은 미물이라고 여기지 않고, 깊이 주의를 기울여 대하는 일관된 마음과 태도가 공경의 마음에서 나왔다는 것이다. 여기서 김종철은 "만약에 무위당 선생이 글을 쓰고, 책을 내는 데 열중하셨다면, 작고 여리고 하찮은 미물에서 거룩한 신성神性을 느끼고, 모든 살아있는 존재에 대해 어느 것 하나 소홀히 하지 않으려는 거의 본능적인 관심과, 주의主意집중의 습관이 가능했을까?" 묻는다.

제비 한 마리의 낙하도 하느님의 눈을 벗어나는 일이 없다는 복음서의 말씀을 무위당 선생은 즐겨 인용하였지만, 근본적으로 비슷한 맥락에서, 20세기의 성자라고 불리는 철학자 시몬 베유(Simone Adolphine Weil, 1909~1943)도 어디선가 "도덕의 문제는 근본적으로 주의집중의 문제"라고 말한 적이 있다. 실제로 곰곰 생각해 보면, 상대방에 대한 주의집중 없이 우리가 그 존재의 내면으로 들어가는 것은 불가능하고, 그러한 내면적인 수준에서의 공감이나 대화 없이는 진정으로 그에 대한 공경심이 생겨나지 않으리라는 것은 틀림없다. 그런데, 글을 쓰고, 저술 활동을 한다는 것은 근본적으로 외로운 체험이며, 소외의 경험이라 할 수 있다. 글을 쓴다는 것은 결국 나 자신을 세상과 타자로부터 떼어내 거리를 유지하는 것이 불가피한 행위이다.[4]

---

4 김종철, 무위당과 공경의 사상, 『너를 보고 나는 부끄러웠네』, 무위당을 기리는 모임 엮음, 녹색평론사, 2013, 15쪽.

김종철은 수십 권의 저서를 후학들에게 남겨놓고 간 다른 지식인, 스승을 통해서는 배우기 어려운, 그러나 비할 데 없이 더 고귀한 가르침을 장일순이 남기고 갔다고 평가한다. "그분의 가르침은 세상에 대해 나 자신을 주장하기 전에 다른 존재들의 소리에 깊이 귀를 기울여보라는 말씀일진대, 저마다의 배타적이고 공격적인 자기주장이 넘치고 넘쳐 세상이 온통 화탕지옥火湯地獄이 되어 있는 오늘의 삶의 현실에서 이보다 더 절실한 가르침이 있을지 나는 알지 못한다"고 했다.[5]

동학과 생명사상

장일순에게 본격적으로 생명사상의 물꼬를 열어 준 것은 일차적으로 동학東學이었다. 장일순은 유학을 배경으로 서학을 받아들였으며, 동학에서 생명운동에 대한 비전을 발견하였다. 그리고 생명의 철리를 노자에게서 발견하였다. 여기서 동학은 장일순의 사상을 응집하는 영감의 원천이었다.

동학은 시천주侍天主의 가르침을 기반으로 만민평등의 새로운 세상을 꿈꾸는 사람들에게 매력적으로 다가왔을 게 분명하다. 동학을 근절하기 위해 도남서원에서 띄운 '통문'을 보면 동학도의 성분을 알 수 있다. "[동학도들은] 하나같이 귀천의 차등을 두지 않으니 백정과 술장사들도 오고, 엷은 휘장을 치고 남녀가 뒤섞여 있으니 홀어미와 홀아비가 찾아온다. 또 재물이 있든 없든 서로 돕기를 좋아하니 가난한 이들이 기뻐했다"고 했다. 구한말 서학西學

---

5 김종철, 무위당과 공경의 사상, 『너를 보고 나는 부끄러웠네』, 무위당을 기리는 모임 엮음, 녹색평론사, 2013, 14~17쪽 참조.

이 주변으로 밀려난 가난한 이들에게는 복음福音이요, 기득권층에는 흉음凶音이었던 것과 유사하다.

동학에는 당시 가난하고 천대받던 사람들뿐만 아니라, 사회적 진출이 제한되어 미래에 희망을 걸지 못하는 사람들, 상당한 학문적 소양을 갖추었으나 기성 권력에 편입되기를 꺼려하는 사람들, 잔반殘班과 퇴리退吏 중에서 시대의 변화를 꿈꾸는 많은 이들이 입도했다고 한다. 한편 당시 새로운 조류로 퍼지고 있던 서학西學은 "하느님 앞에서 만인은 평등하다"는 사상과 서구 문명의 보급 등을 통해 조선 사회에 큰 충격을 안겨주었다. 당시 하층민에게 복음이었던 서학이 동학사상에도 영향을 미쳤을 것으로 보인다.

수운 최제우는 동학과 서학은 "도道는 같으나 이치는 다르다"(道則同也 理則非也)라고 하였고, '천주天主'라는 같은 용어를 사용하는 바람에 조정에서는 동학과 서학이 다름없다고 보고 탄압하게 되었다.[6] 이것은 분명 오해에 근거한 것이기는 하지만, "지금 동학이라고 하는 것은 서양의 종교를 그대로 받아들이고, 오직 그 이름만 바꾸어 어리석은 백성을 어리둥절하게 만들고 있습니다"라고 하는 고종 1년 갑자甲子 3월 2일『승정원일기』의 기록은 당시 조정에서 동학을 어떻게 인식했는지 잘 보여주고 있다.[7] 여기서 최제우조차 도道가 같다고 말한 것은 가르침이 같다는 것이니 그리 잘못된 판단은 아니기도 하다. 서학과 동학이 서로 다른 문화적 배경에서 출현했으니 도에 이르

6　철학자 김용옥은『동경대전』을 현대 우리말로 번역하고 해설하면서, 천도교에서 쓰는 '한울님'을 '하느님'으로 바꾸자고 제안했다. '하느님'이란 천주교의 고유 용어가 아니라, 한민족이 전통적으로 써오던 말이라는 것이다. 용어의 유사성은 정신의 유사성에서 비롯된다고 보아도 크게 틀리지 않을 것이다.
7　윤석산,『해월 최시형의 삶과 사상-일하는 한울님』, 모시는 사람들, 2014, 26~29쪽 참조.

는 접근 방식이 다를 수밖에 없을 것이다. 적어도 이런 점은 천주교 신자였던 장일순이 동학을 무리 없이 받아들이게 된 이유일 것이다.

장일순은 동학의 2대 교주였던 해월 최시형에게 특별히 주목했는데, 서얼이기는 하였지만 유학에 바탕을 둔 최제우를 넘어서는 민중적 가치를 해월이 더 많이 체현하고 있었기 때문으로 보인다. 해월은 한문으로 지어졌기 때문에 철학적 사유를 전개하는 데 적합하여 지식인들에게 다가가기 좋았던 경전인 『동경대전東經大全』뿐 아니라, 한글 가사체의 『용담유사龍潭遺詞』를 엮어서 보급하였다. 『용담유사』에서는 '천주'나 '지기至氣'라는 용어는 나오지 않고 모두 '한울님'이라 통칭하고 있는데, 한문을 터득하지 못한 상민이나 천민, 부녀자들도 동학의 교리를 외워 쉽게 공부할 수 있도록 배려한 것이다.

해월 최시형은 1861년 6월경 경주 용담을 찾아가 동학에 입도하였다. 그리고 입도한 지 채 3년이 되지 않은 1863년 8월 14일 수운 최제우에게 도통道統을 물려받아 동학의 2대 교주가 되었다. 수운을 만나기 전까지 해월은 당시 사회에서 보잘것없는 하층민이었다. 머슴에서 용인傭人으로, 그리고 화전민으로 살아간 빈천한 사람이었지만, 수운을 만나 새로운 안목을 얻게 되었다. 성현聖賢이나 우부愚夫의 자질이 선천적으로 결정되어 태어나는 것이 아니라 "한울님의 덕에 합일되어 그 마음을 정한다"면 누구나 어리석음에서 벗어나 성인이 될 수 있다는 깨달음을 얻었다. 해월은 스승을 만난 감회를 『법설』에서 이렇게 전한다.

내가 젊었을 때 스스로 생각하기를 옛날 성현은 뜻이 특별히 남다른 표준이 있으리라 하였더니, 한번 대선생大先生을 뵈옵고 마음공부를 한 뒤부터는, 비로소 별다른 사람이 아니요 다만 마음을 정하고 정하지 못하는 데 있는 것인 줄 알았노라.

　　해월은 38세에 도통을 물려받고, 관의 추적을 받아 쫓기면서 36년 동안 산간 오지를 넘나들며 포교를 하다가 1898년 4월 원주 호저면 고산리 원덕여元德汝(또는 원진녀)의 집에서 관군에게 체포되고, 서울로 압송되어 그해 6월 2일 72세의 나이로 처형당했다. 해월이 이 모진 세월을 헤쳐 나갈 수 있었던 원동력은 이 세상을 '다시 개벽'할 수 있다는 믿음이었다. 해월은 수운의 '시천주侍天主' 사상을 잇고 "세상의 모든 사람을 한울님처럼 섬겨야 한다"는 사인여천事人如天의 윤리를 천명하고, 이를 생활 속에서 실천하려고 애썼다. 그 가운데 가장 중요한 것이 "밥 한 그릇에 모든 세상의 이치가 담겨져 있다"는 '밥 사상'이다.

　　'밥'은 우리가 아침저녁으로 대하는 평범한 것이지만, 이에는 한 치 한 순간도 어긋나지 않는 우주 대자연의 운행과 보이지 않는 수많은 미물 곤충들의 협동, 그리고 숭고한 인간의 노동이 어우러지는, 그러한 '우주의 진리'가 담겨져 있음을 역설하였다. 매일매일 이루어지는, 먹고 입고 잠자는 그 평범한 일상 속에 이와 같이 심오한 우주의 뜻이 담겨있음을 해월은 그가 겪은 삶을 통해 깨달았고, 또 이 깨달음을 자신과 함께 살고 있는 그 사람들에게 일깨워 주었다. 따라서 해월은 "도道라는 것은 지고한 먼 곳에 있는 것이 아니다. 일용행사日用行事 모두가 도 아님이 없다"는 것을 입버릇처럼 강조하곤 하였다.[8]

---

8 윤석산, 『해월 최시형의 삶과 사상-일하는 한울님』, 모시는 사람들, 2014, 46~47쪽.

해월은 "사람만이 오직 먹고 입는 것이 아니라, 해와 달을 비롯한 만유 역시 먹고 입는다"라고 하여 만유와 우주와 사람의 유기적 연관성을 갈파했다. 또 "숲속에서 우는 새 역시 한울님을 모시고 있다"라고 하여 천지 만물이 모두 한울님을 모신 존재임을 강조했다. 그런가 하면, 이 우주에는 한울님의 기운이 가득 차 있으므로 한 걸음이라도 경솔하게 내디디면 안 된다고 가르쳤다. 우리가 밟고 다니는 땅이라 해도 함부로 뛰지 말며, 침을 멀리 뱉거나 허드렛물을 함부로 땅에 버리지 말라고 했다. 이러한 경지에서 한울님을 공경하는 경천敬天을 넘어, 사람을 공경하는 경인敬人과 만물을 공경하는 경물敬物의 삼경三敬 사상이 나왔다.[9] 이처럼 모든 인간과 모든 사물을 한울님처럼 대하라는 공경의 마음은 장일순에게 생명에 대한 즉각적인 깨달음을 주었다고 보아야 한다.

천지 만물은 더불어 하나

함세웅 신부가 천주교 서울대교구 홍보국장 하던 시절에 내던 잡지가 〈새벽〉이다. 1980년대에 '어둠 속의 횃불'을 자임하던 천주교정의구현전국사제단의 민주화를 위한 열망이 이 잡지에 배어 있었는데, 주로 사회적 이슈에 대한 복음적 해석, 그리고 해방신학 등을 소개하였다. 이 잡지에 장일순이

9 윤석산, 『해월 최시형의 삶과 사상-일하는 한울님』, 모시는 사람들, 2014, 47~48쪽 참조.

「생태학적 관점에서 본 예수 탄생」이라는 글을 썼다. 장일순은 루카복음 2장
에 나오는 예수 탄생에 관한 이야기를 들려주면서 천사들이 목자들에게 한
말을 상기시킨다. "오늘 너희를 위하여 다윗 고을에서 구원자가 태어나셨으
니, 주 그리스도이시다. 너희는 포대기에 싸여 구유에 누워 있는 아기를 보
게 될 터인데, 그것이 너희를 위한 표징이다."(2, 11-12)
　이 구절을 읽고 장일순은 이렇게 설명하고 있다.

　　　　[구세주가] 하필이면 짐승의 먹이 그릇인 구유에 오셨단 말인가! 인간들
　　　의 집에서 태어나지 아니하시고. 바로 이 점이 인간만을 사랑하시는 하
　　　느님의 아들로 오신 것이 아니라 우주의 모든 존재를 하나같이 자기 몸
　　　으로 섬기시는 징표가 있다는 것입니다. 일체를 섬기고자 오신 분이라
　　　는 것입니다. 구유에 오신 것은 짐승의 먹이로 오신 것입니다. 인간 세
　　　상만을 구원하기 위해 오신 것이 아니라, 무한한 우주공간과 무한한 시
　　　간에 걸쳐서 보이는 것, 안 보이는 것 몽땅 해결하러 오신 것을 알게 됩
　　　니다. 일체의 것들의 진정한 자유와 평화를 위해서 오신 것입니다.
　　　　하느님께서는 '무소부재無所不在하시고, 무시무종無始無終하시고 무소
　　　부지無所不知하시고 무소불능無所不能하시고 무소기탄無所忌憚하신 자
　　　체이시라 영원하신 자리이며 만선만덕萬善萬德의 근원이시므로' 이것이
　　　가능합니다. 마음이 착해서 거짓이 없고 욕심이 없는 이들은 모두 예수
　　　님이 오신 것을 알았는데, 세상의 명예와 권세와 물욕에 사로잡힌 자
　　　들은 오시는 것을 알 수 없었습니다.[10]

10　〈새벽〉 143호, 무위당 장일순 이야기 모음, 『나락 한 알 속의 우주』, 녹색평론사,
　　13~14쪽 재인용.

장일순이 즐겨 이야기하는 복음서 내용 중 하나는 마태오복음의 산상설교에 나오는 예수의 말씀이다. 하느님은 "풀 한 포기 새 한 마리에도 함께 하신다"는 것이고, 그 모든 것들이 "하느님의 생명"이라고 말한다. 만상이 하느님 안에 있고, 하느님이 만상 안에 함께하신다는 것이다.

> 내가 너희에게 말한다. 목숨을 부지하려고 무엇을 먹을까, 무엇을 마실까, 또 몸을 보호하려고 무엇을 입을까 걱정하지 마라. 목숨이 음식보다 소중하고 몸이 옷보다 소중하지 않으냐? 하늘의 새들을 눈여겨보아라. 그것들은 씨를 뿌리지도 않고 거두지도 않을 뿐만 아니라 곳간에 모아들이지도 않는다. 그러나 하늘의 너희 아버지께서는 그것들을 먹여 주신다. 너희는 그것들보다 더 귀하지 않으냐? 너희 가운데 누가 걱정한다고 해서 자기 수명을 조금이라도 늘릴 수 있느냐? 그리고 너희는 왜 옷 걱정을 하느냐? 들에 핀 나리꽃들이 어떻게 자라는지 지켜보아라. 그것들은 애쓰지도 않고 길쌈도 하지 않는다. 그러나 내가 너희에게 말한다. 솔로몬도 그 온갖 영화 속에서 이 꽃 하나만큼 차려입지 못하였다.(마태 6, 25-29)

장일순은 아시시의 성 프란치스코가 들에 나가면 풀 한 포기와 대화하고, 벌레나 들새들과 대화를 하면서 "그 만나는 자리마다 하느님이 계심을 알았다"면서 하느님 안에서 자연 사물과 인간이 모두 형제요 자매임을 확인한다.[11]

장일순은 법안선종法眼禪宗에서 주로 말하는 '천지여아동근天地與我同根

11 〈새벽〉 143호, 무위당 장일순 이야기 모음, 『나락 한 알 속의 우주』, 녹색평론사, 15~16쪽 참조.

이요, 만물여아일체萬物與我一體'라는 말을 즐겨 했다. "하늘과 땅은 나와 한 뿌리요, 세상 만물은 나와 한 몸이나 다를 바 없다"는 이야기다. 그러므로 세상 만민은 다 예수님 말씀대로 한 형제요, 온 우주 자연은 나의 몸과 한 몸이나 다를 바 없다는 것이다.[12]

굳이 '나'라고 할 것도 없고, 오히려 세상 모든 생명이 '나'라고 생각한다면 천하 미물을 대하는 나의 태도가 달라진다. 그래서 장일순은 묵암 선사의 이야기를 곧잘 했다.

爲鼠 常留飯(위서 상유반)
憐蛾 不點燈(연아 부점등)
自從 靑草出(자종 청초출)
便不 下階行(편불 하계행)

쥐를 위하여 밥을 언제나 남겨놓는다
모기가 불쌍해서 등에다 불을 붙이지 않는다
절로 푸른 풀이 돋아나니
계단을 함부로 딛지 않노라

하나의 생명을 존중한다는 면에서 모기도 남이 아니고 쥐도 남이 아니라는 말이다. 옛날에 어떤 공부하는 스님이 스승에게 "부처님이 어디 계십니까?" 하고 물었다고 한다. 그러니까 "저기 문 앞에 있는 잣나무를 봐라" 했

---

12 장일순, 「나와 너는 천지만물과 더불어 하나입니다」, 1983, 『너를 보고 나는 부끄러웠네』, 녹색평론사, 2004, 8~9쪽.

다는 이야기를 장일순은 들려준다. 잣나무 한 그루가 없으면 우주 전체가 없고, 우주 전체가 없으면 잣나무도 없다는 이야기다.[13] 그렇게 사람을 포함한 우주 만물은 서로 기대어 살고 있다, 그가 없으면 나도 없을 테니.

그러니 "세상에 태어난다는 사실은 대단한 사건 중에서도 대단한 경사"라고 장일순은 말한다. 그리고 "태어난 존재들이 살아간다는 것은 거룩하고도 거룩하다"고 말한다. 가끔 한밤에 풀섶에서 들려오는 벌레 소리에 크게 놀라는 적이 있는데, 만상이 고요한 밤에 그 작은 미물이 자기의 거짓 없는 소리를 들려주는 것을 들으면 "내가 평상시 어떻게 살고 있는지 생각하게 되어 부끄럽다"고 말하는 장일순은 때때로 벌레 한 마리가 내 일상을 일깨우는 "거룩한 스승"이라고 했다. 내 형제요 자매이고 스승이 따로 없다는 것이다.

> 나는 귀천이나 남녀노소를 가릴 것 없이 많은 사람들과 일상생활을 즐기고 생활을 나누며 삽니다. 저녁으로는 대체로 박주일배薄酒一杯를 나누는 형편인데 집으로 돌아오는 길에 혼자 걷는 방축防築길은 나의 도량道場이나 다름이 없습니다. 저녁밥과 술자리에서 나누었던 좋은 이야기와 못마땅했던 이야기를 반추합니다. 이런 것 저런 것을 생각하다가 문득 걸어가는 발밑의 풀들을 접하게 되는 순간 나는 큰 희열을 맛봅니다. 수많은 사람들이 짓밟아서 풀잎에 구멍이 나고 흙이 묻어 있건만 그 풀은 의연하게 대지에 뿌리를 내리고 있습니다. 상처와 먼지에 찌들린 풀잎이 하늘의 달과 대화를 하고 있는 모습을 볼 때, 형편없는 나의 그날의 생활이 떠오릅니다.

---

13 무위당 장일순 이야기 모음, 『나락 한 알 속의 우주』, 녹색평론사, 70쪽 참조.

그 밥자리에서 술 한잔에 거나해져서 제대로 생활하지도 못하면서 다만 머리에 기억만 남아있는 좋은 글귀를 동학同學 또는 후배들에게 어른처럼 말했던 몇 시간 전의 나의 모습을 생각할 때 창피하기 이를 데 없음을 누가 짐작하겠습니까. 정말 부끄럽기 한이 없습니다. 그러나 길가의 짓밟힌 풀들이 말없이 나의 위대한 스승님들이라는 사실을 취중에 알게 되었을 때 그 기쁨은 말로는 표현이 되지 않습니다. 그것을 맛본 후로는 길가의 모든 잡초들이 나의 스승이요, 벗이요, 이 미약한 사람의 도인道人이라는 것을 알게 되어서 길 걷는 동안 참 행복한 세상에 살고 있구나 하고 즐겁게 길을 걷습니다.[14]

모월산에서 배우다

장일순은 1977년부터 생명운동의 필요성을 고민했다고 하는데, 장일순의 생명에 대한 감각은 태생적이라고 봐야 한다. 생명에 대한 공경심은 할아버지 장경호에게서 이미 발견할 수 있으며, 가족사 전체에 흐르는 맥락이 있었다. 게다가 장일순은 어려서부터 '원주'와 '치악산', 그리고 그 안에 깃들어 사는 사람들에 대한 각별한 감정이 있다. 학창 시절을 빼면 평생 원주를 떠나지 않았던 장일순은 "지구적으로 사고하고 지역적으로 행동하라"는 말을 "나락 한 알 속의 우주"라는 말로 표현하고 있다고 보아도 틀리지 않는다.

---

14 무위당 장일순 이야기 모음, 『나락 한 알 속의 우주』, 녹색평론사, 8~9쪽 참조.

모월산, 1985.

풀 한 포기, 여린 목숨 하나 돌보지 못하는 이가 세상을 구원하겠다고 나서는 것이 가소로운 이유다. 내가 오늘 길거리에서 만났던 누추한 그 사람이 바로 '그리스도'라는 신앙과도 맞닿아 있다.

그래서 장일순의 생명사상에서 '모월산母月山'에 대한 감수성은 매우 중요하다. 1992년에 원주에서 민중당 후보로 총선에 나간 적이 있는 김기봉은 민예총 강원도지부 사무국장도 역임하고 있었다. 어느 날 평소 가까이 지냈던 김기봉에게 장일순이 원주천 방축 길을 함께 걷자고 제안했다. 이미 밤이 깊었고 인적은 없었다. 어느 만큼 가다 장일순이 말했다.

"너도 오줌 마렵지. 같이 오줌 누고 가자."

두 사람은 둑방에 나란히 서서 일을 보았다. 멀리 치악산이 바라다보였다. 장일순이 돌아보며 말했다.

"너, 저 산 이름이 뭔지 아냐?"

원주 사람으로 치악산을 모르는 이는 없을 테지만, 그 산의 원래 이름을 묻고 있는 것이다.

"적악산 이야기 하시렵니까?"

치악산의 원래 이름은 '적악산赤岳山'이다. 치악산에는 활엽수가 많아서 가을이 되면 온 산에 단풍이 불타듯 붉게 물들었기 때문에 붙여진 이름이다. 그게 꿩에 얽힌 전설 때문에 꿩 '치雉' 자 써서 '치악산雉嶽山'으로 바뀐 것이다.

"아니다. 저 산은 모월산이다."

"모월산이라니요?"

"그래, 어미 모母에 달 월月! 모월산母月山이다."

"어머니와 달의 산!"

장일순은 평소 어머니처럼 사람을 대해야 한다고 강조해 왔다. 그날도 그 이야기였다.

"원주에 오는 사람에게는 누구나 어머니의 마음으로 대접을 해야 돼. 모두 배불리 잡수시고, 편히 주무실 수 있도록 해야 한다는 거야. 그런 눈길로 원주를 보며 살자는 거야. 어머니가 제 자식 생각하듯 말이야."

장일순은 치악산 이름을 모월산으로 바꾸고 싶어 한동안 행정절차를 알아보기도 했다. 한때 '모월산인母月山人'이라는 호를 쓰기도 했다. 어머니는 늘 뒤에 물러나 있지만 품어주기를 마다하지 않는다. 달은 어두운 밤을 밝혀주지만 눈부시게 빛나지 않는다. 누군가 아프고 어둡고 힘들 때에야 존재감을 드러내는 게 어머니요 달이다. 모월母月의 세계에 대한 장일순의 생각을 동주서실을 운영하던 심상덕은 이렇게 전한다.

> 선생님은 늘 말씀하셨어요. "앞에 나서지 마라. 앞에서는 안 보인다. 한 발 물러서야 시야가 넓어진다." 남에게만 그렇게 말한 게 아니라 당신이 몸소 그렇게 사셨지요. 또 이런 말도 하셨어요. "나를 아는 사람이 한 사람 생기면 그만큼 내가 할 수 있는 일이 적어진다"고. 선생님은 그렇게 앞에 나서기를, 자기 이름 내기를 꺼리셨어요.[15]

장일순은 늘 그늘에 남아서 식구들을 돌보던 어머니를 생각하며, 어머니처럼 살자고 했다. 한편 최병하는 이렇게 말한다.

> 모월이란 '가부장家父長은 가라'는 뜻이라고 봐도 돼. 가부장적 사고를 버리고 어머니 품 같은 자세로 살자는 거야. 어머니는 참 대단하지 않아? 임금도 안고, 남편도 안고, 자식도 안고 … 그 안에 세상이 다 안긴단 말이야. 그것이 선생님이 말씀하신 모母였어요. 월月, 곧 달은 칠흑같이 어두운 세상에서 길 안내를 하는 존재지. 술에 취한 놈이든 도둑놈이든 가림이 없지. 남녀노소 가림이 없어요. 이 두 가지를 합쳐야 모월이야. 이 모월에 들어가면 나갈 수 없어. 편안하니까. 신나니까. 그런 원주를 만들자는 뜻이셨지.[16]

홍승연에게는 장일순이 이렇게 말했다.''

"저 산은 경상도 도둑놈도 품어주고, 지아비 잃은 충청도 아낙도 푸성귀 일구어 먹고 살게끔 품어주는 그런 산이야. 다 품어주는 산이다, 이 말이야."

그런데 정작 심상덕과 최병하와 홍승연에게는 장일순이 모월산이었다.

언젠가 전라도 광주 사람 소설가 송기원이 장일순을 찾아왔는데, 이런 말을 한 적이 있다.

"광주는 (주먹 쥔 한 손을 들어 보이며) 이것과 같고, 원주는 (두 손을 사발 들듯 모아 들어 보이며) 이것과 같습니다."

원주가 광주만 못하다는 뜻이었다. 장일순이 웃으며 대답했다.

15 최성현, 『좁쌀 한 알 장일순』, 도솔, 2004, 118~119쪽.
16 최성현, 『좁쌀 한 알 장일순』, 도솔, 2004, 119~120쪽.

"이보게, (두 손을 사발 들듯 모아 보이며) 여기에 (주먹 쥔 한 손을 들어 보이며) 이것이 들어가면 어느 것 하나 살아 나올 수 없어. 뭔 소리 하는 거여?"

이번에는 두 사람이 큰 소리를 내며 웃었다고 한다.[17]

장일순은 그렇게 품어주는 사랑을 집에서도 길에서도 만난다. 그런 사랑 거창할 것 없다. 소박하게 단순하게 마음을 열어놓으면 자동 진행이다. 장일순에게는 찾아오는 손님이 늘 많았다. 그럴 때마다 이튿날 아침 일찍 손님을 전송하기 위해 원주역이나 고속버스터미널에 가는 때가 있다. 그렇게 손님을 보내고 나면, 길거리에서 원주의 청년들을 만나게 되고, 그네들이 오랜만이라며 '차 한잔' '대포 한잔' 권하기 마련이다. 대개는 아침이라 사양하는데, 번번이 사양할 수도 없고, 여러 번 권하면 따라 들어가 초대에 응하곤 했다.

그런 날이면 대폿집에서 두 홉들이 소주를 각기 한 병씩 나누고, 오전부터 거나하게 취한 채 시내를 돌아다니게 된다. 장일순은 취하면 무조건 걷는다. 그래야 술도 깨고 운동도 되기 때문이다. 그러다 70대가 넘은 어르신들을 만나면 걱정 반 애정 반 이런 소리를 듣곤 한다.

"청강께서 백주에 이렇게 대취하면 어떻게 되는 거요?"

"치악산 밑에서 이 청강이 백주에 취하지 않으면 누가 취하겠습니까?"

"그건 그래, 그러나 청강이 건강해야 되지 않겠소?"

장일순은 원주역 앞에서 대포를 한 잔 권하는 젊은 친구의 대접도 애정이고, 어르신의 말씀도 애정이라고 생각한다. 모두가 품어주는 마음에서 우러나온 이야기다.[18]

---

17 최성현, 『좁쌀 한 알 장일순』, 도솔, 2004, 133~134쪽 참조.
18 무위당 장일순 이야기 모음, 『나락 한 알 속의 우주』, 녹색평론사, 9~10쪽 참조.

나를 비우고 한울님을 모신다

1989년 한살림모임 창립총회가 있었다. 이날 「한살림선언」도 발표된 아주 특별한 날이었다. 기념 강연을 맡은 장일순은 '시侍에 관하여'라는 제목으로 이야기를 풀어갔다. 이날 장일순은 어린 시절 경험 세 가지를 들려주었다.

아마 서너 살 때인 것 같은데 명절이 되면 별식이 많잖아요. 이것저것 먹다 보면 배탈이 나지요. 요즘에야 뒷간이 집 안에 다 있지만 그때는 30~40미터 떨어진 곳에나 대개 있었지요. 볼일은 낮이나 아침에 훤할 때 보는 법인데 밤에 배탈이 났으니 뒷간에 가야겠고, 뒷간엔 불도 없는데다 너댓 살의 아이들은 가랑이를 쭉 벌려야만 널빤지에 오를 수 있거든요. 그래서 자꾸 칭얼 거리면 어른들이 등불을 켜서 변소 앞까지 데려다주면서 "저기 닭장 앞에 가서 구부렁 구부렁 큰절을 세 번 해라. 밤똥은 닭이나 누지 사람도 밤똥을 누느냐"고 말씀하셨어요. 그러면 "밤똥은 닭이나 누지 사람도 밤똥을 누느냐" 하면서 세 번 큰절을 하고 후련하게 볼일을 보고 방으로 들어와 잠을 잔 단 말이에요. 그런 생활을 어려서 했지요. 그러니까 동심의 세계에서는 "내가 사람인데!" 하고 잘났다는 생각이 없었다고요. 이 점에 있어서는 닭이 나보다 낫구나, 하고 생각했어요.

학창 시절에는 이런 경험도 했다.

학교를 다닐 때였는데 집에 일찍 돌아오면 어머니는 개울가에서 빨래를 하시고, 빨래가 많아서 늦게 돌아오시면 배가 고프니까 울타리 밑에 가서 살구를 따 먹지요. 그러면 수염이 이만한 할아버지가 "일순아 뭐해, 이리 와" 하신단 말씀이야. 그래서 "예." 하고 가면 "너 뭐하는 거냐?" 하시지요. 그래 내가 "배가 고파서 살구 좀 따 먹어요"라고 하면 "그 살구는 익어야 따 먹는 거야. 살구는 니 아범이 심은 거지 니가 심은 거 아니잖아. 그러니까 따 먹으면 안 돼. 살구가 익으면 그걸 다 따서 할머니 할아버지 너희 아버지 어머니 형제자매 그리고 같이 일 봐주시는 분들과 나눠 먹어야지, 그것을 지금 따 먹으면 되는가, 알았지?" 하셨어요. 그럼 "예." 할 수밖에요. 어떤 분 말씀이라고 안 들을 수 있겠어요.

어려서 글방에 다녔고, 예닐곱 살 때는 놀지도 못하게 하시면서 집에서 자꾸 글씨를 쓰라고 하셨는데 나보다 서너 살 많은 사람들이 놀러 와서 같이 붓글씨를 썼거든요. 그런데 붓글씨만 쓰면 심심하고 재미없단 말이에요. 그래서 울타리 밑에다 1평이나 2평씩 2패로 조를 짜서 밭을 조금 일구어 완두콩이나 강낭콩을 심고 어느 쪽이 먼저 싹이 나오나 보자구 했단 말이에요. 나도 어느 편에 소속되었고 우리 집 울타리 안이니까 어느 쪽이 먼저 나오나 맨날 지켜보는데 다른 패 쪽에서 먼저 완두콩 싹이 나더란 말이야. 그래서 슬그머니 가서 완두콩 대가리를 딱 잘라버렸지.
또 사다리를 놓고 알을 끄집어내거나 새를 끄집어내는데, 그러다 보니 서툰 솜씨에 알도 깨뜨리고, 새를 서로 주무르다 보니 할딱거리고, 새가 할딱거리니까 죽을 것 같아서 똥구멍에 바람을 넣는단 말예요. 그러면 새가 팔딱거려서 살 것 같은데 죽는단 말이야. 이런 짓을 꽤 했어요.[19]

---

19 무위당 장일순 이야기 모음, 『나락 한 알 속의 우주』, 녹색평론사, 48~49쪽 참조.

장일순은 자칫 사소하게 지나칠 수 있는 일상적인 경험을 통해 놀라운 깨달음을 보여준다. 여기서 장일순은 생명과 독점에 대하여 이야기하고 있었던 것이다. "해월 선생님 말씀에 보니까 '天地萬物 莫非侍天主也천지만물 막비시천주야'라. 하늘과 땅과 세상의 돌이나 풀이나 벌레나 모두가 한울님을 모시지 않은 것이 없다는 것이다. 그래서 제비알이나 새알을 깨뜨리지 말아야 하고, 풀잎이나 곡식에 이삭이 났을 때 꺾지 말아야 된다"는 것이다. 장일순은 "새알이나 제비알을 깨뜨리지 않으면 봉황이 날아 깃들일 것이고, 풀의 싹이나 나무의 싹을 자르지 않으면 숲을 이룰 것이고, 그렇게 처세를 하면 그 덕이 만물에 이르기" 때문이라고 한다. 장일순은 새알을 깨고, 팀을 나눠 경쟁해서 남이 안 보니까 남의 밭에 나는 콩 싹을 잘라버리는 것들이 제국주의보다 나을 게 없다고 말한다.

우리나라 성인이라 할 수 있는 수운 최제우 선생이나 해월 최시형 선생의 말씀을 보면, 그 많은 말씀이 전부 시侍에 관한 말씀이라. 그러니까 이 구석을 들여다봐도 시侍고, 저 구석을 들여다봐도 시侍 아닌 게 없어요. 그래서 어느 구석에 가서도 그거 하나만 보고 앉아 있으면 편안한 거라. 자기가 타고난 성품대로 물가에 핀 꽃이면 물가에 피는 꽃대로, 돌이 놓여 있을 자리면 돌이 놓여 있을 만큼의 자리에서 자기 몫을 다 하고 가면 모시는 것을 다하는 것이라고 저는 생각해요. 동고동락同苦同樂 관계거든요. 요샌 공생共生이라고도 하는데, 본능적으로 감각적으로 편하고 즐거운 것만 동락同樂하려고 든단 말이에요. 그런데 고苦가 없이는 낙樂이 없는 거지요. 공생관계란 각자를 긍정해 주는 것이란 말이에요. 각자를 긍정해 줘야 모시는 것이 되는 거잖아요.[20]

장일순은 한울님을 모시려면 나를 비워야 한다고 했다. 불가에 '허회자조虛懷自照'란 말이 있다. "텅 빈 마음이 스스로 환해진다"는 뜻인데, 그렇게 무아無我의 상태가 되면 '무위無爲'를 행하게 된다고 했다. 가톨릭 영성가들은 이런 상태를 이렇게 해석한다. 하느님께서 우리 안에 들어오실 수 있도록 나를 비워내면, 내 안에 머무시는 그분이 나를 통해 일하신다는 것이다. 그러니 지금 여기에서 선한 일을 행하는 자는 사실상 내가 아니라 내 안에 계신 그분이라는 것이다. 내 삶의 주도권을 하느님께 내어드리는 것이다. 장일순은 이를 두고 '무위無爲'라 했다. 그리고 무위는 그 일이 내게 얼마나 이로운지 계산하지 않는다고 했다.

> 농사꾼이 씨앗을 뿌렸는데 움이 트긴 텄는데 이것이 말라 죽게 된다고 할 적에 수없이 공을 들이고 물을 주고 그렇게 하지요. 그것이 시장에 가서 앞으로 값이 어떻게 된다. 이건 키워봤자 먹을만한 물건도 안된다, 하는 것은 둘째 문제다 이 말이에요. 그것이 살아야 하겠으니까, 죽는 것을 볼 수가 없으니까, 거기에 물 주고 거름도 주고 퇴비도 주고 정성을 다 드리는 거죠. 계산하는 사람은 할 수가 없는 거예요. 무위의 극치는 그런 거예요. 배고프다 하면 그 사람이 날 도운 적도 없고 또 그 사람이 날 죽일 놈이라고 했다고 하더라도 배가 고픈데 밥 좀 줄 수 있을까 했을 적에 밥을 줄 수 있어야 해요. 또 헐벗어서 벌벌 떨고 있으면 그 사람의 등이 뜨시게끔 옷을 입혀 주는 것이 무위다. 그 말이에요. 저 새끼는 옷 줘봤자 뒤로 또 배반할 테니까 옷 줄 수 없어, 그러면 무위가 아니라 유위有爲지요. 계산을 보지 않는 참마음 그런 것이 무위지요.[21]

20　무위당 장일순 이야기 모음, 『나락 한 알 속의 우주』, 녹색평론사, 48~52쪽 참조.

장일순이 말하는 '무위의 행동'은 빈부귀천 남녀노소를 따지지 않고 만인 만사를 한울님처럼 대하라는 것인데, 구체적인 사항은 해월 최시형의 '십무천十毋天' 사상에 잘 나타나 있다.

사람이 곧 한울이니 한울님을 속이지 말라. 한울님을 거만하게 대하지 말고, 상하게 하지 말고, 어지럽게 하지 말고, 일찍 죽게 하지 말고, 더 럽히지 말고, 굶주리게 하지 말고, 허물어지게 하지 말고, 싫어하고 불 안하게 하지 말고, 굴종시키지 말라.

원주에서 옻칠하는 양유전이 처음 국전에 작품을 출품했을 때였다. 스승 이었던 김봉룡[22]이 심사 위원 가운데 한 사람이었으나 결과는 낙방이었다. 양유전이 작품을 만드는 동안 내내 스승의 지도를 받았고, 스승이 손수 보 자기에 싸서 들고 올라가 당신이 돈을 내어 접수한 작품이었다. 김봉룡은 양 유전에게 낙선한 작품을 내어놓으며 딱 한 마디 하였다. "네 것보다 나은 것 이 많더라." 국전에 두어 번 더 떨어지고서 양유전이 장일순을 찾아갔다. 장 일순은 다른 말 없이 『백범일지』를 한번 읽어보라고 했다. 그 책을 다 읽고 서 장일순을 다시 찾아가니 이렇게 말했다.

21 1988년 9월 19일 서울 대치동성당 한살림 월례 강좌 강연, 무위당 장일순 이야기 모음, 『나락 한 알 속의 우주』, 녹색평론사, 60~61쪽 참조.
22 원주는 전통적으로 유명한 옻칠 생산지였으며, 일사 김봉룡 선생이 원주로 오면서 칠기 공예의 중심지가 되었다. 원주칠공예주식회사가 망하면서 좌초될 뻔한 칠공예 를 살리기 위해 장일순이 김봉룡의 후견인 노릇을 하였고, 신협에서 5백만 원의 대 출을 받게 도와주어 김봉룡 선생이 완전히 원주에 자리 잡게 되었다. 그의 제자로 는 우사 이형만 선생(국가무형문화재 제10호 나전장)과 칠화칠기 명인 소하 양유전 선 생이 있다.(〈무위당사람들〉, 2021년 9월 호, 18쪽 참조)

"자꾸 떨어져도 괜찮다. 떨어져야 배운다. 댓바람에 붙어버리면 좋을 듯싶지만 떨어지며 깊어지고, 또 자신을 돌아볼 수 있는 법이다. 그래야 남 아픈 줄도 알게 되고…."

그 뒤로 양유전은 당락에 마음 쓰지 않고 작품을 낼 수 있었다. 국전이 대한민국미술대전으로 바뀐 1982년에 입선하고, 그 뒤 두어 번 더 입선한 뒤에는 장일순이 말했다. "이제 더는 출품하지 말거라." 장일순의 글씨 중에 '불욕이정不欲以靜'이란 게 있는데, "욕심을 줄여야 고요함을 얻는다"는 말이다. 그 이치를 양유전에게 전하고 싶었던 모양이다. 양유전 나이가 사십이 되었을 때, 장일순은 그를 불러 이렇게 말했다.

"나중에 나이가 들면 시골에 가서 밥그릇 같은 것을 만들어 그곳에 사는 사람들에게 나눠주며 살아라. 그러면 쌀 말은 생길 것이고, 쌀 말 있으면 굶지는 않을 게 아니냐? 그러면 되는 거고."

나전칠기螺鈿漆器는 전복 등 껍데기 안쪽이 반짝이는 조개류를 재료로 빛나는 무늬를 만들어 옻칠한 기물에 새겨 넣은 것을 말하는데, 값비싼 물건이었다. 이걸로 밥그릇이나 만들어 사람들에게 나눠주라는 것이었다. 양유전은 "그걸로 돈 벌 생각하지 말고 자유롭게 살라는 뜻"으로 알아들었다.[23] 마음을 비우지 않고서는 가능한 일이 아니었다.

23 최성현, 『좁쌀 한 알 장일순』, 도솔, 2004, 249~250쪽 참조.

바닥으로 기어라

장일순이 이현주와 더불어 『노자 도덕경』를 읽을 때였다. 장일순은 작은 메모지에 '개문류하開門流下'라고 쓰고 "밑바닥 놈들과 어울려야 개인도 집단도 오류가 없다"고 말했다. '개문류하'란 "문을 활짝 열고 아래로 내려간다"는 뜻인데, 이런 태도야말로 장일순이 몸으로 보여준 참사람의 자세라고 말할 수 있다. 장일순은 메모지 뒷면에 '下心慕敬 是修道人 淸淨心하심모경 시수도인 청정심'이라고 적었다. "자신을 낮추고 남을 공경하고 높이는 것이 수행자의 바른 마음이다"라는 뜻이다. 장일순은 언제라도 이런 말을 되풀이하였다.

> 할 수만 있으면 아래로 아래로 자꾸 내려가야 해. 한순간이라도 하심下心을 놓치면 안 돼. 야운조사野雲祖師의 시에 이런 게 있다네.
>
> 너와 나 사이에 산이 무너지는 곳에서
> 허튼짓만 하지 않으면 도는 스스로 높아진다
> 자기를 한사코 낮추는 자에게는
> 온갖 복이 절로 굴러 들어오리니
>
> 꼭 그렇다네. 잠시라도 모가지를 세우는 일이 없어야 해.[24]

---

24 최성현, 『좁쌀 한 알 장일순』, 도솔, 2004, 243~244쪽 참조.

장일순은 1980년대에 생명운동에 나서면서 주로 '무위당无爲堂'이란 호를 썼지만, 말년에는 '일속자一粟子', 그러니까 '조 한 알'이라는 호를 쓰기도 하고, 그것도 모자라 '장서각張鼠角'이란 호도 사용했다. "나는 쥐뿔도 없다", "쥐뿔도 모른다"고 한 것이다. 그런데 1984년 어느 날 장일순은 원주 시내에서 건축자재상을 하던 '모월건재' 대표 최병하의 가게에 들렀다. 담소를 나누다가 "병하야, 우리들은 쥐뿔도 없는 놈들이고, 너나 나나 거지다"라고 말했다. 하지만 예나 지금이나 번듯하게 밥벌이를 하고 있지 않았던 장일순과 달리 최병하는 당시 건재상과 제재소 사업이 번창해 상당한 재력을 쌓을 때여서 장일순의 이 말에 선뜻 동의하기 어려웠다. 뜨악해하는 최병하에게 장일순이 물었다.

"거지가 뭔가?"

"거리에 깡통을 놓고 구걸하는 사람이 아닙니까?"

"그렇지. 그런데 자네는 제재소라는 깡통을 놓고 앉아 있는 거지라네. 거지는 행인이 있어야 먹고살고, 자네는 물건을 사가는 손님이 있어야 먹고사는 것 아닌가. 서로 겉모양만 다를 뿐 속은 다를 게 없지 않은가?"

그 말을 듣고 최병하는 정신이 번쩍 들었다.

"네, 선생님. 저는 손님이 있어 먹고사는 거지, 맞습니다."

장일순이 고개를 끄덕이며 말을 이어갔다.

"그렇지. 우리는 다른 사람의 도움으로 살아가는 거지가 맞지. 누가 자네에게 밥을 주고 입을 옷을 주는지 잘 보라고."

장일순은 최병하에게 '張鼠角장서각', "장 쥐뿔"이라고 쓴 글씨를 주었다.

그뿐 아니다. 언젠가 장일순이 지하상가를 지나갈 때였다. 필방筆房 앞을 지나가려는데, 필방 주인 박형이 "선생님 잠깐만 저 좀 보고 가세요." 하며 붙잡았다. 그가 오래 묵은 편지 한 통을 내놓고 초서草書로 써서 도무지 무슨 내용인지 알 수 없다는 거였다. 들여다보니 친구가 병환 중에 있는 벗에게 약재와 처방, 복용법까지 자세하게 일러주는 사연이 담겨 있었다. 그런데 편지 안에서 다섯 글자는 모르는 한자였다. 이걸 초서에서 해서로 고쳐 써주면서 옥편에서 찾아보라고 전했다. 필방 주인이 고맙다 했는데, 느닷없이 한 고등학생이 그 편지를 받아 들고 다시 풀이해 달라고 요청했다. 다시 말해주고서 똑같이 이 다섯 글자는 모르니 옥편에서 찾아보라고 일러주자, 그 순간 학생은 "그것도 모르면서 무슨 서예가예요, 에잇!" 하고는 횡하니 필방을 나가는 것이었다. 필방 주인은 무안해서 어쩔 줄 모르는데, 장일순은 멍한 순간이 지나자 통쾌함을 느꼈다. 저런 학생이 아니면 누가 이 바닥에서 시원하게 나를 혼낼 것인가 생각했기 때문이다.

그날 지하상가를 걸으면서 장일순은 이런 생각을 했다고 한다. 살아가면서 배운다는 것이 노소老小가 없을진대 아까 그 학생이 선생님이고, 이 못난 사람이 학생 중에서도 덜떨어진 학생이로구나. 부족한 자기를 느끼는 이런 경험이 장일순에게는 기쁨이었다.[25]

장일순은 이 학생을 만나면서 어린 시절을 떠올렸다. 아버지가 장일순과 동생에게 뒤뜰 채마밭에 병아리들이 들어가 어린 배추와 무를 뜯어 먹으면 올 김장은 낭패를 볼 테니 너희들이 싸리바자를 엮어서 울타리를 치라는 거였다. 그때 장일순 나이 열두 살이었고, 동생 장화순 나이 아홉 살이었다. 그런데 동생이 엮은 바자는 꼿꼿하게 서 있는데, 장일순이 엮은 바자는 그냥 서 있질 못하고 학춤을 추고 있었다. 밖에서 돌아온 아버지가 한마디 하였다.

"이놈아, 네가 해놓은 것은 그게 무엇이냐. 병아리들이 다 드나들게 만들

---

25 무위당 장일순 이야기 모음, 『나락 한 알 속의 우주』, 녹색평론사, 10쪽 참조.

었으니 동생만도 못하고 참 답답하구나. 무엇에나 상하소반上下所反이니, 다음에 무엇을 제대로 하겠느냐."[26] 상하소반, 위아래가 바뀌었으니 아무짝에도 쓸모없다는 말이다. 그러니 우쭐대지 말라는 것이다. 장일순은 '不敢爲天下先불감위천하선'이라 하여 "스스로 우쭐대며 사람들 앞에 나서지 않는다"는 말을 귀하게 여겼다. 그는 '무력 증강' '철통 방어' '부국강병'이라는 말은 가진 자의 언어이고, 기득권층과 엘리트의 말이라 생각해 업신여겼다. 오히려 물처럼 낮고 부드러운 사람만이 참으로 세상을 바꿀 수 있다고 믿었다. 앞에 나서는 것보다 뒤에서 밀어주는 '모월산母月山'의 영성을 지녔다.

> 아주 부드러워야 할 필요가 있어. 부드러운 것만이 딱딱한 땅을 뚫고 나와 꽃을 피울 수 있는 것이거든. … 사회를 변혁하려면 상대를 소중히 여겨야 해. 상대는 소중히 여겼을 적에만 변하거든. 무시하고 적대시하면 더욱 강하게 나오려고 하지 않겠어? 상대를 없애는 게 아니라 변화시키는 것이 중요하다면 다르다는 것을 적대 관계로만 보지 말았으면 좋겠다, 이 말이야.[27]

어느 음식점에서 있었던 일이다. 장일순과 일행 대여섯 명이 한 탁자에 앉아 술과 안주를 놓고 이야기를 나누고 있었다. 그 가운데는 고등학교 여선생도 있었다. 술 탓이었을까, 장일순 바로 앞에 앉았던 젊은 여선생이 담뱃갑을 꺼내 들고 먼저 한 개비 뽑아 장일순에게 권하고 자기도 한 개비 불을 붙여 물었다. 거리낌 없는 그 태도에 같이 있던 사람들은 조마조마했다. 장일

---

26 무위당 장일순 이야기 모음, 『나락 한 알 속의 우주』, 녹색평론사, 11쪽 참조.
27 최성현, 『좁쌀 한 알 장일순』, 도솔, 2004, 155~156쪽.

순이 담배를 받아 물고 껄껄 웃었다.

"내가 오늘 아주 여장부를 만났구먼."

장일순은 누구를 만나든지 나이로 대접받을 생각을 하지 않았다. 더구나 담배로 위아래를 가리지는 않았다. 장일순은 젊은이들 만나는 걸 좋아했는데, 몸에 밴 습쩍이 별로 없고 생각이 신선했기 때문이다. 그렇다고 나이만으로 사람을 판단하지도 않았다.

"나이 먹었다고 다 썩은 건 아니지. 젊다고 다 싱싱한 것도 아닌 것처럼. 왜 세상에는 애늙은이도 많잖아? 중요한 건 나이가 아니고 어떤 생각을 갖고 사느냐지. 늙어도 생각이 젊으면 청년이야."[28]

한번은 어떤 이가 골동품을 취급하다 일이 틀어져 감옥살이를 하게 되었다. 장일순은 그 소식을 듣고 화선지에 난초를 치고, 거기에 편지를 한 장 써서 보냈다. 편지 내용은 간단하다.

"자네는 지금 수행하기 아주 좋은 기회를 얻었네. 부디 그 좋은 기회를 헛되이 보내지 않기를 바라네."

장일순은 편지를 보내고서 백방으로 그가 옥살이에서 풀려나도록 힘썼다. 사정을 알아보니 큰 잘못이 없었기 때문이었다. 도 닦기 좋은 곳이 세 군데 있다고 한다. 첫째는 선방禪房이고, 둘째는 감옥이고, 셋째는 병원이라 했다. 장일순의 표현대로 한다면 "바닥을 기어서 천 리를 가야 한다"는 것이다. 납작 엎드려 겨울을 나는 보리나 밀처럼 한세월 자신의 허물을 닦고 가다 보면 언젠가는 봄날이 온다는 것이다. 겨울에 모가지를 들면 얼어 죽는 법이다.[29]

---

28 최성현, 『좁쌀 한 알 장일순』, 도솔, 2004, 188쪽.
29 최성현, 『좁쌀 한 알 장일순』, 도솔, 2004, 63쪽 참조.

하심下心이란 곧 하심河心이다. 자기를 주장하지 않고 물같이 아래로 흘러 생명을 적시는 마음이다. 원주에서 제천 쪽으로 가다 보면 '금대리'가 나온다. 이곳에 수량이 많고 한적한 계곡이 있어서 여름이면 사람들이 많이 찾는다. 장일순이 일행들과 골짜기를 올라가는 길이었는데, 원주에서 얼마간 낯이 익은 사람들을 만났다. 이미 낮술 한잔 드신 듯한 얼굴이었다. 그 가운데 한 사람이 술김에 장일순에게 평소 품었던 질문을 하나 하겠노라 손을 들었다.

"선생님?"

"그래, 왜?"

"선생님은 남들 보고 기어라 기어라 하시는데, 정작 선생님 자신은 기는 법이 없지 않습니까?"

돌발 상황이었다. 바로 그때 잠시의 짬도 두지 않고, 장일순이 그 사람 앞에 무릎을 꿇고 납작 엎드려 절을 했다. 포장도 안 된 흙길이었다.[30]

장일순은 이른바 원주캠프에 속했던 사람들만 아끼고 품어주는 사람이 아니었다. 세상 모든 이가 차별 없이 한울님을 모시고 있는 귀한 사람이라는 사실을 잊지 않았다. 이런 생각은 그저 장일순의 관념 안에만 머무는 깨달음이 아니었다. 장일순은 길을 가다가 아는 사람을 만나면 세세한 가정사를 묻고 어른들의 안부를 살폈다. 손수레를 끄는 사람이거나 바구니 파는 장수거나 가리지 않았다. 김지하는 한때 장일순 집에 머문 적이 있었는데, 당시에 이따금 장일순을 따라서 시내에 나가곤 했다. 봉산동에서 원주 시내까지는 걸어서 20분이면 충분했는데, 걷다 보면 장일순이 길에서 만나는 사람들 이야기를 들어주느라 보통 한두 시간씩 걸리는 일이 흔했다고 한다.

---

30 최성현, 『좁쌀 한 알 장일순』, 도솔, 2004, 180쪽.

나는 한때 선생님의 봉산동 자택 한 구석방에서 몇 달을 머문 적이 있다. 그 무렵 선생님을 따라 매일 아침 봉산천 다리를 건너서 시내 중심가로 나와 사람들을 만나곤 하는 것이 거의 일과처럼 되었는데 문제는 그 행보 과정에 있었다. 봉산동 자택에서 중심까지는 걸어서도 이십 분 정도로 족한 거리인데 보통 두 시간씩 걸리기가 다반사였다. 왜 그랬을까. 바로 그 '밑으로 기어라' 때문이었다. 아주머니, 아저씨, 길가의 좌판장수, 기계부속품 가게 주인, 리어카 채소장수, 식당 주인, 아니면 농부들, 만나는 사람 한 사람 한 사람과 끊임없이 벌이 얘기, 아이들 소식, 농사 얘기, 살림살이며 시절 얘기를 나누는데 보통 두 시간 이상이 걸렸으니 말이다. 나는 그 진풍경을 곁에서 지켜보면서 "아아! 이것이 밑으로 기어라"로구나 했다.[31]

생명에 대한 감각

장일순의 봉산동 집 마당에는 늘 잡초가 가득했다. 그것을 본 홍동선이 "잡초도 가꾸십니까?" 물었다. 장일순이 웃으며 답했다.

"저놈들이 아침저녁으로 나를 반기니 어떻게 하겠는가? 이 세상에 존재하는 모든 생명 있는 것들은 다 나름대로 가치가 있는 것이여. 공생의 윤리가 우주의 법칙이 아닌가?"

31 최성현, 『좁쌀 한 알 장일순』, 도솔, 2004, 6~7쪽.

1975년에 장일순은 이런 글씨를 남긴 적이 있다.

'百草是佛母백초시불모', "백 가지 풀, 곧 모든 풀이 부처의 어머니"라는 뜻이다. 왜냐하면 풀은 지구의 사막화를 막고, 모든 동물들을 먹여 키운다. 지구 위에 풀이 없다면 부처고 뭐고 애초부터 이야기가 안 된다. 우리는 모두 풀이 있어 목숨을 유지해 갈 수 있다는 것이다.[32] 그런데 한여름이 되자 마당의 풀이 너무 자라 드나드는 데 성가실 정도가 되었다. 늘 가까이서 자주 봉산동 집을 드나들던 어느 제자가 이 집에 찾아오는 손님들이 불편할까 봐 이번엔 낫을 들고 와서 잡초를 베기 시작했다. 그런데 갑자기 방문이 벌컥 열리면서 호통치는 소리가 들려왔다.

"야 이놈아, 그 풀 네가 심었냐? 하늘이 심은 것이니 그냥 놔둬라. 걔네들도 세상에 나왔을 때는 무슨 사명감을 갖고 나오지 않았겠냐?"

장일순의 꾸지람에 무안해진 제자에게 아내 이인숙이 다가와 목을 축이라며 시원한 차를 건네주었다.[33]

사실 이 잡초들은 때때로 이 집 밥상에 오르기도 했다. 장일순의 집에 늘 손님들이 많이 찾아오곤 했는데, 이따금 찬거리가 변변한 게 없을 때가 있었다. 그러면 이인숙은 마당에서 질경이를 뜯고, 아네모네잎은 삶아서 무침으로 내왔다. 그러면 손님들은 '하늘밥상'이라며 달게 밥그릇을 비웠다고 한다.

장일순 부부가 돌보았던 것은 잡초만이 아니었다. 대성학교 교사였던 유민숙에 따르면, 풀숲이 우거진 마당을 드나들던 길고양이들도 허투루 대하지 않았다.

32 최성현, 『좁쌀 한 알 장일순』, 도솔, 2004, 232~233쪽 참조.
33 (사)무위당사람들, 『묻혀서 사는 이의 고운 마음을 아는 이 있을까』, 2019, 210쪽 참조.

설 즈음의 어느 겨울이었던 것 같은데, 선생님은 마당의 풀이 자라는 대로 놔둬서 숲 같았어요. 선생님 댁에 길고양이들이 많이 드나들었는데 사모님이 밥도 주고 거두셨나 봐요. 어느 날 갔더니 사모님이 "아이고 오늘 고양이가 해산을 했어" 이러시더군요. 옆에 계시던 무위당 선생님이 "그럼 따뜻하게 뭘 좀 잘해주오." 그러시니까 "아이고, 그래야지요." 사모님이 말씀을 하시더라고요. 그 대화를 들으면서 보통 사람들은 '고양이가 새끼를 낳았어요' 그러는데, 이분들은 미물인 짐승한테도 말을 허투루 하시는 분이 아니라는 생각이 들더라고요.[34]

장일순이 원주시 명륜동 사는 이난영에게 준 글씨 가운데 '一花之中天地일화지중천지', "한 송이 꽃에 천지가 있다"라는 작품이 있다. 이난영의 조용하고 맑은 성품을 담아낸 이 글에 관련된 이야기가 하나 있다. 장일순은 이따금 김진홍이 원주 시내에서 열어놓은 합기도장 흑추관에서 서예가 채희승을 만나 한담을 나누곤 했다. 1982년 어느 날이었는데, 장일순은 채희승과 흑추관에서 차를 마시고 있었다. 한참 이런저런 이야기를 하던 중에 장일순이 느닷없이 화분에서 떨어진 꽃 한 송이를 집어 들고 채희승에게 물었다.

"이게 무엇이냐?"

"예, 꽃입니다."

"네 눈에는 이것이 꽃으로 보이느냐?"

"예, 꽃입니다."

"그럼, 이 꽃은 어디에서 나오느냐?"

---

34 (사)무위당사람들, 『묻혀서 사는 이의 고운 마음을 아는 이 있을까』, 2019, 176~177쪽 참조.

"꽃이 허공에 뿌리를 내리고야 피어날 수 있겠습니까? 꽃은 흙이 있어야 나오지만, 거름도 주어야 하고 햇빛, 달빛, 물과 온도 등등 온갖 것이 모두 갖추어져야 필 수 있습니다."

"그래. 그럼 다시 묻겠다. 이것이 무엇이냐?"

"예, 선생님. 거름이라고 해도 되고, 우주라고 해도 맞을 것 같습니다."

"그래, 네가 이젠 꽃을 보고도 꽃 아님을 볼 줄 아는구나."

"그런데 이 꽃이 어떻냐?"

"예, 아주 예쁩니다."

"그래, 그럼 너는 거름도 예쁘냐?"

"예, 선생님. 큰 공부 감사합니다."[35]

천주교 원주교구에서 오랫동안 재해대책사업과 사회개발위원회를 담당했던 정인재에게는 '一草之中 聖父在矣일초지중 성부재의', "한 포기 풀 속에 하느님이 계시느니라"라는 서화를 주었다. 풀 한 포기, 꽃 한 송이에 우주가 들어 있다는 장일순의 생명사상이 깃들어 있는 작품이다. 정인재는 원주그룹 가운데도 가장 가톨릭 신앙이 두터운 사람이었다. 아마도 이런 마음을 고려해 장일순은 "성부聖父" 하느님 이야기를 덧붙인 것으로 보인다. 장일순은 이 서화를 주면서 이렇게 말했다.

"교회에 다니는 사람은 하느님, 불교 믿는 사람은 부처님, 뭐 여러 가지 종교마다 다 있어요. 그것은 보이는 존재가 아니라는 말이야. 만져질 수 있는 게 아니야. 그런데 고맙게도 우리 가까이에 하느님, 부처님이 늘 함께 하세요. 풀 하나, 돌 하나 어디나 안 계신 데가 없어요. 우리도 아침에 일어나면

---

35 (사)무위당사람들 엮음, 『무위보감 누가 알랴』, 무위당사람들, 2022, 138~140쪽 참조.

하늘과 땅과 만물에게 고맙다고 생각하는 예배를 해야 한단 얘기야.'[36]

1988년 새해에 경남 고성 사람 이병철이 장일순을 만나러 원주에 왔다. 1987년 민주화운동의 성과인 대통령직선제 아래서 치러진 선거에서 김영삼과 김대중 후보의 단일화 실패로 노태우를 통해 군사정권이 연장되어 심란할 때였다. 그때 장일순은 이병철에게 '대인여류大人如流', "대인은 흐르는 물과 같다"는 글을 지어주었다. 이를 두고 이병철은 "선생님께서는 내가 소인배임을 아시고 대인이 되라는 덕담과 함께 '대인은 여류如流이니 그리 알고 살아라'라고 써주신 것이라 생각하고 있다"고 말한다.

그 후로 줄곧 '여류如流'를 자신의 호로 쓰고 있는 이병철은 부산대 학생이었던 1974년에 민청학련 사건으로 옥고를 치렀다. 감옥에서 나와 가톨릭농민회 사무국장을 맡으면서 농민운동에 투신했다. 1987년에는 민주헌법쟁취국민운동본부의 조직국장을 맡았다. 그리고 1996년부터는 전국귀농운동본부를 통해 도시지역의 젊은이들이 생태농업에 투신할 수 있도록 도왔다. 이병철은 귀농운동에 대해 이렇게 말한다.

> 농촌을 살려야 새로운 문화와 이념이 창조될 수 있습니다. 새로운 이념과 문화를 창조할 수 있는 농촌의 가치를 새롭게 보자는 것입니다. 그리고 농촌에서 대안적 삶을 창조하자는 운동입니다.[37]

1991년 장일순이 병중에 있을 때 함안에서 농사를 짓던 이병철에게 '吾不

---

36 (사)무위당사람들 엮음, 『무위보감 누가 알랴』, 무위당사람들, 2022, 353~354쪽 참조.
37 (사)무위당사람들 엮음, 『무위보감 누가 알랴』, 무위당사람들, 2022, 185~186쪽 참조.

오불여노농, 1991.

如老農오불여노농', "나는 늙은 농부에 미치지 못하네"라는 먹글씨와 안부 편지를 보낸 적도 있다. 장일순은 귀농운동을 독려하는 이병철의 노고를 다독이며, 염려 덕분에 병세가 나아지고 있다면서 "언젠가 『논어』를 보니 제자가 공자에게 농사를 물었더니 '吾不如老農오불여노농'이라 했어. 참 좋은 말이더군. '나는 늙은 농부에 미치지 못하네'라는 말은 분수를 아는 명언이더군. 변변치 못하지만 자네에게 즐기라고 써 보내네"라는 말을 전했다. 어느 강연에서 장일순은 '농자는 성군'(農者聖君)이라면서 이렇게 말했다.

> 생명운동의 근원은 농업이다. 귀농운동의 핵심은 농민을 사랑하는 마음에 있어야 한다. 농부는 자연과 가장 가까이 살아가는 사람들이다. 농민들은 자연과 우주와의 접촉을 통해 근원적인 생명 체험을 하는 사람들이다. 그러니까 농사짓는 사람들 진짜 사랑해야 된다. 나는 늙은 농부에 미치지 못한다.[38]

---

38 (사)무위당사람들 엮음, 『무위보감 누가 알랴』, 무위당사람들, 2022, 362~364쪽 참조.

밥 한 그릇에 담긴 우주

해월 최시형은 '一碗之食 含天地人일완지식 함천지인'이라고 했다. "밥 한 그릇에 하늘과 땅과 사람이 들어있다"는 말이다. 이 말을 장일순은 이렇게 풀이한다.

> 해월 선생님 말씀 중에 밥 한 그릇이 만들어지려면 거기에 우주 일체가 참여해야 한다는 말씀이 있어. 우주 만물 가운데 어느 것 하나가 빠져도 밥 한 그릇이 만들어질 수 없다 이거야. 밥 한 그릇이 곧 우주라는 얘기도 되지. 잡곡밥 한 그릇, 김치 한 보시기 같은 소박한 밥상도 전 우주가 참여해서 차려 올리는 밥상이라는 거야. 그러므로 거기에 고기 반찬이 없다고 투정하는 건 무엇이 올바르게 사는지를 모르는 엉터리 짓이야.

건강한 사람은 무엇을 먹든 다 달다. 맛있고 고맙다. 밥맛이 없다면, 밥상 앞에서 고마운 마음이 일지 않는다면 자신의 삶을 돌아봐야 한다. 뭔가 크게 잘못 살고 있는 게 분명하기 때문이다. 장일순은 나 한 사람 살리자고 그 밥 한 그릇을 만들고 있는 우주 전체의 공력을 생각해 보라고 한다.

> 사람도 마찬가지야. 요즘 출세 좋아하는데 어머니 배 속에서 나온 것이 바로 출세야. 나, 이거 하나가 있기 위해 태양과 물, 나무와 풀 한 포기까지, 이 지구 아니 우주 전체가 있어야 돼. 어느 하나가 빠져도 안 돼. 그러니 그대나 나나 얼마나 엄청난 존재인가. 사람은 물론 풀 한 포기,

410
411

벌레 한 마리까지도 위대한 한울님인 게지.

장일순은 음식을 가리지 않았다. 외식을 할 때도 사람들이 권하는 밥을 입맛 따라 거절하는 법이 없었다. 추어탕도 먹었고, 개고기도 먹었다. 물론 그래도 장일순이 가장 좋아하는 음식은 있었다. 그게 '칼국수'였다고 아내 이인숙은 전했다. 하지만 밥상에 무엇이 올라오든지 따지지 않았다. 장일순은 밥을 먹기 전에 밥상을 향해 잠시 고개를 숙였다. 장일순은 "밥 한 사발을 알면 모든 것을 알 수 있고, 우리가 평생 배워 아는 것이 밥 한 사발을 아는 것만 못하다"고 늘 말하곤 했다.[39]

그래서 수행과 공덕을 지향하는 종교들은 나름대로 식사기도를 바친다. 불교의 공양게供養偈는 "한 방울의 물에도 천지의 은혜가 스며 있고, 한 알의 곡식에도 만인의 노고가 담겨있습니다. 이 음식을 먹고 건강을 유지하여 모든 중생을 위해 봉사하겠습니다." 하고 기도한다. 한편 오관게五觀偈에서는 "이 음식이 어디서 왔는가. 내 덕행으로 받기가 부끄럽네. 마음의 온갖 욕심 버리고 육신을 지탱하는 약으로 알아 도업道業을 이루고자 공양을 받습니다." 한다. 성바오로딸수녀회에서는 이렇게 기도한다.

주님, 당신을 거룩하게 섬기기 위하여 먹고자 하는 이 음식과 저희에게 축복을 내리소서. 예수님 당신은 미사성제 안에서 '쪼개어진 빵'이시니, 당신 생명으로 저희를 영적으로 양육시켜 주시고, 날마다 당신 섭리로 주시는 음식을 사랑 안에서 나눌 수 있게 하소서.

39 최성현, 『좁쌀 한 알 장일순』, 도솔, 2004, 215~217쪽 참조.

조석으로, 1988.

　손끝에 닿듯 동학의 가르침을 아끼던 장일순은 해월 최시형이 "사람은 한울을 떠날 수 없고, 한울은 사람을 떠나서 이루지 못하니, 그러므로 사람의 호흡과 동정動靜과 의식衣食은 이것이 서로 도와주는 기틀이니라. 한울은 사람에 의지하고 사람은 먹는 데 의지하였나니, 만사를 안다는 것은 밥 한 그릇을 아는 데 있나니라." 하고 이른 말을 누구나 쉽게 알아듣게 하려고 문장을 바꾸어 아래와 같이 작품을 써서 1988년에 동생 장화순에게 주었다.

　　조석으로 끼니마다 상머리에 앉아
　　한울님의 은혜에 감사하자
　　하늘과 땅과 일하는 만민과
　　부모에게 감사하자
　　이 모두가 살아가는 한 틀이요, 한 뿌리요,
　　한 몸이요, 한울이니라

　장일순에게는 밥 한 그릇의 의미를 아는 것이 거룩함으로 나아가는 길이었다. 모든 밥상이 거룩한 밥상이라는 이치를 1988년 그해 9월에 열린 한살

412
413

림공동체 강좌에서 상세하게 풀이하였다.

하늘은 벌레고 천옥天獄이고 사람이고 누구든지 가리지 않고 다 빛을 비춰
주셔요. 비가 오면 다 축여줘요. 그러니까 풀 하나도 태양이 없으면 안 되고,
맑은 공기 없으면 안 되고, 맑은 물 없으면 안 되고, 흙이 없으면 안 되고, 다
지닐 걸 지녀야 돼. 풀 하나도 우주가 뒷받침해 주는 거야. 그렇기 때문에 동
학의 2대 교주 해월 선생께서는 하늘이 하늘을 먹는다 이랬어요. 그 풀 하
나에, 낟알 하나에 우주가 다 있는 거라. 그걸 우리가 먹는 거요. 이천식천以
天食天이라, 하늘이 하늘을 먹는다. 밥 한 사발 안에 우리가 우주를 영迎하
는 거다 이 말이에요. 그러니까 지금 하고 싶은 말이 뭐냐. 이 물 한 컵, 밥 한
사발, 김치 한 보시기가 제왕이나 다름없는 거룩한 밥상이란 말이에요. 밥
한 사발을 먹는 것도 우주가 함께 하시니까, 수많은 농부의 땀과 땅과 하늘
이 함께 해주시니까, 식사한다. 이렇게 생각했을 적엔 말이지 더 바랄 게 뭐
가 있어. 빽이 뭐냐 하면 천상천하가 다 자기 빽인데. 은혜를 알면 생활이 기
뻐. 은혜를 모르면 일등만 하려고 맨날 미쳐 돌아가는 거지.[40]

한편 장일순은 "젯상과 밥상을 나를 향해 돌려놓으라"라는 해월의 '향아
설위向我設位' 사상에 전적으로 동의하여 이렇게 말한다.

최시형 선생의 말씀 중에서 내가 좋아하는 것은 '향아설위'라는 거예요. 그
것은 종래의 모든 종교에 대한 대혁명이죠. 늘 저쪽에다 목적을 설정해 놓고
대개 "이렇게 해주시오." 하고 바라면서 벽에다 신위를 모셔놓고 제사를 지

---

40 (사)무위당사람들 엮음, 『무위보감 누가 알랴』, 무위당사람들, 2022, 144쪽.

내는데, 그게 아니라 일체의 근원이 내 안에 있다는 거죠. 즉, 조상도 내 안에 있고 모든 시작이 내 안에 있으니까 제사는 내 안에 있는 영원한 한울님을 향해 올려야 한다는 말씀이에요. 해월께선 할아버지 내외, 아버지 내외, 아들 내외, 딸, 며느리, 손자 할 것 없이 모두 모인 자리에서 향아설위를 했으니 대단하지요. 생각해 봐요. 19세기에 할아버지가 며느리, 손자에게 절을 했으니 될 법이나 한 소린가. 요새 민주주의 갖고는 어림없는 얘기 아닌가 말이야.[41]

"제사는 내 안에 있는 영원한 한울님을 향해 올려야 한다"는 말은, 장일순이 원주교구에서 일할 때 주로 참고하던 제2차 바티칸공의회 문헌인 「사목헌장」의 다음 구절과 맥락이 닿아 있다.

> 인간은 '하느님의 모상을 따라' 창조되었고, 창조주를 알아 사랑할 수 있으며, 창조주로부터 세상만물의 주인공으로 설정되어 만물을 다스리고 이용하며 하느님께 영광을 드리는 것이다.[42]

모든 인간 안에는 하느님의 형상이 새겨져 있다는 말이다. 그러므로 그리스도교 신앙은 따로 하느님의 이미지를 본뜬 신상을 만들 필요가 없다. 인간이 바로 보이지 않는 하느님의 보이는 형상이기 때문이다. 그리스도교의 강생降生(incarnatio)신앙은 그 보이지 않는 하느님이 마침내 사람이 되었다는 믿음이다. 그러니 하느님을 알고자 하는 이는 예수 그리스도를 보면 된다.

---

41 (사)무위당사람들 엮음, 『무위보감 누가 알랴』, 무위당사람들, 2022, 195~196쪽.
42 제2차 바티칸공의회 문헌 「사목헌장」 12항.

그래서 복음서에서 예수는 "나는 길이요 진리요 생명이다. 나를 통하지 않고서는 아무도 아버지께 갈 수 없다. 너희가 나를 알게 되었으니 내 아버지도 알게 될 것이다. 이제부터 너희는 그분을 아는 것이고, 또 그분을 이미 뵌 것이다"(요한 14, 6-7)라고 하였다. 이는 동학의 "일체의 근원이 내 안에 있다"는 사상과 크게 다르지 않다. 이런 생각이 동학과 서학에서 '인간 존엄성'의 원천으로 작용한다.

한편 제2차 바티칸공의회의 전례개혁은 천주교 신자였던 장일순이 '향아설위'를 쉽게 이해하는 데 도움을 주었을 것이다. 제2차 바티칸공의회 첫 회기였던 1963년 11월 22일, 로마에서 한자리에 모인 세계 주교들이 첫 문헌으로 「거룩한 전례에 관한 헌장」을 반포했다. 이 문헌은 "이것으로 가톨릭교회가 영원히 변했다"는 말이 나올 정도로 혁신적이었다.

공의회 이후부터 가톨릭교회에서는 미사를 사제들만 알아듣는 라틴어로 행하지 않고, 누구나 알아들을 수 있는 모국어로 봉헌하게 되었다. 신자들은 무릎 꿇고 성체를 받아 모시지 않고 서서 영하게 되었다. 무엇보다 제대의 방향이 바뀌어 벽을 바라보고 미사를 집전하던 사제가 이제는 신자들을 마주 바라보며 봉헌하기 시작했다. 해월 최시형은 유교식 제사법인 '향벽설위向壁設位'가 부당하다고 말한다. 밥상을 나를 향해 차려야 옳다는 것이다. "조상은 저쪽에 있는 게 아니라 내 안에 있기 때문"이라는 것이다. 복음서에서도 "그분께서는 죽은 이들의 하느님이 아니라 산 이들의 하느님"(마태 22, 32)이라고 말한다.

밥상공동체-한살림

산 사람 입에 밥이 들어가는 것보다 눈물겨운 사랑은 없다. 해월 최시형은 '이천식천以天食天', 사람이 밥을 먹는 것은 하늘이 하늘을 먹는 것이라고 했다. 밥을 먹지 못하면 하늘을 먹지 못하니 하늘 같은 사람이 될 수 없다. 그러니 장일순은 이처럼 사람이 밥을 먹는 일이 얼마나 중요한지 잘 알고 있었다. 장일순은 관념적인 사람이 아니다. 본인이 손에 쥔 돈은 없지만, 자신이 보탤 수 있는 도움이 있다면 기꺼이 마음과 시간을 내주었다.

원주 옛 시청 앞 사거리에 합기도장 '흑추관'을 차렸던 김진홍이란 사람이 있었다. 도장을 열었지만 운동을 배우러 오는 사람이 거의 없었다. 이러다 굶어 죽겠다 싶어서 술자리에서 지인들에게 이런 생계의 어려움을 털어놓으니 다들 장일순 선생을 찾아가 보라고 권했다. 김진홍이 봉산동 집에 찾아가 "선생님, 저 좀 먹고살게 해주세요." 부탁했더니, "내가 백수인데 무슨 수로?" 하면서 합기도장이 어디냐고 물어본 뒤에 돌려보냈다. 다음 날부터 장일순은 날마다 흑추관에 찾아가 아무 말 없이 도복을 입고 앉아 있었다. 그러니 봉산동으로 장일순을 찾아왔던 이들이 이젠 합기도장에 가야 장일순을 만날 수 있었다. 장일순은 그네들에게 "우선 도복부터 입어!" 하였다. 그렇게 도복으로 갈아입고 장일순 주변에 앉아 합기도를 배우기 시작한 사람이 스무 명 남짓 되었다. 그중엔 최약방 주인 최진구도 있었다. 이렇게 합기도장이 살아났다. 이때 김진홍에게 장일순이 써 주신 글이 '눈물겨운 아픔을 선생이 되게 하라, 진홍아, 이렇게 가보자'였다.[43] 어찌 되었든 사람이 밥

---

43 (사)무위당사람들 엮음, 『무위보감 누가 알랴』, 무위당사람들, 2022, 110~112쪽 참조.

은 먹고 살아야지, 하는 게 장일순의 마음이었다.

장일순이 1989년에 "밥"이라는 글씨를 써서 선물했던 정화석은 원주시 귀래에서 도예가로 활동하고 있다. 정화석은 장일순을 흠모하여 장일순이 1970년대에 주로 쓰던 호號를 따서 작업실 이름을 '청강도예靑江陶藝'라 붙였다. 그가 아직 젊었던 1980년대 중반의 일이다.

> 원주천 둑방길에서 무위당 선생님을 만났습니다. 반갑게 인사를 드렸더니 선생님이 걸음을 멈추시고 주머니에서 담배갑을 꺼내 통째로 저에게 주셨습니다. 골초인 제가 담배를 사 피우기 어려운 가난뱅이 예술가임을 선생님은 잘 알고 계셨습니다. 선생님은 제 손에 담배를 쥐어주시고 걸음을 옮기셨습니다. 저는 멀어져 가는 선생님의 뒷모습을 바라보고 있었습니다. 그런데 저만치 가던 선생님이 땅바닥을 한참 두리번거리시더니 뭔가를 집어 들었습니다. 담배꽁초였습니다. 선생님은 꽁초에 불을 붙여 한 모금 길게 내뿜으며 조용히 원주천을 바라보고 계셨습니다. 순간, 눈물이 핑 돌았습니다.[44]

정화석은 본래 화가였는데, 그림은 곧잘 그렸지만 팔 줄을 몰랐다. 홀몸일 때는 괜찮았지만, 고등학교 3학년 때 만난 어린 아내가 대학에 입학하는 바람에 등록금, 살림집, 생활비 등으로 사는 게 막막해졌다. 고심 끝에 정화석은 어느 공모전에서 특선을 받은 작품을 들고 장일순을 찾아갔다.

"얼마가 필요한데?"

"100만 원은 있어야 되겠습니다."

---

44 (사)무위당사람들 엮음, 『무위보감 누가 알랴』, 무위당사람들, 2022, 308쪽.

"한 주일 뒤면 되겠냐?"

"예."

"그럼, 그때 다시 오거라. 그런데 그림은 도로 가져가거라. 너도 알다시피 우리 집에는 둘 곳이 없잖니?"

일주일 뒤에 정화석은 장일순에게서 100만 원을 받아와 아내가 있는 청주로 갔지만 가져간 돈은 금방 바닥이 났다. 결국 청주 생활을 포기하고 다시 원주로 돌아왔다. 원주에서 가톨릭센터 뒤에 방 한 칸을 얻었다. 갓난아이도 있었지만 겨울에 불을 때고 살 형편도 못 되었다. 하루는 아이를 데리고 어딘가 나갔다 밤늦게 돌아오니 못 보던 전기장판이 있었다. 메모 한 장 없이 누군가 놓고 간 전기장판 때문에 모처럼 따뜻하게 아이를 재울 수 있었다. 나중에 알고 보니 장일순이 놓고 간 것이었다.

그런데 1985년 당시에도 꽤 큰돈인 100만 원을 장일순은 어디서 마련한 것일까? 최성현은 『좁쌀 한 알 장일순』에서 "장일순은 돈을 버는 일을 하지 않았다"고 전한다. 돈 많은 부자일수록 인색한 법이지만, 장일순을 봐서 기꺼이 돈을 내어놓을 만한 사람들도 꽤 많이 있었다. 장일순을 가까이서 만났던 선종원은 이렇게 전한다.

"좋은 일을 하고 싶은 부자들도 있지. 그런 분들은 제대로 쓰이리라는 믿음이 있으면 돈을 내. 정산부인과, 삼화당 한약방, 중앙산부인과, 최약방, 문이비인후과 원장들이 그랬어. 그분들은 장 선생님이 연락만 하면 아낌없이 도우셨지. 내가 가운데서 심부름을 한 것만도 여러 번이야."[45]

장일순이 돈을 다루는 방법을 알 수 있는 이야기도 있다. 돈을 대하는 태도만큼 그 사람의 진가를 알아보게 하는 것은 없다. 짐짓 고상한 척하는 이

---

45 최성현, 『좁쌀 한 알 장일순』, 도솔, 2004, 138~141쪽 참조.

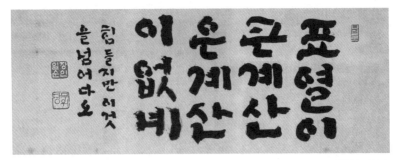

들도 정작 돈 앞에서는 본색을 드러내기 마련이다. 장일순은 집안에서 배운 미덕이 몸에 밴 사람이다. 할아버지는 늘 식객을 집에 들였고, 아버지는 소작인들이 주는 대로 도지를 받았다. 해방 이후에는 소작인들에게 농토를 무상으로 나눠주었다. 그리고 사재를 들여 어려운 학생들을 위해 대성학교를 세우기도 하였다. 소유를 '내 것'이라고 주장하지 않는 장일순에게 1984년 어느 날, 대성학교 제자였던 전표열이 어두운 얼굴로 찾아왔다. "친구에게 돈을 빌려주었는데 갚겠다고 약속한 날짜가 한참 지났는데도 갚지 않아서 속을 끓이고 있다"는 거였다. 전표열은 우정에 금이 갈까 봐 친구한테 왜 돈을 갚지 않냐고 물을 수도 없었다.

"고민이 되겠구먼. 그런데 표열아. 너 그 돈이 없다고 지금 당장 굶어 죽거나 어떻게 되는 건 아니지?"

"…."

"자네 속이 아프겠지만, 돈을 갚지 못하는 그 친구의 심정은 오죽하겠는가. 네 친구가 약속한 날짜에 갚지 못할 때는 그만한 딱한 사정이 있지 않겠어? 힘들어도 조금만 더 참고 기다려 봐."

"선생님, 친구 녀석이 끝까지 돈을 갚지 않으면 어떻게 해야 합니까?"

"그러면 형편이 어려운 친구 도와줬다고 생각하고 싹 잊어버리게."

다음 날 장일순은 전표열을 집으로 불러 이렇게 쓰인 글씨를 주었다.

"표열이 큰 계산은 계산이 없네. 힘들지만 이것을 넘어다오."[46]

그 친구는 나중에 원금에 이자까지 얹어서 돈을 되돌려주었다고 한다. 중요한 것은 "큰 계산은 계산이 없다"는 것이고, 장일순은 다른 이들이 그런 마음을 더 많이 얻어 누릴 수 있기를 바랐다는 것이다.

김지하는 『밥』(분도, 1984)에서 "혼자서 밥을 먹으면 밥맛이 없다"는 말은 "원래 밥상에 둘러앉아 나누어 먹도록 되어 있는 밥을 혼자서 처먹기 때문"이라고 했다. 즉, 밥의 본질과 먹는 형식이 일치하지 않으면 밥맛이 없는 법이라고 말한다.[47] 밥맛이 없으면 살맛이 없으니, 모두가 살기 위해서라도 '혼밥' 하지 말고 밥상공동체를 이뤄 먹자고 김지하는 제안한다. 장일순이 굳이 주변 사람들의 끼니를 걱정한 것은 그들 모두가 본질로는 '하늘'이고, 천주교 식으로 말하자면 '하느님의 평등한 자녀'이기 때문이다.

이러한 밥상공동체의 원리를 구현한 것이 장일순에게는 박재일과 더불어 시작했던 '한살림운동'이다. 이것은 한울님을 모실 뿐만 아니라 한울님을 살리자는 운동이다. 장일순은 이렇게 사람을 살리는 거룩한 밥을 짓는 농사를 협동과 연대의 공동체 안에서 실현하는 길만이 현대 산업사회의 문제를 해결할 수 있다고 확신했다. 한살림은 도시와 농촌이 협력과 연대를 통해 함께 가는 새로운 운동 방식이었다. 뒷날 장일순은 이런 운동을 하게 된 배경을 이렇게 밝혔다.

---

46 전표열 대담, 『달이 나이고 해가 나이거늘』, (사)무위당사람들 엮음, 2020, 219~220쪽 참조.

47 김지하, 『밥』, 분도출판사, 1984, 74쪽 참조.

한살림운동은 몇십 년 동안 생각해 왔던 것이고, 또 하나는 70년대 소비자협동조합운동을 해나가는 과정에서 또 반독재운동을 계속하다 보니까 종전의 맑스 패러다임에서 벗어나야겠다는 생각이 들었어요. 그것 가지고는 문제의 해결은 물론이고 악순환이 계속되겠더란 말입니다. 농약과 비료를 마구 뿌리고 도시 산업화를 꾀하는 걸 보니 이 강토 전체가 황폐화되겠더라고요. 환경도 살고, 우리도 살자는 방향으로 가지 않으면 안 되겠더군요. 6·3사태 이후에 원주서 농촌운동을 하려고 한 박재일 씨에게 "기본적으로 살아가는데 공동체 내지는 농토를 살리고 먹거리를 살리는 방향으로 가야 되지 않겠는가" 하고 이야기했어요.[48]

장일순은 계급운동을 넘어서는 운동이 필요하다고 생각했다. 모든 생명에 대한 공경을 바탕에 둔 더 깊은 영성에 공감하고 시민들이 더 넓게 연대할 수 있는 운동이 필요했다. 그렇게 잃어버린 공동체를 회복하는 일에서 희망을 보았다. 장일순은 1983년에 「공동체적 삶에 대하여」라는 글을 적으면서 생명의 공동체가 왜 필요한지 말한다.

인간이 사물에 대해서 선악과 애증을 갖게 되면, 취사선택取捨選擇이 있기 마련이고, 좋은 것을 선택하는 선호選好의 관념은 이利를 찾게 되고, 이것은 자연히 현실에서 이웃과 경쟁을 하게 되는 것으로 이어집니다. 많은 이들은 선의의 경쟁을 말하지만, 그것은 상황에 따라서 악의의 경쟁도 되는 것입니다. 이러한 삶은 인간이 자기 분열을 한없이 전개함으로써 자멸自滅을 가져오는 것입니다. 영성적인 절대만을 유일한 진

---

48 이계열, 「무위당 선생님과의 인연」, 〈무위당을 기리는 사람들〉 18호, 12쪽.

리라고 생각하여 상대적인 현상을 무시하는 삶도 아니고, 상대적인 다양한 현실만이 전부라고 생각하는 어리석은 삶도 아닌, 다른 바탕에 공동체적 삶이 있는 것입니다. 아낌없이 나누기 위하여 부지런히 일하고 겸손하며 사양하는 검소한 삶은 인간과 인간 사이에, 또한 인간과 자연 사이에서 기본이 되는 삶의 모습이라고 생각합니다. 이러한 삶에는 꾸밈이 없을 것입니다.[49]

장일순이 생각한 한살림운동은 한마디로 사람과 자연, 생산자와 소비자가 한 울타리에서 공생하자는 것이다. 그리고 "자연과도 공생해야 되지만 제대로 사는 것을 모르는 사람하고도 공생해야 된다"면서 "[공생의 필요성을] 모르는 사람들에게는 우리가 가서 만나고 안아주고, 그 사람들의 요구를 들어주고, 그렇게 하는 속에서 연대"해야 한다고 말한다.[50]

——— 장일순 주변, 덧붙이는 이야기 ———

1980년대 후반에도 원주 봉산동 토담집에는 군 장성에서부터 장바닥 아주머니들까지 장일순을 찾는 발길이 끊이지 않았다.

49 장일순, 「나와 너는 천지만물과 더불어 하나입니다」, 1983, 『너를 보고 나는 부끄러웠네』, 녹색평론사, 2004, 8~9쪽.
50 장일순, 「왜 한살림인가」, 한살림 활동가 연수회 특강, 1991년 4월, 무위당사람들 제공.

찾는 사람은 누구라도 허투루 대하지 않고 지극함으로 따뜻하게 맞아 사람마다 그 서 있는 자리에 맞게 가야 할 길을 일러주시곤 하셨다. 무슨 일을 하느냐보다 그 일을 어떻게 할지를 소중하게 여기라 하시며, 공무원에게는 민民을, 장사꾼에게는 손님들을 하늘처럼 섬기며 정성을 다하라 말씀하셨다.[51]

농사짓는 김민기

장일순은 술을 많이 마시지는 않으나 사람들과 어울리면 가끔은 즐겨 마셨다. 술자리에서는 유신시대에 저항가요로 유명했던 김민기의 「아침이슬」을 불렀다. 술 한잔 걸치고 원주천 둑방 길을 걸어갈 때는 「아침이슬」을 부르면서 술이 깨기를 기다리며 봉산동 집으로 향했다. 김민기는 김지하를 통해 장일순을 만난 이후에 장일순의 집을 드나들면서 가르침과 사랑을 받았다. 장일순은 김민기 노래의 아름답고 생동감 넘치는 노랫말과 우리 정서를 담은 선율을 좋아했다. 그리고 "그의 음악의 독창성이 관념에서 나오는 것이 아니라 땅을 딛고 있는 두 발에서 나오며 공동체의 어울림을 가능하게 해준다"면서 흐뭇하게 여겼다. 장일순이 「아침이슬」을 얼마나 좋아했는지 1988년 한 살림모임을 준비할 때 김민기한테 이런 서화를 직접 써서 선물로 주기도 했다. '수없이 수없이 긴 밤 지새웠겠지만 그 아침이슬을 겸손하게 배워야 하지 않어.'[52]

---

51 윤형근, 오늘 무위당 선생을 생각하다, 〈무위당 좁쌀 만인계〉(창간 준비호), 2008. 11.
52 (사)무위당사람들 엮음, 『무위보감 누가 알랴』, 무위당사람들, 2022, 225쪽 참조.

김민기는 장일순과 김지하에게서 많은 영향을 받았지만 김지하와 사뭇 다른 결을 지닌 사람이었다. 김지하가 문명적 비전을 제시할 만한 거대 담론에 매력을 느꼈다면, 김민기는 구체적인 현실에 발을 딛고자 애를 썼다. 그리고 군사정권에 대한 분노보다 용서, 그리고 가혹한 현실 속에서도 민중들의 희망을 이야기하고 싶어 했다. 김민기는 1974년에 한일 문제를 기생관광에 초점을 맞추어 풍자한 소리굿 「아구」를 직접 써서 공연에 올렸다가, 공연을 함께 준비한 채희완과 임진택은 연행되고 김민기는 군에 끌려가게 되었다.

이듬해인 1975년 정국이 유신찬반 국민투표 문제로 들끓었다. 특히 가톨릭을 중심으로 명동성당 주변에서 국민투표 보이콧 운동이 한창일 때 준비되던 집회와 공연에서는 주 레퍼토리가 김민기의 노래들이었다. 이 일로 김민기는 영문도 모른 채 보안부대에서 고초를 겪고 최전방으로 배치되었다. 김민기는 당시 보안사에 끌려가 고문을 당하며 느낀 소회를 계간지 〈리뷰〉 1998년 여름 호에서 이렇게 술회하였다.

옛날 보안사에 한번 끌려 들어갔는데, 거긴 정면이 유리창인데 반대편에서만 안을 볼 수 있었지. 누군가가 취조받다 자살한 얘기도 심심찮게 들리고. 진짜 잘 패더라. 이만한 공사장 각목 가지고 배를 한 대 치고, '욱' 하니까, 어느새 얼굴을 치더라고. 다시 위에서 '팍' 찍는데 아픔을 느낄 겨를도 없어. 성냥개비로 만든 인형이 후다닥 사그라져 가듯이 정신이 가물가물하는데 나를 패는 놈들이 갑자기 슬로비디오가 되는 거야. 정신을 잃어가면서 어떤 느낌이 들었냐면, 나 때문에 공연히 이 사람들이 죄를 짓는다는 생각이 들더라고. 그래서 그 사람들한테 너무 죄송하더라니까. 내가 없었으면 이 사람들이 죄를 지을 리가 없잖아. 예수가 죽어가면서 이 사람들을 용서해 달라고. 이들은 자신의 죄를

모른다던 그 말. 그게 무슨 의미인지 알겠더라.[53]

　이런 용서와 화해의 정신은 희망을 낳는다. 김민기의 「아침이슬」은 긴 밤을 지새우고서 마침내 마음에 이는 슬픔과 화해하는 노래이다. 아침 동산에 올라 미소를 다시 배우고 거친 광야가 앞에 놓여 있다고 해도 서러움 모두 버리고 자신의 삶을 걸어가겠다는 다짐의 노래였다.

　　긴 밤 지새우고 풀잎마다 맺힌
　　진주보다 더 고운 아침이슬처럼
　　내 맘의 설움이 알알이 맺힐 때
　　아침 동산에 올라 작은 미소를 배운다.

　　태양은 묘지 위에 붉게 타오르고
　　한낮에 찌는 더위는 나의 시련일지라
　　나 이제 가노라 저 거친 광야에
　　서러움 모두 버리고 나 이제 가노라.

　실제로 김민기는 애환이 난무했던 군대 생활을 마치고는 곧바로 부평공단에 들어가 일을 하며 새벽마다 노동자들을 모아 공부를 가르쳤다. 이른바 '의식화 교육'을 하려던 것이 아니라 그저 노동자들에게 조금이라도 도움이 되고 싶었기 때문이었다. 그때 함께 생활한 노동자들의 합동결혼식을 위해 지은 곡이 「상록수」였다. 이 곡은 나중에 「거치른 들판에 푸르른 솔잎처

53　김창남 엮음, 『김민기』, 한울, 2004, 530쪽 참조.

럼」이라는 제목으로 「늙은 군인의 노래」, 「식구생각」, 「밤뱃놀이」 등과 함께 1978년 양희은 음반에 실렸다. 물론 '작사/작곡 김민기'라는 이름은 음반 어디에도 붙을 수 없었다.

1978년 그해에 김민기는 익명을 원하는 사람의 후원을 받아 동일방직 사건을 다룬 노래굿 「공장의 불빛」을 카세트테이프로 남몰래 제작하였다. 당시 서울대 '메아리'와 이화여대 '한소리', 경동교회 '빛바람 중창단' 등 노래 동아리가 참여했으며, 송창식의 작업실 등을 빌려서 숨어가며 녹음하였다. 결국 김민기는 기관원들에게 다시 연행되었으나 곧 석방되었다. 청와대 논의 석상에서 "똥이 무서워서 피하냐 더러워서 피하지. 건드리면 냄새만 나. 집어넣으면 김지하를 하나 더 만드는 셈이야"라는 말이 나왔다고 한다.[54]

그 후 김민기는 전북 익산의 어느 농가에서 밥만 얻어먹으며 농사일을 배우고, 1980년 10·26이 터진 뒤 김제로 옮겨 소작 농사를 지었다. 제5공화국 시절에 전두환 정권은 대대적인 관제 행사로 〈국풍〉이라는 행사를 하면서 김민기를 참여시키려 하였으나, 김민기는 농사를 핑계로 출연을 거부하였다. 오히려 1981년에는 경기도 전곡으로 자리를 옮겨 작은아버지와 소작농을 시작했다. 이때 김민기는 농사에 대한 새로운 각성을 하게 된다. 당시 김민기는 5,000평 규모의 참깨 농사를 시작했는데, 어느 비료 회사에서 그 일대에 정량의 5배 이상의 비료를 살포해 참깨 싹이 다 타 죽었다. 비료 회사를 상대로 소송을 벌이면서 김민기는 '새마을운동' 이후 투기꾼처럼 변해 버린 농민들의 모습을 보았고, 피폐해진 농촌 현실에 눈뜨게 되었다. 여기서 농민의 구체적인 현실을 외면한 채 정치적 이슈에만 매달리던 재야 운동권에 대해서도 문제의식을 느꼈다고 한다.

54 김창남 엮음, 『김민기』, 한울, 2004, 570쪽 참조.

그는 1981년 경기도 전곡의 민통선 북방 지역에 5,000평 규모의 논농사를 지으면서 도시 소비자에게 직매함으로써 중간 유통 마진을 없애고 농민과 소비자 다 함께 이익을 얻도록 하였다. 여기서 남긴 수익으로 마을 공동 목욕탕 건립 기금도 마련할 수 있었다. 어찌하다 보니, 당시 김민기는 원주가 아닌 전곡에서 협동운동과 생태농업을 실험하고 있었던 셈이다.[55] 1989년 장일순, 박재일, 김지하, 최혜성 등이 「한살림선언」을 발표하면서 출범한 한살림모임에서 김민기가 다시 장일순과 박재일 등 원주캠프 사람들과 만나 한살림모임의 초대 사무국장을 맡게 된 것은 결코 우연이 아니다.

자연농 한원식

한원식은 전남 순천시 승주읍 문유산에서 반평생을 자연농법으로 농사를 지으며 살았다. 제초제는 물론이고 한 줌의 농약도 치지 않고 비료도 주지 않는다. 퇴비를 뿌리지도 않고 땅을 갈지도 않는다. 무농약, 무비료, 무퇴비, 무경운 농사다. 한원식은 일찍 아버지를 여의고 중학교 졸업을 끝으로 고향인 충남 공주에서 농사를 짓기 시작했다. 유기농으로 야심 차게 배추 농사를 지었는데 여름 장마로 배추가 다 썩어버렸다. 그런데 경운이 되지 않은 사각지대에서 자란 배추들은 모두 살아 있었다. 이것을 보고 깨달은 바가 있어 무경운 농법을 터득했다. 그 후 경북 칠곡과 충북 제천을 거쳐 전남 순천에 자리 잡았다.

하지만 퇴비도 없이 밭도 갈지 않고 농사짓기란 힘들었다. 가장 큰 문제가

55　김창남 엮음, 『김민기』, 한울, 2004, 570~572쪽 참조.

밭에서 자란 오이와 호박이 모두 삐뚤어지고 하나같이 못생긴 것이다. 상품성이 없다는 이야기다. 그때 한원식은 중대한 결심을 한다. 살아가는 방식을 바꾸기로 한 것이다. 자본주의적 거래 방식을 거부하고, 농작물을 상품으로 보지 않겠다는 것이다. 그래서 한원식은 농산물을 시장에 팔지 않았다. 자기가 먹을 양식과 집에 방문한 손님들에게 나눠줄 양식이면 족했다. 전기도 없이 사는 한원식은 쓰지 않고 사는 것이 가장 좋은 길이라고 믿었다.[56]

한원식은 가난했지만 마음은 누구보다 부자여서 늘 신이 나서 농사를 지었다. 그런 한원식이 처음 장일순을 만나 자신 있게 한마디 했다.

"한국에 농부는 저 하나밖에 없습니다."

장일순은 웃는 얼굴로 한원식을 건너다보았는데, 그 눈길이 따뜻했다. 한원식이 이어 말했다.

"세상의 농심이란 농심은 모두 다 라면 속으로 사라져 버렸습니다."

장일순이 "참, 자네 말이 싱싱하구나" 하였다. 이날은 주로 한원식이 말하고 장일순은 내내 들었다. 그의 말이 다 끝나기를 기다려 장일순은 이런 말을 했다.

"그렇게 옳은 말을 하다 보면 누군가 자네를 칼로 찌를지도 몰라. 그럴 때 어떻게 하겠어? 그땐 말이지, 칼을 빼서 자네 옷으로 칼에 묻은 피를 깨끗이 닦은 다음 그 칼을 공손하게 돌려줘. 그리고 '날 찌르느라 얼마나 힘들었냐고, 고생했냐?'고 그 사람에게 따뜻하게 말해주라고. 거기까지 가야 돼."[57]

이 이야기는 나를 해치려는 이에게도 '생명에 대한 공경심'을 잃지 말라는 전갈이다.

56 〈한국농정신문〉, 2010. 10. 11. 참조.
57 최성현, 『좁쌀 한 알 장일순』, 도솔, 2004, 115~116쪽 참조.

강대형 원장

장일순은 한 번 맺은 인연은 끝까지 놓치지 않고 살피는 사람이었다. 장일순은 1970년대 초반에 원주기독병원의 이비인후과 레지던트였던 강대형을 만났다. 장일순은 만성중이염을 앓고 있었기 때문에 병원에 자주 찾아갔고, 1978년에 원주 시내에서 강대형이 개인병원을 개업한 뒤로는 더욱 가까운 사이가 되었다. 장일순은 오다가다 병원에 들르곤 했는데, 진료실 옆 원장실 소파는 가끔 낮술에 거나하게 취한 장일순이 낮잠을 즐기는 자리였다. 장일순은 본래 술에 약한 편인데, 사람들을 만나다 보면 어쩔 수 없이 낮술을 마시게 되고, 술을 이기지 못해 힘들 때는 강대형 원장을 찾았다.

당뇨병 후유증으로 코에서 피를 흘리는 콧병을 앓고 있던 지학순 주교에게 강대형을 주치의로 소개한 사람도 장일순이었다. 귓병 환자인 장일순과 콧병 환자인 지 주교가 모두 강대형 원장의 단골 환자였던 셈이다. 그래서 1983년 병원을 이전했을 때도 지학순 주교가 따로 일정을 만들어 병원 축성식을 해주었다. 뒤늦게 서예 공부를 시작한 것도 장일순의 권유에 따른 것이었고, '치악고미술古美術동우회'를 만든 것도 장일순 때문이었다. 당시 고미술동우회에서 장일순은 고문을 맡았고, 이 모임을 중심으로 나중에 해월 최시형 추모비도 세우게 되었다.

강대형 원장이 정치적 뜻을 접은 것도 장일순 때문이었다. 강대형은 개인병원을 개업하고서 어느 정도 재력이 쌓였던 1980년대 초 전두환 시절에 총선에 나갈 뜻을 밝히기도 했는데, 장일순이 병원을 찾아와 화선지 두루마리 하나를 주고 가면서 병원 일 마치면 보라 했다. 서예를 시작한 지 얼마 되지 않은 까닭에 좋은 글씨를 선물하는 줄 알았다. 그런데 두루마리에는 한글로 "목에 힘 빼 그래야 살아"라고 쓰여 있었다. 당시 장일순은 전두환 정권

의 난폭한 기질을 잘 알고 있었기 때문에 섣부른 정치 행동이 얼마나 위험한 일인지 알려준 것이다.[58]

---

58 강대형, 전 강이비인후과 원장 대담, 『달이 나이고 해가 나이거늘』, (사)무위당사람들 엮음, 2020, 271~276쪽 참조.

8부

돌아온 일상

유월민주화운동 그 후

양 김의 분열로 치러진 대통령 선거

1987년 유월민주화운동은 대통령직선제를 얻어냈다. 하지만 제13대 대통령 선거 과정에서 민주화운동 세력은 돌이킬 수 없는 분열의 상처를 남겼다. 당시 진보 진영의 최대 조직이라고 할 수 있는 민통련도 그 여파에서 자유로울 수 없었다. 민정당 후보 노태우에 맞설 대선 후보였던 김대중과 김영삼이 서로 양보 없는 갈등을 빚어냈기 때문이다. 이 당시 민주화운동 진영은 김대중에 대한 '비판적 지지파'와 '후보 단일화파'로 나뉘어 있었다. 민통련 중앙위원회는 김대중과 김영삼 총재 양측을 초청해 정책 토론을 벌였지만 실익이 없었다. 민통련 중앙위원회의 다수는 결국 김대중에 대한 '비판적 지지'를 결정했지만, 반대 여론도 만만치 않았다.

당시 민통련 부의장이던 이창복은 정성헌 당시 가톨릭농민회 사무처장에게서 '사퇴하라!'는 말까지 들었다. 이창복 역시 김대중에 대한 비판적 지지를 드러냈기 때문이다.

그즈음 김대중 대선캠프에서 나에게 뜻밖의 부탁을 해왔다. 전국의 신부님들로부터 조직적인 지지성명을 받아줄 수 있겠느냐는 것이었다. 참으로 곤란한 부탁이었다. 당시 민통련 안에서 정치에 뜻이 있는 70여 명이 김대중 후보를 지지하는 활동을 벌이고 있었지만 나는 자리를 지키는, 말하자면 끝까지 남아 사무실을 지켜야 하는 입장이었다. 재야운동을 표방하는 개인으로서 특정 후보를 지지하며 돌아다니는 것은 적

절하지 않았다.[1]

당시 재야 세력들은 이창복을 포함해 3·1민주구국선언 등에서 함께 활동하고 죽을 고비도 넘겨가며 함께 옥고를 치르기도 했던 김대중에 대한 친화감을 느끼고 있었다. 정의구현사제단 사제들 가운데 함세웅 신부 등 수도권 신부들도 마찬가지였다. 결국 이창복은 당시 정의평화위원회 간사였던 문국주와 더불어 사제들에 대한 김대중 지지 설득 작업에 들어갔다. 후보단일화를 위해서라도 특정인을 지지함으로써 김대중, 김영삼 측의 팽팽한 힘의 균형을 깨뜨려야 한다는 취지였다. 김대중 후보에게 약속받은 것은 아니었지만, 끝내 단일화에 실패하면 김대중 후보가 스스로 물러설 수도 있을 것이라는 이야기까지 하였다. 결국 전국적으로 120여 명의 사제들이 김대중 지지 서명에 참여했으나, 후보단일화는 결국 이뤄지지 못했다.

대통령 선거는 모두가 원하지 않는 노태우의 당선으로 귀결되었다. 어렵게 만든 직선제 개헌과 대통령 선거였고, 민주화에 대한 국민적 열의가 뜨거웠는데도 야권의 분열로 다시 신군부 세력에게 정권을 넘겨준 것이다. 그 원망이 이창복과 서명 사제 등 후보단일화를 추진했던 사람들에게 쏟아졌다. 이 일로 민통련은 해체 수순을 밟을 수밖에 없었다. 아울러 결정적인 순간에 제 몫을 한 치도 양보할 수 없었던 정치인들에 대한 실망감도 컸다. 이 통증이 가라앉는 데 3년은 걸렸다고 이창복은 회고한다.[2] 장일순은 이 사태를 두고 경륜이 없는 지도자의 자질에 대해 안타까워했다.

---

1 이창복 회고록, 『가장 낮은 곳에서 가장 치열하게』, 삼인, 2022, 156쪽.
2 이창복 회고록, 『가장 낮은 곳에서 가장 치열하게』, 삼인, 2022, 154~159쪽 참조.

돌아온 일상

적어도 한 시대를 주름잡고 가자면 경륜이 있어야 해요. 뭐 일반적으로 얘기하는 철학, 철학 하는데 철학보다 더 높은, 깊게 겪은 삶 속에서의 도리가 있어야 한단 말야. 그런데 무대정치를 한 사람들이 경륜이 없기 때문에 저 꼬라지를 만들어 놓은 거거든. 80년도에도 그 얘기고 87년도 얘기가 도로 그겁니다만 적어도 어떤 개인의 호불호라든가 또 뭐냐면 누가 장악하느냐, 안 하느냐라든가 그런 차원을 넘어서 이 시기 속에서는 누가 제대로 서서 일을 하느냐, 일을 이렇게 풀어갈 사람이 누구냐? 그 당위는 제쳐놓고 사람마다 맞춰서 일을 처리할라고 할 적에는 … 큰 오류를 범하게 되는 거지. 바로 그것 때문에 결국은 남한 내부가 지역은 지역대로 갈라지고, 곳곳마다 이거냐 저거냐로 전부 갈라지게 되는 거지. 근데 이것에 대해서 당사자들은 염치도 없는 거라. 적어도 남의 윗자리에 앉아서 그 시대의 책임을 져야 하는 사람은 말이지. 만인이 자기보고 같이 가 줘야 된다고 얘기를 해도 말이지, 길이 아니면 말야, 가질 말아야 되는 용단이 있어야 된다 이거야. 자기하고 수십 년 동안 같이 해 왔던 동지들이 그러지 않으면 너 죽인다고 하면 말야. 그래 니들이 날 죽여도 난 갈 수가 없다, 하는 용단이 있어야 된다고. 박정희씨가 얼마나 국민을 속였습니까? 안 한다 안 한다 해놓고 말이지. 근데 민주화운동을 한다고 하는 지도자들도 얼마나 국민을 속여 왔느냐 이 말이야. 단일화 한다고 하면서 말이지. 말도 안 되는 얘기지. 경륜이 없는 거라.[3]

유월민주화운동 이전에는 김대중과 김영삼이 서로 정치적 양보를 약속했

3 (사)무위당사람들, 『달이 나이고 해가 나이거늘』, 2020, 40~41쪽.

다. 김대중은 1986년 11월 5일, 직선제 개헌이 받아들여진다면 다음 대선에 출마하지 않을 것이라고 밝혔고, 김영삼도 그의 사면·복권이 이루어진다면 김대중 후보가 대선에 출마하도록 권유할 것이라 밝혔기 때문이다. 실제로 김대중은 유월항쟁 직후인 1987년 7월 10일 기자회견에서도 "나는 대통령이 되는 데 관심 없다. 현재로서 불출마 선언은 변함이 없다"고 발언하였으나, 대선에 임박해서는 지지층의 기대와 본인의 정치적 욕망으로 말을 뒤집었다. 그리고 그 상처는 고스란히 민주화를 열망하던 국민의 몫이 되었다.[4]

노태우 정권과 장일순

노태우가 1988년 2월 25일, 제13대 대통령에 취임하기에 앞서 장일순에게 비밀리에 측근을 보냈다고 한다. 노태우는 전두환과 같은 하나회 출신의 신군부에 속한 사람이지만, 유월민주화운동을 경험하고 예전과 같은 방식으로 통치하는 데 한계가 있다고 판단해 새로운 인물을 영입하려고 노력했다. 노태우가 제일 먼저 점찍은 인물은 광복군 출신의 전 고려대학교 총장 김준엽이었다. 안기부장 안무혁을 김준엽의 집으로 보내 입각을 제안하고, 이어 며칠 뒤에는 노태우가 직접 승용차를 보내 만나길 원했다. 서울 동빙고 '안가'에서 김준엽을 만난 노태우는 국무총리를 맡아 달라고 부탁했다. 하지만

---

4 당시 원주 지역에서 활동했던 김영애의 증언에 따르면, 장일순은 처음부터 후보단일화를 지지했지만, 후보단일화가 실패한 이후에는 김대중을 지지한 것으로 보인다. 당시 김영애는 민중후보로 나선 백기완을 지지하였는데, 장일순이 김영애에게 "영애야, 섭섭하네. 지금 시기는 비판적 지지 시기이지 민중후보는 아직 이르다고 생각해. 이건 아니다"라고 서운한 감정을 표출했다고 전한다.(《무위당사람들》, 2021년 12월 호, 63~64쪽 참조)

김준엽은 학자로 남고 싶다며 이를 거절했다.

그때 2차로 점찍은 사람이 장일순이었던 모양이다. 그의 폭넓은 식견과 다양한 재야의 인맥, 그동안의 활동 경력, 그리고 강원도 출신이라는 정치적 무채색의 지역성, 무엇보다 표면에 드러나지는 않았지만 반독재 투쟁의 핵심 인물이라는 점 등이 복합적으로 작용했을 것이다. 당시 장일순의 측근이었던 김영주는 이렇게 말한다.

> 노태우 때 국무총리를 선정할 때 무위당이 후보군에 들어갔어. 그 정보를 〈강원일보〉 한 모某 편집국장이 알게 돼서 무위당에게 물었어. 무위당 웃으면서 말도 안 되는 소리 말라고 했어. "나더러 구정물이 썩은 웅덩이에 뛰어들라고? 어림없는 소리 말아." 하고 말했지.[5]

노태우 측은 김준엽 영입에 실패하면서 다음 후보군을 찾으면서 장일순을 영입하는 문제는 비밀리에 진행한 것 같다. 하지만 장일순이 생전에 이와 관련된 언급을 하지 않았기 때문에 사실을 분명히 확인할 수는 없다.

한겨레신문 창간

노태우는 대통령에 당선되었으나 이듬해 4월에 치러진 총선에서 과반수 의석 확보에 실패하면서 1990년 1월 김영삼과 김종필을 끌어들여 3당 합당으로 과반수 의석을 확보하게 되었다. 이렇게 거대 여당을 만든 노태우는 다

5   김삼웅, 『장일순 평전』, 두레, 2019, 297~299쪽 참조.

시 폭압 정치로 회귀하게 되는데, 이에 맞서 시민, 학생들과 노동자들, 그리고 김대중이 이끄는 평화민주당의 저항이 거세게 작동하였다.

이 와중에 1988년 5월, 국민주 모금으로 〈한겨레신문〉이 창간되었다.

〈한겨레신문〉 창간 1주년에 장일순은 안중근 의사가 옥중에서 남긴 마지막 유묵 '견리사의 견위수명見利思義 見危授命', "이로움을 보았을 때는 정의를 생각하고, 위태로움을 당했을 때는 목숨을 바쳐라." 하는 글을 인용해 쓰고, 그 위에 대나무를 그린 서화 작품을 〈한겨레신문〉 초대 편집인이면서 부사장이었던 임재경에게 주었다.

임재경은 "제국주의의 침략에 단호히 신명을 바쳐 가신 안중근 의사의 한 구절 견리사의見利思義, 참으로 모골이 송연케 합니다. 전 세계가 이利만 보고 의義를 망각한 지 오래인 금일 의사께서 남기고 가신 '견리사의 견위수명'을 염하며 묵죽일지墨竹一枝를 치고 장일순 선생님의 호 일속자一粟子를 쓰셨습니다"라고 전한다.

이에 앞서 1987년 겨울에 〈한겨레신문〉 창간 준비를 하면서 장일순에게 도움을 청하러 원주에 갔을 때 임재경에게 장일순은 이렇게 충고하며 염려하였다.

"좋은 일을 할수록 성급한 마음을 억제해야 한다. 지금 재야 언론인들이 〈한겨레신문〉에 모두 모여 있는데 좋은 일에는 항상 마가 많이 낀다. 모두 한꺼번에 당할 수 있으니, 후위도 대비해야 한다."

이 서화를 받은 직후인 1989년 4월에 이른바 '방북취재 사건'이 터져 리영희 교수가 구속되고, 부사장이었던 임재경을 비롯한 임원들이 안기부에 소환되어 조사를 받았다. 임재경은 "그런 어려움을 겪을 때마다 무위당의 혜안을 새삼 깨달았다"고 전하며, 〈한겨레신문〉을 목숨 바칠 각오로 지켜야 한다는 의지를 다졌다고 한다.[6]

그림마당 민 서화전

1988년 5월 서울 인사동 그림마당 민에서 무위당 장일순의 서화전을 열었는데, 나전 장인 김봉룡의 제자인 우사 이형만이 장일순의 서화로 칠기를 만들어 전시했다. '그림마당 민'은 민족미술협의회 소속 예술가들이 만든 전시 공간으로 1986년 2월 민중미술가들의 작품을 한자리에 모은 〈40대 22인전〉을 열면서 개관하였다. 1986년 6월에 첫 초대전으로 기획된 오윤의 〈칼노래〉가 전시된 곳도 '그림마당 민'이었다.[7] 장일순은 한살림모임을 위한 기금을 마련하려고 이 전시회를 열었는데, 김민기가 기획했으며, 판화가 이철수와 사진작가 김문호 등이 함께 준비 작업을 했다. 장일순의 서화를 나전 옻칠 작품으로 준비한 국내 첫 전시이기도 했다.[8] 김문호에 따르면, 작품 가격은 대부분 화상畵商들이 정하기 마련인데, 장일순은 "이번 전시회 작품 가격은 내가 매기는 겁니다." 하고는 상당히 높은 가격을 책정했다.

장일순의 서울대 미학과 후배이기도 했던 유홍준은 장일순이 서화를 대

---

6 임재경, 「한겨레 창간 때 무위당 당부, 서화로 돌아오다」, 〈한겨레〉, 2016년 5월 15일자 참조.

7 김지하의 『밥』과 『남녘땅 뱃노래』의 표지와 삽화 대부분을 새긴 오윤은 이 첫 개인전에 이은 부산 순회전을 마친 지 열흘 만에 세상을 떠났다. 결국 그가 이 전시회를 위해 마지막 1년 동안 제작한 70점의 목판화가 그의 대표작으로 남았다.

8 장일순의 작품 전시회는 첫 개인전이 1975년 12월 19일부터 22일까지 원주 가톨릭센터에서 열렸고, 두 번째는 1976년 4월 7일부터 10일까지 강원일보사 초청으로 춘천도립문화회관에서, 세 번째는 1977년 12월 7일부터 11일까지 원주 가톨릭센터에서, 그리고 1988년 서울 인사동 그림마당 민에서 열린 전시회는 여섯 번째 전시회였다. 그 후 1991년 서울과 원주에서, 그리고 유작전이 1998년부터 원주 등 10개 도시에서 열려 작품이 소개되었다.

한살림운동을 위해 열린 그림마당 민에서.

하는 태도는 청나라 때 문인화가 정판교와 같다고 했다. 정판교는 "무릇 내가 난초를 그리고, 대나무를 그리고, 돌을 그리는 것은 천하의 힘든 사람들을 위로하고자 함이지, 천하의 편안하고 형통한 사람들에게 바치고자 함이 아니다"[9]라고 했다. 한편 미술사학자이기도 하고 평론가이기도 했던 유홍준은 이 전시회에 대한 발문을 쓰면서 '대교약졸大巧若拙' 등 온갖 좋은 표현을 다 사용해 작품을 홍보해 주었다.

장일순의 글씨와 그림은 그 말의 참뜻이 유지되는 한에서 재야서가在

---

9 최성현, 『좁쌀 한 알 장일순』, 도솔, 2004, 298쪽 참조.

野書家의 글씨이며, 우리 시대 마지막 문인화가文人畵家의 회화세계이다. 그리고 그 예술이 목표로 하는 바의 미적 이상은 일격逸格의 예술이다.

아울러 장일순이 서툰 솜씨라 해도 삶의 필요에 의해 나무판에 정성스레 쓴 '군고구마'라는 글씨에서 '이상적인 글씨'를 발견한 것처럼, 장일순의 글씨 역시 "인생이 거짓 없이 녹아 있는 글씨, 바로 그것"이라고 말했다. 즉 장일순의 글씨는 "'뛰어난 기교란 어수룩해 보이는 법'이라는 대교약졸의 서체"라는 것이다.[10]

이 전시회에 내어놓은 작품 가운데 돋보이는 것 가운데 하나는 5·16 군사쿠데타 이후에 중립화 통일론을 주장했다는 이유로 감옥에 간힌 장일순이 그 안에서 경험한 것을 익살과 해학으로 표현한 작품이다.

옛날에 어데서 보니까
성서가 밑씻개가 되더군
역시 예수님이 사람 살리더군[11]

교도소는 어디나 물자가 귀하기 마련인데, 교도소에 반입되는 책 중에 가장 흔한 것이 성경책이었다. 이 성경책의 보들보들 얇은 종이를 두 손으로 비벼놓으면 볼일 보고 뒤처리하기엔 최고였다는 것이다. 성경을 밑씻개로 사용하는 것은 고상한 신자들에겐 불경한 일이겠지만, 그 불경한 일을 통해서도 하느님은 사람을 곤란한 상황에서 구원한다는 뜻이니, "역시 예수님이 사람

---

10 (사)무위당사람들 엮음, 『무위보감 누가 알랴』, 무위당사람들, 2022, 408~417쪽 참조.
11 (사)무위당사람들 엮음, 『무위보감 누가 알랴』, 무위당사람들, 2022, 155쪽 참조.

살리더군"이라는 표현은 깊은 뜻을 담고 있다.

한 걸음 더 나아가 생각해 보면, 김지하가 『모로 누운 돌부처』에서 보여준 '밥'과 '똥'에 관한 이야기를 떠올리게 한다.

> 예수는 수많은 사람들의 병을 고치고, 수많은 굶주린 사람에게 떡을 주고, 마음이 고갈되어 있는 사람에게 마음의 양식을 주고, 생명이 고갈된 사람에게 참생명·영원한 생명의 복음을 주고, 그들 모두를 부활시키기 위해 자기 마지막을 십자가에서, 똥처럼, 세상이 다 버리고 더러워하는 똥과 같은 신세가 되어, 개똥처럼, 아주 시시하게, 비웃음 속에서, 멸시당한 채로 죽었습니다. 스스로를 이렇게 낮추고 스스로의 비참을 걸고 남을 위해 자기 십자가를 진 것, 바로 이것이 예수의 삶과 죽음과 부활의 핵심입니다.[12]

수운 최제우는 1864년 3월 10일, 좌도난정左道亂正으로 몰려 대구 경상감영의 관덕정觀德亭 뜰 앞에서 마흔 살에 참형을 당했는데, "흙이 똥을 마다하지 않는 것은 오곡이 풍성하게 열릴 것이기 때문이다"라는 말을 남겼다. 복음서에서 예수가 "밀알 하나가 땅에 떨어져 죽지 않으면 한 알 그대로 남고, 죽으면 많은 열매를 맺는다"(요한 12. 24)고 말한 것을 떠올리게 하는 말씀이다. 이를 두고 김지하는 "똥은 밥의 변화된 물건"이라면서 "오곡이 풍성하게 열리어 얻어지는 것은 생명의 밥이요, 그 생명의 밥은 또한 사람을 먹여 살리고, 사람 속에 생명을 불어넣으며, 그렇게 해서 힘이 되고, 힘이 일을 하게 한다. 한편 밥은 똥이 되어 다시 흙으로 돌아간다"고 했다.[13] 그러니 성

---

12 김지하, 『모로 누운 돌부처』, 나남, 1992, 493쪽.

서가 밑씻개가 되듯이, 예수가 민중의 한 사람으로 가난한 이들을 살린다는 장일순의 말은 허튼소리가 아니다.

더불어 동학 교주 해월 최시형의 법설法說을 칸을 나눠 예서체로 쓴 아래 글씨는 공간 활용의 극치로 평가받았다.

誠者 心之主 事之體 修心行事 非誠無成(성자 심지주 사지체 수심행사 비성무성)
敬者 道之主 身之用 修道行身 唯敬從事(경자 도지주 신지용 수도행신 유경종사)

정성은 마음의 중심이요 일의 몸체이니
마음을 닦고 일을 행함에 정성이 아니면 이루어지는 것이 없다
공경함은 도의 중심이요 몸을 사용함이니
수도하고 몸소 행함에 오직 경敬으로 일에 종사해야 한다

이 서화전에는 당대의 정치적 거물이었던 김대중, 김영삼, 김종필 등 삼 김 三金이 모두 출동했는데, 이 글씨는 김대중이 구입하였다. 이 글은 장일순이 세상과 인간을 얼마나 '공경'의 마음으로 대하였는지 잘 알려준다. 장일순은 동학의 삼경설三敬說을 강조했는데 하늘을 섬기는 경천敬天, 사람을 섬기는 경인敬人, 천지 만물을 섬기는 경물敬物이다. 독실한 천주교 신자였으며 민주화운동 과정에서 죽을 고비를 넘기고, 유난히 고난이 많았던 김대중에게도 예수의 "사람의 아들은 섬김을 받으러 온 것이 아니라 섬기러 왔고, 또 많은 이들의 몸값으로 자기 목숨을 바치러 왔다"(마르코복음 10, 45)는 말씀을 떠올리게 했는지도 모른다.

13 김지하, 『모로 누운 돌부처』, 나남, 1992, 494쪽 참조.

노자를 공자처럼

공자처럼 책 읽기

원주 가톨릭센터에서 화원을 운영한 주재학은 책 읽기를 아주 좋아했는데, 장일순은 그에게 '學古泉학고천'이란 글씨를 준 적이 있다. 고전을 많이 읽었으면 좋겠다는 뜻이 담겨 있다. 장일순은 평생 책을 가까이 한 독서인讀書人이다. 장일순이 남긴 서화를 보거나 어록들을 톺아보면, 동서양의 고전을 섭렵하고, 가톨릭사상뿐 아니라 불교와 도가와 유가, 동학에도 해박하다는 사실을 알 수 있다. 자신의 지혜를 더하고, 시대를 구할 비전이 필요할 때마다 도움이 되는 사상이라면 무엇이든 살피고 헤아리고 체득하려고 했다. 그런 점에서 장일순은 단순한 지식인이 아니다. 책을 읽어 자기 자신을 교육하고, 세상을 이해하기 위해서 항상 책을 가까이하고, 책의 내용을 음미하고, 거기서 '새로움'을 발견하는 기쁨을 미덕으로 여겼다.

학자들이나 지식인들은 일반적으로 특정한 정보나 지식을 얻기 위하여, 그리고 글이나 책을 쓰기 위해서 분주히 문헌을 뒤적이죠. 선생님도 물론 정보를 얻으려고 책을 읽을 때가 많았겠죠. 그러나 우리가 잘 알다시피 선생님은 평생 동안 글을 쓰지도, 책을 저술한 분도 아닙니다. 그리고 특별히 어디에 써먹기 위해서 책을 보신 분도 아닙니다. 장 선생님은 아마도 책을 통해서 지혜롭고 맑은 정신을 지닌 선현들과 만나는 즐거움 때문에 독서를 계속했고, 그런 독서를 통한 깨달음이나 앎을 아무 격식 없이 생활 속에서 주변 사람들과 자유로이 나누는 것을

김종철은 장일순이 노자의 성정을 가졌으며 공자처럼 사람들 가운데서 대화적인 사람이었다고 말한다.

아주 좋아한 것으로 보입니다.[14]

〈녹색평론〉 편집인이었으며, 평소 장일순을 흠모했던 김종철은 장일순이 노자老子에 관심이 많았지만, "풍기는 분위기는 노자보다 공자에 훨씬 더 가까운 느낌"이었다고 말한다. 노자의 생애가 잘 알려진 바가 없는 것은 다른 사람과 나누는 교류나 사귐이 별로 없었기 때문이 아닌가 추측하는 김종철에게 공자孔子는 "언제나 사람들과 생활을 함께하고 많은 이야기를 나누면서 일생을 보냈고, 그래서 공자의 삶과 언어는 '대화적'이었다"고 말한다. 노

---

14 김종철, 『근대문명에서 생태문명으로』, 녹색평론사, 2019, 111쪽.

자의 말은 사물의 근본을 꿰뚫고 정곡을 찌르지만 그 말투가 가파르고 날카로운데, 그것은 매우 고독하게 지내는 사람 특유의 말투라는 것이다. 이런 말투는 장일순에게 어울리지 않았다. 이를테면 장일순은 공자의 말투로 노자의 생각을 전한다는 것이다.

> 물론 공자라고 해서 근원적인 고독을 느끼지 않았을 리 없죠. 그러나 『논어』를 통해서 우리가 받는 느낌은 이른바 인류의 스승이라고 하는 고대의 사상가 중에서도 가장 인간적이고 친근한 모습입니다. 실제로 공자는 제자들에게 일방적으로 뭔가를 교시하는 방식이거나 주입식으로 가르치지 않았습니다. 늘 제자들이 묻는 말에 대답하는 형식으로, 혹은 자신이 제자들과 동등한 입장에서 말을 거는 형식으로 가르쳤습니다. 그리고 공자의 말은 언제나 부드럽고 점잖습니다.[15]

공자와 장일순 사이에 정말 주목할 만한 공통점이 있다고 김종철은 말한다. 공자나 노자, 석가나 예수 등의 선현들이 말한 것, 또는 독서를 통해 얻은 깨달음을 자기 나름대로 풀어서 이야기한다는 것이다. 공자는 이런 것을 '술이부작述而不作'이라고 했다. 내가 지어낸 이야기는 하나도 없다는 것이다. 다 옛사람이 한 이야기라는 것이다. 그러나 아무리 지어낸 이야기가 없다고 해도, 그분들의 그 많은 언설 가운데 특정한 글귀를 선택적으로 기억하고, 자기 삶으로 녹여내서 이야기를 하다 보면, 사실상 새로운 사상이 나오

---

15 김종철, 『근대문명에서 생태문명으로』, 녹색평론사, 2019, 112쪽; 장일순의 문답식 대화 방법은 이현주 목사와 함께 『노자 도덕경』을 읽고 나누었던 『노자 이야기』를 참고하면 잘 알 수 있다. 여기서 장일순은 『노자 도덕경』을 공자처럼 대화하는 방식으로 이현주와 나누고 있다.

기 마련이다. 그래서 장일순의 이야기를 듣다 보면, 원전에 대한 장일순식 해석인 경우가 많다. 원문에 충실한 것보다 중요한 것은 그 글귀가 지금 여기를 사는 나 자신과 사람들에게 어떤 의미를 던지고 있는지 살피는 것이라고 장일순은 믿기 때문이다.

공자는 자기 자신을 일러 "이 세상에서 누구보다도 학문하기를 좋아하는 사람"이라고 하는데, 중요한 것은 "좋아서" 책을 읽고 사색하고 제자들과 이야기를 나누는 걸 즐겼다는 것이다. 김종철은 이런 것을 "쾌락주의적 독서"라고 부르는데, 그래서 공자는 『논어』 첫머리에서 "배우고 또 배운 것을 때때로 익히니 기쁘지 아니한가"(學而時習之 不亦說乎)라고 말한 것이다.[16] 여기서 기억해야 할 것은 장일순이 다독多讀을 바라지 않았다는 점이다. 장일순은 많은 책을 섭렵하는 것보다 좋은 책을 거듭해서 반복적으로 읽고 깊이 헤아리고 살피는 것을 귀하게 여겼다. 공자의 "때때로 익힌다"는 말이 이 뜻이다. 텍스트를 보고 또 본다는 것이다. 읽을 때마다 새롭고 즐겁지 않으면 같은 책 같은 구절을 반복해서 읽을 수 없다. 실제로 장일순은 정말 중요한 말은 누구에게나 반복적으로 거듭해서 말하곤 했다.

1990년에 원주여고 교지 편집부 학생들과 이야기를 나누면서 장일순은 "좋은 이야기를 백 번 들은들 어떻겠나." 하고 말한다.

사실 난 아무것도 내세울 만한 것도 자랑할 만한 것도 없는 사람이야. 그러다 보니 마땅한 이야기가 없어. 혹 이야기한 것 또 하고 그러더라도 이해해 주길 바라.

내가 어렸을 적엔 할머니께 얘기해 달라고 졸랐거든. 할머니께서는 수

---

16 김종철, 『근대문명에서 생태문명으로』, 녹색평론사, 2019, 111~114쪽 참조.

십 개의 이야기를 갖고 계셨지만 이야기를 몇 해 동안 하다 보니 한 이야길 또 하고 자꾸 반복하시더라 이거야. 그 얘기가 조금도 싫지 않더란 말이지. 그건 그 얘기의 내용이 한 가닥 진실이었기 때문이라고 믿어. 성경에 나오는 말씀도 마찬가지지. 같은 내용을 가지고 몇천 년을 그 내용의 설교를 하잖아. 오늘도 밝고 이 방에서도 밝지만, 저 산속에서도 역시 밝단 말이야. 다시 말하면 시간과 공간을 넘어서 밝단 말이지. 사람 살아가는 데의 진실이 그 얘기 속에 들어있으면 매일 들어도 좋다는 말이 되는 거야. 좋은 얘길 백 번 들은들 어떻겠나? 그런데 사람들은 새로운 이야기만 해달라 조르거든. 자네들은 어떤가?[17]

모두가 잠재적 동지이며 벗이다

장일순은 책을 읽고, 혼자 묵혀 두지 않는다. 『논어』를 열면 배움이 주는 즐거움 다음에 바로 "벗이 있어서 멀리서 스스로 내게 찾아오니 그 또한 즐거운 일이 아닌가"(有朋自遠方來 不亦樂乎)라는 말이 나온다. 여기서 벗(朋, 붕)은 "뜻을 같이하는 동무"(同志之友)를 말한다. 장일순은 이른바 원주그룹 또는 원주캠프에 속한 이들을 동지同志라고 여겼을 것이다. 그뿐 아니다. 장일순에게는 모든 사람들이 잠재적 '동지'였다. 그들 모두 본질적으로 하늘에 속한 이들이기 때문이다. 그가 농부거나 상인이거나 도둑이거나 매춘부라 해도 모두 하느님의 형상을 닮은 사람이고, 한울님을 모시고 있는 사람들이다. 그러니 어느 누구를 만나도 부드러운 낯빛으로 "기쁘지 아니한가" 말할

---

17 (사)무위당사람들 엮음, 『무위보감 누가 알랴』, 무위당사람들, 2022, 24~25쪽 참조.

수 있었다.

소매치기에게 딸의 혼수 비용을 잃어버린 아주머니를 직접 도와준 장일순의 이야기는 유명하다. 소매치기당한 사람이나 소매치기를 한 사람이나 원주역에서 소매치기를 찾는 사람이나 본질에서는 똑같이 귀한 사람이다.

어느 날 한 시골 아낙네가 장일순을 찾아와 딸 혼수 비용으로 모아둔 돈을 기차 안에서 몽땅 소매치기당했다며, 그 돈을 찾아달라고 장일순에게 매달렸다.

장일순은 그 아주머니를 돌려보내고 원주역으로 갔다. 가서 원주역 앞 노점에서 소주를 시켜놓고 앉아 노점상들과 얘기를 나눴다. 그러기를 사나흘 하자 원주역을 무대로 활동하는 소매치기들을 죄다 알 수 있었고, 마침내는 그 시골 아주머니 돈을 훔친 작자까지 찾아낼 수 있었다. 장일순은 그를 달래서 남아있는 돈을 받아냈다. 거기에 자기 돈을 합쳐서 아주머니에게 돌려줬다. 그렇게 일을 마무리 지은 뒤로도 장일순은 가끔 원주역에 갔는데, 그것은 그 소매치기에게 밥과 술을 사기 위함이었다. 그때 장일순은 소매치기에게 이렇게 말했다.

"미안하네. 내가 자네 영업을 방해했어. 이것은 내가 그 일에 대해 사과를 하는 밥과 술이라네. 한 잔 받으시고, 용서하시라고." 앞으로 소매치기 같은 것 하지 말라든가 나무라는 말 같은 것은 일절 하지 않았다.[18]

늘 점퍼를 입고 다니던 장일순은 촌로村老 같은 편안함, 꾸밈없는 옷차림, 텁텁한 언변으로 사람들과 쉽게 어울리고 함께 놀 수 있었다. 그는 결코 지

---

18 최성현,『좁쌀 한 알 장일순』, 도솔, 2004, 136쪽.

도자인 척 선생인 체하지 않았다. 오히려 항상 낮은 자세로, 사람들의 이야기를 많이 듣고 구체적으로 응답하는 사람이었다.[19]

장일순은 원주 시내에 나가면 단골 책방에 들르는 게 습관이었다. 서가를 뒤적이다가 마음에 드는 책이 있으면 서너 권을 더 사서 주변 사람들에게 읽으라고 주곤 했다. 그러곤 한 주일가량 지나서 그 사람을 다시 만나 "그 책 읽어보니 어떤가?" 하고 반드시 물어보았다. 그러니 책을 받은 사람은 그 책을 읽지 않을 도리가 없고, 그렇다고 마음을 내서 글씨를 써주듯이 책을 주는데 거절할 수도 없었다.

원주 시내 먹자골목에서 족발집을 하는 '영희'라는 30대 처자가 있었다. 장일순은 그이를 볼 때마다 마음이 아팠다. 손님 뒤치다꺼리하느라 책 한 권 읽을 틈도 없어 보였기 때문이다. 어느 날 장일순이 어느 제자를 불러 "영희에게 셰익스피어 전집을 사다 주어라." 말했다.

> 며칠 후에 제자분이 장 선생님이 보내셨다면서 10권짜리 셰익스피어 전집을 들고 오신 거예요. 저는 너무 감동했어요. 식당 일이 아무리 바빠도 선생님이 사주신 이 전집만은 꼭 읽어야만 될 것 같았어요. 고된 일을 끝내고도 잠들기 전까지 정말 열심히 읽었어요. 열 권을 모두 읽었죠. 그 뒤로도 선생님이 가끔씩 책을 사다 주셨어요. 선생님은 독서를 혼자서 한 것이 아니라 세상 속에서 사람들과 함께 한 분이셨습니다.[20]

19 김삼웅, 『장일순 평전』, 두레, 2019, 287쪽.
20 (사)무위당사람들 엮음, 『무위보감 누가 알랴』, 무위당사람들, 2022, 34쪽.

돌아온 일상

서화로 말 걸기

　장일순은 필요한 사람에게 요긴한 말을 전하는 수단으로 글씨를 쓰고 난을 쳤다. 그래서 원주 사는 수없이 많은 이들이 장일순의 글씨 한 점, 서화한 점은 지니게 되었다. 이 과정에서 서울 인사동에 있는 '인예랑印藝廊' 대표 황보근도 만났다. 그는 인장印章과 전각篆刻의 명인이었는데, 건설회사를하던 남상근의 소개로 장일순을 알게 되었다. 그가 장일순에게 선물하려고황보근에게 '청강靑江'이라는 인장을 부탁했던 것이다. 치악산 금대리 계곡의송어집에서 만났을 때 장일순은 "너는 절대로 건달이 될 수 없는 사람이다.공부를 많이 하는 것보다 네가 스스로 깨우쳐 무애撫愛(세상을 어루만지며 사랑함)하도록 해라"고 하였다.

　그 뒤로 봉산동 집에 갔을 때 황보근은 마당을 보고서 말했다. "마당의풀들이 정리되지 않은 듯 보여도 제가 보기엔 전부 다 질서가 있네요." 장일순은 "네가 나보다 더 세상을 잘 보는구나." 하며 웃었다.

　　선생님 방에 있는 책들도 책꽂이에 가지런히 있는 게 아니라 방바닥부터 층층이 쌓여 있어서 정리가 안 되어 있는 것 같지만 선생님은 무슨책이 어디 있는지 정확하게 파악하고 계셨어요. 원주에 갔을 때마다 느낀 점인데 선생님은 부자든 구두닦이든 귀천을 가리지 않고 누구든지품어주시는 것을 보면서 성자 같은 분이라는 생각이 들었어요.

　장일순의 서화에 찍는 인장들은 대부분 황보근이 만들어 준 것이다. 장일순은 황보근에게도 기회가 닿는 대로 경제적 도움을 주려고 애썼다. 1988년

장일순의 서화는 늘 상대가 있었고, 그 사람 안으로 들어가는 통로였다.

에 '그림마당 민'에서 전시회를 준비할 때 찬조 작품으로 이형만 선생의 나전 칠기와 황보근의 전각을 전시하기로 했는데, 장일순은 박준길을 통해 "서각 에 새길 나무 사는 데 쓰라"는 전갈과 함께 200만 원을 보내기도 하였다. 게 다가 당시 전시회는 한살림 기금을 마련하려고 연 것인데, 다시 박준길을 통 해 천만 원쯤 되는 돈봉투를 보냈다. "이 돈은 보근이가 어려우니까 갖다 주 라"는 것이었다. 황보근에게 장일순은 '석각락石刻樂', "돌을 새기는 즐거움" 을 만끽하라는 글을 주었다.[21] 이처럼 장일순의 손길은 구체적인 개인에게 세심하게 배려하는 사랑이었다.

21 〈무위당사람들〉, 2020년 6월 호, 64~67쪽 참조.

동주야, 고맙다

장일순은 원주시 중앙동에 심상덕이 '동주서실'을 처음 열었을 때, '寫四君子 書法爲宗사사군자 서법위종', "사군자를 침에 있어 서법이 우선이다"라는 글씨를 써 주면서 세 가지를 당부했다.

첫째, 사군자四君子는 붓글씨가 경지에 오르게 된 뒤에야 그릴 수 있는 것이므로, 앞으로 10년 동안 글씨가 완숙해질 때까지 절대로 사군자를 치지 말 것.

둘째, 흘려 쓰는 행서行書와 초서草書를 함부로 남용하지 말 것.

셋째, 공모전에 응시하지 말 것.

장일순은 서예 공모전에 부정이 심했기 때문에 출품하지 말라고 힘주어 강조했다. 그런데 심상덕은 이 약속을 지키지 못했다. 공모전에 먼저 출품하고서 장일순을 찾아갔다.

"선생님, 제가 상에 욕심이 있어서 출품하는 것이 아니라 글을 올바로 쓰고 있는지, 서예를 제대로 하고 있는지 전문가들에게 점검을 받고 싶어서 응모한 것이니 용서해 주십시오."

얼마 후 장일순이 편지 한 통을 써서 심상덕에게 주며 심사 위원으로 위촉된 서예가 모 씨에게 갖다주라고 했다. 심상덕은 이게 스승의 명예에 누를 끼칠까 싶어 편지를 전해 주지 않았다. 결과는 낙선이었다. 다음 날 장일순을 찾아가 "선생님, 그때 그 편지 왜 심사위원에게 주라고 하셨어요?" 물었다. 장일순은 "너는 알 것 없다"고 했다. 심상덕이 곧이어 "죄송하지만 그분께 편지를 전하지 않았습니다." 하며 가방에서 그 편지를 꺼내 돌려주었다. 그러니 장일순은 활짝 웃으며 "동주야, 고맙다. 우리 나가서 정종 한잔 하자"며 자리에서 일어났다. 그날은 스승과 제자가 기분 좋게 취하였다.[22]

달이 나이고 해가 나이거늘

아버지를 일찍 여읜 김원화는 청년 시절부터 장일순을 아버지처럼 따랐다. 1984년 어느 봄날 김원화는 "잠깐 우리 집에 와라." 하는 장일순의 전화를 받고 봉산동 집으로 달려갔다. "원화야, 너에게 주려고 어젯밤에 써 놨다"며 장일순이 서화 한 점을 내밀었다.

> 나는 미처 몰랐네
> 그대가 나였다는 것을
> 달이 나이고 해가 나이거늘
> 분명 그대는 나일세

이 서화를 받아 든 김원화는 젊어서부터 성격이 울뚝불뚝하고 경쟁에서 지는 것을 참지 못해 다른 이들과 마찰을 빚곤 했다. 그러니 장일순이 자신에게 남을 너라고 여기고 '경쟁하지 말고 물처럼 살아라.' 하는 뜻으로 써 주신 것이라 믿는다. 원주 중앙동에 '이학'이라는 일식집이 있었다. 거기서 평소 술이 약한 장일순은 세 잔을 먹고 김원화는 소주 세 병을 마셨다. 술김에 김원화가 장일순에게 따지고 들었다.

"선생님은 왜 싸가지도 없고 쓸데없는 놈들한테까지 애정을 쏟고 그러세요? 그런 놈들은 혼을 내주셔야지 귀여워해 주시면 안 됩니다."

장일순은 가타부타 말없이 껄껄 웃기만 했다. 이날은 김원화도 그들처럼 철없이 대드는 아들 같았다. 김원화는 "그대가 나였다는 것을" 기억하라는

---

22 (사)무위당사람들 엮음, 『무위보감 누가 알랴』, 무위당사람들, 2022, 110~112쪽 참조.

장일순의 구절에서 "지금의 너를 있게 한 것은 네가 잘나서가 아니고, 너와 연결되어 있는 사람들의 도움 때문인 거야"라고 예전에 장일순이 해준 말을 떠올렸다.[23]

경찰을 미워하지 않았다

전두환 정권이 들어서고 얼마 지나지 않은 1981년 장일순의 집으로 향하는 골목 입구에 파출소가 들어섰다. 장일순과 그를 찾아오는 사람들을 감시하라는 상부의 명령을 받고 파출소장으로 부임한 엄준희에게도 장일순은 글씨를 써 주었다. '牧者不忘傷民목자불망상민'이다. "목자는 상처 입은 백성을 잊지 않는다"는 뜻이다. 공직에 있는 사람은 늘 어렵고 힘든 백성을 잊어서는 안 된다고 생각했기 때문이다.

장일순은 자신의 일거수일투족一擧手一投足, 사소한 행동 하나에도 감시를 붙인 경찰을 미워하지 않았다. 가끔 먹을 것을 사서 들고 파출소를 찾아가 자신 때문에 고생이 많다며 경찰들을 위로해 주었다. "제가 여러분을 고생시켜 드려 미안합니다. 이 보잘것없는 사람을 잘 지켜주시는 덕분에 안전하게 생활하고 있습니다." 그래서인지 시간이 지나면서 엄준희 파출소장은 은근히 장일순을 존경하게 되었다.

봉산동파출소랑 관련된 또 다른 이야기가 있다. 1985년 박종준이 원주 밝음신협에 근무할 때다. 어느 추운 겨울밤, 둘이 길을 걷다가 군고구마 장수가 보이자 장일순은 군고구마 두 봉지를 사서 박종준에게 건네주며 "한

---

23 (사)무위당사람들 엮음, 『무위보감 누가 알랴』, 무위당사람들, 2022, 316~318쪽 참조.

봉지는 네가 먹고 하나는 우리 집으로 가는 골목 입구에 있는 봉산동파출소에 갖다 주거라." 하였다. 경찰들이 자기 때문에 고생이 많다는 것이다.

어느 날은 장일순이 박종준을 집으로 불렀다. 방으로 들어가니 장일순이 난을 치고 있었다. 방바닥엔 화선지가 널려 있었다. 서화 삼매경에 빠져 있던 장일순이 어느 순간 흡족한 표정을 지으며 박종준 이름의 한자를 물었다. 그리고 "이거 내가 너 주려고 쓴 거다." 하면서 난초 그림 옆에 "朴鐘俊君 보시게"라고 쓴 뒤에 이런 글을 담았다.

> 삶을 착하고 성실하게 하시오
> 一切存在일체존재는 남이 아니고
> 바로 내 몸과 같습니다[24]

장일순의 뒷모습

원주시청 사회과 과장으로 근무하던 박영오는 1981년 전두환 정권에 의해 강제로 해직당했다. 장일순을 가까이하던 박영오는 그의 강직함 때문에 밉보여 공직에서 물러나게 된 것이다. 칠순 노모와 올망졸망한 자식 셋을 둔 박영오는 집에 칩거하고, 아내가 생활 전선에 뛰어들었다. 1984년 어느 겨울밤 저녁을 먹고 식구들끼리 TV 연속극을 보고 있는데, 박영오를 부르는 소리가 밖에서 들려왔다.

"어, 이건 일순 형님 목소린데, 이 밤중에 어쩐 일이지?"

---

24 (사)무위당사람들 엮음, 『무위보감 누가 알랴』, 무위당사람들, 2022, 316~318쪽 참조.

황급히 나가보니 장일순이 벙거지에 회색 점퍼 차림으로 빙그레 웃고 서 있었다. 약주를 들었는지 거나하게 취해 있었다.

"시내에 친구들하고 저녁 먹으면서 반주 한잔 했네. 집으로 가다가 자네 생각이 나서 차 한잔 얻어먹으려고 들렀네."

거실을 쓰윽 둘러보더니 "자네 집에 내 글씨가 없는 걸 보니, 여태 내가 글씨를 써주지 않은 모양이구먼. 오늘 온 김에 하나 써줄 테니 지필묵紙筆墨이 있으면 준비해 주게." 박영오는 곁에서 먹을 갈고, 장일순은 차를 홀홀 불어가면서 마셨다. 그러곤 화선지 앞에 가부좌를 틀고 앉았다. 오른손으로 턱을 괴고 한참 생각에 잠겨 있었다. 이윽고 장일순은 먹물이 붓에 흠뻑 스미도록 듬뿍 찍어서 힘차게 글을 써나갔다. '修心正氣수심정기', "마음을 지키고 기운을 바르게 한다"였다.

"어때, 마음에 드는가?"

"마음에 들다마다요, 아주 훌륭합니다."

장일순은 냉수를 청해 벌컥벌컥 한 대접을 다 들이켜고서 뜬금없이 물었다.

"자네도 민기 잘 알잖아? 민기가 만든 그 좋은 노래를 어찌 모를 수가 있냐? 내가 「아침이슬」 한 자락 불러도 괜찮겠지."

"긴 밤 지새우고 풀잎마다 맺힌~" 애잔한 음색이 비장한 음색으로 바뀌며 "나 이제 가노라. 저 거친 광야에~ 서러움 모두 버리고 나 이제 가노라~" 장일순은 박영오에게서 자신의 슬픔을 보았고, 가엾고 측은한 후배를 보며 다시 마음을 추스르고 있었다. 이럴 때일수록 우리가 마음을 지키고 기운을 바르게 하자고 글씨를 썼다.

그 자리에 있었던 박영오의 딸 박윤미는 장일순이 이승을 떠난 뒤에도 그 날을 이렇게 기억한다.

골목이 끝나는 길모퉁이에서 어서 들어가라며 손을 흔들고 돌아서서 먹빛 어둠 속으로 멀어져가는 벙거지를 쓴 노인과, 더 이상 노인의 모습이 보이지 않는데도 가로등 아래서 망부석처럼 꼼짝 않고 서 있는 한 남자의 실루엣. 그 아련하고도 아름다운 장면 하나가 내 가슴에 깊이 새겨져 있다.[25]

교황이 풀 한 잎만 못하네

"한국의 순교자 103위를 성인 명부에 올리노니, 세계교회가 공경키를 명하노라." 요한 바오로 2세 교종이 한국 천주교 전래 200주년을 기념해 교종으로서는 처음으로 한국을 방문했다. 1984년 5월 6일, 여의도광장에서는 한국 천주교 전래 200주년 기념식 및 103위 성인 시성식이 거행되었고, 이날 전국 각지에서 100만 명이 넘는 신자들이 몰려들었다고 한다. 신문과 방송에서도 떠들썩했다. 장일순은 이를 못마땅하게 여겼다. 그때 원주MBC 기자였던 김정지에게 "이봐 교황이 우리나라에 온다고 저렇게들 난리인데, 예수님이 예루살렘에 입성하셨을 때도 저렇게 요란하게 오진 않으셨을 거야?" 하며, 먹글씨 하나를 건네주었다. 거기엔 '교황이 풀 한 잎만 못하네'라고 적혀 있었다.

김정지가 물었다. "가톨릭신자인 선생님은 교황을 보기 위해 서울에 가실 생각은 있으십니까?" 이때 장일순이 대답했다.

"뭐 하러 거길 가나? 요란스럽게 한국에 온 교황 앞에서 껌뻑 죽은 시늉

---

25 (사)무위당사람들 엮음,『무위보감 누가 알랴』, 무위당사람들, 2022, 248~254쪽 참조.

교황이, 1984.

을 하며 발에 입이나 맞추는 일이 가톨릭이 해야 할 일이라고 생각지는 않네. 교황도 인간이지 않은가. 노방에 뒹구는 풀 한 포기도 세상에 내지 못하고 향기 한 번 내지도 못하는 사람인데, 사람들이 열광하는 것에 흡족해하지 말고 한국에 대한 공부를 열심히 하고 갔으면 좋겠어. 교황의 한국 순방 일정을 보면 배론과 풍수원 성지가 빠졌어. 꼭 들러야 할 곳을 빼놓은 것을 보면 교황이 한국에 대해 공부를 안 하고 온 것이 분명해."[26]

당시 교종은 한국에 도착하자 공항에서 "순교자의 땅, 순교자의 땅"이라 말하며 한국 땅에 입을 맞추는 친구親口 의식을 행하고, 첫 성명에서 『논어』에 나오는 "벗이 있어 멀리서 찾아오니 이 또한 즐겁지 아니한가!"라고 말해 화제가 되었다. 하지만 광주에서 "용서와 화해"를 역설하자, 이런 교종의 행보를 비판하는 이들도 많았다. 광주학살의 진상도 규명되지 않았고, 정작 광

---

26 (사)무위당사람들 엮음, 『무위보감 누가 알랴』, 무위당사람들, 2022, 216~217쪽 참조; 최성현, 『좁쌀 한 알 장일순』, 도솔, 2004, 152~153쪽 참조.

주학살의 원흉인 전두환은 단 한 번도 광주 시민들에게 용서를 구하지 않았기 때문이다. 1984년 교종의 방문을 계기로 한국 천주교회가 보수화되었다는 평가도 있다. 교회가 대규모 국제행사를 치르려면 정부의 협조가 필요했고, 그 과정에서 이 행사를 주도했던 교회의 보수적 인사들의 입김이 세졌기 때문이다.

보통으로 살면 되는 거야

양승학은 고향이 풍수원이다. 강원도 횡성군 풍수원 마을은 주민 대부분이 천주교 신자이고, 지금까지 34명이나 사제를 배출했다. 양승학도 어린 시절부터 신부가 되는 게 꿈이었는데, 한국전쟁으로 꿈을 접고, 제대 후 서울 명동에 있는 성모병원에 취직했다. 신부는 못 되었지만 성경 공부는 열심히 했는데, 마침 지학순 주교가 천주교 원주교구장으로 부임하면서 교구의 평신도 선교사가 되어 횡성군 서원면 창촌리 천주교 공소에서 주민들에게 교리를 가르쳤다. 당시에는 외국인 사제가 많아서 전교에 어려움이 있었기 때문에 평신도 전교인傳敎人이 필요했다. 그러다 한국인 신부들이 늘어나면서 그 일을 관두게 되자 살길이 막막해졌다.

어느 날 생밤 몇 되를 사서 들고 장일순을 찾아가 조언을 구했다. 장일순이 온화한 표정으로 말했다. "이봐, 너무 잘 살려고 애쓰지 마. 그저 보통으로 살면 되는 거야. 그렇게 사는 게 행복한 거지." 하였다. 굳이 교회 일을 하려고 애쓸 필요가 없다는 거다. 양승학은 '보통'이라는 말을 듣고 마음이 편안해졌다. 평범하게 살라는 말이었다. 얼마 뒤 장일순의 도움으로 원주 가톨릭센터 한 귀퉁이에 수족관을 차렸다. 장일순이 가끔 수족관에 들러 "요즘

어때?" 하면, "선생님 말씀대로 보통으로 살고 있습니다." 하였다.

어느 날 수족관에 들렀던 장일순은 '꾼'에 대한 이야기를 양승학에게 해주었다. '꾼'이란 어떤 일을 능숙하게 하는 사람을 일컫는 말이지만, 장일순은 "일을 잘하기보다는 일을 즐겁게 하는 사람이 '꾼'"이라 했다. 장일순은 농사꾼을 예로 들었다.

"만약에 청와대에서 장관을 시켜줄 테니 오라고 하면 자넨 어떻게 할 거야?"

"그런 제의가 들어오면 하던 일 당장 그만두고 가야지요."

"그래서는 안 되지. 진정한 꾼이라면 나는 지금 밭에 씨앗을 뿌려놓고 농사를 짓고 있으니까, 이것을 키우고 거두는 일을 해야 됩니다. 죄송하지만 갈수가 없습니다. 이렇게 이야기를 할 수 있는 사람이라야 꾼이고 멋쟁이가 되는 거야."

이 말을 듣고 양승학은 가슴이 따뜻해졌다. 지금 수족관을 청소하고 물고기를 보살피는 일이 더없이 소중하게 느껴졌다. 며칠 뒤에 장일순이 집에서 써온 글씨 한 점을 주었다. '수심청정守心淸淨', "깨끗한 마음을 지키며 살라"는 거였다.[27]

내가 아직 건강한데 무슨 걱정이냐

1987년에 있었던 일이다. 춘천에 있는 강원도청 가까운 한국은행 건너편에 '동양표구사'라고 있었다. 미국 이민을 준비하며 한동안 혼자서 표구사를 운영하던 여주인에게 난감한 일이 벌어졌다. 손님이 맡겨놓은 작품을 도난당

---

27 (사)무위당사람들 엮음, 『무위보감 누가 알랴』, 무위당사람들, 2022, 134~135쪽 참조.

했기 때문이다. 그이는 고객에게 금전으로 보상하겠다고 제안했으나 '시중에서 구할 수 없는 귀한 작품'이라는 이유로 거절당하자 어쩌지 못해 앓아누웠다. 이 딱한 사정을 알고 나서, 강원고미술연합회장이었던 유용태가 장일순을 찾아가 사정을 전했다. 그러자 장일순이 "내가 아직 건강한데 무슨 걱정이냐"며 식사나 하러 가자고 했다. 사흘 뒤에 유용태에게 우편물이 도착했다. 글씨 한 폭과 서신 한 장이었다. 편지엔 "일전에 내방 고마웠습니다. 표구점 주소로 묵란墨蘭 한 폭을 보냈으니, 주인아주머니를 안심시켜 주십시오. 유 선생님에게도 변변치 못한 글씨 한 장 보냅니다. 소납笑納하십시오. 2월 13일 원주 장일순 배"라고 적혀 있었다.[28]

장일순이 다시 써준 글은 '仁者不爭 故天下 莫能與之爭 是謂無敵인자부쟁 고천하 막능여지쟁 시위무적', "어진 사람은 다투지 아니하니 천하에 아무도 싸울 자가 없다. 이것을 무적이라 한다"는 내용이다. 장일순이야말로 참으로 어진 사람이 아닐 수 없다.

삶이 예술이 되게 하라

양유전은 본래 경남 통영 사람인데, 스물다섯 살 때 스승을 찾아 원주로 왔다. 스승은 인간문화재 김봉룡이었고, 그에게서 옻칠을 배웠다. 양유전은 김지하의 아버지 김석주의 소개로 장일순을 만났다. "원주에서는 장일순, 이 한 사람만 만나면 돼." 하였다.

가톨릭센터 지하다방에서 장일순을 처음 만나자마자, 양유전은 "선생님,

---

28 (사)무위당사람들 엮음, 『무위보감 누가 알랴』, 무위당사람들, 2022, 265~268쪽 참조.

저 별명 하나 지어주십시오." 하고 부탁했다. 이 청을 받고 장일순은 아무 말이 없이 물끄러미 양유전을 바라볼 뿐이었다. 양유전은 그 눈길을 피할 수 없어 탁자만 바라보았다. 그렇게 10분쯤 지나자, 장일순이 한마디 했다. "일주일 뒤에 여기서 다시 만나세."

그렇게 해서 받은 호號가 '소하素荷'다. 흴 소素, 연꽃 하荷, 흰빛을 띤 백련白蓮을 이르는 말이다. 장일순이 말했다.

"너는 옻칠하는 칠장이 아니냐? 진흙처럼 질척질척한 것을 주무르는 일을 하지. 그런데 연꽃은 그런 진흙에서 피지 않니? 그 가운데서도 흰 연꽃은 백년에 한 번 핀다고 한다."[29]

그런 양유전에게 1988년에 준 글씨는 '使人生爲藝사인생위예', "삶이 예술이 되게 하라"는 작품이다. 양유전은 이 글씨를 부적처럼 소중히 간직했다고 한다. 장일순은 양유전이 객지인 원주에 사는 동안 곁에 두고 아껴 주었다. 원주 일산동에 집을 마련할 때는 장일순이 집값의 절반에 해당하는 돈을 대출하는 데 보증을 서 주었다. 아울러 도연명의 시를 8폭으로 써주면서 "이것으로 병풍을 만들어 부족한 집값에 보태라"고 하였다. 양유전은 한때 장일순의 난을 나전칠기 벽걸이 액자로 만들어 먹고 살았다.[30]

양유전의 스승 김봉룡이 병원에 입원한 적이 있었다. 어려운 형편에 병원비가 문제였다. 그때 장일순이 김봉룡의 제자 양유전을 불렀다.

"김 선생님 작품 가운데 내놓을 것이 있니? … 그렇다면 그 작품을 갖고 이재성소아과에 가봐라."

이미 이야기가 다 되어 있는 듯했다. 이재성 원장은 물건을 받고 돈이 든 봉

29 최성현, 『좁쌀 한 알 장일순』, 도솔, 2004, 50~51쪽 참조.
30 (사)무위당사람들 엮음, 『무위보감 누가 알랴』, 무위당사람들, 2022, 180~181쪽 참조.

투를 내주었고, 양유전은 그걸 김봉룡에게 전달했다. 양유전은 이렇게 말한다.

"선생님은 그렇게 일을 하시더군요. 당신이 직접 하실 수도 있는 걸 제게 시킨 것은 그 일을 통해 제 낯도 세워주실 셈이었던 것이지요. 돌 하나로 두 마리 토기를 잡으신 셈이라고 할까요! 그렇게 선생님은 늘 일을 하실 때 남 모르게 하셨어요."[31]

하늘마음으로 사는 즐거움

소아마비 장애를 지녔던 이정동이 장일순을 처음 만난 것은 원주 어느 서예실이었다. 그곳에서 붓글씨를 쓰고 있던 장일순이 이정동을 보고 "자네 생활하는 데 애로가 많겠구먼" 하였다. 장일순은 담배를 꺼내 피우면서 "자네도 한 대 피우게" 하면서 담배 한 개비를 건네주었다. 이정동이 면구스러워 사양하자 "이봐, 담배도 먹는 거니까 같이 피워도 되네." 하였다. 그때부터 긴장이 풀어지면서 서로 친해져서, 이정동은 봉산동 집에 가서 말씀도 듣고 먹도 갈아드리고 했다. 그이가 1988년에 어렵사리 집을 장만했을 때 장일순이 지어준 당호가 '천심락天心樂'이었다. "하늘마음으로 사는 즐거움"이라는 뜻이다.

그해에 우여곡절 속에 이정동이 장애인올림픽에 사격 국가대표로 출전하게 되었고, 독일 선수와 겨루어 은메달을 목에 걸었다. 이정동은 메달로 딴 연금으로 장애인을 위한 체육장학회를 설립하고, 이듬해인 1989년에는 〈장애인신문〉 창간에 힘을 보탰다. 〈장애인신문〉 제호를 부탁하려고 장일순을

---

31 최성현, 『좁쌀 한 알 장일순』, 도솔, 2004, 134~135쪽 참조.

천심락, 1988.

찾아갔는데, 장일순은 "유명한 사람에게 받아야지 나 같은 시골 영감에게 받아서야 신문이 잘 팔리겠어?" 하였다. 이때 장일순이 제호를 세 장이나 써주며 여기서 마음에 드는 걸 하나 고르라고 했다. '세 개 다 주시면 안 되겠냐'고 하자 "세 개 다 갖고 가서 이것도 썼다가 저것도 썼다, 하면 독자들에게 신뢰감을 줄 수 없으니 마음에 드는 것 하나만 갖고 가라"고 했다. 나중에 100호 기념 축하 휘호도 써주었는데, 그 휘호를 부탁하러 갔을 때 장일순은 "어, 〈장애인신문〉이 안 망하고 살아있구나. 그럼 내가 써 줘야지." 하며 반가워했다. 그때 써준 휘호가 이것이다. '나 천지天地간에 태어나 비가 오고 바람이 불어도 내 마음의 맑은 향기香氣는 아낄 수가 없네.'[32]

전태일 추모비

1988년에는 가을부터 전두환 정권 시절에 개악된 노동법을 바로잡으려고 '전국노동법개정투쟁본부'가 결성되고, 노동법 개정을 위한 대중운동이 시

---

32 〈무위당사람들〉, 2021년 3월 호, 18~21쪽 참조.

작되었다. 전국투쟁본부는 그해 11월 12일 연세대학교 노천극장에서 전국노동자대회 전야제를 개최하며 '전태일 노동상'을 시상하고, 밤 11시부터는 민주노총 조합원 2,000여 명이 참여한 가운데 '전태일 열사 정신 계승 노동악법 개정 전국노동자 웅변대회'를 열었다. 11월 13일에 열린 본대회는 4만여 명의 노동자들이 "노동악법 철폐해 노동해방 앞당기자" 등의 구호를 외치며 집회를 진행했다.

이날은 전태일이 평화시장 앞에서 "근로기준법 준수하라"고 외치며 몸에 불을 붙여 목숨을 바친 날이다. 연세대에서 노동자대회가 열리는 동안 모란공원묘지 민주 열사 묘역에서는 삼동친목회와 청계피복노조가 노동자들의 뜻을 모아 전태일 열사 추모비를 세웠다. 추모비에는 『전태일 평전』을 쓴 조영래가 글을 짓고, 무위당 장일순이 쓴 글씨가 새겨져 있었다.

세월이 흐를수록 더욱 생생하게 되살아나는 죽음이 있어 여기 한 덩이 돌을 일으켜 세우나니 아아 전태일. 우리 민중의 고난의 운명 속에 피로 아로새겨진 불멸의 이름이여. 1948년 8월 26일 대구의 한 가난한 노동자 가정에서 태어나 어린 시절부터 낯선 도회지의 길거리를 그늘에서 그늘로 옮겨 다니며 신문팔이, 껌팔이, 구두닦이, 리어카 뒤밀이로 허기진 밑바닥 삶을 이어가다가 평화시장의 재단사가 된 그는 거기에서 노동자의 청춘과 생명과 건강을 갉아먹는 지옥과 같은 노동현실을 보았다. 허리도 펼 수 없는 비좁은 다락방의 먼지 구덩이 속에서 햇빛 한번 못 본 채 하루 열여섯 시간을 기계처럼 혹사당하는 어린 소녀들의 어두운 눈망울 앞에 절망과 분노로 몸서리치던 그는 뜻있는 재단사들을 삼동친목회로 묶어 작업시간 단축, 건강진단 실시, 임금인상, 다락방 철폐 등 "인간의 최소한의 요구"를 내세우고 싸우던 끝에 업주들과 경찰의 압도적인 폭력 앞에 저지당하자 1970년 11월 13일 평화시장 앞길에서 "근로기준법 화형식"을 거행하며 몸을 불살라 스물두 해의 짧은 생애를 마쳤다. 이 폭탄과 같은 죽음이 사람들의 억눌린 가슴을 뒤흔들어 저 숨 막히는 분단 독재의 형틀에 묶여있던 노동운동의 오랜 침묵을 마침내 깨뜨렸고 굴종과 패배를 모르는 그의 불타는 넋은 청계피복노조를 결성하고 지켜낸 이소선 어머니와 평화시장 노동자들의 헌신적인 투쟁으로 이어졌으며 70년대와 80년대에 걸쳐 폭압에 맞서 싸우는 모든 사람들의 무한한 용기의 원천이 되었다. 아 아 저 스물두 해의 아픔. 삶을 결단하여 가진 자들의 야만과 횡포에 온몸으로 부딪쳐 간 그의 피어린 발자취가 있었기에, 오늘 이 땅에 노예의 굴레를 벗어던지고 사람답게 사는 자주 민주 평화의 새 세상을 쟁취하려는 일천만 노동자와 사천만 민중의 우렁찬 해방의 함성이 있나니, 지나는 길손이여, 이 말 없는 주검 앞에 눈물을 뿌리지 말라. 다만 기억하고 또 다짐하라. 불길 속에 휩싸이며 그가 남긴 마지막 한마디 "내 죽음을 헛되이 말라!" 하던 그 피맺힌 울부짖음을.

한겨울 매화의 봄마음

『전환시대의 논리』(창작과 비평사, 1974), 『8억인과의 대화』(창작과 비평사, 1977), 『우상과 이성』(한길사, 1990) 등으로 당대 지식인들에게 전환적 사고를 불러일으킨 리영희 교수는 1960년대에는 베트남 연구에 전념하고, 1970년대에는 중국 문제에 관심을 갖고 연구했다. 1987년에는 미국 캘리포니아 버클리대학에서 교환교수로 한국사를 강의하였고, 이후 〈한겨레신문〉의 이사 및 논설위원으로 일하면서 1989년 한겨레신문의 방북 취재를 기획했다는 이유로 국가보안법 혐의로 구속되어 6개월 동안 투옥되었다.

이런 사람이 장일순을 만나 인간 생존의 다른 차원을 경험했다니 뜻밖의 일이다. 그는 장일순을 만나면 "현대 자본주의적 생활에서 인간 본연의 생활로 돌아간 느낌"이었다고 고백한다. 리영희 교수는 장일순처럼 감옥에서 모친상을 당했지만 사상범이라는 이유로 장례식에 참석할 수 없었다. 그래서 식사가 나올 때마다 상을 차려놓고 하루 세 번 어머니 사진 앞에서 절을 올렸다고 한다. 리영희는 회갑도 감옥에서 맞았는데, 이 소식을 들은 장일순이 회갑을 기념하여 '寒梅春心한매춘심', "한겨울 매화의 봄마음"이라는 글을 써 놓았다가 리영희가 석방된 뒤에 선물하였다. 매화는 한겨울에도 따뜻한 마음을 잃지 않는다는 말은 리영희에게 큰 위안이 되었을 것이다.

리영희는 70년대 초반에 김지하를 통해 장일순을 만나고서 장일순의 인품에 반하였다. 엄혹한 시대 상황으로 마음이 답답할 때면 술 한 병 들고 원주로 장일순을 찾아왔다.[33]

어딜 가도 주눅이 들면 안 돼

최성현을 통해 장일순을 알게 된 육찬수는 1990년, 충북 제천 박달재 산골에서 100일 동안 혼자 노래 공부를 마치고 장일순을 찾아가 늦은 나이에 시작한 판소리 공부의 어려움을 토로했다. 그날 저녁 장일순이 원주 시내의 어느 주점에서 술을 사주면서 "내가 너에게 글을 하나 줘야겠다." 하면서 써

---

33 (사)무위당사람들 엮음, 『무위보감 누가 알랴』, 무위당사람들, 2022, 147쪽 참조.

준 글이 '隨處作主 立處皆眞수처작주 입처개진'이다. "가는 곳마다 주인이 되고 서는 곳마다 참되라"는 뜻이다.

"네가 지금까지 어렵게 살아왔지만, 단 한 번도 비굴하게 살아온 적이 없지 않느냐. 앞으로 어디를 가더라도 그 자리의 주인이 되어야 한다. 너는 소리꾼이니까 노래를 부르는 그 자리가 너를 주인으로 만드는 자리라고 생각하면 되는 거야. 잘 부르겠다는 욕심보다 성심을 다해 부르면 네 노래의 향기가 듣는 사람에게 전해질 거야."

20대 중반까지 도둑질 빼고 안 해본 일이 없다고 할 정도로 바닥에서 살았던 육찬수였다. 잠잘 곳이 없어 추운 겨울에 비닐하우스에서 자다 얼어 죽을 뻔한 적도 있었고, 공장에서 막노동도 했다. 그는 판소리 무형문화재인 한농선 선생에게서 판소리를 배우기도 했다. 하지만 아직 초보 소리꾼이었던 육찬수를 장일순은 강연 요청이 있거나 할 때 여기저기 데리고 다니며 무대에 설 기회를 주었다. 청중 앞에서 장일순의 강연 대신에 '백발가白髮歌'를 부르면서도 너무 긴장해서 어떻게 노래를 불렀는지 기억이 나지 않을 때도 많았다. 이렇게 하다 보니, 대중 앞에 서는 데 익숙해졌다. 지금은 트로트 가수로 활동하는데, '隨處作主 立處皆眞수처작주 입처개진'을 떠올리며 장일순이 "어딜 가도 주눅이 들면 안 돼. 더도 말고 덜도 말고 네가 지금 있는 대로 정직하게 보여주면 돼. 그게 주인의 자세인 거야." 하는 말씀을 되새기며 용기를 얻는다.[34]

---

34 (사)무위당사람들 엮음, 『무위보감 누가 알랴』, 무위당사람들, 2022, 190~192쪽 참조.

만남의 집 기금 마련 전시회

1989년에 '민주화운동유가족협의회'가 장기수들을 위한 쉼터를 짓기로
할 때였다. 비전향 장기수들은 국가보안법 위반 등으로 장기 복역 하면서 사
상 전향에 동의하지 않았던 사람들이다. 그들은 1975년 사회안전법이 제정
되면서 보안감호처분을 받아 재수감되어 1978년에 청주보안감호소로 이감
됐다. 이 보안감호제도가 1989년에 폐지되면서 80여 명의 비전향 장기수가
한꺼번에 석방되었다. 이들은 대부분 평균 31년 정도 교도소 생활을 했는데,
석방 이후에도 사회안전법에서 변경된 보안관찰법 때문에 보안관찰 대상자
로 분류되어 경찰의 감시 대상으로 남았다. 더 큰 문제는 출소한 이들이 마
땅히 머물 수 있는 공간이 없었고, 생계도 막막했다는 점이다. 그때 민주화
운동유가족협의회가 나서서 이들 장기수들이 잠시 쉬어갈 만한 공간을 만
들어 보자고 했다. 1989년 4월 초순 그 집을 마련하려고 시작한 것이 '만남
의 집 기금모금 서화전'이었다.

이 기금 마련 서화전에 큰 도움이 되어 준 사람은 '통혁당 사건 무기수'
였던 신영복이었으며, 장일순 역시 박정희 군사쿠데타 이후 감옥살이를 하
고 나와 보안관찰의 대상으로 감시받았던 것은 매한가지였다. 일화에 따르
면, '만남의 집' 기금 마련 서화전을 열기 위해 박종철 열사의 아버지 박정기
가 유명한 서울대 미대 교수를 찾아가 작품 후원을 부탁했다고 한다. 돌아
온 대답은 "내 작품은 아무리 작아도 500만 원이 넘습니다. 제가 종철이 죽
은 거하고 무슨 연관이 있나요? 왜 이렇게 와서 나를 괴롭히는 겁니까?"였
다. 단번에 거절당한 박정기는 전태일 열사 어머니 이소선과 함께 버스를 세
번 갈아타고 원주 장일순의 집에 찾아왔다. 전시회 이야기를 듣더니 장일순
은 그 자리에서 먹을 갈아 난을 쳤다. 사람 얼굴을 닮은 난 위에 이슬이 맺

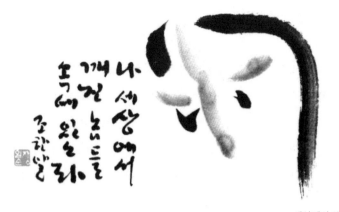

세상에서 깨진, 1989.

혀 있었다. 박정기는 그 순간 그게 아들의 눈물 같다고 했다.

장일순은 다섯 점의 작품을 건네주며 말했다.

"두 분이 원하시는 일이 꼭 이루어지기를 바랍니다. 그림이 더 필요하면 언제라도 또 오십시오."

그때 전해 준 작품 가운데 하나가 '나 세상에서 깨진 놈들 속에 있노라'였다.[35]

이듬해인 1999년 12월 17일, 서울 종로구 창신동 이대병원 뒤편의 27평의 한옥에 만남의 집이 마련되었다. 그 집 이름은 신영복의 작품이었던 '한울 삶'으로 정했다. '한 울타리', '하늘 같은 삶', '한 가족처럼 사는 삶'이라는 뜻을 담았다.

35 (사)무위당사람들 엮음, 『무위보감 누가 알랴』, 무위당사람들, 2022, 347~349쪽 참조.

전노협 기금 마련 전시회

1990년 1월 22일 수원 성균관대에서 '전국노동조합협의회'(약칭 전노협)가 결성되었다. 당시 전노협은 456개 단위 노조의 결집체였으며, 조합원 수가 12만여 명에 이르렀다. 하지만 당시 개별 노동조합들은 유일한 합법 중앙조직인 노총에 가입해 있어 '전노협'은 독자적인 단체교섭권과 행동권이 합법적으로 보장되지 않았던 임의 단체의 성격을 띠고 있었다. 따라서 전노협은 노태우 정부에 의해 불법단체로 규정되어 전노협이 주최하는 모든 집회나 행사가 봉쇄되었다. 이에 전노협은 1990년 5월 전국 총파업투쟁을 단행하기도 했다. 문민정부가 들어선 이후에 전노협이 발전해 1995년 11월 11일에 '전국민주노동조합총연맹'(민주노총)이 창립되었다.

전노협이 처음 결성될 시점에는 반국가단체로 몰려 정부로부터 극심한 탄압을 받았다. 그래서 사무실 운영비는 물론 상근 직원들에게 최소한 활동비조차 지급하지 못했다. 그래서 전노협 기금을 마련하기 위해 전시회를 기획하게 된다. 유홍준 교수는 그 당시 막 출범한 민예총과 민미협의 핵심 멤버인 판화가 오윤, 화가 임옥상의 작품과 신영복 선생의 서예 작품을 기증받을 수 있도록 애를 썼다. 한편 유홍준은 전노협의 천영세에게 "천형, 전시회를 하려면 원주의 장일순 선생님을 찾아가야 합니다." 하고 귀띔해 주었다. 며칠 뒤에 유홍준, 김금수, 천영세가 봉산동으로 장일순을 방문했다. 장일순은 "여러분이 좋은 일을 하는구먼. 그런데 유명하지도 않은 내 붓글씨를 누가 사겠나? 아무튼 잘 알겠으니 며칠 지나서 오게." 하였다.

일주일 뒤에 가니 장일순이 무려 11점이나 작품을 내놓았다. 전시회에서 유홍준은 무위당 장일순 작품을 한 점당 무려 200만 원으로 책정했는데, 이틀 만에 모두 팔렸다. 유인태를 통해 슬쩍 더 구할 수 있는지 얘기했더니, 며칠 뒤에 장일순이 13점을 더 보내주었다. 물론 이 작품도 사흘 안에 다 팔렸다. 전시회가 끝나고 감사 인사를 드리러 천영세와 유홍준이 장일순을 찾아가 원주고등학교 앞에 있는 식당에서 추어탕을 먹었다. 그 자리에서 장일순은 "이번 전시회에서 고생한 사람들이 누구누군지 이름을 적어서 달라"고 부탁했다. 전노협 실무자 한 명을 포함해 김금수, 김진균, 신인영, 이상호 등 다섯 명의 이름을 적어드리니, 이번엔 장일순이 봉산동 집으로 가자 했다. 그 자리에서 다섯 장의 난초를 쳐서 일일이 받을 사람 이름을 적어 주었다.[36]

도는 가까운 데 있다

최성현은 1988년 3월에 자연농법으로 농사를 지으며 살려고 충북 제천의 어느 산골로 들어갔다. 달랑 그 집 한 채가 전부인 산골이었다. 최성현은 자신이 번역한 후쿠오카 마사노부의 『생명의 농업과 대자연의 도』(정신세계사, 1988)가 그해 12월 말에 출간되자 곧바로 이듬해 장일순에게 증정본 한 권을 소포로 붙였다. 최성현이 전화를 했을 때 장일순은 반가워하며 한 번 보았으면 좋겠다 했다. 장일순은 이미 후쿠오카 마사노부의 『짚 한오라기의 혁명』 영어판을 알고 있었고, 자연농법이 우리말로 번역된 걸 기뻐해 주었다.

그 후로 최성현은 자주 원주를 찾아갔다. 장일순은 앉은 채로 맞절을 하며 사람을 맞이했으며, 상대방의 손을 잘 잡아주었다. 한참 손을 잡고 이야

36 〈무위당사람들〉, 2022년 4월 호, 68~70쪽 참조.

도재이, 1991.

기하거나 걷기도 했다. 어느 날은 덕수칼국수에서 점심을 먹고 근처 서예실에 들어가 지필묵을 꺼냈다. "무슨 뜻인지 알겠지?" 하며 장일순이 가리킨 글은 '道在邇도재이'였다. 최성현은 道在도재는 알겠는데 邇이는 처음 보는 한자였다.

"…길은 어디에 있나요."

"가까이 있네."

그때가 1991년이었다. 이날 장일순이 써 준 글은 『맹자』에 나오는데, '道在爾而求諸遠 事在易而求諸難도재이이구저원 사재이이구저난', "도는 가까운 데 있으나 다들 먼 데서 구하려 하고, 일은 쉬운 데 있거늘 모두 어려운 데서 구하려 한다"는 말이다.

너는 왜 해월이냐

1992년에 동학東學 연구의 권위자인 박맹수가 원불교대학 창립 멤버가 되어 인사하러 왔을 때 장일순은 '下心恭敬 一切衆生 是修行人淸淨心也하심공경 일체중생 시수행인청정심야', "마음을 낮추어 일체중생을 공경하라. 이것이 수행하는 사람의 청정한 마음이다"라는 글을 주었다. 불교 『육조단경六祖壇

돌아온 일상

經』에 나오는 글이다.

박맹수는 1987년에 석사논문으로는 처음으로 해월 최시형에 대한 논문을 쓰고, 박사과정에 들어갔을 때 장일순을 만났다. 장일순은 박맹수를 만나자마자 너무 반가운 나머지 "야, 다른 놈들은 다 전봉준을 연구하고 있는데, 너는 왜 해월을 연구하느냐?" 했다. 1987년이면 시대 분위기가 유월민주화운동이 한창일 때라 동학혁명을 일으켰던 전봉준이 당연히 인기를 얻을 때였기 때문이다. 장일순은 1989년 「한살림선언」이 나왔을 때 박맹수에게 "이젠 한살림선언을 공부해라. 네 생각이랑 맞을 것이다"라고 말했다.[37]

절대 신부라는 걸 앞세우지 마라

한국인 최초로 러시아정교회 사제가 된 강태용 신부라고 있다. 강태용은 정교회 사제가 되기 전에 원주에 살면서 장일순을 큰어른처럼 존경하고 따랐다. 한때 지학순 주교의 운전기사를 하였고, 천주교 원주교구 재해대책사업위원회에서 상담원으로 활동하기도 했다. 이런 강태용이 공부하러 러시아로 떠나기 전에 장일순이 준 글이 '훼己一念극기일념', "자기를 이기는 한 생각"이다. 강태용은 그 당시 성격이 직선적이다 보니 사람들과 종종 갈등을 일으키는 경우가 많았던 모양이다. 이걸 알고 장일순은 "너는 성질머리가 나하고 똑같구나." 하고 웃으면서 그 자리에서 이 글을 써 주었다.[38]

강태용이 1992년 러시아정교회 사제로 서품을 받고 귀국하자마자 인사를

---

37 (사)무위당사람들 엮음, 『무위보감 누가 알랴』, 무위당사람들, 2022, 384~385쪽 참조.
38 (사)무위당사람들 엮음, 『무위보감 누가 알랴』, 무위당사람들, 2022, 101쪽 참조.

드리러 장일순을 다시 찾아갔다. 그에게 장일순이 한 첫말이 이것이다.

"이제, 신부가 됐지만 어떤 자리에서건 절대 신부라는 걸 앞세우지 마라."

평신도 위에 군림하려고 들지 말라는 뜻이었다. 오히려 평신도를 모시고 섬기라는 뜻이었다.

"특히 편지를 쓸 때 이름 끝에 신부라고 호칭 달지 마라."

벼슬 자랑하지 말라는 이야기다. 그냥 이름만 대도 충분한데 굳이 이름 뒤에 교수니 상무니 소장이니 하는 직함을 붙이는 일은 그만두라는 것이다. 호칭이란 남이 불러주는 것이지, 내가 내 이름 아래 붙여 부르는 게 아니라는 것이다.[39]

장 선생 댁

소학교 동창 원영택이 장일순이 환갑 되던 1988년 봉산동 집에 놀러 간 적이 있다. 한지 곰팡이 냄새와 먹물 냄새가 눅진한 방에 앉아 차를 마시면서 두런두런 얘기를 나누다가 원영택이 "이제 자네도 집에 택호를 하나 지어 걸어도 되지 않겠나?" 물었다. 전국에서 수많은 사람들이 찾아오는 친구 집에 현판 하나 없어서 되겠냐는 뜻에서 던져놓은 말이다.

택호宅號란 이름 대신 부르는 호칭으로, 통상적으로 특히 안동이나 영남 지방에서는 이름 대신에 '안동댁' '순천댁' 하고 부르는 이름이고, 관직에 있

39 최성현, 『좁쌀 한 알 장일순』, 도솔, 2004, 191쪽 참조.

었던 남자들은 '진사댁' 등으로 부르던 관습이었다. 특히 시호나 관직명을 딴 택호는 명예롭고 자랑스러운 것으로 대대로 사용되는 것이 관례였다. 그리고 택호는 이름 대신 칭호로 사용되면서 부부 당사자뿐 아니라 그의 가족의 칭호이기도 하여 가명家名의 의미를 지닌다. 한편 지식인들의 경우에는 택호 대신에 '수심재修心齋' 등의 이름을 붙여 멋스러움을 보이는데, 본래 재齋란 조선시대의 성균관이나 향교, 서원 등에 딸린 유생儒生의 기숙사를 일컫는 말로, 거처하는 공간에 의미를 담아 높여 부르는 호칭이다.

원영택의 제안에 장일순은 빙그레 웃으면서 "이봐, 그딴 소리 말고 차나 들어." 하며 말머리를 돌리곤 했다. 장일순의 집은 지금도 그 흔한 택호 하나 없이 그냥 '봉산동 집' 또는 '장 선생 댁'이라고 불린다. 그래서 원영택은 "무위당은 벼슬에 나가지 않았던 운곡 원천석 선생의 정신에 가장 가깝게 살았던 인물"이라고 말한다.[40]

운곡耘谷 원천석元天錫(1330~미상)은 고려 공민왕 때 진사에 급제했으나 고려 말 정치의 문란함을 보고 개탄하여 원주 치악산에 들어가 농사를 지으며 부모를 봉양하고 살았던 인물이다. 조선 태종 이방원은 어린 시절 스승이기도 했던 원천석을 관직에 올리려고 자주 불렀으나 응하지 않았다. 태종이 그의 집을 찾아갔으나 미리 소문을 듣고 산속으로 피해버렸다고 전해진다. 원천석은 치악산 동쪽 산 아래 별채에 '누졸재陋拙齋'라는 서재를 짓고 살았는데, 누졸재란 "누추한 곳에 옹졸한 사람이 사는 집"이라는 뜻이다. 굳이 붙인다면, 장일순의 택호로 '누졸재'도 적절하지 않을까 싶다.

조선 숙종 때 학문과 글씨에 전념해 독특한 전서체篆書體를 완성했다는 허목許穆(1595~1682)은 원천석을 두고 "군자는 숨어 살아도 세상을 저버리

---

40 (사)무위당사람들, 『달이 나이고 해가 나이거늘』, 2020, 355쪽 참조.

지 않는다고 하더니 선생은 비록 세상을 피하여 스스로 숨었지만 세상을 잊은 분이 아니었다. 변함없이 도를 지켜 그 몸을 깨끗이 하였다"라고 썼다.

아내에게 부채질

　봉산동 집의 전형적인 아침은 장일순, 이인숙 부부의 침소에 낡은 스탠드 조명이 켜지는 것으로 시작되곤 했다. 장일순은 이불을 덮고 웅크린 채 스탠드 불빛에 비추어 책을 보는 것으로 하루 일과를 시작하였다. 곧이어 '달칵' 방문이 열리고, 부엌에서 가루 커피를 타면서 이인숙의 하루도 시작된다. 조금 뒤 장일순은 이부자리를 개고 요강을 비우고 마당을 쓸었다. 이걸 셋째 아들 장동천은 "장일순의 집안일"이라고 불렀다. 아침밥을 먹고 나면 장일순의 사생활은 끝이 난다. 곧바로 "아침은 자셨어?" 하고 인사를 건네며 손님들이 오전부터 이 집에 찾아들기 때문이다. 장일순에게 따로 사무실이 있을 리 없으니, 집이 곧 사적 공간이면서 공적 공간이 된다.

　이러고 보니, 아내 이인숙은 예정에 없던 손님상을 차려내는 것이 일상사였고, 이부자리도 항상 여유 있게 준비해 두어야 했다. 많고도 다양한 사람들을 상대해야 하는 이인숙은 매사에 신중하고, 허투루 말하거나 같은 말을 반복하지 않았다. 그래서 이인숙의 삶은 "가족 친지뿐 아니라 장일순의 인맥을 통한 지인들, 성당 사람들, 그리고 이웃을 아우르는 거대한 공동체와 함께하는 것"이었고, 거기서 제자리를 명확하게 알아야 했다. 장일순의 아내 이인숙이 '집'이라는 사적인 공간에서 공적인 역할을 의식하고 살았던 것처

장일순에게 이인숙이 곁에 없었다면 무위당의 삶을 살아내지 못했을 것이다.

럼, 누구도 강요한 적은 없지만 자식들도 사적 영역에서 공적인 역할을 맡아
야 했다. 셋째 아들 장동천은 이렇게 말한다.

나는 문자를 쓸 줄 알게 된 이후 대학에 진학하기까지, 해마다 작은형
과 성탄 카드를 직접 그려서 주변 분들에게 보내곤 했다. 처음에는 그
림을 좋아해서 자발적으로 시작했지만, 점점 규모가 커져서 50여 통에
이르게 되었다. 나중에 생각해 보니, 부모님 입장에서는 이 연례행사가
교육적인 일인 동시에 당신들이 할 일을 대신 맡기는 일종의 '하청'이기
도 했을 것 같았다. 왜냐하면 잘 모르는 부모님의 지인들에게도 우리
가 인사를 드리는 형식으로 보내졌기 때문이다. 아버지가 안부 서신조

차 조심해야 하는 형편인 것이 그 전후 맥락 안에 포함되어 있다는 사실은 나중에야 깨닫게 되었다. 아무튼 그때 보낼 곳을 엄선하고 마지막으로 내용을 검열(?)하는 것은 항상 어머니 몫이었다. 어른한테 보낼 때는 '안부' 대신 '문안'이라고 표현하고, 겉봉에도 '~씨 귀하'가 아니라 '~씨 댁 입납'이라고 쓴다는 다소 예스러운 격식은 그때 그렇게 가르쳐 주신 것이다. 사적인 생활이 곤란한 집안 상황을 불편하게 여기신 적도 없지는 않지만, 그럼에도 어머니는 은연중에 자식들도 공적인 존재로 살아가는 법을 깨우치도록 하셨던 것 같다.[41]

이인숙의 일상은 불시에 찾아오는 손님들 때문에 예비가 불가능한 임시응변 또는 방어적인 일이 많았다. 그래서 하루 24시간이 긴장의 연속이었고, 삼복더위에도 양말을 신고 있었고, 낮에는 앉아서 졸지언정 함부로 눕지 않았다. 그래도 장일순, 이인숙 부부의 금슬은 좋은 편이었다. 조부모 생전에 장일순 내외는 남향으로 앉은 집의 문간방에 머물렀는데, 하루 종일 해가 들어 여름에는 무척 더웠다. 거기다 아내 이인숙은 더위를 많이 탔다. 한여름에는 더워서 잠 못 드는 날이 많았다. 그런 날에는 장일순이 옆에 앉아 부채질로 아내의 더위를 쫓아 주었다. 장일순은 그렇게 먼저 아내를 재운 뒤에 잠자리에 들었다.[42]

장일순은 부인에게 늘 존댓말을 썼다. 이인숙이 바깥나들이를 다녀오면 "그래 바깥에서 하신 일은 잘되었어요?" 하며 공대하는 말씨로 물었다. 그리고 이런 말을 자주 하곤 했다. "우리 집의 주인은 내가 아니고 저 양반이야.

41 (사)무위당사람들, 『묻혀서 사는 이의 고운 마음을 아는 이 있을까』, 2019, 99~100쪽.
42 최성현, 『좁쌀 한 알 장일순』, 도솔, 2004, 82~83쪽 참조.

나는 건달이고 하숙생이지. 나는 원래 허튼 구멍이 많은데 그때마다 아내가 일침을 가하듯 딱딱 찔러준다네. 뭐냐 하면 그런 점에서 아내는 선생님이시지." 그리고 "대학 나와 봤자 솥뚜껑 운전수나 하고 이게 뭐지…" 푸념하기도 했던 아내에게 이런 편지를 남겼다.

> 여汝보세요.
> 평생을 피곤하게 가시는 당신에게 드리고 싶은 것이 마음에 있는데 표시가 잘 안되네요. 오늘 보니까 피나무로 만든 목기가 있어 들고 왔어요. 마음에 드실지. 이 목기가 겉에 수없이 파인 비늘을 통해 목기가 되었듯이 당신 또한 수많은 고통을 넘기며 한 그릇을 이루어 가는 것 같아요.[43]

장일순은 아이들과 여성을 대하는 태도는 여느 집과 다른 바가 있었다. 장일순이 흠모하던 해월 최시형은 제자 서순택의 집에서 베 짜는 그 집 며느리를 보고서 "일하는 한울님"이라 불렀다. 아울러 부인이야말로 집안의 '주인'이라 했다.

> 부인은 한 집안의 주인이니라. 음식을 만들고, 의복을 짓고, 아이를 기르고, 손님을 대접하고, 제사를 받드는 일을 부인이 감당하니, 주부가 만일 정성 없이 음식을 갖추면 한울님은 반드시 감응치 아니하는 것이요, 정성 없이 아이를 기르면 아이가 반드시 충실치 못하나니, 부인 수도는 우리 동도東道의 근본이니라.

---

43 (사)무위당사람들, 『묻혀서 사는 이의 고운 마음을 아는 이 있을까』, 2019, 272쪽.

여성들이 집 안에서 하는 일이 여성을 착취하는 노동이거나 하찮은 허드렛일이 아니라 그 자체가 거룩한 것이라고 해월은 생각했다. 해월은 한 걸음 더 나아가 "과거에는 부인을 억압했으나, 지금의 운運에 이르러서는 부인이 도통道通하여 사람을 살리는 일이 역시 많을 것이다. 이는 사람이 모두 어머니의 포태로부터 나서 자라는 것과 같으니라." 하고 말하였다. 즉 여성은 생명의 본원이나 산실이며 한울님이 하는 일과 가장 닮은 일을 하는 위대한 존재라는 것이다. 더구나 "부인의 수도修道는 우리 도의 근본이며, 이후부터는 부인 도통을 하는 사람이 많이 나올 것이요 한 사람의 남자에 아홉 사람의 여자가 도통을 하여 나오는 것에 비견될 운運"이라고 했다. 새로운 시대에는 도통하는 사람들 가운데 열의 아홉은 여자라는 것이다. 이런 해월의 입장은 훗날 1920년대에 들어 천도교에서 〈부인〉, 〈신여성〉 등의 월간 여성잡지를 창간하여 적극적으로 여성운동을 펼치는 동기가 되었다.[44]

한편 장일순이 쓰고 김진성이 서각한 작품을 보면, 마태오복음의 산상보훈山上寶訓을 옮기면서 5장 9절의 "평화를 위하여 일하는 사람은 행복하다. 그들은 하느님의 아들이 될 것이다."[45]에서 '하느님의 아들'을 한자로 '主兒女주아녀'라고 썼다. 이것은 '아녀자' 할 때 '아녀'이며 '어린이와 여자'를 뜻하기도 한다. 중국 성경에는 '신의 아이들'(神的兒子)로 되었고, 영어 성경은 '신의 아이들'(His children)로 되어 있으니, 장일순의 표현이 가장 급진적이다.[46]

---

44 윤석산, 『해월 최시형의 삶과 사상-일하는 한울님』, 모시는 사람들, 2014, 185~189쪽 참조.

45 한국 가톨릭교회에서는 2005년에 한국 천주교회 공용 번역본 『성경』이 나오기 전까지 공동 번역 『성서』를 사용하였다. 장일순이 활동하던 시기에는 공동 번역본이 사용되었다. 새 번역 『성경』엔 해당 구절이 "하느님의 자녀"로, 공동 번역 『성서』에는 "하느님의 아들"로 되어 있다.

장일순은 어지간해선 가족이나 집안일을 발설하지 않는 성미였다. 그러다 언젠가 가족에 대한 고마움을 살짝 표현한 적이 있었다.

> 이 못난 남편을 아내는 주야로 걱정하면서 건강하게 좋은 일 하기를 바랍니다. 내 자식 삼형제는 훌륭한 아비 되기를 항상 마음에 간직하고, 내 아우들은 이 무능한 형을 공경하며, 세상의 많은 선배, 후배, 친지들은 건강하고 도통하여 세상 만민에게 많은 복을 베풀기를 바라니, 나의 인생이 이 이상 더 행복하고 기쁠 수 있겠습니까?[47]

장일순 부부에게도 차갑게 냉기가 도는 날이 없었던 것은 아니다. 언젠가 원주 시내에서 건재상을 하고 있던 최병하가 봉산동 집에 갔을 때였다. 장일순이 붓으로 난을 치고 있었는데, 장일순 부부 사이가 영 불편해 보였다. "사모님과 싸우셨어요?" 하고 묻자, 장일순이 작은 소리로 말했다. "어젯밤에 술을 많이 먹고 비틀거리며 들어왔더니 아내가 몸에 받지도 않는 술을 요즘 너무 많이 먹고 다닌다고 구박을 하길래 뭐라고 했지. 그래서 오늘 아침에 집사람 심기가 안 좋아"라고 말했다.

난초 한 장을 다 치고서 장일순이 눈을 찡긋하며 말했다. "병하야, 이 그림 갖고 옆방에 가서 우리 안사람에게 잘 그렸는지 물어보고 와. 아니라고 하면 다시 그릴 테니까." 최병하는 화선지를 조심스럽게 들고 이인숙이 있는 옆방으로 갔다. "선생님이 이 그림 괜찮게 그렸는지 사모님께 결재를 맡으라고 합니다." 그랬더니 기분이 풀어진 이인숙이 소리 내어 웃으면서 안방에도

---

46 최성현, 『좁쌀 한 알 장일순』, 도솔, 2004, 48~50쪽 참조.
47 (사)무위당사람들, 『묻혀서 사는 이의 고운 마음을 아는 이 있을까』, 2019, 274쪽.

들리도록 큰 목소리로 "내가 보면 뭘 아나요. 그래도 보기엔 아주 잘 그리셨는데"라고 말했다. 돌아가 만족스러워하신다고 전하니, 짐짓 모른 체 "어, 저 사람이 좋다고 그래? 그럼 얼른 낙관 찍어야지" 하면서 낙관을 찍고는 "수고했어. 이거 자네 가져." 하였다.

상대방을 존중해 주는 방식으로 화해를 청하는 장일순을 보면서, 최병하는 무릎을 쳤다. 실제로 장일순과 이인숙은 부부 싸움을 해도 하루를 넘기지 않았다. 이를 가까이 지켜본 셋째 아들 장동천은 "간혹 아버님과 어머님 두 분이 날카로울 때가 있었지요. 그런데 다음 날 아침에 보면 언제 그랬느냐는 듯이 다 풀려 있고는 했어요. 어머니는 부부간의 불화는 속전속결로 빨리 끝내야 한다고 말씀하셨어요. 부모님은 서로 잘못된 일이 있으면 바로 사과하고 받아들이셨어요. 그러니까 화가 오래갈 수 있겠어요? 어머니는 아침에 나가시는 아버님 앞에서 얼굴을 붉히는 일은 어떻게든 안 하려고 하셨어요"라고 말한다. 장일순이 한 말 가운데 이런 게 있다.[48]

> 한집에 사는 두 사람이 화목하면
> 그들이 산을 움직여라 하면
> 산이 움직인다.[49]

한편 장일순은 국제화 시대라는 20세기 후반에도 해외여행이 금지된 상태였다. 국가보안법과 사회안전법의 굴레 때문이다. 다행히 1987년 6월항쟁과 함께 독재 세력의 위세가 약화되면서 분위기는 차츰 바뀌어 갔다. 민주화

---

48 (사)무위당사람들, 『묻혀서 사는 이의 고운 마음을 아는 이 있을까』, 2019, 283~285쪽 참조.
49 (사)무위당사람들, 『묻혀서 사는 이의 고운 마음을 아는 이 있을까』, 2019, 285쪽.

열기가 다시 부풀어 오르면서 원주 봉산동 토담집은 여전히 한살림운동 관계자는 물론 민주화운동 인사들이 줄을 섰다. 그때마다 이인숙은 낯빛 하나 변하지 않고 음식을 준비하고 술상을 차렸다. 때로는 식량이 바닥나고 반찬이 밑바닥을 보였지만 남편이나 부인은 서로 탓하지 않았다.

일본 여행

1980년대 후반에도 당국의 감시는 계속됐다. 그런데도 장일순 집에는 시대의 방향을 묻고 삶의 지혜를 얻고자 찾아오는 사람들로 늘 북적거렸다. 하루 종일 손님이 끊이질 않아 장일순은 쉴 틈이 없었고, 가난한 살림에 그 많은 손님을 치르느라 아내 이인숙의 고생도 이만저만이 아니었다. 곁에서 무위당을 모시고 있던 김영주는 '이러다 큰일 나겠다' 싶었다. 장일순의 건강도 염려됐지만 저렇게 많은 손님을 치르다가 내외가 다 쓰러질 것 같다는 걱정이 들었다. '선생님 내외분을 며칠만이라도 편히 쉬게 해드릴 방법이 없을까?' 곰곰이 생각하다가 사람들이 찾아올 수 없는 해외로 모시고 가자고 생각했다.[50]

장일순의 측근들 사이에서 논의가 있었고, 결국 가까운 일본이 좋겠다고 의견을 모았다. 하지만 여권 발급이 쉽지 않았다. 누군가 일본에서 초청하면 여권을 쉽게 발급받을 수 있다고 귀띔해 주었다. 마침 김영주 씨가 현민공제

---

50 김영주, 「무위당 일본 가다」, 〈무위당사람들〉 57호, 31쪽.

조합의 고문으로 있어서 어렵지 않게 일본에서 초청장을 받을 수 있었고, 이를 첨부해 여권을 신청했더니 발급되었다. 장일순이 받은 최초의 여권이었다. 김영주 부부와 장일순 부부는 1989년 5월 28일 열흘간의 일본 여행길에 올랐다. 환갑을 넘긴 나이에 첫 해외 여행길이었다.

일본에 도착해 여장을 풀자마자 김영주는 장일순과 함께 현민공제협동조합을 방문했다. 현민공제는 도쿄 북쪽 사이타마현 오미아(大宮)에 있는 생협에서 운영하는 공제조합共濟組合이다. 일본은 한국과는 달리 생협이 공제사업을 할 수 있게 법으로 보장돼 있다. 현민공제는 1973년에 생명보험료가 비싸서 가입할 수 없는 조합원들을 위해 설립했는데, 사이타마현 720만 명 인구 중 288만 명이 조합에 가입하고 있었다.

지금은 고인이 되었지만 당시 50대 중반이었던 현민공제의 마사키(正木) 회장은 부지런하고 활기에 넘치는 사람이었다. 무위당과 마사키 회장은 몇 마디 말을 나누자마자 서로 마음이 통했다. 금세 호형호제하는 사이가 됐다.

장일순은 집에서 써서 갖고 간 '정기이물정正己而物正'이라는 붓글씨 한 점을 선물로 주었다. "스스로(自己)를 바르게(正) 해야 만물萬物을 바르게(正) 할 수 있다"는 뜻이다.

장일순은 '정기正己'라고 쓴 부분을 손으로 가리키며 말했다.

"기己 자를 당신의 이름인 목木으로 바꾸어 읽어라. 그러면 정기이물정正己而物正이 정목이물정正木而物正이 된다. 정목正木이 만든 물건은 바르고 정확하다는 의미가 되지 않느냐." 장일순의 설명을 듣고 난 마사키 회장이 환호작약했다. 고사성어에 자신의 이름을 넣어 풀이한 지성과 위트가 넘치는 해석에 회장의 입이 귀에 걸렸다.[51]

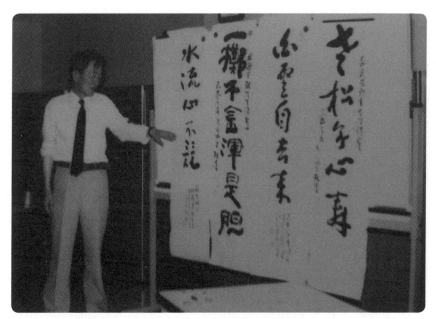

장일순은 일본 여행 중에도 현지인들과 강연과 서화로 우정을 나누었다.

　장일순의 휘호 얘기가 알려지면서 회사 직원들이 너도나도 부탁하여 그
날 하루만 해도 30여 점의 작품을 써주었다. 일행은 이튿날 도쿄를 구경하
고 나라를 거쳐 고베에 도착하였다. 이곳에는 일본 유기농 운동의 선구자로
장일순을 오래전부터 존경하는 고베대학의 야스다 교수가 기다리고 있었다.
특히 고베 청년학생센터는 평화, 자유, 인권, 자연보호를 주요 목표로 활동하
는 일본 사회단체인데, 가톨릭농민회나 생명운동을 하는 사람들이 일본 연
수회 때 자주 가던 곳이었다. 그곳에서도 직원들에게 서화를 한 점씩 나눠주
었는데, 한 점이 부족해 가시마 세스코(鹿島 節子)에게만 주지 못했다. 장일

51　김영주, 「무위당 일본 가다」, 〈무위당사람들〉 57호, 31쪽.

순은 미안해하며 이름을 물어본 뒤 수첩에 적었다.

후일담을 보태자면, 그로부터 2년 뒤인 1991년 봄에 장일순은 일본으로 가는 김영주를 통해 청년학생센터의 가시마 세스코에게 서화 한 점을 전해 주었다. 겸손하게 고개를 숙인 사람 얼굴을 닮은 난초 옆에 '天地之間 諸花中 可見六婆羅蜜多也천지지간 제화중 가견육바라밀다야', "세상 모든 꽃 속에서 육바라밀을 보네"라는 화제가 쓰여 있었다. 훗날 가시마 세스코는 서화를 받았던 날을 이렇게 기억한다.

> 장일순 선생님은 한국에 돌아가시고 난 뒤에 제가 서화를 받지 못한 것이 계속 마음에 걸리셨던 것 같아요. 저는 까맣게 잊고 있었는데, 인편으로 작품을 받게 돼서 너무 기쁘고 감사했어요. 그런데 김영주 선생님이 "요즘 장 선생님이 많이 편찮으시다"면서 "이 작품을 병환 중에 써 주신 것"이라고 하셔서 깜짝 놀랐습니다. 그렇게 다정다감하고 훌륭한 인품을 갖춘 선생님이 투병 중이시다니, 작품을 쓰시면서 얼마나 힘드셨을까 생각하니 죄송한 마음이 들었어요.[52]

다음 날 야스다 교수의 안내로 해안 국립공원으로 유명한 도요오카로 향했다. 그곳은 야스다 교수의 고향이기도 한데 그는 아름다운 고향을 무위당에게 구경시켜 드리고 싶었다. 도요오카로 가는 도중에 야스다 교수가 지도하고 있는 유기농 마을에 들렀다. 야스다 교수가 주민들에게 장일순을 "한국에서 오신 유명한 분"이라고 소개하자 마을 촌장이 강연을 부탁했다. 장일순

---

52 (사)무위당사람들, 『묻혀서 사는 이의 고운 마음을 아는 이 있을까』, 2019, 355~357쪽 참조.

은 30여 명의 주민들을 대상으로 즉석에서 생명사상에 대한 강연을 했다.

"여러분, 야스다 선생이 하는 유기농 운동은 생명을 살리는 운동입니다. 여러분이 사람의 목숨을 살리는 농사꾼인데 인간에게 해로운 농약 친 농산물을 생산하면 되겠는가, 이 말입니다. 야스다 선생이 왜 이렇게 열심히 하냐 하면, 착한 여러분들이 농약으로 살인자가 되면 안 된다고 생각했기 때문입니다."

장일순의 말에 야스다 교수는 우쭐했다.

그때만 해도 일본에서 유기농업이 초창기였고 농약을 친 농산물보다 수확량이 적어 인기가 별로 없었다. 그런데 장일순이 야스다 교수를 한껏 추켜세워 주니 얼마나 산바람이 났겠는가. 신이 난 건 농부들도 마찬가지였다. 유창한 일본어로 게다가 한문까지 써 가며 편안하면서도 재미있게 강연하는 장일순의 지성에 다들 반한 표정이었다. 농부들은 "야스다 교수의 권유로 유기농업을 시작했지만 과연 성공할 수 있을까, 하는 의구심을 갖고 있었는데, 선생님 말씀을 듣고 자신감을 갖게 되었다"며 고마움을 표시했다.

도요오카에 도착할 때까지 몇 군데 유기농 마을을 더 들렀는데 장일순이 강연을 잘한다는 소문이 돌았는지 가는 곳마다 강연을 부탁해 왔다. 졸지에 이번 여행에서 장일순은 순회강연자가 돼버렸다. 김영주가 귀엣말로 "어쩌다 보니 유람여행이 강연여행이 되고 말았습니다"라고 말하니까 장일순은 "그래, 그렇게 됐구먼." 하며 기분 좋게 웃었다. 일행은 도요오카에 도착해서야 비로소 제대로 된 관광을 즐길 수가 있었다. 일행은 벳푸 온천 관광과 쿠우슈우 여행을 한 뒤 열흘간의 일본 여행을 마치고 귀국했다.[53]

장일순 부부는 1989년 5월 28일에 일본 여행을 떠났으니, 장일순이 회갑

---

53 (사)무위당사람들, 『묻혀서 사는 이의 고운 마음을 아는 이 있을까』, 2019, 162~
     168쪽 참조.

을 맞이한 지 딱 1년이 지나서 선물처럼 여행길에 올랐던 것이다. 1988년 당시에 김지하가 장일순에게 물어본 적이 있었다.

"곧 회갑이신데, 기념 문집이라도 준비해야 되지 않을까요?"

"무슨 소리, 그런 걸 뭐하러 하나?"

역시 장일순다웠다. 김지하는 그때 진정으로 "선생님, 고맙습니다." 하였다. 김지하는 장일순의 마음을 읽고 안심했다. 장일순은 '山不如無산불여무', "산山이 '무無'보다 못하다"라고 쓴 적이 있다. 아무리 좋은 것도 없는 것만 못하다는 뜻이다.[54]

---

54 최성현, 『좁쌀 한 알 장일순』, 도솔, 2004, 199쪽 참조.

9부

인생 갈무리

한살림선언

1989년 10월 29일 대전 신협연수원에서 한살림모임의 창립총회가 열렸다. 총회에는 장일순뿐 아니라 신용협동조합연합회 연수원장이던 김영주, 신협중앙회 사무총장 이경국, 광주에서 온 조성삼, 그리고 김지하 시인과 최혜성 백범사상연구소 부소장, 서울대 미생물학과 김상종 교수, 부산대 무용학과 채희완 교수, 교육방송 프로듀서 박창순, 자연학교 최성현, 「아침이슬」의 작곡가 김민기, 나중에 모심과살림연구소 소장이 된 박맹수, 한살림농산의 박재일과 한살림공동체소비자협동조합의 초대 이사장 이순로, 생산협의회 회장 김영원 등 60여 명이 참석했다. 이날 장일순은 '시侍에 대하여'란 주제로 기념 강연을 하였다.

> 사람이 일상생활에 있어서 만 가지를 다 헤아리고 갈 수는 없는 거지요. 그러나 자기가 타고난 성품대로 물가에 피는 꽃이면 물가에 피는 꽃대로, 돌이 놓여 있을 자리면 돌이 놓여 있을 만큼의 자리에서 자기 몫을 다 하고 가면 '모시는 것을 다 하는 것'이라고 저는 생각해요. 그렇다고 해서 딴 사람이 모시고 가는 것을 잘못됐다고 할 수도 없지요. 있음으로써 즐거운 거니까. 동고동락同苦同樂 관계거든요. 요샌 공생共生이라고도 하는데 본능적으로, 감각적으로 편하고 즐거운 것만 동락同樂하려고 든단 말이에요. 그런데 고苦가 없이는 낙樂이 없는 거지요. 한살림 속에서도 '고'와 '낙'이 함께 있어야 된다고 생각해요. 더불어 함께하는 것이지요. 즉 공생하는 건데, 공생관계는 각자를 긍정해 주는 것이란 말이에요. 각자를 긍정해 줘야 모시는 것이 되는 거잖아요?[1]

박재일은 이 자리에서 한살림모임 의장을 맡았고, 사업위원장 최혜성, 연구위원장 김지하, 실행위원회 간사 김민기 등으로 실무진이 꾸려졌다.[2] 이날 창립총회 자리에서 「한살림선언」이 발표되었다. 약 5만 자에 이르는 이 선언은 원주그룹의 세계관과 가치관, 사회개혁에 대한 열정을 담아놓았다. 이 선언은 '12년의 모색, 1년 4개월의 준비, 11차례의 모임, 4차례의 토론'을 거친 결과였다.

> 12년의 모색이란 1977년 원주캠프가 생명운동으로 전환할 것을 논의한 시점부터를 말한다. 이후 1982년 「생명의 세계관 확립과 협동적 생존의 확장」이라는 원주보고서를 통해 정리하고 공유한 원주캠프의 생각들이 그로부터 7년이란 시간이 흐른 뒤에 비로소 한살림모임이라는 실체를 지닌 단체의 '선언'이 된 것이다.[3]

1988년 4월 21일 한살림소비자협동조합이 창립되고서 두 달 만인 6월 25일에 '한살림연구회 준비모임'을 시작해서 1989년 1월 '한살림모임 창립 준비위원회'를 거쳐 10월 29일 한살림모임 창립총회를 열게 된 것이다. 이 과정에서 '한살림 공부모임'이 진행되었다. 여기에 장일순을 중심으로 김영주, 김지하, 최혜성, 김민기, 서정록, 그리고 박재일, 이병철, 조희부 등이 참여하였다.[4] 무슨 일을 새롭게 시작할 때는 언제나 함께 공부하고 토론하며 미래를 모색하는 게 원주캠프의 전통이었다. 한살림 공부모임은 매달 회합을

---

1 장일순, 「시에 대하여」, 한살림모임 창립 기념 강연, 1990년 10월 29일.
2 김선미, 『한살림 큰농부 인농 박재일 평전』, 한살림, 2017, 231쪽 참조.
3 김선미, 『한살림 큰농부 인농 박재일 평전』, 한살림, 2017, 232쪽.
4 김선미, 『한살림 큰농부 인농 박재일 평전』, 한살림, 2017, 233쪽 참조.

통해 현재의 시대 상황을 진단하고 성찰하면서 그 대안과 실천 방향을 세우는 데 최선을 다했다. 장일순도 빠짐없이 참석한 모두 11차례의 학습 모임과 4차례의 토론회를 거쳐 동학사상, 두레 공동체 전통, 일본의 생협운동, 스페인 몬드라곤 공동체 등 다양한 내용을 검토하고 토론하였다.[5]

「한살림선언」은 생명운동의 필요성과 지향을 밝힌 글이며, 문안에 대한 전체적 흐름은 김지하가 잡고, 최혜성이 대표로 집필하였다. 「한살림선언」은 원주의 협동조합운동의 맥을 잇고 있으며, 장일순과 시인 김지하에 의해 재해석된 동학사상, 그리고 서구의 녹색운동과 신과학운동의 성과를 한국적 맥락에서 수용하여 새로운 인간 이해와 사회운동의 새로운 지평을 열어놓았다.[6] 「한살림선언」은 이렇게 시작한다.

> 인류가 자유, 평등, 진보의 깃발 아래 피와 땀을 흘리면서 이룩해 온 오늘날의 문명세계는 물질적 풍요를 가져다 준 반면 인간을 억압하고 소외시키고 나아가서 인류의 생존기반이 되는 지구의 생태적 질서를 훼손시키고 파괴하고 있다. 일찍이 자연의 주인임을 자처하고 자연을 지배해 왔던 인간이 자연지배의 도구로 사용했던 기계와 기술에 사로잡혀 하나의 부품이나 계량적 단위로 전락해 버렸다. 오늘날 인간은 삶의 진정한 주체라 할 수 없고 다만 기계의 지배에 조종되는 대상일 뿐이다.[7]

「한살림선언」에서 한살림운동은 "전 인류, 전 생태계, 전 우주 생명과의

---

5 김영주 편, (사)무위당사람들 엮음, 『대장부 거기에 그들이 있었다』, 이야기담, 2022 개정판, 176쪽 참조.
6 김선미, 『한살림 큰농부 인농 박재일 평전』, 한살림, 2017, 232~233쪽 참조.
7 『한살림선언-생명의 지평을 바라보면서』, 한살림모임, 1989, 7쪽.

통일을 지향하는 생명"을 의식하면서 "가치관에 있어서는 한민족의 오랜 전통과 맥을 이어오고 있는 동학의 생명사상에서 그 사회적, 윤리적, 생태적 기초를 발견하고 있다"고 밝혔다.

> 동학은 물질과 사람이 다 같이 우주생명인 한울을 그 안에 모시고 있는 거룩한 생명임을 깨닫고 이들을 '님'으로 섬기면서[侍] 키우는[養] 사회적, 윤리적 실천을 수행할 것을 우리에게 촉구하고 있다. 자연과 인간을 자기 안에 통일하면서 모든 생명과 공진화共進化해 가는 한울을 이 세상에 체현시켜야 할 책임이 바로 시천과 양천의 주체인 인간에게 있음을 동학은 오늘 우리에게 가르치고 있다.[8]

구체적으로 한살림은 생명에 대한 우주적 각성이며, 자연에 대한 생태적 각성이고, 사회에 대한 공동체적 각성이고, 새로운 인식과 가치, 양식을 지향하는 생활문화 활동이고, 생명의 질서를 실현하는 사회 실천 활동이고, 새로운 세상을 창조하는 생명의 통일 활동이라고 선언했다. 그리고 오늘날 우리에게는 빵만 아니라 빵의 의미와 창조적으로 진화하는 생명의 의미를 진정으로 깨닫는 것이 필요하다고 말한다.

> 인류의 위대한 주축시대에 예수와 붓다에 의해 점화된 '사랑'과 '자비'의 등불은 2000년 이상 인류를 어둠에서 인도해 왔다. 그러나 산업문명 시대에 들어와서는 그 빛이 희미하게 되었고 오히려 암흑은 더욱더 깊어져 가는 것만 같다. 죽임의 어둠이 더욱 깊어지고 있는 오늘날 사랑과

8 『한살림선언-생명의 지평을 바라보면서』, 한살림모임, 1989, 71쪽.

자비가 생명의 등잔 위에 더욱 큰 불꽃으로 다시 점화되어야 할 것이다. 1848년 마르크스는 「공산당선언」을 통해 인간해방을 선포하면서 혁명의 깃발을 높이 치켜들어 온 세계의 억압받고 소외되어 온 계급과 민족의 길잡이가 되어 왔다. 그러나 오늘날에 와서 혁명의 깃발은 그 빛깔이 바래져 가고 있다. 마르크스는 인간이 물질의 생산, 분배, 소유를 혁명적으로 재편함으로써 인간해방을 실현할 수 있다고 굳게 믿었다. 그러나 오늘날 우리에게 필요한 것은 빵만 아니라 생명인 빵의 의미와 창조적으로 진화하는 생명의 의미를 진정으로 깨닫는 시천侍天의 각성이다. 새로운 세계를 바라보고 이를 준비하고 있는 각성되고 해방된 인간의 정신은 '자기 안에 있는 우주 안에 자기가 있음'을 깨닫고 있다. 진화의 분기점에서 방황하고 있는 이 시대는 '우주 속의 인간', '인간 안의 우주'라는 자기 이미지를 지닌 새로운 이념이 나와야 할 때이다. 그러기에 우리는 바로 지금 여기에서 새로운 생명의 이념과 활동인 '한살림'을 펼친다.[9]

해월 최시형 추모비

장일순은 '걸어 다니는 동학'이라는 별칭이 붙을 만큼 동학의 2대 교주였던 해월 최시형을 따랐다. 집 안방 아랫목에는 언제나 해월의 낡은 흑백사진이 걸려 있었다. 측근들에 따르면, 말년에 장일순은 해월 선생을 닮아가고

---

9 『한살림선언-생명의 지평을 바라보면서』, 한살림모임, 1989, 85~86쪽.

있었다고 한다. 제자들을 만나서는 물론, 초청 강연이 있을 때는 해월의 사상에서 배워야 한다고 늘 강조했다.

해월은 관군과 일본군의 집요한 추적을 피해 강원도, 경기도, 경상도 지역을 넘나들며 숨어 다녔다. 그러던 해월이 1898년 3월 17일 원주시 호저면 고산리 송골의 원덕여 집에 머물다 밀정에게 발각되어 관군에게 체포되었고, 서울로 압송되어 한성감옥에서 갇힌 채 72세에 처형되었다. 장일순은 해월의 족적이라도 알리고자 해월이 체포된 현장에 추모비를 세우고 싶어 하였다.

1990년 4월경 장일순이 고문을 맡아 함께 어울리던 '치악고미술동우회' 회원들에게 먼저 송골마을 입구에 해월 최시형의 추모비를 세우고 싶다는 마음을 털어놓았다. 동학농민혁명이 좌절된 이후 관의 추적을 피해 3개월간 숨어 지내다가 체포될 때까지 은거했던 원진녀라는 분의 집터도 '치악고미술동우회'에서 찾아냈다.[10] 천도교나 학계에서도 하지 못한 일이었다. 동우회 회원들은 각자 염출해서 비용을 마련하고, 바쁜 중에도 짬을 내어 추모비 주변의 흙일을 거들었다. 그 밖에 원주 군수 이돈섭, 원주군 번영회장 배자옥, 부회장 이영철, 그리고 호조면장 장학성, 고산리 이장과 마을 사람들 등 지역사회의 적극적 협조로 추모비를 세울 수 있었다.

해월의 집터도 발견하고 추모비도 세우려 했던 치악고미술동우회 회원들은 동학이나 천도교 신자가 아니었지만, 장일순처럼 해월에 대한 존경심을 품고 있었다. 이 경위에 대하여 장일순은 제막식 후에 지인들에게 보낸 편지에서 이렇게 말하고 있다.

회원 각자는 천도교 신도가 아니라 천주교 신자, 기독교 신자, 불교 신

---

10 (사)무위당사람들 엮음, 『무위보감 누가 알랴』, 무위당사람들, 2022, 344~345쪽 참조.

자, 유교를 받드는 사람도 있어요. 요要는 예수님이 기독교만의 예수님이 아니라 모든 이의 예수님이고, 석가모니 부처님이 모든 중생의 부처님이지 불신도만의 부처님이 아닌 것처럼. 우리 해월 최시형 선생님도 마찬가지로 모든 이의 선생님이시더란 말이에요.

1990년 4월 12일에 추모비 제막식을 치렀다. 장일순이 직접 설명한 바에 따르면, 추모비는 본면本面이 되는 맨 위의 비면碑面은 가로가 4척尺 5촌寸 세로가 2척尺 5촌寸이다. 앞면은 경사 15도 각으로 되었고 뒷면은 수직이다. 옆에서 보면 뾰족한 삼각형인데 오석으로 되어 있다. 앞면에는 "모든 이웃의 벗 최보따리 선생님을 기리며"라고 음각되어 있다. 장일순은 해월을 '최보따리'라고 부른 이유를 이렇게 설명하였다.[11]

> 여러분이 아시다시피 해월 선생은 삼경三敬을 설파하셨어요. 경천敬天, 경인敬人, 경물敬物의 이치를 볼 때에 인간과 천지 만물에 이르기까지 모두를 한울님으로 섬기고 공경하시고 가셨기에 '모든 이웃'이라는 말로 하였고, 벗이란 말은 삼경의 도리로 볼 때에 선생님께서는 도덕의 극치를 행하셨기 때문에 일체와의 관계가 동심원적 자리, 절대적 자리에 서 계셨기 때문에 '벗'이라는 말을 쓰게 되었습니다. 그리고 '최보따리'라는 말은 방방곡곡 어디를 가시든 지극히 간단한 행장으로 보따리를 메고 다니셨기에 일행과 지긋이 한자리에 머무실 수 없으면서도 설법하고 민중들과 같이 하셨으므로 '최崔보따리'라고 했습니다.

11 김삼웅, 『장일순 평전』, 두레, 2019, 303~310쪽 참조.

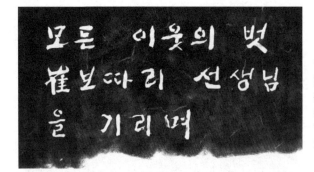

'걸어 다니는 동학'이란
별칭이 붙었던
장일순은
해월 최시형 추모비에
'최보따리 선생님'을
기리는 글씨를 새겼다.

해월 최시형 추모비 뒷면.

　뒷면에는 해월 최시형의 생년과 태어난 곳, 동학에 입도하고 도통을 수운 水雲에게 이어받은 날짜, 체포된 날짜와 장소, 그리고 순도한 일자와 장소, 끝으로 해월의 생애에 대한 간단한 설명이 있다. 옆면에는 '김대호 글 짓고 장일순 쓰다'라고 되어 있다. 밑돌에는 역시 장일순 글씨로 "천지天地는 부모父母요, 부모父母는 천지天地이니, 천지부모天地父母는 일체야一體也니라"라는 해월의 말씀이 새겨져 있다. 이를 두고 장일순은 "이 한마디 법설에는 해월 삼경三敬의 일체의 도리가 다 들어있고, 이렇게 밑돌 전면에 쓰게 된 것은 산업문명에서 탈출하여 앞으로의 지구와, 나아가서 우주의 일체의 존재가 공생할 수 있는 도리가 여기에 있다"고 믿기 때문이라고 밝혔다.

　이날은 오전부터 비가 많이 내려서 추모비 제막식 행사는 근처에 있는 고산초등학교에서 했다. 그 자리에 해월 최시형의 증손자인 최정간 선생이 참

인생 갈무리

여해 고마움을 표시하였다. 도예가인 최정간은 경남 하동에서 일부러 원주까지 찾아온 것이다. 장일순은 인사말에서 해월을 민족의 거룩한 지도자라고 말했다.

> 최시형 선생님은 우리 민족의 거룩한 스승 아닙니까? 그분이 안 계셨다면 3·1만세운동이라든가 망국의 한을 갖다가 어디에 기초하고 뭘 할 수 없지 않았겠습니까? 그분이 계셨기에 손병희 선생이 계셨고, 또 3·1만세운동도 됐고, 또 하나는 아시아에 있어서 뭐냐 하면 식민지 상황에 있던 중국이라든가 인도에도 커다란 각성 운동을 준 게 아닙니까? 그래서 최시형 선생이 대단한 분이라고 저는 생각합니다.

제막식이 끝나고 고산초등학교에서 장일순은 해월 최시형에 관한 강연도 했다. 그날 저녁에 원주 시내 식당에서 뒤풀이를 하였는데, 장일순은 기분이 얼마나 좋았는지 취하도록 마시고 노래를 두 곡이나 불렀다. 장일순은 제막식 행사를 끝내고, 그 자리에 참석하지 못한 이들을 위해 1990년 4월 17일자로 해월 선생 추모비를 세운 이유와 제막식 준비 과정 그리고 자신이 추모비에 쓴 비문 등을 편지에 담아 보냈다.

치악고미술동우회는 해월 최시형 추모비를 세우고 7개월 뒤인 1990년 11월 1일에 집터에 피체지 표지석을 세웠다. 그 후 치악고미술동우회와 고산리 주민들이 역사적 현장을 기리기 위해 생가를 복원해 줄 것을 원주시에 건의해서 2008년에 생가가 복원되었다.[12]

---

12 박경종, 「만인을 내 몸처럼 모셔라」, 〈무위당사람들〉 63호, 77~78쪽.

생명공동체운동

이즈음 장일순은 서울의 대학가를 비롯하여 여기저기 초청에 따라 강연을 하였다. 1991년 2월에는 가톨릭농민회 제21차 대의원총회에서 '나락 한 알 속에 우주가 있다'는 제목으로 강연을 하였다. 이 제목은 나중에 녹색평론사에서 장일순의 책을 내면서 '표제'로 삼았던 그 강연이다. 장일순은 이미 정호경 신부와 박재일을 통해 가톨릭농민회와 소통하고 있었지만, 직접 가톨릭농민회원들과 만날 기회는 그리 많지 않았다.

장일순은 "가농에 가면 붙잡혀 갈 것 같아서 겁이 나서 가보지 못했다"면서, 그들이 "오시지는 말고 일러만 주십시오." 하였다고 했다. 이런 점에서 장일순은 가톨릭농민회를 "가까이하지도 못하고 멀리하지도 못했다"고 표현했다."[13]

장일순은 강연 서두에 노태우로 이어진 군사독재의 연장을 염려하듯이, 인간은 자연에 대한 독재의 태도를 버려야 한다고 말했다.

> 노자에 그런 말이 있어요. '생이불유 장이부재生而不有 長而不宰'라. 우리가 자식을 낳지마는 그 자식은 자기 것이 아니란 말이에요. 많은 사람들을 가르치고, 많은 제자들을 가르쳤어도 그 사람들을 야, 자, 하고 부리는 것은 옳은 태도가 아니란 말이에요. 야, 자, 하고 마구 부리는 그런 태도는 독재의 태도요, 내 맘대로 하려는 태도요, 소유하려는 그런 태도란 말이에요. 그건 자연스러운 태도가 아녜요. 자연은 소유하

---

13 무위당 장일순 이야기 모음, 『나락 한 알 속의 우주』, 녹색평론사, 1997, 64쪽 참조.

려는 게 없어요.[14]

당시 가톨릭농민회는 군사정권의 갖은 탄압을 받으면서도 민주화운동과 장일순이 제창한 생명공동체운동을 열심히 하고 있었다.

> 여러분들이 생명공동체운동을 하신다는데, 그 생명공동체는 눈에 보이는 우리끼리만의 생명공동체가 아니라 전체를 포용하는 생명공동체예요. 다시 말해서 공空과 색色, 즉 눈에 보이는 것과 보이지 않는 것은 진실의 양면인 거예요. 눈이 양쪽에 있는 거와 마찬가지로, 앞뒤가 있는 거와 마찬가지로, 눈에 보이지 않는 것 그것을 보지 못하고 가게 되면은 농사를 지어도 헛농사를 짓게 되는 거와 마찬가지예요.[15]

강연장을 가득 메운 수백 명의 농민들에게 장일순은 거듭 '생명공동체'의 중요성을 역설하였다. 생명공동체운동은 단순히 먹을거리를 둘러싼 일이 아니라 "움직이는 삶, 죽지 않는 삶, 죽어서도 살아있는 삶, 영원히 불멸하는 삶"을 찾자는 것이고, "사물의 이치와 우주의 원리가 뭐다 하는 것을 알았을 때 우리의 신앙도 깊어지는 거고, 예수님이 우리에게 가르쳐 주시려던 간절한 심정도 우리가 이해할 수 있게 되는 것"이라고 했다.[16]

가톨릭농민회가 당시 전국 지도사제였던 김승오 신부를 중심으로 '우리 밀 살리기 운동'을 시작한 것도 1991년이었다. 우리밀 살리기 준비위원회는

---

14 무위당 장일순 이야기 모음, 『나락 한 알 속의 우주』, 녹색평론사, 1997, 65쪽.
15 무위당 장일순 이야기 모음, 『나락 한 알 속의 우주』, 녹색평론사, 1997, 65쪽.
16 무위당 장일순 이야기 모음, 『나락 한 알 속의 우주』, 녹색평론사, 1997, 65쪽.

그해 11월 28일 서울 명동성당 문화관에서 창립 대회를 열었다. 이 자리에는 김수환 추기경을 비롯해서 종교계, 정치계, 학계, 소비자, 생산자, 기업인 등 발기인 4백여 명이 참석했다. 이 창립총회에서 김승오 신부가 준비위원장을 맡고, 김승오 신부, 박재일, 김동희 교수, 전순남, 이응주 등이 공동대표로 선출되었다.

"주름살 깊은 농촌에 새로운 희망을", "공해 식탁을 생명의 밥상으로"라는 슬로건을 내세운 창립총회에서 김수환 추기경은 격려사를 통해 "벼랑 끝에 몰려있는 농업을 살려내기 위해 애쓰시는 여러분을 진심으로 사랑한다"면서 "특별히 공해 식탁을 생명의 밥상으로 만들어내기 위해 사라진 밀밭을 되살려내려는 의지는 깊은 감명을 주고 있다"고 말했다. 한편 김승오 신부는 "큰소리와 요란한 말장난을 하지 않고 겸손한 낮은 마음으로 말없이 일을 해나가겠다"고 다짐했다. 이처럼 1990년대는 가톨릭교회가 전면적으로 생명운동을 수용하는 분위기에서 시작되었다.

죽음의 굿판

그렇지만 무르익어 가던 생명운동이 예상치 못한 난관에 부딪치기도 했다. 원주캠프를 중심으로 한살림운동이 자리 잡아가고, '작은 가농'을 표방하는 가톨릭농민회를 중심으로 생명공동체운동이 중심을 잡아가는 것과 무관하게 국내 정치 상황이 더 폭력적으로 변했기 때문이다. 1990년 1월 22일, 당시 집권 여당 민주정의당과 제2야당 통일민주당, 제3야당 신민주공화당이

합당해 '민주자유당'을 출범시키면서 상황이 더 악화되었다. 이른바 노태우와 김영삼과 김종필의 보수대연합이 만들어졌기 때문이다. 이에 반발한 학생운동은 등록금 인상 반대 투쟁을 비롯한 학내 투쟁을 사회변혁운동의 발판으로 삼고 급진화 되었다. 가두시위에 연일 화염병이 등장하였고, 당국은 백골단을 투입해 폭력을 동반한 과잉 진압으로 맞대응하였다. 이 과정에서 4월 26일에는 명지대학교 앞에서 시위하던 강경대가 경찰이 휘두른 쇠 파이프에 맞아 숨지는 일이 발생했다. 그러자 폭력 정권 퇴진을 요구하는 규탄집회가 전국에서 개최되었다. 이 와중에 4월 29일 전남대학교 학생 박승희가 규탄 집회 중 분신하였고, 이어서 5월 1일 안동대학교 학생 김영균, 5월 3일 경원대학교 학생 천세용, 5월 8일 전민련 사회부장 김기설, 5월 10일 노동자 윤용하 등 총 9명이 잇따라 분신하는 이른바 '분신정국焚身政局'이 조성되었다.

그 당시에 원주그룹의 중요한 일원이라고 말할 수 있는 김지하가 5월 5일 〈조선일보〉에 「젊은 벗들! 역사에서 무엇을 배우는가」라는 칼럼을 써서 세상이 발칵 뒤집어졌다. 당시 〈조선일보〉는 이 칼럼 본래 제목보다 편집자가 붙인 "죽음의 굿판을 집어치우라"라는 자극적인 발문을 전면에 걸었다. 70년대 민주화운동의 상징이며, 저항작가로 알려진 김지하가 청년·학생들이 생명을 던져 독재와 맞서 싸우는 활동 방식을 신랄하게 문제 삼았기 때문이다. 김지하는 생명사상에 바탕을 두고, 목숨을 버리면서 하는 민주화 시위를 '저주의 굿판'에 비유하였다. 이 칼럼에서 김지하는 "자살은 전염한다. 당신들은 지금 전염을 부채질하고 있다. 열사 호칭과 대규모 장례식으로 연약한 영혼에 대해 끊임없이 죽음을 유혹하는 암시를 보내고 있다"면서 운동권 세력들이 연이은 자살을 조장하고 있다고 공격했다. 이때는 한 달 만에 1만여 명의 지식인이 시국선언에 참여할 만큼 학생과 지식인들의 시국에 대한 저항의식이 치열해지고 있었던 상황이었기 때문에 김지하의 발언은 더 큰 충격을 주었다.

김지하는 당시 〈동아일보〉에 '모로 누운 돌부처'라는 제목으로 자기 고백적인 글을 연재하고 있었는데, 1975년에도 '고행-1974'를 〈동아일보〉에 게재한 적이 있었다. 이 연재물은 장일순이 1991년 2월에 행한 가톨릭농민회 대의원총회 강연에서 언급했던 '자기 고백의 글'이었다.

> 김지하가 고백운동을 전개하자고 나왔는데, 생명공동체 속에서는 그게 드러나야 해요. 그게 관건이지. 우선 자신이 잘못 살아온 것에 대해 반성하는 고백의 시대가 되어야 합니다. 넘어진 얘기, 부끄러운 얘기를 하자는 겁니다. 실수하고 또 욕심부린 얘기, 그래서 감추고 싶은 얘기를 고백하며 가자는 거지요. 지금은 삶이 뭐냐, 생명이 뭐냐 하는 것을 헤아려야 하는 시기입니다. 뭘 더 갖고 꾸며야 되느냐에 몰두하는 시대는 이미 절정을 넘었어요. 글 쓰는 사람들이 가급적이면 고백의 글을 많이 써줬으면 좋겠어요.[17]

김지하가 강경대 사건 이후 벌어진 분신정국을 바라보면서 5월 5일 자로 〈조선일보〉에 게재한 「젊은 벗들! 역사에서 무엇을 배우는가」라는 칼럼은 불문곡직不問曲直 잘라서 말한다.

> 나는 너스레를 좋아하지 않는다. 잘라 말하겠다. 지금 곧 죽음의 찬미를 중지하라. 그리고 그 굿판을 당장 걷어치워라. 당신들은 잘못 들어

---

17 무위당 장일순 이야기 모음, 『나락 한 알 속의 우주』, 녹색평론사, 1997, 65쪽.

서고 있다. 그것도 크게! 이제나 저제나 하고 기다렸다. 젊은 당신들의 슬기로운 결단이 있기를 학수고대하고 있었다. 숱한 사람들의 간곡한 호소가 있었고, 여기저기서 자제요청이 빗발쳐 당연히 그쯤에서 조촐한 자세로 돌아올 줄로 믿었다. 그런데 지금 당신들 무슨 짓을 하고 있는가?

생명이 신성하다는 금과옥조를 새삼 되풀이하고 싶지는 않다. 하나 분명한 것은 그 어떤 경우에도 생명은 출발점이요 도착점이라는 것이다. 정치도 경제도 문화도, 심지어 종교까지도 생명의 보위와 양생을 위해서 있는 것이고 그로부터 출발하는 것이지 그 반대는 아니다. 근본을 말살하자는 것인가? 신외무물身外無物[18]이 무슨 뜻인가?

당신들 자신의 생명은 그렇게도 가벼운가? 한 개인의 생명은 정권보다도 더 크다. 이것이 모든 참된 운동의 출발점이어야 한다. 당신들은 '민중을 위해서!'라고 말한다. 그것이 당신들의 방향이다. 당신들은 '민중에게 배우자!'라고 외친다. 그것이 당신들의 공부이다. 민중의 무엇을 위해서인가? 민중의 생명의 보위, 그 해방을 위해서일 것이다.

당신들이 믿고 있는 그 해방의 전망은 확고한가? 목적에 대한 신념은 과학적으로 확실한가? 만약 그것이 기존의 사회주의라면 그 전망은 이미 끝이 났다. 만약 그것도 아니라면 민족이 패망하는 극한 상황도 아닌 터에 생명 포기를 요구할 정도의 목적의 인프레션 따위는 있을 수도 없으며 다만 뼈를 깎는 기다림과 겸허한 모색이 있을 뿐이다.

모색하는 자가 매일매일 북 치고 장구 칠 수 있는가? 도대체 그 긴 역사에서 무엇을 배우는가? 왜 덤비는가? 모색과정에도 위기에 대한 긴

---

18 "몸 외에 다른 것이 없다"는 뜻으로, 몸이 무엇보다 귀하다는 말.

급한 행동은 있을 수 있다. 하나 그때의 행동은 달라야 한다. 어떻게
달라야 하는지 당신들은 분명히 알고 있다. 그런데 지금 당신들은 무슨
짓을 하고 있는가? 당신들은 민중에게서 무엇을 배우자고 외쳤는가?
어떠한 경우에도 포기하지 않는 끈질긴 생명력과 삶의 존중, 삶의 지혜
를 놔두고 도대체 무엇을 배운다고 하는가?

어느 민중이 당신들처럼 그리도 경박스럽게 목숨을 버리던가? 당신들
은 흔히 '지도'라는 말을 쓴다. 또 '선동'이란 말도 즐겨 쓴다. 스스로도
확신 못하는 환상적 전망을 가지고 감히 누구를 지도하고 누구를 선
동하려 하는가? 더욱이 죽음을 찬양하고 요구하는가? 제정신인가, 아
닌가? '과학'이란 말을 자주 쓴다. 그것이 과학인가? 그보다도 더 자주
'정치'라는 말을 쓴다. 그것이 정치인가? 분명히 못 박아 말하지만 정치
란 도덕적 확신에 기초한 엄밀한 이성과 수학의 세계다.

김지하는 이어서 5월 17일 자에 「다수의 침묵 그 의미를 알라」를 발표했
다. 결국 이 칼럼이 문제가 되어 마치 벌통을 건드린 것처럼 생명운동 자체
까지도 비난의 한가운데로 내몰리는 지경이 되었다. 당시 대학신문 〈연세춘
추〉는 "투사요 순교자였던 김지하가 최근에 어리둥절하고 있다"며 "수십만
의 민중들에게 지하는 이제 의식화 아닌 세뇌를 하려 하고 있다"고 비판했
다. 〈홍대신문〉은 「오적의 작가 김지하님의 죽음을 애도하며」라는 시를 통해
"당신의 가슴은 벌써 돈맛을 알았군요! 무릎 꿇어 버릇하니 그게 편해졌군
요! … 아 당신은 당신이 쓴 시 속의 오적"이라는 원색적인 비난까지 나왔다.

급기야 민족문학작가회의는 김지하의 제명을 결정하였다. 이들은 김지하
가 "생명사상에 심취되어 사람 마음의 일들을 어둡게 보고 있거나 과대망상
적인 명망가 의식에 사로잡혀 충격의 미학을 즐기고 있거나 민중의 편에서

권력의 편으로 자리를 아예 바꿔 앉았다"면서 생명사상과 고백운동을 싸잡아 비판했다. 당시 김지하는 어찌 보면 너무 순진했다. 이를 두고 〈녹색평론〉 편집인 김종철은 "김 시인은 '생명' 화두에 몰두하여 자살은 무조건 싫어해요. 외골수일 때가 많아요. 그러다 보니 가끔 시국에 맞지 않는 말을 해요"[19] 라고 하였지만, 원론적으로 보았을 때 김지하의 당시 운동권에 대한 비판은 상당히 설득력이 있는 발언이다. 특히 생명운동의 차원에서 본다면 결국 민주화운동도 사람답게 '살자'고 하는 일인데, 죽음을 담보로 하는 운동이라면 '열사'라는 말에 담겨있는 어떤 명분을 내세우더라도 정당화될 수 없다는 것이다. 게다가 "어느 민중이 당신들처럼 그리도 경박스럽게 목숨을 버리던가?"라는 질문은 공권력의 폭력에 노출된 민주화운동 세력의 절망을 드러내는 가슴 아픈 말이었다.

하지만 김지하는 시기와 매체를 잘못 골랐다. 정권 친화적인 보수 우익 신문이었던 〈조선일보〉를 선택한 것이 화근이었다. 김지하의 글이 김지하 자신의 뜻과 상관없이 운동권을 부도덕한 집단으로 몰아가는 데 이용되었기 때문이다. 여기에 서강대 총장 박홍 신부가 주사파 배후 세력설, 그리고 '강기훈 유서 대필 사건'이 덧붙여지면서 민주화운동에 찬물을 끼얹은 격이 되었다. 이 당시를 회고하며, 김지하는 정신분석학자인 서울대 이부영 선생을 만난 이야기를 하였다. 꿈 분석이 끝나고 이부영 선생이 물었다.

"요즘 시국을 어떻게 보세요?"

"글쎄요, 말려야 할 텐데… 글을 써야 한다고 생각하지만 어떻게 써야 할지…."

"하나 물어봅시다. 학생들을 사랑하세요?"

19 (사)무위당사람들, 『달이 나이고 해가 나이거늘』, 2020, 131쪽 참조.

"네. 사랑합니다. 우리나라는 작은 나라올시다. 민족의 책임 역량은 일정한 것이어서 지금 분신하거나 또는 발언하고 있는 학생들이 이 나라의 중요한 역량이라는 걸 잘 알고 있습니다. 운동의 선배로서도 말을 해야 하는데 끄트머리가 안 잡힙니다."

"말리세요. 말려야 합니다."

"그래야지요."

"자살하는 사람을 말리는 데는 말을 부드럽게 하면 절대 안 됩니다. 그러면 더 하지요. 야멸찰 정도로 냉정하게 꾸짖고 끊어야 합니다. 그래야 자살의 명분을 못 찾게 됩니다. 명분이 서는 한은 어떻게든 죽으려고 합니다."

김지하의 기고에 대해 〈조선일보〉는 당연히 '대환영'이었다. 성급하게 자기 글을 받아줄 만한 곳을 찾는 과정에서 김지하의 사리 분별이 흐려졌다고 판단된다. 실제로 김지하 자신이 "신문이 인쇄되어 나왔을 때 나는 조금 이상한 것을 느꼈다"고 했다. "내 글보다 신문의 논설과 기사가 더 흥분하고 있던 것"을 보았기 때문이다. 뒤이어 박홍 총장이 분신을 공격하고 나서자 "학생들 사이에 서늘한 기운이 돌기 시작했다"고 김지하는 말한다. 김지하는 단박에 사태가 본인의 뜻과 다르게 전개되고 있다는 걸 직감했다. "강경대 군사건의 책임 추궁과 함께 무엇보다 먼저 죽은 이들에 대한 예절을 찾아 챙기지 못했구나!" 하는 생각도 들었다고 했다. 김지하는 "그날 밤 내내 핏발선 눈으로 불에 타는 학생들의 몸뚱이가 뒹굴며 외치며 삼도천三途川을 채 못 건너고 강변에서 후회하며 후회하며 고통에 못 이겨 소리소리 지르고 있는 모습을 환상으로 보았다. 참혹했다"고 고백했다.

그날 새벽에 김지하는 정부에 대한 강경한 성토문을 쓰고 맨 마지막에 「척분滌焚」이라는 조시弔詩로 죽은 이들을 위로했다.

스물이면

혹

나 또한 잘못 갔으리

가 뉘우쳤으리

품 안에 와 있으라

옛 휘파람 불어주리니

모란 위 사경四更

첫 이슬 받으라

수이

삼도천三途川 건너라

　김지하는 자신의 〈조선일보〉 기고문에 대한 오해를 풀려고 애썼다고 말한다. 그러나 이는 때늦은 후회였다. 〈말〉지와 회견할 때도 말하고, 실천문학사 김영현 사장과 나눈 대담도 〈한겨레신문〉에 실었으나, 돌아온 것은 "지루한 비난과 공격"뿐이었다고 김지하는 안타까워했다.[20] 한편 장일순은 〈대화〉지 1991년 여름 호에 실린 정현경과 가진 인터뷰에서 이 사건에 대해서 안타까운 심정을 표출한 바 있다.

　　기氣가 단斷하면 죽음이 옳다고 가벼이 생각할 수 있다. 그러나 기가 강하면 이걸 이겨내고 일을 제대로 해봐야 하겠다 생각하거든요. 그러니까 죽는 것만이 능사가 아니고 감옥에 가는 것만이 능사가 아니야. 일을 끝까지 해내야지. … 그러면 나름대로 평소 자기 정진이 필요해

20　김지하 회고록,『흰 그늘의 길 2』, 학고재, 2003, 219~223쪽 참조.

요. 자기한테 해 끼치는 사람에 대해서 "아, 저 사람 그렇구나" 하는 정도여야지 미움을 가지면 안 되지. 자기가 자꾸 차원을 극복을 해서 넘어가야지. 아리따운 나이에 분신을 해서 뭔가 좀 되었으면 했겠지. 그렇지만 세상은 너무 영악스러워서 떼죽음을 해도 [기득권을] 놓지를 않아. 그렇게 해서는 되지를 않아. 전혀 새로운 삶에 대한 문화의 형성이 확대되어 가면서 그것은 자연히 소외되어서 박피剝皮가 되게끔 만들어야 해요. 일대일로 복싱하듯이는 안 되지. 살아가면서 "이것은 참 미래가 있는 삶의 모습이구나, 소망이 있는 삶의 모습이구나" 하게 돌아가야지. 그러면서 기존의 것들이 박피가 되어 자연히 떨어져 나가게 해야지.[21]

장일순은 원칙적으로 김지하의 견해에 동조하고 있다. 우리가 어둠에 주목할 시간에 빛으로 한 걸음 더 나아감으로써 문득 폭력의 그늘이 사라지고 있음을 직감하게 되는 운동이 되어야 한다는 것이다. 결국 생명사상의 입장에서 보면, 의도적인 어떤 죽음도 자연스럽지 않다는 것이다. 스스로 자기 몸을 부수지 않고, 자기 몸을 사랑하는 것처럼 세상과 이웃을 사랑하는 방식의 운동이 필요하다는 이야기다. 예수조차도 스스로 원해서 십자가에 달리지 않았음을 장일순은 잘 알고 있었다. 다만 세상과 인간에 대한 예수의 사랑에 대한 권력층의 응답이 십자가 죽음이었을 뿐이다. 다만 김지하는 그 메시지 전달 방법과 시기에서 '제 생각에 골몰하여' 미숙하게 일을 처리했다는 비판을 피할 수는 없었다. 결과적으로 그의 발언이 치솟던 민주화운동에 대한 열정에 발목을 잡았기 때문이다.

21 김지하 회고록, 『흰 그늘의 길 2』, 학고재, 2003, 219~223쪽 참조.

붓끝 하나로 천하를 춤추게 하였던 김지하였지만, 그 후로 민주화운동의 사상적 대부가 아니라 변절자로 낙인찍히고, 이어진 고립 속에서 어지럽게 삶이 비틀거렸다. 그 논란은 2022년 5월 8일 김지하가 이승에 작별을 고할 때까지 계속되었다. 이 과정에서 김지하는 정신적 혼란에 깊이 침식되었는데, 이를 지켜보면서 가장 가슴 아팠던 이는 장일순이었다. 1990년 이후 주변에서 김지하를 두고 장일순에게 이렇게 말한 적이 있었다고 채희승은 전한다.

"선생님, 김지하는 또라이가 되었습니다. 선생님도 이제는 놓으셔야 합니다."

"얘, 지하가 있어 우리의 영성을 이만큼 높여놓았으니, 이제부턴 우리가 걔를 잘 모셔야 하지 않겠니?"

그 후로 원주그룹에서는 김지하를 욕하는 이가 드물게 되었다 한다.[22]

2001년에 김지하는 자신의 필명을 '노겸勞謙'으로 짓고 "원컨대 부디 앞으로는 이 이름을 즐겨 불러주길 바란다"고 한 적이 있다. 노겸 김영일로 돌아온 김지하는 이렇게 말했다.

> 20대 초반. '지하'란 이름을 사용하기 시작한 뒤 나의 삶은 그야말로 황량하기 짝이 없었다. 초월적인 빛을 잃고 어두운 중력장 속에 매몰되듯이 감옥 아니면 병원, 아니면 뒷골목의 어두운 술집이거나 허름한 싸구려 여관을 전전하는 삶을 크게 벗어나지 못했고, 또 최근에는 십 년 넘게 중병까지 앓아 왔다. … '노겸勞謙'은 연초 무료한 중에 문득 얻은 나의 호號로서 활동하는 '무無'를 뜻하니 겸손한 마음으로 열심히 후천 민중세상을 위해 일하라는 뜻이라, 오만방자하고 경망

---

22 〈무위당사람들〉, 2021년 6월 호, 79쪽 참조.

스러운 내게는 참으로 좋은 호라고 생각해서 호를 정하고 이름을 다시 바꾸는 터이다. 그러므로 앞으로 노겸勞謙 김영일金英一로 부르고 써 주길 바란다.[23]

김지하는 노겸勞謙이란 말이 "느낌이 소탈해서 좋고 그 뜻이 근로와 겸손이니 더 아니 좋은가!" 하였다. 김지하는 한 시대에 그의 몫을 다했으니, 더 큰 기대는 세상이 낳은 욕심이라고 생각한다. 1994년 장일순 사후로는 더 이상 그에게 "이보게, 들어 보게." 하고 한마디 해줄 수 있는 스승도 없었으니 하는 말이다.

녹색평론

김종철이 장일순을 직접 본 것은 1992년 어느 봄날 딱 하루였다. 1991년 11월에 〈녹색평론〉 창간호를 내고, 서너 달 지난 뒤였다. 장일순이 직접 편지를 보내 한번 보고 싶다고, 한 번 원주에 오라고 전갈을 보냈다. 김종철은 장일순을 평소 흠모하고 있었기 때문에 "황송하고 기뻤다"고 말한다. 장일순은 편지에 글씨 한 점을 동봉하였다. '무위자연無爲自然'이었다. 당시 장일순은 〈녹색평론〉 창간호를 읽고 김종철을 생각하며 한살림운동의 사상적 맥락을 짚어주었던 김지하를 떠올렸는지도 모른다. 그렇게 뒤늦게 장일순과 인연

---

23 〈무위당사람들〉, 2022년 7월 호, 81쪽 재인용.

無爲自然

무위자연, 1992.

을 맺게 된 김종철은 그해 가을에 원주에 찾아가 장일순을 만났고, 이근래
와 덕수칼국숫집에도 가고, 동학 2대 교주 해월 선생이 체포당한 원주시 호
저면 고산리 송골에도 다녀갔다.[24] 하지만 당시 장일순은 위암 진단을 받고
병환 중에 있었기에, 다소 늦은 만남이었다고 말할 수 있겠다.

대구에서 발행된 〈녹색평론〉의 창간 목적은 "사람과 사람, 사람과 자연 사
이의 분열을 치유하고 공생적 문화가 유지될 수 있는 사회의 재건에 이바지
하는 것이다. 생태의 관점에서 지속가능한 미래의 대안을 모색한다"고 되어
있다. 장일순과 한살림운동이 줄곧 이야기하던 그것이었다. 그러니 처음부터
장일순은 김종철에게서 동지를 발견한 것이다.

〈녹색평론〉 창간호가 발행된 1991년은 미국이 주도하는 걸프전이 시작되
고, 이 전쟁에서 사람들이 죽어가고 있었다. 1991년 두산그룹의 낙동강 페
놀 유출 사건이 폭로되었다. 1990년 10월부터 구미시 두산전자에서 페놀이
다량 함유된 악성 폐수 325톤이 식수원인 옥계천에 무단 방류되었다는 것이
다. 그리고 노태우 정권의 공안 통치에 반대하던 학생들이 시위 도중에 11명
이나 죽은 것도 이때였다. 인간 사회와 생태계 전체에 죽음의 문화가 덮어

---

24 김종철 대담, 『달이 나이고 해가 나이거늘』, (사)무위당사람들 엮음, 2020, 131쪽 참
조.

누르던 때였다.[25]

김종철은 〈녹색평론〉 창간사에서 "우리에게 희망이 있는가?" 물었다. "지금부터 이십 년이나 삼십 년쯤 후에 이 세상에 살아남아 있기를 바라는 사람이 과연 몇이나 될 것인가?" 물었다. 그는 우선 "지금 상황은 인류사에서 유례가 없는 전면적인 위기"라면서 "오늘날 우리가 경험하고 있는 전대미문의 이 생태학적 재난은 … 서구적 산업문명에 내재한 논리의 필연적인 결과로서의 사회적, 인간적, 자연적 위기라는 사실을 명확히 인식하는 것이 무엇보다 중요하다"고 말했다.

> 지난 백여년간 서양문화로부터의 충격 속에서 … 모든 사람의 에너지를 경제성장과 산업화에 쏟아부어야 하는 것이 당연하다고 생각했고, 그 결과 어느 정도는 물질적 성공과 서구적 생활방식의 모방의 가능성이 주어지는 것으로 기대되는 바로 그 시점에서, 다름 아닌 그러한 성공의 대가로 인간 생존의 터전 자체의 붕괴를 경험해야 한다는 것은 한국 사람들로서는 참으로 받아들이기 어려운 고통일 것임이 분명하다. 이 시점에서 대다수가 문제의 본질을 제대로 못 보고, 적당히 짜깁기함으로써 위기를 벗어날 수 있으리라고 생각하는 것도 따지고 보면, 오랜 기간 의심할 나위 없이 믿어왔던 삶의 목표와 우선순위에 대한 관점을 근본적으로 변경할 만한 심리적 준비가 되어 있지 않기 때문일 것이다.

아울러 김종철은 "사람의 초월에 대한 욕망은 인간성에 깊이 내재하고 있

---

25 박인규, 「녹색평론 창간, 녹색사상의 거점을 마련하다」, 〈프레시안〉, 2021. 07. 09. 참조.

는 충동"이고 "삶의 최고 형태는 명상하는 삶"이며 "사람의 명상할 수 있는 능력은 개인이 자기보다 더 큰 전체, 공동체나 자연이나 우주적 전체 속의 작은 일부로서 스스로의 존재를 느끼고 사색할 줄 아는 습관 속에서 길러지는 것"이라고 밝혔다. 마무리하면서 "우리와 우리 자식들이 살아남고, 살아남을 뿐 아니라 진실로 사람다운 삶을 누릴 수 있기 위해서 우리가 할 수 있는 것은 협동적인 공동체를 만들고, 상부상조의 사회관계를 회복하고, 하늘과 땅의 이치에 따르는 농업 중심의 경제생활을 창조적으로 복구하는 것과 같은 생태학적으로 건강한 생활을 조직해야 한다"고 말함으로써 장일순이 추구하던 비전을 공유하고 있다.

김종철은 장일순과 단 한 번 만났지만 장일순과 교감하고 장일순을 전부 이해하는 것처럼 보였다. 김종철이 이렇게 말하고 있기 때문이다. "한 번 만나면 되는 거지요. 안 되는 건 열 번 백 번 만나도 안 되지요. 한 번이면 충분해요. 엄격하셨지만 장 선생님은 굉장히 자유롭고 말씀하시는 것이 멋지셨어요. 그렇게 멋진 남자는 본 적이 없어요."[26]

김종철은 나중에 서정록[27]과 윤형근이 장일순을 따라다니면서 채록한 녹음테이프를 수집해 간직하고 있다가 1997년 『나락 한 알 속의 우주』(녹색평론사)라는 책으로 엮어냈다.

그래서 난 가끔 그런 생각을 해요. 내일 지구가 망한다 해도 오늘 나는

---

26 (사)무위당사람들, 『달이 나이고 해가 나이거늘』, 2020, 127~128쪽 참조.
27 서정록은 동학사상에 심취했으며, 김지하 시인, 무위당 장일순 선생을 따라 한살림 운동을 했다. 현재 동북아를 중심으로 한 고대의 샤머니즘, 인디언의 문화와 정신 세계, 우리 풍류에 대한 연구를 하고 있다. 지은 책으로 『백제금동대향로』, 『마음을 잡는 자, 세상을 잡는다』, 『잃어버린 지혜 듣기』 등이 있다.

사과나무를 심겠다고 한 사람이 있었지 않아요? 어차피 사람은 자기 나름의 사는 즐거움이 있고, 보람이 있어야 하니까. 그러면 내일 망한다 해도 그냥 밀고 가야된다고 나는 그렇게 생각하지요. 또 한 가지는, 그렇게 하면 소망이 있다고 믿어요.

김종철은 "내일 지구가 망한다 해도 오늘 나는 사과나무를 심겠다"는 사람이 장일순이라고 말한다. 최소 비용으로 최다 이익을 내겠다는 자본주의 가치보다, 당대와 후손들의 삶의 터전인 땅을 살리면서 더불어 살아가는 방법과 방향을 개척한 이가 장일순이라는 것이다.

김종철은 〈녹색평론〉 창간 1주년 기념호(1992년 11~12월 호)에 「한살림운동과 공생의 논리」라는 글을 실었다. 여기서 다른 사회변혁운동과 한살림운동의 차별성을 논한다.

> 한살림공동체운동이 종래의 주류 사회변혁운동에 비교하여 특히 새로운 점은 그것이 철저히 비폭력적인 수단을 통하여 지금까지 우리의 삶을 지배해 왔던 권력추구적, 배타적 경쟁의 원리를 넘어서서 어디까지나 자율적이며 협동적인 공생의 질서를 지향할 뿐만 아니라, 그러한 공생의 논리를 지금 당장의 생활 속에서 실천하려고 한다는 사실일 것이다. 그렇기 때문에 이것은 흔히 보아왔던 경쟁적 권력투쟁과는 거리가 먼 방식, 즉 각자의 비근한 일상적 삶 속에서 자치와 협동의 공간을 가능한 한 확보하고 넓혀가려는 대안적 생활문화운동의 형태를 취하게 되는 것이다.[28]

28 무위당 장일순 이야기 모음, 『나락 한 알 속의 우주』, 녹색평론사, 1997, 163~164쪽.

김종철은 "새로운 대안적인 문화는 어차피 농적農的 문화일 수밖에 없다" 면서 우리 각자가 실지로 농사를 짓든 아니든 유기농업을 중심으로 삶을 재조직할 필요가 있다고 생각했다. 공업화를 통한 발전 전략이 인간 스스로의 생존의 바탕을 무자비하게 파괴하는 것을 '진보'라고 부를 수는 없다는 것이다. 이런 점에서 사람과 사람, 생명계의 모든 이웃들의 조화를 강조하는 동학사상을 발견한 것은 장일순의 공로가 크다고 인정하였다.[29]

29　김종철, 『간디의 물레』, 녹색평론사, 1999, 84~88쪽 참조.

10부

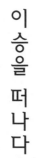

이승을 떠나다

사리암

장일순은 1990년부터 차츰 건강에 이상 징후가 나타났다. 하지만 벌여놓은 일이 많았고 찾는 사람도 줄지 않아서 일상을 멈출 순 없었다. 이듬해인 1991년 6월 14일 위암 진단을 받았다. 그때 나이 64세였다. 장일순이 암에 걸렸다는 소식을 듣고 어떤 이는 이렇게 말하였다.

"장일순이라면 병원에서 위암이라 해도 위암이 아니다. 장일순의 암은 사리암이다."[1]

장일순의 암은 거의 날마다 얼굴을 바꿔가며 그를 찾아오던 사람들이 털어놓고 간 문제를 자기 가슴속에서 녹이고 푸는 과정에서 생겼다는 것이다. 사람들은 시시콜콜한 가정사와 생활고, 신세 한탄과 자잘한 부탁을 한 자루씩 들고 봉산동 집으로 찾아왔다. 그들이 집으로 찾아오지 않아도 원주 시내에 나가는 길목에서 마주치는 숱한 사람들의 애환을 들어주었던 장일순이다. 돈이나 권력과 상관없는 그이가 제일 잘할 수 있는 것은 누구의 말이든 '경청하는 능력'이었다. 그리고 도울 수 있는 건 돕고, 따뜻한 말 한마디 보태어 보내곤 했다. 그네들에게 꼭 필요하겠다 싶은 글을 붓글씨로 적어 주었다.

그뿐 아니다. 꼬이고 맺힌 세상사에서 자유로울 수 없었던 장일순에게 민감한 정치적 사안을 들고 찾아오는 사람들도 많았다. 그 많은 이야기를 듣느라고 잘 먹지도 못하는 술을 마셔야 했다. 장일순이 생각하고 가슴에 품은 아린 것들을 풀어내는 방법은 고작 원주천 둑방 길을 걷거나 난초를 칠 때

---

1   최성현, 『좁쌀 한 알 장일순』, 도솔, 2004, 239쪽 참조.

뿐이었는지도 모른다. 그 모든 것들이 이슬비가 땅을 적시듯 몸 안에서 암을
만들었을 테니, 장일순의 암은 사리암舍利巖[2]이 분명하다는 것이다.

　서예가인 채희승은 무위당의 난이 사람 얼굴을 한 중생란이 많은데, "때
로는 참선하는 듯, 웃는 듯, 분노하는 듯, 슬픈 듯 온갖 희로애락의 표정이
나오는데, 그중에서도 참선하듯 지그시 눈을 감은 모습의 작품을 가장 많이
그렸다"고 했다. 그런 장일순이 남긴 작품 가운데 이 글씨는 무위당이 남긴
'문자사리'라고 했다.

　　　밤이면 달처럼 사랑할 수 있었으면 좋겠네
　　　낮이면 해처럼 사랑할 수 있었으면 좋겠네[3]

　장일순은 원주 세브란스기독병원에서 수술을 받고서도 가급적 누워서 지
내지 않았고, 주변의 초대에 기꺼이 응했다. 1992년 5월에는 개신교 미션스
쿨인 연세대 원주캠퍼스에서 학장과 학생 대표들이 찾아와 강연을 요청했
다. 비록 병상에 자주 있었으나 장일순은 이 요청을 뿌리치지 못하고 학생

2　사리舍利는 참된 수행의 결과로 생겨난다고 여겨지는 구슬 모양의 유골을 가리키는
　　불교용어.
3　〈무위당사람들〉, 2019년 8월 호, 60~61쪽 참조.

들 앞에서 강연을 하였다. '내 안에 아버지 계시고'라는 주제였는데, 자신이 암에 걸렸다는 사실을 숨기지 않았다.

> 오늘 이 귀한 자리에 나와서 여러분들에게 말씀을 드리는 것을 굉장히 주저했습니다. 사실은 제가 근자에 앓고 있습니다. 내가 앓고 있는 뿌리를 찾아보니까 그동안 철없이 살아서 병이 났구나, 하는 느낌을 받고 있습니다. 그래서 아직도 철없는 이 사람이 열심히 착하게 공부하고 있는 여러분 앞에 나와서 말씀을 드린다는 것이 어딘지 모르게 쑥스러운 생각이 듭니다.[4]

장일순은 먼저 지구 전체가 위기에 처해 있는 상황에서 공생의 시대가 다가오고 있다고 말한다. "지금 지구 전체가 살아남느냐, 살아남지 못하느냐, 우주의 기틀이 제대로 돌아가겠는지, 안 돌아가겠는지 하는 심각한 상황에서 무슨 이야기를 가지고 나는 너보다 잘났는데, 내가 아는 것이 더 많은데, 내가 돈이 많은데, 내가 힘이 많은데, 이러한 경쟁의 세태, 경쟁의 문화, 그런 문화 속에서 한계를 노정하고 있다"면서 소련이라는 사회주의 제국주의가 붕괴하고 있는 상황에서 이제 경쟁의 시대를 벗어나 공생의 시대로 가야 한다고 말한다. 이 공생의 시대로 가는 데 가장 중요한 것이 "모든 존재는 하느님 아버지인 생명의 실체를 모시고 있다는 점"이라고 밝혔다.

> 우리는 이제 인간끼리만의 공생이 아니라 자연과도 공생한다는 생각을 가져야 될 시점입니다. 그런데 오늘 찬송가 속에서도 말씀했지만 "모

---

4 「내 안에 아버지가 계시고」, 『나락 한 알 속의 우주』, 84쪽.

든 만물이 하느님 아버지의 나타나심이요 생명의 나타나심이라." 이런
말씀입니다. 그러니까 "아버지 안에 내가 있고 내 안에 아버지가 있다"
고 하는 등식, 이것을 잘 이해해야 될 것입니다. … 하느님 아버지는 영
원한 분이요, 아니 계신 곳이 없는 분이요, 도처에 있는 분입니다. 그걸
잘 현양하고 있는 대목이 요한복음 10장 30-39절인데, 일체가 하느님
이란 말이며, 모두가 하느님인데 하느님과 함께 하는 태도로 생활하라,
그런 말씀을 예수님이 하신 것입니다.[5]

　그해 11월에 서울 신촌에 있는 연세대 채플에서도 초청받아 자비, 검약,
겸손이라는 노자의 '아유삼보我有三寶'에 관한 이야기를 나누었다. 장일순은
첫 번째 보물인 '자비'를 설명하면서, 간디의 사티아그라하Satyagraha와 아힘
사Ahimsa의 정신으로 모든 반생명적인 일체의 것에서 해방되어야 한다고 역
설했다. 진리를 붙잡고 불살생不殺生(비폭력)의 정신으로 싸우라는 뜻이다.

　우리는 탈출해야 돼, 엑소더스. 그것은 주먹을 쥐고 상대를 때려눕히면
서 하는 것이 아니라 상대를 변화시키는 운동으로, 비협력으로 탈출해
야 돼. 비폭력으로 탈출해야 돼. 이 비폭력과 비협력은 간디 선생도 말
씀했지만 그 이전에 우리의 사상에 수운이나 해월의 동학사상에도 구
구절절 그것이 기록되어 있어요. 그렇기 때문에 3·1만세운동 때 민족의
자주를, 민족의 존재를, 거룩한 민족으로서의 입장을 천명하는 속에서
도 비협력과 비폭력이라고 하는 정신이 깃들어 있던 거야. 그건 바로 동
학의 정신이야. 동학의 정신은 수천 년을 내려오는 유·불·선의 맥에서

---

5 「내 안에 아버지가 계시고」, 『나락 한 알 속의 우주』, 85~86쪽.

온 거야. 그런데 이러저러한 것이, 모든 종교가 이제는 자기 스스로 가지고 있던 아집我執의 담을 내리고 서로 만나면서 이 지구에 한 삶터, 한 가족, 한 몸, 한 생명 이것을 어떻게 풀어갈 것이냐, 하는 것을 서로 얘기해야 돼.[6]

겸손과 관련해서는 "남을 도와서 남이 앞에 서게 하라, 이웃이 잘되게 하라, 꽃 하나 벌레 하나 풀 하나를 보더라도 다 하심下心으로 겸손한 마음으로 섬기라"고 역설하였다. 노자가 한 말이기도 하지만 예수님이 다 말씀하신 것이라고 덧붙여 학생들의 박수를 받았다.

노자 이야기

황필호 교수와 MBC 대담

장일순에 대한 이야기가 세간에 본격적으로 알려지기 시작한 것은 1992년 6월 12일에 방영된 MBC TV 「현장인터뷰-이 사람」이었다. 동국대 철학과의 황필호 교수가 장일순과 대담한 내용을 1시간 정도 방영하였다. 이 방송으로 장일순의 생애와 사상이 전국적으로 알려지는 계기가 마련되었다. 장일순은 당시 위암 진단을 받고 치료하던 때였기에 대담은 원주 봉산동 집에서

6 「내 안에 아버지가 계시고」, 『나락 한 알 속의 우주』, 97쪽.

이뤄졌다.

이 자리에서 장일순은 "자연도, 지구도 암을 앓고 있고, 자연 전체가 암을 앓고 있는데, 사람도 자연의 하나인데 사람이라고 왜 암에 안 걸리겠냐"면서 자연이 "너도 좀 앓아 봐라." 하고 병을 준 것 같다고 했다. 황필호 교수는 생사관에 관한 질문을 이어갔다.

"죽은 다음에 천당 가는 건 중요하지 않습니까?"

"그런 거 생각 안 해요. 천당이고 지옥이 다 여기 있으니까. 잘못하면 잘못한 만큼 또 보상을 하고 가야 되지 않겠습니까? 그렇지 않다면 세상이 불공평해서 재미가 없지요. 예수님께서 나는 죄지은 자를 위해서 세상에 왔다고 하니까, 지옥을 자청했고, 또 부처님께서도 다 극락에 가지 못한다면 나는 지옥에 남겠다고 말씀을 했다고 하죠."

"선생님, 마지막으로 시청자들을 위해서, 우리나라 국민을 위해서 하시고 싶은 말씀이 있으면 한마디 해주시면 좋겠네요."

"어차피 어떤 한 시대가 가고 변화하는 시대가 아니라, 문명 자체가 지금 종말을 고하는 세상이고, 지구가 죽느냐 사느냐 하는 그런 시대니까, 삶을 어느 방향으로 이끌어가야 할지 결정적으로, 결단적으로 다시 생각해야 하는 위기에 왔다고 하는 것을 한 마디 드리고 싶어요. 이것은 기복신앙이라든가 미신신앙에 있어서 어떤 극락에 가야 하겠다든가, 언제 지구가 망한다든가 하는 그런 것이 아니라, 현실적으로 인간이 저지른 과오 때문에 자연이 파괴되고 인간과 인간끼리의 영성이 다 파괴됐는데 이것을 회복해야 하는 중요한 국면에 놓여 있다고 하는 것만은 명심해야 되겠다, 하는 얘깁니다."[7]

7 무위당 장일순 이야기 모음, 『나락 한 알 속의 우주』, 녹색평론사, 1997, 149~162쪽.

장일순의 집사처럼, 박준길

이현주 목사가 원주 봉산동으로 장일순을 찾아 노자 이야기를 나누기 시작한 시기는 1993년 3월부터였다. 장일순은 1991년 6월 14일 암 진단을 받고 원주 세브란스기독병원에서 수술을 받고 투병 생활을 하던 중 다소 병세가 나아져 집으로 돌아왔다. 장일순이 퇴원해 편안하게 요양할 수 있도록 미리 봉산동 집의 사랑방을 깨끗하게 수리하고 도배까지 새로 해놓은 사람이 박준길이다. 이 정갈한 방에서 이현주는 장일순과 노자에 대한 깊은 대담을 나눌 수 있었다.

박준길은 장일순 곁을 한 번도 떠난 적이 없었으며, 지척에서 장일순을 돌보았던 한 사람이다. 이른바 '장일순의 수족 같은' 사람이었다. 대성학교 제자였으며, 박준길이 밝음신협 전무로 일할 때, 장일순은 원주천 둑방 길을 걸어 원주 시내로 나오면 제일 먼저 들르는 곳이 박준길의 밝음신협 사무실이었다. 혹시라도 업무로 자기가 바쁠 때는 친한 사람을 전화로 불러내어 "내가 일을 하는 동안 선생님 말동무 해드려라." 하고 부탁했다.

원주교구 재해대책사업위원회가 종료되면서 이른바 원주그룹 사람들이 하나둘씩 이런저런 이유로 뿔뿔이 원주를 떠났을 때 장일순은 무척 외로워하였다. 그때 장일순 내외를 극진히 모신 사람도 박준길이었다. 봉산동 집에 수도가 얼어 터졌거나 전기가 나갔거나 무슨 일이 생기면 언제든 달려가 수리해 주고, 장일순 부부가 갑갑해하면 봉고차를 빌려 여행을 다녀오기도 했다. 무엇보다 한결같이 한 일은 장일순 집에 약수를 떠다 드린 일이다. 그 일은 장일순이 이승을 떠난 뒤에도 이어졌다. 맑은 물이 담긴 대접을 바라보면서 장일순은 "아침에 샘물을 길어다 주는 이가 있는데, 내가 어찌 행실을 바르지 않게 하겠는가." 하며, 제자의 정성을 보아 당신의 마음가짐을 가다듬곤 하였다.[8]

무위당의 노자 이야기

장일순은 노자의 『도덕경』을 늘 책상머리에 두고 살았다고 한다.

사마천의 『사기史記』에 따르면 노자는 초나라 고현苦懸 여향厲鄕 곡인리 사람으로 성은 '이李' 씨이고, 이름은 '이耳', 자는 '담聃'이라 하였다. 주周 왕실 수장실守藏室의 사史를 지냈다고 한다. '사'는 주나라 천자의 궁전 안에 있는 장서실의 책임자를 이르는 말이다. 이른바 속물의 시대에서 구원을 찾던 장일순이 노자를 놓칠 리 없었다. 노자의 사상은 그의 생활철학이 되고 마음의 안식처로 자리 잡았다. 각박한 세태, 속물의 시대를 넘어가려면 노자를 거쳐야 했다. 장일순과 더불어 노자 이야기를 나누고 책으로 정리한 이현주는 이렇게 후일담을 적었다.

> 노자老子를 가운데 모시고 선생님과 마주 앉아 이야기를 나눔이 나에게는 분에 넘치는 영광이요 즐거움이었다. 그 즐거움을 이웃과 나누고 싶어서 이 책을 만든다. 주고받는 눈짓 하나 또는 한동안 이어지는 깊은 침묵 속에서 소리 없이 전달되던 미세한 감동마저 문장에 담을 수 없어 미안함이 크나, 어쩔 수 없는 일이다.[9]

이현주 목사가 원주 봉산동으로 장일순을 찾아 노자를 듣고자 했던 시기는 1993년 3월부터였다. 그런데 장일순은 1991년 6월 14일 병마를 얻어 원주 세브란스기독병원에서 수술을 받고 투병 생활 끝에 병세가 다소 호전되

---

8   (사)무위당사람들, 『묻혀서 사는 이의 고운 마음을 아는 이 있을까』, 2019, 274~275쪽 참조.
9   이아무개 대담 정리, 『무위당 장일순의 노자 이야기』, 2003(초판 1993), 삼인, 7쪽.

었던 시기였다. 이현주는 원주를 오가며 장일순의 병세가 호전되기 힘들다는 이야기를 듣고 가슴이 철렁했다. '아, 선생님이 가실 때가 되었구나'라고 생각했다.

어느 날 장일순을 찾아가 아무 계획도 없이 즉흥적으로 이런 제안을 했다.

"선생님, 맨날 노자, 노자 하셨는데 저하고 노자老子 한 번 읽읍시다."

"좋지, 좋아."

"노자를 미리 예습하지 않았으면 좋겠습니다. 미리 읽어서 알아 가지고 오지 않고 그냥 만난 자리에서 본문 가지고 서로 얘기하기로 합시다."

"그래, 그거 좋은 생각이다. 미리 공부하지 말고 즉석에서 떠오르는 생각을 얘기해 보자. 이 말이지?"

장일순은 빙그레 웃었는데, 이현주가 한 가지 약속을 덧붙였다.

"아무도 없이 단 둘이 합시다."

"그것도 좋지."[10]

병세가 좀 나아지면서 봉산동 집으로 퇴원한 장일순은 이현주와 마주 앉아서 '도가도비상도道可道非常道'로 시작하는 노자의 첫 문장을 펼쳤다. 장일순이 읽어주는 책과 이현주 목사가 갖고 있는 책이 서로 달랐다. 원문조차 다를 때가 있다.

"어, 그 책에는 그렇게 돼 있냐? 내 책엔 이렇게 쓰여 있다."

장일순은 책에 쓰인 구절을 짚어주면서 설명해 주었다.

선생님과 나는 노자의 『도덕경』을 읽어가며 그 '본문'을 주석하려고 하지 않았다. 다만 당신의 '말씀'으로 가리키는 것이 무엇인지, 그의 손가

---

10 이현주, '무위당 23주기 추모행사' 강연, 2017년 5월 21일.

락이 가리키는 바가 무엇인지, 그걸 알아보려고 했다. 그리고 바로 그 자리, 그의 '말씀'이 손짓하고 있는 자리에 석가와 예수, 두 분 스승이 동석해 있음을 알게 되었다. 그분들도 같은 곳을 가리키고 있었다.[11]

노자를 읽다가 조봉암 선생의 죽음에 관한 이야기가 나오는 바람에 잠시 동석했던 이철수와 이현주는 장일순을 따라서 오열한 적이 있었다. 이를 두고 이현주는 "말은 중요한 게 아닙니다. 어떤 사람이 말을 근사하게 하느냐, 그런 것은 중요한 게 아니고, 누가 감동을 주고 누가 가슴을 건드리느냐가 진짜입니다. 선생님께서 저에게 주신 것은 '머리로 살지 말고 가슴으로 살아라' 그러셨던 것 같습니다"[12]라고 말했다.

이현주는 『장일순의 노자 이야기』를 책으로 엮으면서 개정판 머리말에서 "선생님께서는 내 짧은 인생에서, 초등학교에 처음 등교하는 막내의 손을 잡아 교실 문 앞까지 데려다주는 부모 없는 집안의 맏형 같은 그런 분이셨다"라고 했다.

이현주는 책을 펴내면서 "가톨릭 신자이신 선생님과 개신교 신자인 나는 결과적으로 부대사傅大士의 문장에서 '유儒'자를 빼고 그 자리에 '기독基督'(그리스도-필자 덧붙임)을 넣은 셈이 됐지만, 짠맛이야 어느 바닷물이 다르랴? 공자께서도 크게 웃으시리라." 하고 말했다. 그가 인용한 부대사의 시구는 이러하다.

　　　道冠儒履佛袈裟(도관유복불가사)

11 　이아무개 대담 정리, 『무위당 장일순의 노자 이야기』, 삼인, 7쪽.
12 　이현주, '무위당 23주기 추모행사' 강연, 2017년 5월 21일.

이승을 떠나다

會成三家作一家(회성삼가작일가)

도가의 관 쓰고 유가의 신발 신고 불가의 옷 걸치니
세 집안이 모여 한 집안을 이루도다.

장일순의 모습을 중국의 재가 승려 부대사의 선시禪詩로 그린 것이다. 그
렇지만 장일순은 '노자 이야기'를 다 마치지 못한 채 눈을 감았다. 숨지기
한 주일 전에 이현주는 장일순을 원주 세브란스기독병원에서 만나보고 이미
죽음의 그늘이 드리운 듯해 마음이 아팠다. 그리고 좀 더 서둘러 『노자 이야
기』를 마치지 못한 게 아쉽고 죄송했다. 그래서 병상 앞에서 마음으로 여쭈
었다.

"선생님, '노자 이야기'를 마저 끝내야 하지 않겠습니까?"

대답이 없었다.

"선생님, 이대로 가셔도 제가 마치겠습니다. 선생님은 늘 제 속에 계시니까
제 속에 계신 선생님과 이야기를 계속해서 마치도록 하겠어요."[13]

그리고 장일순이 이리 말해 줄 거라 믿었다.

"그려, 그렇게 하라구. 자네가 하면 내가 하는 거지."

모두 81장에 이르는 『노자 이야기』 가운데 57장까지는 둘이서 나눈 이야
기이고, 나머지는 이현주가 마음속에 품은 장일순과 나눈 이야기다. 『논어』
와 『복음서』가 모두 제자들이 정리한 책인 걸 생각하면 그 모두가 장일순의
글이라고 보아도 좋을 것이다.

13 이아무개 대담 정리, 『무위당 장일순의 노자 이야기』, 삼인, 10쪽 참조.

지학순 주교를 기억하며

장일순에 앞서 지학순 주교가 1993년 3월 12일 73세로 선종하였다. 장일순이 1994년 5월 22일에 선종하였으니, 원주 사람들은 단짝이며 아주 특별한 방식으로 원주를 채색했던 두 어른을 한꺼번에 잃은 셈이다.

지학순 주교는 1985년 9월에 북한을 방문하고 돌아와 눈에 띄게 건강이 나빠지기 시작했다. 누이동생을 만나고 돌아와 '북한' 이야기만 나오면 눈물을 흘렸다. 로마 유학 때부터 앓아 왔던 당뇨병도 다시 도졌고, 무엇보다 정서적으로 약해졌다. 어떤 이들은 1980년대에 들어서 지학순 주교가 예전처럼 민주화운동에 그다지 성의를 보이지 않는다고 아쉬워했지만, 지학순 주교는 아주 정직한 사람이었고, 당장 눈앞에서 마음을 아리게 하는 게 있다면 거기에 정성을 다하는 사람이었다. 언젠가 지학순 주교가 사북성당에 견진성사를 주러 방문한 적이 있었다. 오효진이란 기자를 말동무 삼아 데려갔는데, 취재를 마무리하면서 오 기자가 물었다.

"주교님, 혹시 좋아하시는 유행가가 있습니까?"

"내가 요새 노래 하나를 배웠어요." 하면서 가사를 들려주었다.

"가련다. 떠나련다. 어린 아들 손을 잡고, 감자 심고 수수 심는 두메산골 내 고향에. 못살아도 나는 좋아. 외로워도 나는 좋아. … 이게 내 심정이지."

"그런데 두메산골 고향에 갈 수도 없고 손을 잡고 갈 아들도 없으니 어떻게 하죠?"

"그러니까 내가 노래로나 부르지."[14]

---

14 지학순정의평화기금, 『그이는 나무를 심었다』, 공동선, 2000, 307~308쪽 참조.

고향에 대한 그리움과 병고로 시달리던 지학순 주교는 1990년에 이르면 이미 교구장으로서 업무를 보기 힘들 정도였다. 그래서 원주교구 설정 25주년 행사를 준비하면서 교황청에 교구장 은퇴를 신청해 놓았다.

　1990년 바로 그해가 원주교구가 설정된 지 25년이 되면서, 동시에 지학순 주교가 교구장이 된 지도 25주년이 되는 해였다. 기념행사가 그해 6월 24일 지학순 주교의 사목표어인 "빛이 되어라"는 주제로 진광중고등학교에서 성대하게 열렸다. 이날 미사에서 용소막성당 신자들은 자연의 관리자인 하느님의 은혜에 감사하며 농촌을 상징하는 감자를, 함백성당에서는 광산촌을 상징하는 석탄을, 통일성당에서는 우리 민족의 화해와 통일 그리고 평화를 염원하는 뜻에서 흰 비둘기 한 쌍을 봉헌하였다.

　이날 김수환 추기경은 지학순 주교를 "인간 존엄성과 사회정의를 위해서 복음정신에 입각해 헌신하신 분"으로 소개하였다. 그러면서 여러 해 전에 아시아와 유럽, 호주에서 온 주교들이 원주교구를 방문했던 기억을 끄집어내었다. 그네들은 교구를 돌아본 후에 이렇게 말했다고 한다.

　"우리는 원주교구를 다녀왔습니다. 거기 가서 가난한 농민을 만나고 광부를 만나고 또 어민을 만났습니다. 가는 곳마다 그들은 참으로 인간 존엄성과 사회정의 또 공동체 육성을 위해 협동 정신으로 모두 일하고 있었습니다. 그런데 가는 곳마다 모두가 한결같이 하는 말이 있었습니다. 그것은 우리 주교님이 우리를 도와주셨습니다. 우리 주교님이 이렇게 인도해 주셨습니다. 이러면서 모두가 우리 주교님, 지 주교님이 이렇게 해주셨다는 말씀을 듣고서 우리는 같은 주교로서 참으로 깊은 감명을 받았습니다."

　지학순 주교는 원주에 처음 왔을 때 원주교구를 "바위틈에 피어나는 꽃순 같다"고 했다. 그 꽃을 잘 가꾸고 키워낸 사람이 지학순 주교였고, 지 주교 곁에서 늘 보이지 않게 말을 건네던 사람이 장일순이었다. 그때 주교가

45세, 장일순은 38세였다. 이날 지학순 주교는 "우리 교구는 스물다섯 살의 나이고, 이제는 이 지역사회 안에서 더욱 책임을 지고 사회를 정화하는 데 앞장서야 할 것입니다. 특히 가난한 이들, 고통받는 이들에 대한 애정을 소홀히 해서는 안 될 것입니다." 하고 당부하였다.

9월 8일에는 서울 명동 샬트르 성 바오로 수녀회에서 지학순 주교 고희 기념미사가 있었다. 미사 후 성래운 선생 등 재야인사들이 참석한 가운데 기념식이 있었다. 여기서 지 주교는 사도 바오로처럼 "달릴 길을 다 달렸다" 고 말해 청중들의 마음을 숙연하게 만들었다. 당시 지 주교는 당뇨병으로 눈이 흐려져 미사 경문조차 잘 읽지 못했다. 당시 장일순과 이웃에서 가까이 살았던 고향 선배 이치중이 장일순에게 지학순 주교에게 선물할 서화를 부탁했다. 그래서 장일순이 지학순 주교를 생각하며 부채에 써 내려간 것이 '十一面君子蘭花십일면군자난화'이다. 불교의 십일면관음보살을 '십일면군자란' 으로 유추한 상상력의 결과이다.

십일면군자난, 1991.

이승을 떠나다

보살菩薩이란 불교용어이며, 군자君子는 유교의 용어다. 그런데 장일순은 가톨릭 주교인 지학순을 "보살이며 군자"라고 말하고 있는 셈이다. 종교의 경계 너머에 있는 장일순다운 발상이다. 대승불교에서 십일면관음보살은 열한 가지 얼굴로 중생을 구제하는 보살이다. 정면에 세 얼굴, 왼쪽에 세 얼굴, 오른쪽에 세 얼굴, 뒤통수와 정수리에 각각 얼굴 하나씩 모두 11면에 얼굴이 있다. 정면은 자상慈相으로 착한 중생을 보고 자비심을 일으켜 기쁨을 주고, 왼쪽 세 얼굴은 진상瞋相으로 중생을 보고 측은지심을 일으켜 고통에서 구원하고, 오른쪽 세 얼굴은 백아출상白牙出相으로 청정한 업을 행하는 자를 보고 불도에 정진하도록 돕고, 뒷면 얼굴은 폭대소상暴大笑相으로 선악을 막론하고 모든 중생을 포섭하여 불도를 닦게 만들고, 정수리의 얼굴은 대승근기大乘根機로 자질이 있는 이가 오묘한 불도의 궁극에 닿게 하는 것이다. 결국 "열한 가지 군자의 모습을 한 난"은 장일순이 바라는 삶이고, 지학

고 회지학순 주교, 1993.

순 주교가 얻으려던 이상이다. 그 경지를 죽음을 통해 지학순 주교가 먼저
닿았고, 장일순이 뒤따랐다.

　지학순 주교를 떠나보내고 얼마 후 장일순은 의지할 동지를 잃은 슬픔과
외로움을 필묵에 담았다. 장일순은 애도하는 슬픈 얼굴의 난초를 그렸는데,
화제는 이것이었다. '孤 懷池學淳 主敎고 회지학순 주교', "외롭습니다. 지학순
주교를 그리워하며"였다.

장일순 선종

죽음에 이르는 길

　1991년 6월 14일 위암 진단을 받았던 장일순은 1993년 3월부터 병세가
좀 나아지는 듯했으나, 그해 9월에 다시 병세가 악화되면서 원주 세브란스기
독병원에 입원했지만 차도가 없었다. 병원에서는 암세포가 너무 처져서 수술
이 어렵다는 판정을 받았다. 주변에선 민간요법으로 치료하면 어떻겠냐는 의
견도 있었지만, 그래서 약재를 구해 보내온 사람도 있었지만, 장일순은 민간
요법에 관심을 보이긴 했지만 한 번도 민간요법에 의지하지는 않았다.

　결국 10월 13일에 서울 세브란스병원으로 옮겨 치료를 받기 시작하였다.
입원 치료가 계속되는 동안 11월 13일에는 '민청학련운동계승사업회'가 투
옥된 인사들의 인권 보호와 석방을 위해 노력한 공로를 인정해 감사패를 장
일순에게 주었다.

병세가 다소 나아져 원주 세브란스기독병원으로 다시 돌아온 장일순은, 병중에도 '지학순주교기념사업회' 추모사업을 독려하였다. 장일순이 이처럼 병원 신세를 오래 지게 되자, 이른바 원주그룹에 속한 장일순의 후배와 제자들은 당번을 정해서 돌아가며 병구완을 하였다. 원주에 남아있던 박준길, 이긍래, 선종원 등이 애를 많이 썼다. 특히 덕수칼국수 주인 이긍래는 장일순의 대소변까지 받아내면서 병 수발을 들었다. 천석식당 주인 최정환은 음식을 정성껏 만들어 드시게 하는 등 주변에서 장일순을 위해 애쓴 사람들은 많았다. 그들은 하나같이 평범한 사람들이었다.

"고통스런 병중에도 선생님은 삶과 죽음에 대해 초탈하셨고, 의연한 태도를 보이셨어요. 삶과 죽음 모두 자연의 일부라고 말씀하셨어요. 당신의 건강이 회복될 수 없다는 것을 알고는 쓸쓸해하신 적은 있지만 초조해하시거나 불안해하신 모습을 본 적이 없어요."[15]

평소 장일순은 죽음을 나무에 비유하면서 "나무가 고목이 돼 썩으면 밑동에서 새싹이 나와야 한다. 그래야 그 나무가 다시 큰다. 고목은 고목대로 한 시대를 마무리하고 가야 한다. 거기에 자꾸 매달려서는 안 된다"라고 말했다.

장일순이 판화가 이철수에게 준 작품 중에 '不欲以靜, 天下將自正불욕이정 천하장자정'이란 게 있다. 노자의 『도덕경』 37장에 나오는 내용이다. "욕심이 없이 고요히 하면 천하가 저절로 바르게 되리라." 하는 뜻이다. 병중에 이현주

---

15 김상범 편, (사)무위당사람들 엮음, 『대장부 거기에 그들이 있었다』, 이야기담, 2022 개정판, 382쪽.

와 나눈 노자 이야기 가운데 장일순이 생사生死에 관해 다룬 게 있다. 장일순은 생사의 고비를 넘으면서 삶이든 죽음이든 자연의 일부임을 깨달았다.

> 무위無爲의 세계에서는 삶과 죽음의 경계가 사라지는 거니까, 죽은 자가 다시 살아나는 게 부활인데, 부활은 곧 영생이거든. 영생이란 게 뭔가? 다시는 태어남도 죽음도 없는, 불가에서 말하는 불생불멸不生不滅의 생生이지. 그게 모두 무위無爲로서만 이루어진다는 얘기라. 털끝만큼이라도 유위有爲로써 하면 안 되지.
> 그게 불욕이정不欲以靜이겠군요.
> 그래, 그런 경지에 서고 보면 삶과 죽음이 별개가 아니고 가는 것 오는 것이 따로 있지 않거든. 간다느니 온다느니 하는 게 결국은 환幻이란 말이야. 거기에 구애될 게 하나도 없지. 사람들이 너 지금 뭐 하냐고 물으면 대답할 게 별로 없고 무엇을 희망하느냐고 물으면 그것도 없고, 그냥 사는 게 하루하루 즐거울 뿐이지. 그냥 즐기는 거라. 장자의 말에 궁역락窮亦樂이요 통역락通亦樂이라. 막힘도 즐거움이요 뚫림도 즐거움이라는 말이 있지. 지난번에 열이 올라서 입원했을 적엔 말이지. 어느 시골 작은 병원에 와 있는 것 같은 환각 상태가 보름 정도 계속되는데, 뭐 그렇다고 크게 즐거울 것도 없지만 크게 괴로울 것도 없더라고. 이걸 얘기하면 제삼자는 잘 납득이 안 될지도 모르겠네만, 얘기가 길어졌구먼. 고요하여 아무 의도나 욕심이 발동하지 않으면 천하가 스스로 바르게 되는 거라. 사는 것도, 죽는 것도 결국 세상사 아니겠나.[16]

16 이아무개 대담 정리,『무위당 장일순의 노자 이야기』, 삼인, 2003, 372쪽.

1993년에 원주 세브란스기독병원 의사 김원천은 병석에 누워 있는 장일순과 질병과 치료에 관해 이런저런 이야기를 나눈 적이 있다. 그때 장일순은 천진한 어린아이와 같은 모습으로 이렇게 말했다. "그럼 그래야지, 자네가 말한 처방을 잘 지키도록 최선을 다해야지. 마음이 가면 기운이 모이고, 기운이 가는 곳으로 혈이 따라가는 것 아니겠는가. 통하면 신선이요, 막히면 귀신이라는 말이 있잖아. 암세포는 내 몸 안의 세포 아닌가? 잘 모시고 의논하면서 가야지." 하였다. 얼마 후에 장일순은 그때 한 말을 기억하여 김원천에게 '通則仙 塞則鬼통즉선 색즉귀', "통하면 신선이요 막히면 귀신이다"라는 글을 써 주었다.[17]

　한번은 문병을 왔던 이가 '투병鬪病'이라는 말을 꺼낸 적이 있다. 그 소리를 듣자마자 장일순은 다른 이야기를 해주었다.

　"투병이라니? 무엇과 싸운단 말인가? 암세포는 내 몸 안의 세포 아닌가? 잘 모시고 의논하면서 가야지. 병하고 싸우고 가면 말이지, 나에게 계속 고달픔을 줘. 암세포도 견뎌내는 내성이 생긴단 말이야. 그러니까 편안하게 해줘야 낫는다는 거야. 모시고 간다는 건 병을 편안하게 해줌으로써 풀어주는 거지. 병하고 싸우면 말이지 병은 점점 기승을 부리거든. 그러니까 잘 모시고 가야지."[18]

　일본인 의사였던 요시다 아키코(吉田亜紀子)는 1990년 5월에 한살림의 최혜성 부부의 안내로 원주에서 장일순을 처음 만났으며, 장일순이 서울 세브란스병원에 입원했을 때에도 방문해 장일순과 이야기를 나누었다. 요시다는 장일순이 무척 야위어 있었지만 전혀 쇠약함을 보이지 않았다고 전한다. "궁

17　(사)무위당사람들 엮음,『무위보감 누가 알랴』, 무위당사람들, 2022, 390쪽 참조.
18　최성현,『좁쌀 한 알 장일순』, 도솔, 2004, 239쪽.

해도 즐겁고, 통해도 즐거운 게 아니냐"며 침상 위에서 환하게 웃던 장일순을 기억한다.

요시다는 장일순과 교제하면서 일본 철학자인 히사마츠 신이치(久松眞)의 『선禪과 예술』이라는 책을 구해달라는 부탁을 받고, 그 책을 찾아 교토의 고서적을 순례하면서 마침내 그 책을 찾아내 우편으로 부치면서 아주 기뻤다고 했다. 장일순의 서화를 몇 점 지니고 있는데 '막역어심莫逆於心', "마음을 거역하지 마라"는 글씨를 자기 방에 걸어두었다고 한다. 요시다는 "제가 지금까지 만났던 수많은 유명 무명의 사람들 가운데 진짜 존경할 수 있는 유일무이한 최고의 사람은 장일순 선생뿐"이라고 고백하고 있다.[19]

한편 채희승은 장일순에게 했던 마지막 질문을 기억한다.

"선생님! 세상은 어떤 세상이 되어야 합니까?"

"자기를 속이지 않는 그런 세상이 되었으면 좋겠다."

이 말을 듣고서 채희승은 1980년대 초반에 몇 년 동안 원주 합기도장 혹 추관에서 늘 장일순을 만날 수 있었던 때가 떠올랐다. 수련을 마치고 찻잔을 놓고 마주 앉아 물었다.

"선생님, 사람은 어떤 사람이 되어야 합니까?"

"자기를 속이지 않는 그런 사람이 되면 좋겠지."[20]

1992년 6월 12일에 방영된 MBC TV 대담에서도 장일순은 황필호 교수에게 "사는 동안 최소한 자기를 속이지 않는 삶을 살다 가면 지극히 행복하겠다"고 말했다.

---

19 최성현, 『좁쌀 한 알 장일순』, 도솔, 2004, 241~243쪽 참조.
20 〈무위당사람들〉, 2017년 5월 호, 77쪽 참조.

생명으로 가는 길

장일순은 67세의 나이로 1994년 5월 22일 부인과 세 아들이 지켜보는 가운데 봉산동 집에서 "내 이름으로 되도록 아무 일도 하지 말라"는 마지막 말을 남기고 이승을 떠났다. 유족들은 장일순의 뜻에 따라 간소한 3일장으로 정했고, 전국에서 몰려든 3천여 명이나 되는 조문객을 맞이했다. 봉산동 집 마당은 물론이고 골목까지 조문객으로 가득 차자 장일순의 집과 마주보고 있는 장화순 집 사이에 있는 밭으로 쓰는 공터에 천막을 쳐서 문상객들이 밤을 새울 수 있도록 했다. 동네 사람들은 이 광경을 보고 "장일순이 이렇게 유명한 사람이었어?" 하면서 놀랐다.

5월 24일 장일순이 평소 미사참례를 했던 원주교구 봉산동성당에서 장례 미사를 거행하였다. 봉산동 집에서 성당으로 운구할 때 이인숙은 대성통곡을 하였다. 셋째 아들 장동천은 어머니의 마음을 이렇게 표현했다.

> 아버지가 돌아가시자 긴장감으로 팽팽했던 용수철이 끊어지신 것 같았어요. 장례식 때 어머니가 너무나 슬프게 우시는 거예요. … 단순히 남편을 잃어서가 아니라 당신의 모든 것을 포기하고 헌신해 온 대상을 잃었다는 허탈함과, 당신이 모든 것을 바친 분의 시대가 끝나버렸다는 것에 대한 회한이 서럽게 폭발하신 거 같다는 그런 느낌을 받았어요. 아버지에 대한 정도 정이지만, 아버지의 시대가 끝났다는 충격이 더 크셨던 것 같아요. 그래선지 아버지를 보내신 뒤로 의욕이 크게 저하되셨어요. 아버지가 돌아가시고 얼마 있다가 요가도 하시고, 클래식 음악도 듣고 그러셨는데, 그렇게 열심히 하시는 것 같지는 않았어요.[21]

장일순이 언젠가 김상범에게 '자월등조慈月等照'라고 써 주면서 남긴 말이 있다. "자애로운 달이 좋은 놈, 나쁜 놈, 미운 놈, 고운 놈 가리지 않고 세상을 공평하게 비춰주듯이 그렇게 살아라." 하는 말이었다.[22] 복음서에서 예수가 제자들에게 하신 말씀을 연상시키는 말이다.

> "그분께서는 악인에게나 선인에게나 당신의 해가 떠오르게 하시고, 의로운 이에게나 불의한 이에게나 비를 내려 주신다. 사실 너희가 자기를 사랑하는 이들만 사랑한다면 무슨 상을 받겠느냐? 그것은 세리들도 하지 않느냐? 그리고 너희가 자기 형제들에게만 인사한다면, 너희가 남보다 잘하는 것이 무엇이겠느냐? 그런 것은 다른 민족 사람들도 하지 않느냐? 그러므로 하늘의 너희 아버지께서 완전하신 것처럼 너희도 완전한 사람이 되어야 한다."(마태 5, 45-48)

그렇게 만인을 가림 없이 한목숨처럼 여겼던 장일순이 죽었을 때, 도종환은 추모시를 통해 장일순을 "순한 물 같고, 편안한 흙 같은 분"이라고 했다.

> 그는 물 같은 분이셨다.
> (중략)
> 그는 가장 낮은 곳으로 가라고 하셨다.
> 낮은 곳을 택해 나아간 것들이

---

21 (사)무위당사람들,『묻혀서 사는 이의 고운 마음을 아는 이 있을까』, 2019, 126~127쪽.
22 김상범 편, (사)무위당사람들 엮음,『대장부 거기에 그들이 있었다』, 이야기담, 2022 개정판, 393쪽.

물줄기를 이루고 강이 되어 멀리까지 가듯
낮아지고 낮아져야 한다고 하셨다.
낮은 곳에 누워
강물이 가르쳐주는 소리를 듣고자 하셨다.
그리해야 바다에 이를 수 있다고 믿으셨다.
그는 흙 같은 분이셨다.
풀도 꽃도 나무도 다 모여 살게 하는
그는 대지의 생을 사신 분이셨다.
생이불유生而不有하여 풀 한 포기도
내 것이라 집착하지 않으셨다.
씨앗이 그곳에 자리 잡고 싶어 하고
나무들이 거기 와 뿌리를 내리고 싶어 했다.
지나가던 풀들이 던지는 말에 귀 기울이셨고
그들을 섬기고 모시고 살리고자 하셨다.
그래서 생명이 그 대지에 푸르게 출렁였다.
그는
순한 물 같고
평안한 흙 같은 분이셨다.[23]

---

23 김삼웅, 『장일순 평전』, 두레, 2019, 384~385쪽.

그이와 각별한 사이였던 리영희 교수는 「민주와 통일의 꽃 끝내 못 보시고」라는 추모사를 통해 이렇게 장일순을 기억했다.

돌이켜 보면 선생님은 대한민국의 국가와 사회가 기꺼이 받아들이기에는 너무나 고결하셨습니다. 병든 이 시대가 반기기에는 선생님께서 너무나 올곧은 삶을 일관하셨습니다. 악하고 추악한 것들은 목에 낀 가시처럼 선생님을 마다하고 박해했습니다. 그럴수록 선생님이 계신 강원도 원주시 봉산동 929번지는 인권과 양심과 자유와 민주주의의 대의에 몸 바치려고 수많은 사람들이 찾아오는 하나의 성지였습니다. 진정 그러했습니다.

세상이 온통 적막하여 숨소리를 내기조차 두려웠던 30여 년 동안, 선생님은 원주의 그곳을 찾는 이들에게 그들이 원하는 모든 것을 주셨습니다. 싸우는 전선에서 비틀거리는 자에게는 용기를 주시고, 싸움의 방법을 모색하는 이에게는 지혜를 주셨습니다. 회의를 고백하는 이에게는 신앙과 신념을 주셨고, 방향을 잃는 이에게는 사상과 철학을 주셨습니다.

선생님은 언제나 공과 영예를 후배들에게 돌리시는 민중적 선각자이시고 지도자이셨습니다. 원주의 그 잡초가 무성한 집은 군부독재 아래에서 치열하게 싸우다가 지친 동지들이 찾아가는 오아시스였고, 선생님은 언제나 상처받은 가슴을 쓰다듬는 위로의 손을 주셨습니다.

선생님은 한 시대를 변혁한 큰 업적과 공로에도 불구하고, 평생을 '한 알의 작은 좁쌀'(一粟子)로 자처하며 사셨습니다. 원주시 봉산동의 그 누옥에서 오로지 먹과 벼루와 붓과 화선지를 벗 삼아 한낱 이름 없는 선비로 생을 마치셨습니다. 참으로 고결한 삶이었습니다.[24]

김지하는 「말씀」이란 시에서 장일순을 이렇게 그리고 있다.

하는 일 없이 안 하는 일 없으시고
달통하여 늘 한가하시며 엎드려 머리 숙여
밑으로 밑으로만 기시어 드디어는
한 포기 산속 난초가 되신 선생님
출옥한 뒤 내게 이렇게 말씀하셨다

비록 사람 자취 끊어진 헐벗은 산등성이
사철 그늘진 골짝에 엎드려 기며 살더라도
바위틈 산란 한 포기 품은 은은한 향기는
장바닥 뒷골목 시궁창 그려 하냥 설레노니
바람이 와 살랑거리거든 인색치 말고
먼 곳에라도 바람 따라 마저 그 향기 흩으라[25]

─── 장일순, 그 후 ───

장일순이 아직 살아있을 때였다. 정기적으로 식당에 모이거나 장일순의

---

24 김삼웅, 『장일순 평전』, 두레, 2019, 385~387쪽.
25 최성현, 『좁쌀 한 알 장일순』, 도솔, 2004, 12쪽.

봉산동 집에 찾아가 말씀도 듣고 세상 돌아가는 이야기도 나누었던 원주의 '패거리'가 있었다. 장일순은 이들을 보고 '잡놈들'이라고 불렀다. 집에 찾아오면 "잡놈들 왔구나!" 하였다. 그만큼 장일순과 격의 없는 관계로 가까이 지내던 이들은 모두가 원주 시내에서 겨우겨우 이럭저럭 먹고사는 평범한 서민들이었다. 그중에 이른바 고관대작은 아무도 없다. 그저 원주에 살면서 장일순을 선생으로 모시고 사는 게 자랑스러웠던 사람들이었다.

한번은 장일순이 술잔을 기울이다가 말했다. "잡놈들이 세상을 만들어가는 거야." 그 말을 받아 박준길이 이 모임을 '잡놈회'라고 부르자고 제안했다. 전태일이 평화시장의 다른 재단사들과 만든 '바보회'와 비슷한 경우라 하겠다. 잡놈회는 정기적으로도 모이고, 시도 때도 없이 모이기도 했다. 잡놈회가 모이면 으레 술을 마시고, 술을 마시면 흥이 돋기 마련이어서 노래가 빠질 수 없었다. 장일순은 술도 약하지만 음치에 가까워 노래를 잘 부르지는 못했다. 그 대신 곱사춤을 잘 추었다. 등에 바가지나 베개를 얹혀놓고 담배 중간을 잘라서 콧구멍에 끼거나 이빨을 만들기도 하고, 그런 다음에 곱사춤을 덩실덩실 추곤 했다.

장일순이 죽고 나서 "내 이름으로 아무것도 하지 마라"는 유언 때문에 몇 년 동안 장일순을 기리는 모임은 아무도 만들지 않았다. 하지만 날이 갈수록 장일순을 사모하는 이들이, 그이의 흔적을 찾아서 원주에 자꾸 방문하기 시작하자, "이젠 우리가 선생님을 제대로 기리는 일을 해야 되는 것 아닌가"라는 이야기가 나왔다. 그래서 2001년 장일순 7주기를 맞이해 '무위당 선생을 기리는 사람들의 모임'을 만들었다. 여기서 소식지도 만들고 회원도 늘려가다가 '좁쌀만인계'를 거쳐 '무위당만인회'로 바뀌었다. 그리고 2010년에 '사단법인 무위당사람들'을 창립해 공식적인 단체가 되었다.

우리 모임을 '무위당 장일순 기념사업회'나 '무위당 장일순 선양회' 같은 이름을 쓰지 않고 '무위당사람들'이라고 지었어요. 이름을 이렇게 지은 데는 이유가 있어요. 우리가 무위당 선생님의 공적을 기리는 것도 중요는 하지만, 전국에서 선생님의 정신을 삶을 통해 실천하고 있는 사람들이 많이 있는데, 이분들과 끊임없이 교류하고 협력하면서 우리 사회를 보다 나은 사회로 만들려는 것이 '무위당사람들'이 지향하는 목표입니다. 이 목표를 위해서 무위당 선생님의 정신을 실천하고 있는 분들을 공경하고 잘 모시면서 함께 가고자 하는 의미가 '무위당사람들' 이름 안에 내포되어 있다고 생각해요.[26]

무위당 장일순의 묘소는 원주시 소초면 수암리에 있다. 묘소 옆에 세워진 시비에는 무위당이 남긴 이 한 마디가 새겨져 있다.

하나의 풀이었으면 좋겠네
차라리 밟아도 좋고
짓밟아도 소리 없어
그 속에 어쩌면 그렇게

---

26 김상범 편, (사)무위당사람들 엮음, 『대장부 거기에 그들이 있었다』, 이야기담, 2022 개정판, 387쪽.

1928년 10월 16일(음력 9월 3일) 강원도 원주시 평원동 406번지에서 아버지 장복흥張福興과 어머니 김복희金福姬 사이의 6남매 가운데 차남으로 태어났다. 장남 장철순張喆淳이 열다섯에 사망하면서 장일순은 사실상 장남이 되었다.

1940년 원주봉산심상소학교를 졸업한 장일순은 아버지를 따라 천주교 원동성당에서 세례를 받고 천주교 신자가 되었다. 세례명은 '요한'이었다. 그해에 미국 감리교 선교사 아펜젤러가 서울에 세운 한국 최초의 근대식 중·고등 교육기관이었던 배재중고등학교에 입학했다.

1944년 경성공업전문학교(서울대학교 공과대학 전신)에 입학했다.

1946년 국립 서울대학교 총장에 미군 대령 출신의 해리 비드웰 앤스테드를 임명하는 국대안에 반대하는 시위에 참여하여 학교에서 제적되었다.

1947년 서울대에 복적 되었으나 공과대학을 자퇴하고, 서울대학교 미학과에 입학했다.

1954년 한국전쟁 이후 복학하지 않고, 교육사업에 마음을 두고 도산 안창호를 기리는 뜻에서 대성학원을 설립해 재단 이사장으로 취임했다.

1955년 세계평화를 위해 원월드운동을 전개한 아인슈타인과 서신교환을 하였다.

1957년 서울대 사범대를 졸업한 이인숙과 결혼했다. 슬하에 3남을 두었다.

1958년 제4대 민의원 총선거에 진보당 후보로 출마하고 싶었으나 조봉암과 진보당 간부들이 구속되는 정치파동을 겪으면서 무소속으로 출마하였으나 낙선하였다.

1960년 4·19혁명 이후 사회대중당 후보로 다시 국회의원에 출마하였으나 극심한 정치적 탄압으로 낙선했다.

1961년 5·16 군사쿠데타가 일어난 직후 평소 주창하던 중립화 평화통일론이 빌미가 되어 서대문형무소와 춘천형무소에서 3년간 옥고를 치렀다.

1963년 출소 후 대성학원 이사장으로 복귀했으나, 대성고등학교 학생들이 한일굴욕외교 반대운동에 연루되어 이사장직에서 물러나고, 정치활동정화법과 사회안전법 등에 묶여 모든 활동이 정부당국의 감시를 받게 되었다.

1964년 포도 농사를 지으며, 서울로 유학하면서 중단되었던 서화를 다시 시작하였다.

1965년 천주교 원주교구 초대 교구장인 지학순 주교와 만나서 평생 동지가 되었다.

1966년 지학순 주교와 교회자립운동과 꾸르실료를 통한 평신도 지도자 양성에 힘을 썼으며, 신용협동조합운동을 교회를 중심으로 시작했다.

1971년 김지하 등과 더불어 원주교구 주교좌 원동성당에 사제들과 평신도들이 모여 '원주MBC 부정부패 규탄대회'를 준비하였고, 이 사건은 1970년대 반독재 민주화운동의 봇물을 열어놓은 사건이 되었다. 이후 지학순 주교와 장일순은 민주화운동의 대부 역할을 하게 되었다.

1972년 남한강 유역의 대홍수로 인해 피해가 발생하자 원주교구에 재해대책사업위원회가 꾸려지고, 장일순이 지학순 주교를 도와 대책사업을 조율하였다. 이때 상담원으로 일했던 이들을 중심으로 이른바 '원주그룹'이 형성되었다.

1974년 민청학련 사건으로 김지하 등이 구속된 상태에서 이들을 구제하기 위해 지학순 주교에게 도움을 청하였다. 이 일로 지학순 주교가 옥고를 치렀고, 이참에 천주교정의구현전국사제단도 결성되었다. 이 과정에서 장일순은 배후로 남아 있을 뿐 앞에 나서지 않았다.

1982년 김지하와 더불어 생명운동으로 전환할 것을 결정하고 생명사상 세미나를 열고 '생명의 세계관 확립과 협동적 생존의 확장'이라는 원주보고서가 나오도록 도왔다. 장일순은 사회적 진보운동이 생명운동으로 바뀌어야 한다는 생각을 1977년에 처음 하게 되었다.

1985년 원주 가톨릭센터에서 공간을 빌려 농산물 도농 직거래 조직인 '원주소비자협동조합'을 발족하였다. 이사장은 박재일이 맡았다.

1986년 박재일을 도와 서울 제기동에 '한살림농산'이라는 유기농 쌀가게를 열었다.

1988년 서울 인사동 그림마당 민에서 한살림운동 기금 마련을 위해 '장일순 서화전'을 열었다. 장일순의 서화 개인전은 그동안 1975년, 1976년, 1977년 세 차례 열린 바 있지만 서울에선 처음이었다.

1989년 장일순 부부는 김영주 부부와 함께 열흘간 일본 여행을 떠났다. 처음이자 마지막 해외여행이었다. 그해 10월 29일 대전 신협연수원에서 한살림모임의 창립총회가 열려 '한살림선언'이 발표되었다. 이 자리에서 장일순은 '시侍에 대하여'란 주제로 기념 강연을 하였다.

1990년 장일순과 치악고미술동우회 회원들이 주축이 되어 원주시 호저면 고산리 송골마을에 해월 최시형 추모비를 세웠다.

1991년 위암 진단을 받았다. 그때 나이 64세였다.

1992년 MBC TV 「현장인터뷰—이 사람」을 통해 황필호 교수와 대담을 나누었다. 장일순의 삶과 사상이 전국에 알려진 것은 이때였다.

1993년 3월 12일 지학순 주교가 선종하였다. 그리고 장일순은 이현주 목사와 함께 노자의 『도덕경』을 읽고 대화를 나누었으며, 이현주 목사가 다듬어 『무위당 장일순의 노자 이야기』 상권과 중권이 출간되었다. 그해 민청학련운동계승사업회가 투옥된 인사들의 인권 보호와 석방을 위해 노력한 공로를 인정해 감사패를 장일순에게 수여하였다.

1994년 5월 22일 부인과 세 아들이 지켜보는 가운데 봉산동 자택에서 "내 이름으로 되도록 아무 일도 하지 말라"는 마지막 말을 남기고 이승을 떠났다. 향년 67세였다. 5월 24일 봉산동성당에서 장례미사를 거행했으며, 묘소는 원주시 소초면 수암리에 있다.